DE LAST VAN VEEL GELUK

A.Th. van Deursen

1555-1702

DE GESCHIEDENIS VAN NEDERLAND

De last van veel geluk

2017 Prometheus Amsterdam

Eerste druk (gebonden) 2004
Zevende druk (paperback) 2017

Beeldredactie Joyce Limburg
Boekverzorging Tessa van der Waals
Omslag Willem Claesz Heda, *La colazione* (1638), Hamburger Kunsthalle / Scala
Zetwerk Mat-Zet bv, Soest
www.uitgeverijprometheus.nl
ISBN 978 90 351 3859 9

INHOUD

Woord vooraf 9

1555-1572 OP ZOEK NAAR DE WEG **11**
Het proces van eenwording 12
Economie 20
Verdeeldheid in de kerk 22
Filips II in de Nederlanden 29
Beginnende oppositie 36
De drang naar verandering 43
Het Verbond der Edelen 48
De wending 54
Alva in 1568 57
Oranje in 1568 60
Alva's nieuwe orde 66
Voorbereiding in ballingschap 69

1572-1584 DE OPSTAND **73**
De verrassing van Den Briel 74
De strijd in Holland en Zeeland 80
De vestiging van de gereformeerde kerk 89
Vrede? 94
Verwarring 99
De Unie van Utrecht 104
De verlating 109
Oranjes dood 114

1581-1609 DE NIEUWE REPUBLIEK 121
Leicester 122
De tien jaren 129
Welvaart 135
Handel overzee 138
De staatsinrichting 143
De regentenstand 150
De andere zes 153
De plaats van de kerk 155
Katholieken 157
Andere richtingen 160
De immigratie en haar betekenis 163
Cultuur 166
Van oorlog naar bestand 171

1609-1621 DE CRISIS VAN DE REPUBLIEK 177
De Republiek in Europa 178
Binnenlandse vragen 185
Handel en bestand 188
Joden in Amsterdam 192
De VOC in Indië 195
De godsdiensttwisten 201
Maurits en Oldenbarnevelt 207
De synode van Dordrecht 212
De dood van Oldenbarnevelt 215
De laatste jaren van het bestand 218

1621-1648 HET ZENIT VAN DE GOUDEN EEUW 223
Maurits' laatste jaren 224
Frederik Hendrik 226
De oorlog onder Frederik Hendrik 229
Staat en staatsmacht onder Frederik Hendrik 233
De vrede van Münster 236
De gereformeerde kerk na Dordrecht 240
Geestelijk leven buiten de gereformeerde kerk 244
Rijkdom 248

Gespreide welvaart 252
Machtsuitbreiding van de VOC 254
De West-Indische Compagnie 258
Christelijk en klassiek 262
De Hollandse schilderschool 266
Vrijheid en gebondenheid 270

1648-1672 DE WARE VRIJHEID **275**
Willem II 276
De Grote Vergadering 282
Centraal gezag onder het eerste stadhouderloze tijdvak 285
De mannen van de ware vrijheid 288
Het veranderde Europa 292
De eerste Engelse oorlog en zijn gevolgen 297
De Witts grote jaren 300
De schaduw van Frankrijk 306
De vaderlandse kerk onder druk 311
Gedoogden en getolereerden 315
Tolerantie in de praktijk 318
Elite en massa 321

1672-1702 WILLEM III **323**
Het rampjaar en zijn gevolgen 324
De regering van de Republiek ten tijde van Willem III 334
Internationale politiek 339
De Negenjarige Oorlog 344
Neergaande handel 349
De VOC op haar hoogtepunt 352
De tweede West-Indische Compagnie 355
De gereformeerde kerk op de drempel van een nieuwe tijd 359
De crisis in de katholieke kerk 361
Het einde van de bloeitijd 364

Noten 369
Literatuur ter nadere oriëntatie 375
Register 379

WOORD VOORAF

Geschiedenis bewijst niet, ze vertelt. Dat zeiden de oude Romeinen. Geschiedschrijving is een discussie zonder eind. Zo hebben Nederlanders van de twintigste eeuw het gezien. Fabius Quintilianus tegen Pieter Geyl. Wie heeft er gelijk? Het is een vraag zonder antwoord. In een discussie zonder eind zijn gelijk en ongelijk altijd slechts van voorbijgaande aard, en in een vertelling kan ieder zijn eigen boodschap lezen. Daarom zullen we ook telkens weer de geschiedenis herschrijven, en dit boek geeft daarvan op zijn manier blijk.

Welke bedoeling heeft het? Een algemene en een bijzondere. De algemene gaat terug op een plan van Uitgeverij Bert Bakker. Die wilde een serie boeken over de Nederlandse geschiedenis vanaf het vroegste begin. Daar zijn afspraken voor gemaakt en de stof is verdeeld tussen een aantal auteurs. Deze band is één deel uit die serie. Hij hoort dus thuis in een langere reeks, en zo moet hij beoordeeld worden, als het gaat om dat algemene. Zal er ten slotte een werkelijk geheel ontstaan, waarin dit deel een zinvolle plaats inneemt?

Zolang er nog geen andere delen op tafel liggen laat zich dat niet beoordelen. Voorlopig kunnen we alleen ingaan op het bijzondere, dat wil zeggen het eigen karakter van dit ene boek over de jaren 1572-1702. Wie deze periode de belangrijkste uit onze geschiedenis noemt begeeft zich in een discussie zonder eind. Maar wat zich simpelweg en objectief laat vaststellen is dat in leer- en handboeken dit tijdvak altijd naar verhouding de meeste ruimte kreeg toegemeten. Vooral in die tijd hebben zich veel gebeurtenissen afgespeeld, die lange tijd in het onderwijs behoord hebben tot de vaste overlevering, aan elke ontwikkelde Nederlander bekend.

Al enkele decennia lang echter besteedt het onderwijs minder aandacht aan het vak geschiedenis, en voorzover het daarvoor op de lesroosters nog ruimte heeft, zag het zich gedwongen vooral op de zogenaamde vaderlandse geschiedenis te bezuinigen. Daardoor dreigt een element verloren te gaan dat altijd wezenlijke betekenis heeft gehad voor de Nederlandse cultuur. Ik betreur dat genoeg om moeite te willen doen voor zijn behoud. Die overlevering is dan ook in het hier volgende verhaal opgenomen, en daarom draagt het boek bewust een traditioneel karakter. Ik hoop dat het velen helpen zal Nederlands verleden met zich mee te blijven dragen, ook in de eenentwintigste eeuw.

De titel is geleend van een ander historicus, die onder de naam Geerten Gossaert ook als dichter bekendheid heeft verworven. In een van zijn verzen ('Atlantis') spreekt hij 'van 's levens dubbel juk: de last van veel ontberen, de last van veel geluk'. Over de last van het ontberen heb ik eerder geschreven in Mensen van klein vermogen. Hier valt de nadruk op de last van het geluk, maar ook nu zal blijken dat ze geen van beide onvermengd verkrijgbaar zijn.

Toen ik nu vierenveertig jaar geleden promoveerde heb ik mijn dissertatie opgedragen aan mijn ouders. Bij een eersteling ligt dat voor de hand. Wat ons laatste boek zal zijn weten we meestal niet. Maar na zo veel jaren lijkt het mij niet ongepast ditmaal in de opdracht mijn echtgenote te gedenken, die reeds lange tijd met mij het dubbel juk gedragen heeft.

A.Th. van Deursen

1555-1572

OP ZOEK NAAR DE WEG

Het proces van eenwording

Geschiedenis moet gaan over de dingen die mensen verbinden. Zonder verbinding is er geen gezamenlijk lot. Nederlandse geschiedenis verdient die naam dan ook pas echt als alle Nederlanders dezelfde invloeden ondergaan, omdat ze komen te staan voor gemeenschappelijke problemen. Dan gaan ze gezamenlijk zoeken naar oplossingen, die naar hun aard de grenzen van dorp, stad en provincie moeten overschrijden. Vanaf dat moment zullen de Nederlanders in hun dagelijks bestaan duidelijke overeenkomsten met elkaar gaan vertonen. Zolang dat ogenblik echter nog niet is aangebroken, kunnen we die Nederlandse geschiedenis wel in de verte zien wenken, we kunnen gaan vermoeden dat zich een nieuwe toekomst baanbreekt, maar het eigenlijke begin ligt nog voor ons. Dat begin valt in de zestiende eeuw.

Natuurlijk laat zo'n bewering zich betwisten. Niemand kan het jaar noemen waarin de geboorteakte van de Nederlandse staat is opgemaakt, om van het Nederlandse volk maar te zwijgen. Het belangrijkste element van vereniging stamt niettemin uit de zestiende eeuw. Het is de eenheid van gouvernement. Maar die is niet voldoende om een Nederlandse geschiedenis te doen ontstaan. Denemarken heeft een koning gedeeld met Noorwegen, en Ierland is lange tijd verenigd geweest met Engeland. Zo kunnen volken en landen staan onder het gezag van dezelfde vorst, zonder dat er werkelijke lotsverbondenheid groeit. Verschillen in taal, ras en geloof kunnen het krachtigste bewind ondermijnen. Maar eenheid van regering is wel een noodzakelijke voorwaarde voor één samenhangende geschiedenis.

Die samenhang ontbrak hier te lande nog aan het begin van de zestiende eeuw. Met 'de Nederlanden' bedoelde men het gebied dat de tegenwoordige staten Nederland, België en Luxemburg omvatte. Het was slechts een aardrijkskundig begrip, geen politieke eenheid. Een koninkrijk of republiek der Nederlanden bestond niet. De macht was gespreid over een handvol verschillende heersers, allen met hun eigen bijzondere titels en territoria. In de meeste zuidelijke gewesten regeerde Filips de Schone, hertog van Bourgondië, behalve in Luik, dat onder een bisschop stond. Ten noorden van de grote rivieren maakten echter alleen Holland en Zeeland deel uit van de Bourgondische erflanden. In

Utrecht zetelde net als in Luik een bisschop, onder wiens heerschappij ook Drente en Overijssel verenigd waren. Gelderland en het noordelijk deel van Limburg vormden het erfgoed van hertog Karel van Gelre. Friesland had zich aan de huursoldaten van een vreemdeling moeten onderwerpen. Het gewest Groningen verkeerde in wanorde, en voorzover daar geregeerd werd, gebeurde het niet door een vorst, maar door de stad. In de loop van de zestiende eeuw werden al deze gebieden met uitzondering van Luik onder één hand verenigd.

Het was keizer Karel v die aan dat proces leiding heeft gegeven. Die naam en titel geven al aan dat het hier gaat om sturing van buitenaf. Keizers zoeken we immers niet in Brussel of Amsterdam. Toch was deze zelfde Karel de enige keizer die ooit op Nederlandse bodem geboren werd. Hij had in het jaar 1500 te Gent het levenslicht gezien. Zijn vader was de Bourgondische hertog Filips de Schone, zijn grootvader de Duitse keizer Maximiliaan van Habsburg. Beide geslachten hadden door erfrecht, huwelijk en verovering telkens nieuwe gebieden en waardigheden verworven. De jonge Karel heeft van dit familiebeleid het maximale profijt getrokken. Hij is koning van Spanje geworden, keizer van het Duitse Rijk, en heer over die Nederlandse gewesten die tot de Bourgondische erfenis behoorden. De noordelijke en oostelijke provincies heeft hij er zelf aan toegevoegd. Bij zijn aftreden in 1555 kon hij Spanje en al de Nederlanden – behalve Luik – aan zijn zoon Filips nalaten. De keizerskroon ging over op zijn broer Ferdinand.

Zestiende-eeuwse vorsten vonden het noch abnormaal, noch buitengewoon riskant, over ver uiteenliggende gebieden tegelijk te regeren. Landen waren familiegoed, niet anders dan huizen of akkers. Bij overlijden vielen ze rechtens toe aan de naaste erfgenaam. Was zijn aanspraak onbetwist, dan stelden de bewoners van dat land zich gewillig onder zijn gezag en zwoeren hem trouw. Zo heeft ook Karel de Spaanse en de Nederlandse erfenis onweersproken afgestaan aan zijn zoon. Het deerde geen Nederlander dat deze zoon tevens koning van Spanje was. Dat was zijn hoogste en dus meest gebruikte titel, en daarom zingen we in ons volkslied nog steeds van de koning van Hispanje, die wij altijd geëerd hebben. Maar als de Nederlanders hem hulde bewezen, was het niet omdat zij aan Spanje en zijn koning onderworpen waren. Zij waren onderdanen van Filips in andere hoedanigheden: als hertog van

Brabant of Gelderland, als graaf van Vlaanderen of Holland, als heer van Utrecht, van Friesland en nog vele andere gewesten meer.

Wel nam deze landsheer een eigenaardige positie in. Hij is de geschiedenis ingegaan als Filips II. Dat rangnummer droeg hij als koning van Spanje. In oudere geschiedwerken wordt hij wel eens Filips III genoemd, omdat hij in Holland de derde graaf van die naam was. In Friesland of Groningen had hij dan echter Filips I moeten heten, en in Vlaanderen Filips V. We ontsnappen aan die verwarring als we hem Filips II blijven noemen volgens het gevestigde gebruik. Maar daarmee geven we tegelijk haast onwillekeurig aan dat de heer der Nederlanden zich in de eerste plaats koning van Spanje voelde. Zou de tijd hem voor problemen stellen, dan zou hij naar oplossingen zoeken, die de belangen van dat Spaanse rijk het beste dienden. Het belang van de Nederlanden zou bij hem niet vooropstaan.

Nu mogen we natuurlijk Filips niet overvragen. Om een belang te kunnen bevorderen moeten we het eerst gezien hebben, en zichtbaar is alleen wat echt bestaat. Wat de Nederlanden omstreeks 1500 gemeen hadden was niet meer dan de naam op de kaart. Een halve eeuw later hadden ze op dat ene blad in de atlas allemaal dezelfde kleur gekregen. Dat was een stap vooruit, maar er lag nog een lange weg tussen formele staatkundige eenheid en belangengemeenschap. In de zestiende-eeuwse samenleving waren de afstanden lang. Oude almanakken drukken die soms uit in uren gaans, en dat beantwoordde ook het meest aan de dagelijkse werkelijkheid. De buitenwereld lag ver weg, het leven van alledag speelde zich af in eigen dorp of stad. Het veranderingstempo was nog trager dan het verkeer. Zonder verandering is er geen geschiedenis. Heel lang zal het een vaste regel blijven dat de geschiedenis voor de mensen langzamer verloopt naarmate hun sociale niveau lager ligt. Alleen in buitengewone tijden zal iedereen in het snelste ritme meegesleurd worden.

Zulke jaren zouden weldra aanbreken. Maar toen Filips in 1555 de heerschappij aanvaardde lagen ze nog in het verschiet. Zijn zeventien Nederlandse provincies verschilden zeer in zwaarte en belang. De grote steden lagen in de zuidelijke gewesten. Brussel was de zetel van de regering, Mechelen de vestigingsplaats van het hoogste gerechtshof, Antwerpen het centrum van de handel, Leuven de universiteitsstad. Wie de Nederlanden bezocht uit noodzaak of nieuwsgierigheid zou deze ste-

Filips II. Onbekende schilder van de Zuid-Nederlandse school, derde kwart zestiende eeuw.
Koninklijk Musea voor Schone Kunsten van België, Brussel. Copyright KIK, Brussel.

den aandoen, want daar gebeurden de dingen. Daar werden nieuwe ideeën getoetst en verbreid, daar woonden de mensen die meetelden, daar werd het grote geld verdiend. Daar werd dus ook de geschiedenis gemaakt. Zolang Brabant en Vlaanderen de twee kerngewesten van de Nederlanden vormden, zouden zich daar de gebeurtenissen afspelen waarmee we de geschiedenisboeken plegen te vullen.

We spreken dan over een klein deel van een ook in zijn volle omvang toch al niet groot land. Wat zich op zo'n beperkt territorium afspeelt staat nooit op zichzelf. Nederlanders kregen ook toen reeds hun belangrijkste problemen aangereikt van over de grens, al kon de vorm variëren naar de specifieke omstandigheden van het land. In de zestiende eeuw waren in nagenoeg elk land twee zaken aan de orde van de dag. De ene was de versterking van het centraal gezag, de andere de toekomst van de kerk. Dat zijn ook precies de vragen waar de Nederlandse overheden in de zestiende eeuw mee te worstelen hadden.

De uitbreiding van het centraal gezag was het oudste vraagstuk van deze twee. In de grote landen van West-Europa zien we al in de loop van de vijftiende eeuw dat de koningen hun greep op het geheel proberen te versterken en de macht te centraliseren. In Spanje verenigen zich de oude koninkrijken Aragon en Castilië onder één dynastie. In Engeland komt na jaren van burgeroorlog een sterk koningshuis aan het roer. In Frankrijk lukte het de koning met beleid en bedrog, met geluk en geweld, werkelijk greep te krijgen op het hele land. Deze moderne koningen wilden de enige beschermer van hun onderdanen zijn, de enige heer en wetgever, die zijn macht met niemand hoefde te delen.

Waar dat streven succes had, ontstonden grote mogendheden. Waar het niet slaagde, zoals in Duitsland, of waar het niet geprobeerd werd, zoals in Italië, kwamen geen sterke staten tot stand die met gezag konden meespreken in de Europese politiek. Daarom geloofden de vorsten ook dat ze op de goede weg waren als ze hun eigen macht over het land vergrootten. Alleen een sterke staat kon de belangen van zijn onderdanen behoorlijk verdedigen. En zo'n staat kon alleen sterk worden, als alle macht in handen van de koning was. Natuurlijk hadden de koningen geen uitgewerkte programma's, die vervolgens punt voor punt in praktijk gebracht werden. Het gaat meer om de algemene tendentie die in hun beleid aan het licht komt. Die vertoonde zich ook in de Nederlanden. Ze zouden met elkaar één sterke, samenhangende monarchie moeten worden, die vanuit het regeringscentrum werd bestuurd. De zeventien provinciën, zoals men ze in die tijd dikwijls noemde, zouden samengroeien tot één Nederland.

Dat proces was in 1555 reeds lange tijd gaande. Zo dikwijls als de regering het wenste, riep zij de vertegenwoordigers van alle provincies bijeen in de Staten-Generaal. Vergaderingen van die naam hebben ook in andere landen bestaan, maar nergens hebben ze zo'n opgang gemaakt als in de Nederlanden. Vanwege hun uitzonderlijke historische rol verdienen ze in ons verhaal meteen bij de eerste gelegenheid genoemd te worden. Het feit dat ze nu en dan opgeroepen werden, paste ook in het eenheidsstreven van de landsheren. Anderzijds kon hun gezamenlijk vergaderen in tijden van polarisatie juist hinderlijk worden en de zelfstandigheidsdrang van de gewesten versterken. De Staten-Generaal leverden een bijdrage tot het proces van de eenwording, maar dienden de centralisatie niet.

Maar dat kon op andere manieren. Keizer Karel v had over al de Nederlanden één landvoogdes aangesteld, die in zijn naam het bewind uitoefende. Eén hoofd voor zeventien gewesten? Zo'n benoeming bleef een machteloos gebaar als naast en onder deze landvoogdes niet een echte regering kwam te staan. Toen Karel in 1531 het gouvernement aan zijn zuster Maria opdroeg, stelde hij tegelijk drie raden in om haar te assisteren: de Raad van State, de Geheime Raad, de Raad van Financiën. De drie colleges vertegenwoordigden in feite twee verschillende aspecten van een centraliserend bestuur. De Geheime Raad en de Raad van Financiën hoorden thuis in de technische, ambtelijke sfeer. Het eerstgenoemde college bestond uitsluitend uit doctors in de rechten, en zijn bemoeienissen lagen op het terrein van recht en wet. De Raad van Financiën was iets minder eenzijdig van samenstelling, maar de aard van zijn werkzaamheden vroeg van de leden toch een speciale deskundigheid. Deze beide raden werkten in dienst van de landvoogdes. Aan de vergaderingen nam zij in de regel niet deel.

De Raad van State droeg een totaal ander karakter. Ook daar zaten wel enkele heren die een academische studie voltooid hadden. Maar in deze kring waren namen belangrijker dan titels. Om er één te noemen: in 1540 trad de prins van Oranje toe tot de Raad van State. Neen, niet Willem, want die was toen zeven jaar oud, en heette nog enkel Willem van Nassau. Deze prins was Willems voorganger, René van Chalons, in 1544 gestorven. Samen met hem zaten in die Raad van State meer dragers van namen die in onze geschiedenis een bekende klank gekregen hebben: Egmond, Lalaing, Aerschot en Hoogstraten. Jongere telgen uit die families zouden een hoofdrol spelen in de politieke verwikkelingen van de jaren zestig en later. De landvoogdes Maria werkte samen met een eerdere generatie. Dat maakte weinig verschil. Deze mannen kregen geen zitting vanwege hun bestuurlijk talent of politieke begaafdheid. Hun voornaamste kwaliteiten waren aanzienlijke geboorte en de rijkdom die nodig was om de vereiste staat te voeren. Dat konden ze doorgeven van vader op zoon, en daarom zat er altijd wel een Aerschot of een Egmond in de Raad van State.

Die selectie op afkomst zette de Raad luister bij. Mensen van dit niveau hadden in de zestiende-eeuwse wereld een natuurlijk prestige. Hun woord had kracht en gaf richting aan het oordeel van anderen. Dankzij hun uitgestrekte bezittingen bleef die invloed ook niet tot één enkele regio beperkt. Hun directe belangen lagen over verschillende gewesten gespreid, en dat stempelde hen tot ideale medewerkers voor de landsheer en zijn landvoogdes. In de Raad van State verscheen Maria dan ook wel. Ze was er zelfs voorzitter. De opinies van deze heren konden aangeven welk draagvlak bestond voor gouvernementele beslissingen. Het was een vereiste van goed beleid dat de hoogste gezagsdraagster met de leden van de Raad rekening hield en hun oordeel zwaar liet meewegen.

Hun medewerking was zelfs noodzakelijk als het ging om wat misschien wel de voornaamste doelstelling was van zestiende-eeuwse vorsten. Ze streefden naar versterking van hun macht, en macht is onbestaanbaar zonder geld. In de Nederlanden miste de landsheer de mogelijkheid zijn onderdanen naar believen belastingen op te leggen. Hij had daarvoor de toestemming nodig van de gewesten, dat wil zeggen van de provinciale staten. Die zouden dan oog moeten hebben voor belangen die een eind buiten hun eigen gewestelijke grenzen lagen. Wilde Karel v oorlog voeren tegen Gelderland, wat ging dat Henegouwen aan? Zou hij de strijd aanbinden met Frankrijk, waarom zou Utrecht zich dat aantrekken? Om in zulke gevallen de aarzelende provincies over de streep te trekken moest de vorst alle middelen van overreding inzetten. De hoge edelen uit de Raad van State waren dan de aangewezen pleitbezorgers.

De landsheer en zijn landvoogdes hadden nog een tweede reden waarom ze een goede verstandhouding met deze heren dienden te bewaren. In het klein laten de ontwikkelingen en problemen van die tijd zich vergelijken met de Europese eenwording van de twintigste en eenentwintigste eeuw. Als de gewesten nauwer op elkaar betrokken raakten, viel er niet aan te ontkomen dat zij traditionele taken en bevoegdheden zouden moeten overdragen aan hogere organen, in rechtspraak zowel als bestuur. Die taken zou men dan toevertrouwen aan ambtenaren die verantwoording schuldig waren aan het centrale gouvernement, en niet dachten vanuit de gewesten. Er zou heel wat geduld en beleid nodig zijn alle provincies op één lijn te brengen, en alweer geldt dan dat de hoge edelen bij uitstek geschikt waren de politiek van de landsheer in eigen omgeving krachtig te stimuleren.

Meer belasting en meer bestuurlijke eenheid. Twee zware eisen, maar het lastigste was misschien nog wel dat de beide doelstellingen gemakkelijk met elkaar in strijd konden komen. De beste manier om provincies tot betalen te bewegen was dikwijls, tegemoet te komen aan hun speciale wensen. Maar juist die wensen konden gericht zijn op de handhaving van hun zelfstandigheid tegenover de Brusselse centralisatiezucht. Onder rustige omstandigheden viel het een met het ander nog wel te combineren. Tot in de jaren vijftig kon men de toekomst met redelijk vertrouwen tegemoet zien. Maar er waren dan ook geen extra uitgaven nodig geweest. Mocht er oorlog uitbreken, dan zou dat de bereidwilligheid van de gewestelijke staten wel eens zwaar op de proef kunnen stellen.

En om de maat vol te meten: voor de hoge regering lagen zelfs gevaren in harmonische samenwerking met de provincies. Zij was de goede betalers welgezind, vooral als die provincies ook nog tot de zwaarst aangeslagenen behoorden. De hoogste bijdragen werden natuurlijk van Vlaanderen en Brabant verlangd, Holland kwam met enige afstand op de derde plaats. In de tijd van Karel v wisten de Hollanders zich een reputatie te verwerven als gewillige contribuanten. Zij betaalden prompt en volledig, dus kregen ze het vertrouwen van de centrale overheid die bereid was met enige welwillendheid naar hen te luisteren. En omdat het blijkbaar mannen waren die hun zaken goed wisten te regelen, kregen ze de ruimte hun eigen belastingstelsel te ontwikkelen en een goed georganiseerde provinciale huishouding op te zetten. Holland deed dat niet met de bedoeling later in opstand te komen. Maar het schiep aldus wel een voorwaarde voor het succes dat deze opstand zou bekronen.[1]

Economie

Een krachtig eenheidsbesef leefde in de Staten-Generaal niet. Velen stonden onverschillig tegenover andere belangen dan die van eigen stad of streek. Wat regio's het meest met elkaar verbindt is een nationale economie. Die kon er in de zestiende eeuw nog niet zijn. De oostelijke gewesten waren zuiver agrarisch. Hun veen- en zandgronden leverden amper genoeg op om de plaatselijke bevolking in leven te houden. Productie voor een interregionale markt was nog onbekend. Het enige product dat daarvoor in aanmerking kwam was de Drentse turf. Maar pas de zeventiende eeuw zou de turfgraverij tot ontwikkeling brengen.

De westelijke provincies waren wel met elkaar verbonden. De noordelijke twee onder hen, Holland en Zeeland, hoorden er duidelijk bij, al werd het kerngebied gevormd door de zuidelijke twee, Brabant en Vlaanderen, in het bijzonder de Europese metropool Antwerpen. Daar klopte het economisch hart van de Nederlanden. Antwerpen was verreweg de grootste stad, tussen 1495 en 1565 gegroeid van 40.000 naar meer dan 100.000 inwoners. In de verhoudingen van de tijd een indrukwekkend getal; in 1565 waren er in heel Europa geen tien steden waarin zo veel mensen woonden. In de Nederlanden was Antwerpen uniek. Gent volgde met 50.000 inwoners op grote afstand op de tweede plaats, dan kwamen Brussel en Brugge met 40.000 en 35.000. Ook dat waren naar de maatstaven van de tijd grote steden. Maar met Antwerpen waren ze niet te vergelijken.

Antwerpens opgang kwam voort uit de bijzondere omstandigheden van de tijd. De zestiende eeuw heeft de geboorte te zien gegeven van de wereldhandel. Portugese en Spaanse zeevaarders hadden de wegen geopend naar Azië, Afrika en Amerika. Had vroeger het gebied rondom de Middellandse Zee de goederen geleverd die langs de landweg uit andere werelddelen naar Europa werden vervoerd, nu werd direct verkeer mogelijk met de overzeese markten. In kwantiteiten uitgedrukt had de koloniale waar niet zoveel te betekenen dat ze een revolutionaire vernieuwing van het assortiment teweegbracht. Ze gaf wel de markt waar deze goederen te koop waren een extra kwaliteit, voor de Nederlanden dus de markt van Antwerpen.

Dat droeg bij tot de verhoging van Antwerpens specifieke meerwaarde in vergelijking tot andere havensteden. In het Europese handelsverkeer hadden zich echter meer veranderingen voltrokken. De bevolkingsgroei deed de vraag naar graan toenemen, en daarmee het belang van de grote korenleverancier van Europa: het gebied rondom de Oostzee. De Nederlanders, en met name de Hollanders, hebben zich al vroeg in het transport van oostzeegraan een overheersende positie weten te verschaffen. Uit Noord-Europa haalden ze ook het timmerhout, waaraan bij de expansie van de zeevaart een nog voortdurend stijgende behoefte bestond. In de zestiende eeuw bleef de houtaanvoer nog bescheiden, maar de aanwezigheid van dit product op de Nederlandse markten stimuleerde wel het handelsverkeer in deze richting. Zo verplaatste het zwaartepunt van de Europese handel zich van de Middellandse Zee naar de Noordzee.

De westelijke provincies van de Nederlanden profiteerden van deze ontwikkelingen het meest, en dat geldt dan wel in het bijzonder voor het noordelijke tweetal. Voor Vlaanderen veranderde er niet zoveel. Het was en bleef groot producent en exporteur van textiel, vooral van wollen stoffen. Voor Holland en Zeeland echter was Antwerpen gemakkelijker bereikbaar dan het vroegere handelscentrum Brugge. Al spoedig intensiveerden zich de relaties tussen Antwerpen en Amsterdam, de belangrijkste havenstad van Holland.

Amsterdam had reeds in de zestiende eeuw veel te bieden. Dankzij de vele binnenlandse waterverbindingen was het vanuit de meeste Noord-Nederlandse steden gemakkelijk bereikbaar, zodat het een distributiecentrum kon worden voor de levering van allerlei basisbehoeften zoals graan, vis, zout en wijn. Het versterkte die positie nog toen het zich in de handel met de Oostzeelanden de leidende rol verschafte. Mede daardoor nam de Amsterdamse handelsvloot sterk in omvang toe, zodat een Amsterdamse koopman vrijwel altijd over transportschepen kon beschikken, die dan weer inzetbaar waren voor allerlei andere taken.

Ook Antwerpse kooplieden wisten dat, en maakten er dankbaar gebruik van. Amsterdam ontwikkelde zich tot een soort voorhaven van Antwerpen, vooral voor goederen afkomstig uit de havens aan de Baltische Zee: graan en hout, maar ook leer en koper. Een deel bleef achter in Amsterdam, een ander deel ging in Amsterdamse schepen verder naar Antwerpen. De economie van deze beide steden raakte dan ook nauw verbonden. Amsterdams positie als leverancier van oostzeegoederen was omstreeks 1550 al zo sterk dat de Duitse Hanzesteden tevergeefs beproefden zijn handel met Antwerpen over te nemen. De twee steden stonden nog lang niet met elkaar gelijk. Maar de onderlinge vervlochtenheid van handel en scheepvaart in Holland en Brabant schiep althans het begin van een belangengemeenschap tussen de westelijke provincies van de Nederlanden. Een echt eenheidscheppende factor was het economische leven niet. Het droeg wel de potentie in zich dat ooit te worden.

Verdeeldheid in de kerk

Samenleven in een staatsverband spreekt nooit vanzelf. Dwang en gewoonte kunnen helpen, maar de verdelende kracht van nationale verscheidenheid doet soms nog na eeuwen een in de kern kunstmatige constructie uiteenvallen. Zo is het in de twintigste eeuw twee grote mogendheden vergaan, de Oostenrijks-Hongaarse monarchie in 1918, en het Russische Sovjet-imperium in 1992. De eenheid van de zeventien provincies heeft veel korter geduurd. Toch is haar principiële levensvatbaarheid eigenlijk nooit op goede gronden betwijfeld. De tijd is wel voorbij dat de geschiedenis van de lage landen gelezen werd als het verhaal van de bij voorbaat gepredestineerde scheiding tussen noord en zuid. Het proces van eenwording had kunnen slagen, als niet andere oorzaken tot opstand en burgeroorlog geleid hadden. Het is dat andere grote vraagstuk geweest dat de eenheid definitief heeft gebroken: de godsdienst heeft het probleem van de eenwording onoplosbaar gemaakt.

Dat is niet gebeurd omdat er van meet af aan een godsdienstige tegenstelling bestaan zou hebben tussen de noordelijke en de zuidelijke gewesten, alsof de Hollander protestant en de Vlaming katholiek zou zijn. De reformatie van de zestiende eeuw was een internationale beweging. Grenzen van staten of provincies hadden voor haar geen betekenis. In heel rooms-katholiek Europa rezen dezelfde vragen, en verspreidden zich dezelfde ideeën. Overal trokken ze ook grote aandacht, want het welzijn van de kerk was in de ogen van de zestiende-eeuwers niet het deelbelang van een groepje gelovigen. De kerk behartigde een algemeen belang dat over de grens van leven en dood heenreikte. Vrijwel ieder was ervan overtuigd dat de dood niet het einde betekende, maar een nieuw begin. De gestorvene zou voor Gods rechterstoel verschijnen, en al naar het vonnis uitviel wachtte hem dan het eeuwige leven of de eeuwige dood. Het was de kerk die hem kon helpen de goede keus te maken, en de toekomst van de kerk kon daarom niemand onverschillig laten.

Het historisch verhaal van de opkomst van de reformatie in en buiten de Nederlanden valt buiten ons bestek. Ons beginpunt ligt immers in 1555. Daarom gaat hier slechts een korte karakterschets vooraf. De reformatie heeft niet een nieuwe kerk willen stichten. Het was niet haar inzet geweest de oude katholieke kerk te scheuren of te breken, maar haar te hervormen. Verjongd en gezuiverd zou de kerk uit de crisis te voorschijn moeten komen. Een welomschreven program had de beweging niet. Daarom heeft ze zich ook niet voltrokken als een revolutie, die strak en rechtlijnig haar doelstellingen doorvoert, en kenmerkte ze zich in haar vroegste fase door aarzeling en vaagheid, in de latere door inwendige verdeeldheid en felle tegenstellingen.

Ze noopte wel iedere overheid tot stellingname. In sommige landen koos die voor de hervormers, en veranderde ze de kerk van katholiek in protestant. Elders werd de nieuwe beweging onderdrukt en vervolgd, hier te lande met bijzondere scherpte. Kerk en overheid stelden zich tegen de ketterij vastberaden te weer. De eerste doodvonnissen werden al in 1523 voltrokken. De kerkelijke rechtbanken die onder de naam 'inquisitie' bestonden, hebben dat woord voor altijd een kwade klank gegeven. Of ze die reputatie verdienen zal in het vervolg nog nader aan de orde moeten komen, want het hoogtepunt van haar impopulariteit valt pas in de jaren zestig van de zestiende eeuw. De reformatie had zich bij ons toen inmiddels gesplitst in drie kanalen. Dat is de toestand waarin we haar in 1555 aantreffen.

Daarmee zeggen we niet dat er toen naast de katholieke kerk drie nieuwe bestonden. Een van de stromingen, de oudste van de drie, heeft geen institutionele bedding gezocht. Ze is voortgekomen uit de herleefde belangstelling voor de klassieke letteren, ofwel de humaniora. Vandaar dat men sprak van humanisten. In de Nederlanden van de vijftiende eeuw was die interesse altijd sterk verbonden geweest met aandacht voor de christelijke Oudheid. Daarom spreekt men van bijbelse humanisten. Zij maakten studie van de bijbel, maar dan op een nieuwe manier. Ze maakten zich los van de theologie, en lazen de tekst zoals ze dat ook met klassieke schrijvers deden. Ze eerbiedigden de bijbel als Heilige Schrift, maar bonden zich in hun schriftuitleg niet aan de dogmatische tradities van de katholieke kerk. Ethiek betekende voor hen ook meer dan dogmatiek, zoals in het werk van de grootste bijbelse humanist, de Nederlander Desiderius Erasmus.

Behoefte die kerk te verlaten hadden de Nederlandse humanisten niet. Van schisma's hadden ze een afkeer. Maar het kerkelijk instituut had voor hen slechts een beperkte betekenis. Zij zochten zelf de gemeenschap met God, zonder zich te binden aan traditionele kerkelijke geboden. Ze hechtten nauwelijks waarde aan ritueel en ceremonieel. Zij zagen geloof als een persoonlijke keuze, die door ernstige studie tot stand kwam. Gelovigen die zo gezind waren konden genoegen nemen met de katholieke kerk. Als die hier te lande later vervangen wordt door de gereformeerde, zullen zij geneigd zijn dat op zichzelf als een verbetering te beschouwen, zonder zich te committeren aan de gereformeerde belijdenis. Geloof blijft voor hen primair een individuele daad.

Deze stroming voelt zich verbonden met Erasmus, en ze zal later een spraakmakend vertegenwoordiger krijgen in de strijdbare tolerant Dirck Volkertsz. Coornhert. Historisch gezien is ze van groot belang, omdat zij altijd steun heeft kunnen vinden binnen de culturele en sociale elite. Haar volgelingen zijn niet door de tijd heen steeds even talrijk, maar op zijn minst als onderstroom is deze richting een constante waarde in het Nederlandse godsdienstige leven. Agressief en strijdbaar was dit geloof niet. Zij die op het bijbels humanisme georiënteerd waren, neigden er niet toe in tijden van geloofsvervolging hun afwijking van de officiële kerkelijke wegen nadrukkelijk tentoon te spreiden. Ze zochten het martelaarschap niet, en wachtten op betere tijden.

Anderen hadden de katholieke kerk reeds lang de scheidbrief gegeven. De eersten die deze radicale breuk met het verleden aandurfden waren de dopers, de tweede stroming die zich binnen de reformatie aftekende. Omstreeks 1530 waren zij reeds overgegaan tot de stichting van een ondergrondse kerk, die alle taken van de oude overnam. Hun belangrijkste uiterlijke kenmerk was dat zij alleen volwassenen doopten, en geen kinderen. Kinderdoop had voor hen geen enkele waarde. Ze erkenden die niet als geldige doop, en daaraan dankten zij de naam wederdopers. Zelf hadden ze immers direct na hun geboorte die doop reeds ontvangen door de beslissing van hun katholieke ouders, maar daaraan hechtten zij geen betekenis meer.

Voor ongedoopten was naar de katholieke leer in de hemel geen plaats. De helft van alle geborenen bereikte nooit de volwassen leeftijd. Wie zou het dan zijn kind durven aandoen, het willens en wetens ongedoopt te laten? Afwijzing van de kinderdoop was naar zestiende-eeuwse maatstaven een vorm van buitenissig en onverantwoord gedrag. Maar voor de doperse vromen heeft door de eeuwen heen gegolden dat zij geen aarzeling kenden af te wijken van algemeen gangbare normen. Wat hen karakteriseert is de onverbiddelijke eenheid van woord en daad, zonder concessies of compromissen. Wat de bijbel zegt moet gebeuren, en wat de bijbel verbiedt moeten we laten. Waar zegt de bijbel iets over kinderdoop of misoffer? De kerk die de sacramenten zo bedient, is volkomen van de waarheid afgeweken, en wie op haar vertrouwt zal bedrogen uitkomen. Daarom scheiden de dopers zich af van de kerk en bevrijden ze zich van haar tradities en geboden.

In haar jeugd heeft de doperse beweging ook naar het zwaard gegrepen om met geweld het koninkrijk Gods op aarde te verwezenlijken door aanslagen in Münster en Amsterdam. In 1555 was die fase reeds voorbij. Juist geweldloosheid werd toen een hoofdkenmerk van de doperse beweging, die haar voornaamste vormgever intussen had gevonden in de Friese ex-pastoor Menno Simons. Ze bleef echter wezenlijk zichzelf gelijk in de radicale eis van volstrekte gehoorzaamheid aan al Gods geboden. Dopers christendom wees alle compromissen af. Het wilde kaf en koren scheiden door de vorming van een gemeente zonder vlek of rimpel, vrij van de smetten van de wereld.

Wil zo'n groep zich ondergronds handhaven bij zware druk van vervolging, dan moet ze samenhang hebben. De doperse groepen vormden dan ook een soort netwerk, waarbinnen de een de ander tot steun was. Raakten doperse ouders in gevangenschap, dan zorgden geloofsgenoten dat de kinderen een plaats kregen in gezinnen uit eigen kring. Dat doperse netwerk hield de broeders en zusters bij elkaar, en versterkte hun overtuiging door het gevoel van verbondenheid met een grotere gemeenschap, waarbinnen men elkaar tot hand en voet was.[2] Zo waren ze beter tegen de druk bestand.

Die onderlinge solidariteit was belangrijk, want ook in de Nederlanden gold dat men de dopers kon herkennen aan hun onberispelijke levenswandel. En zoals het in deze wereld meestal toegaat: wie zich altijd fatsoenlijk gedroeg week af van wat mensen van elkaar verwachtten, en viel dus op. Dat was gevaarlijk in een tijd waarin aanhangers van de reformatie vervolgd werden, in het bijzonder de dopers, die het algemeen gekoesterde wantrouwen meedroegen tegen de erfgenamen van de Münsterse uitspattingen. Onder de slachtoffers van de geloofsvervolging zijn ze dan ook talrijk geweest.

De hoofdstroom van de reformatie was echter ook in de Nederlanden de derde, die zich pas in de jaren vijftig zou manifesteren. De doperse afscheiding had aanvankelijk geen navolging gevonden bij andere vernieuwingsgezinden. Als ze aansluiting bij elkaar zochten, gebeurde dat in kleine gezelschappen van gelijkgezinden, zonder dat er een organisatie achter stond. Voor velen zou de behoefte aan een eigen georganiseerd verband ook helemaal niet rijzen. Ze hoopten wel op verandering, maar bleven in de katholieke kerk. Vernieuwde de kerk zich niet op eigen kracht, dan stond het aan de overheid haar betere regels op te leggen. Zolang dat niet gebeurde, voelden ze zich niet tot eigen initiatieven geroepen.

Een kleine minderheid echter liet deze passieve houding varen. Zij was tot de conclusie gekomen dat vernieuwing zoals die haar voor ogen stond, binnen de katholieke kerk niet gerealiseerd kon worden. Een breuk was de enige oplossing: een nieuw kerkverband met eigen plaatselijke gemeenten. Drijvende kracht achter deze gemeentevorming was een nieuwe richting, die van de calvinisten. Het calvinisme nam geen genoegen meer met een geloof dat zijn reformatorische gezindheid bewaarde voor de binnenkamer, en zich in het openbaar schikte naar de regels van de heersende kerk. Nicodemieten, placht Calvijn zulke bedeesde gelovigen te noemen. Zij gedroegen zich als de joodse schriftgeleerde Nicodemus, die alleen heimelijk in de nacht tot Jezus durfde te komen. Maar wie christen wilde zijn, moest ook zijn naam belijden voor de mensen. Hij kon geen twee heren dienen, en moest kiezen tussen Rome en reformatie. De calvinisten stichtten daarom hun gemeenten onder het kruis, die een scherp onderscheid maakten tussen hen die zich wel en hen die zich niet bij de kerk hadden aangesloten. De ware en de valse kerk, zo zei hun Nederlandse geloofsbelijdenis het, zijn lichtelijk van elkaar te onderscheiden. Daarom is ieder schuldig zich bij de ware kerk te voegen.

Een wezenlijk nieuwe boodschap bracht het calvinisme niet. De reformatie was in de beginperiode vaag en onduidelijk in haar doelstellingen, maar ze had wel een vast uitgangspunt. Overal ging de stimulans tot vernieuwing uit van lectuur en studie van de bijbel. Herleefde aandacht voor de bijbel is de kern van de reformatie. Daarin stemmen bijbelse humanisten, dopersen, lutheranen en calvinisten met elkaar overeen. De overeenkomst gaat nog verder. Voor allen stond ook vast dat de bijbel niet een door mensen uitgedacht boek was, maar het geopenbaarde Woord van God. De Heilige Schrift ging boven alle menselijke wijsheid uit. De zestiende-eeuwers kenden het woord 'fundamentalisme' nog niet. Het zou voor hen onbruikbaar zijn geweest, omdat het geen onderscheid maakte. De reformatie kende richtingen genoeg, maar alle hadden hetzelfde vertrekpunt gekozen: de bijbel was Gods onfeilbaar Woord.

Verschil begon pas bij de uitleg, in tweeërlei opzicht. De belangrijkste vraag werd eigenlijk nooit nadrukkelijk gesteld, maar het antwoord gaf wel aan waar voor ieder de kern van de reformatie lag. Welk bijbelwoord zou stuur geven aan de verklaring van de gehele Schrift? Bij Luther kunnen we dan denken aan Romeinen 5:1, 'wij dan, gerechtvaardigd uit het geloof, hebben vrede met God door onze Here Jezus Christus'. De dopers leggen alle nadruk op teksten als Marcus 16:16: 'wie gelooft en zich laat dopen, die zal zalig zijn'. Tussen Calvijn en Luther is weinig verschil, maar bij Calvijn gaat het ook om een tekst als Romeinen 8:28, 'wij weten dat God alle dingen doet medewerken ten goede voor hen, die God liefhebben, die naar zijn voornemen geroepen zijn'. Zo gaf elke richting op haar wijze antwoord op de vraag die allen tot de bijbel gebracht had: hoe kan de mens het eeuwig heil verwerven?[3]

Het tweede verschil was welbeschouwd van ondergeschikt belang, maar in de zestiende-eeuwse verhoudingen nam het buitengewone proporties aan. Vanouds was in de katholieke leer het heil verbonden met de genademiddelen van de kerk, in het bijzonder met de tekenen die door Christus zelf waren ingesteld, de zogenaamde sacramenten. De reformatie ontkende weliswaar deze directe relatie tussen heil en sacrament, maar koesterde wel diepe eerbied voor de door Christus ingestelde tekenen, als hoedanig ze doop en avondmaal erkende. De doop bracht binnen de reformatie een tweedeling teweeg tussen voorstanders en tegenstanders van de kinderdoop. Een andere tweedeling ontstond rondom het avondmaal. Toen Christus het avondmaal instelde, reikte Hij zijn discipelen het brood aan onder het uitspreken van de woorden: 'dit is mijn lichaam'. Is Christus derhalve lichamelijk in het avondmaal aanwezig? Luther was er vast van overtuigd geweest. Voor de Zwitser Zwingli, en ook voor de bijbelse humanisten, was het avondmaal bedoeld als gedachtenis. Calvijn zag de viering van het avondmaal als het oefenen van de geestelijke gemeenschap met God. In de onderlinge gesprekken tussen de theologen van de onderscheiden richtingen bleef de avondmaalskwestie altijd de geesten sterk verdelen.

Wel was de vorm van de avondmaalsviering voor alle groepen dezelfde. In hoeverre de gelovigen haar toch verschillend beleefden is een weinig onderzochte vraag, waar wellicht ook nooit een antwoord op gevonden zal worden. Onderschatten moeten we de betekenis van de avondmaalsdiscussie niet. De reformatie heeft altijd zeer beslist stelling genomen tegen de katholieke sacramentsleer, dat brood en wijn bij de mis werkelijk veranderen in het lichaam en bloed van Christus. Wie in gevangenschap raakte en zich moest verantwoorden, zou vrij zeker op deze punten ondervraagd worden. Daar zou de gemeente hem ook voor toerusten. De Heidelberger catechismus, die in de zestiende eeuw uit het calvinisme is voortgekomen, noemt de katholieke wijze van viering onbewimpeld 'een vervloekte afgoderij'. De opstellers van de catechismus wilden de gelovigen daarmee aansporen klare taal te spreken, ook als het om hun leven zou gaan. Calvinisten moesten bereid zijn het martelaarschap te aanvaarden. Precies dat zou van hen in de komende jaren ook gevraagd worden.

Filips II in de Nederlanden

Petrus de Lange, broodschrijver van beroep, gaf in 1670 een boekje uit in klein formaat, met de voornaamste geschiedenissen in de Nederlanden voorgevallen, tot een eeuwige memorie voor ons en onze kinderen. Hij begon in 1550. Zijn tijd- en vakgenoot Arnoldus Montanus waagde zich ook aan een kort begrip der Nederlandse oorlogen en voorvallen, maar op langere termijn. Het titelblad spreekt van 'sestien honderd jaaren'. Zijn boek is meer dan duizend bladzijden dik. Op pagina 42 zijn we al aangeland in 1555. Dan wordt het dus pas ernst met die Nederlandse geschiedenis.

Deze schrijvers waren geen mannen met eigen wetenschappelijk gezag. Zij spraken slechts na wat ze van anderen hadden geleerd, en in de zeventiende eeuw gemeengoed was geworden. We zeiden eerder dat een geschiedenis van de Nederlanden eigenlijk pas begint in de zestiende eeuw, omdat dan eenheid van gouvernement ontstaat. Eer de eeuw voorbij was, werd die eenheid definitief verbroken. Een opstand maakte scheiding tussen noord en zuid, en de Nederlanden vielen in twee stukken uiteen. Die opstand riep de staat in leven die tot op heden voortleeft in het Koninkrijk der Nederlanden. Die nieuwe staat is zijn afzonderlijk bestaan begonnen in 1572. Zijn geschiedenis begint met die opstand, en moet van daaruit begrepen worden.

Dat bedoelden Petrus de Lange, Arnoldus Montanus en al die anderen. De Republiek der Zeven Verenigde Nederlanden waarin zij leefden was het resultaat van de opstand tegen Spanje. Met die gebeurtenis wilden ze dus hun verhaal openen, en dan begonnen ze in of omstreeks 1555. Dat is ook een goed verdedigbare beslissing. Opstanden en revoluties komen niet uit de lucht vallen, en vragen dus ter verklaring inzicht in de voorgeschiedenis. Maar als al de zeventien provincies in 1555 als gevolg van een natuurcatastrofe door de zee verzwolgen waren, zou geen enkele geschiedschrijver later hebben vermoed dat ze anders binnen korte tijd aan een opstand ten prooi zouden zijn gevallen. Na 1555 neemt die waarschijnlijkheid snel toe. Als de jaren zestig aanbreken, zien we dat de mensen zelf met de mogelijkheid ernstig rekening gaan houden. In 1566 is de opstand een feit geworden.

Dat alles rechtvaardigt de keus van het jaar 1555. Het is een jaar dat ook betekenis heeft op zichzelf. Karel v, dezelfde man die alle Nederlanden onder de heerschappij van het huis Habsburg had gebracht, droeg op 25 oktober 1555 de regering over aan zijn zoon Filips. Deze zoon heeft iets korter geregeerd dan de vader, en meer grondgebied verloren dan zijn vader ooit veroverd had. Waarom de schepping van Karel de tijd niet doorstaan heeft, is een vraag die niet beantwoord kan worden met een simpele verwijzing naar het verschil in karakter tussen vader en zoon. Maar Filips is wel de man geweest die de nieuwe uitdagingen het hoofd heeft moeten bieden. Hij heeft die verantwoordelijkheid volledig aanvaard, en zich nooit achter anderen verscholen. Daarom zijn zijn karakter en ambtsopvatting reële factoren in het krachtenspel geweest. Enige kennis van zijn persoon zullen we niet kunnen missen.

Als verantwoordelijkheidsbesef de voornaamste vorstendeugd is, mag Filips gerust een modelheerser heten. Plicht en roeping beheersten zijn leven. Miljoenen onderdanen waren aan zijn zorgen toevertrouwd, en hij was zich daar elke dag van bewust. Maar hij wilde die last alleen dragen. Ook zijn naaste medewerkers kregen nooit goed vat op hun in zichzelf gekeerde soeverein. Bleek dat zij hem goede raad gegeven hadden, dan wonnen zij daarmee niet zijn vertrouwen. Integendeel, hun succes stemde Filips achterdochtig, alsof zij een deel van de verantwoordelijkheid wilden overnemen, die niemand anders dan hemzelf toekwam.

Had Filips beschikt over het vermogen zijn eigen wil krachtig aan anderen op te leggen, dan had zijn verheven plichtsbesef wellicht uitdrukking kunnen vinden in een even energiek als inspirerend beleid. Filips hield echter wel zijn doelstellingen vast in het oog, maar was weifelend en wankelmoedig in de keus van zijn middelen. Hij wist wat hij wilde – een groot katholiek rijk, vanuit zijn residentie bestuurd – maar de weg daarheen was niet afgebakend, en kon dat ook niet zijn. Filips regeerde over Spanje, de Nederlanden, Napels, Sicilië, Milaan, een groot deel van Amerika, de Filippijnen, na 1580 ook over Portugal en de vele overzeese bezittingen van dat koninkrijk. Overal moest hij zich laten gelden naar de mate van zijn waardigheid en macht. Strookten de belangen van andere mogendheden niet met de zijne, dan voelde hij zich geroepen de handschoen op te nemen. Vaak heeft hij dan ook strijd moeten leveren op twee of drie fronten tegelijk. Zijn politiek moest wel regelmatig botsen met die van Frankrijk, Engeland en Turkije, om van kleine Duitse en Italiaanse vorstendommen maar niet te spreken. Politieke prioriteiten wisselden al naar gelang de spanningshaarden. Een consequent en doelgericht beleid voor één deel van zijn rijk – bijvoorbeeld voor de Nederlanden – riep meer problemen op dan zelfs een koning met zo veel macht en hulpmiddelen tot een oplossing kon brengen.

Op die vijfentwintigste oktober van het jaar 1555 liet zich veel van dit alles vermoeden. Zelfs de meest welgezinde toverfee zou het niet aangedurfd hebben Filips een toekomst te voorspellen zonder oorlogen met Fransen en Turken. Evenmin kon iemand verwachten dat Spanjes koloniaal monopolie nooit zou lijden van gewapende inbreuk door Europese concurrenten. En natuurlijk zou hier of daar wel eens een opstand uitbreken, zoals Karel v in 1539 had moeten ervaren met zijn geboortestad Gent. Maar de Nederlanden als geheel leken geen risico voor vrede en rust. De plechtigheid van de regeringsoverdracht had dat gevoel van ongestoorde veiligheid nog kunnen versterken.

De geschiedschrijving heeft immers voor ons het beeld bewaard van de oude keizer, die voor de laatste maal zijn Nederlandse onderdanen toespreekt in de publieke vergadering van de Staten-Generaal, leunend op de schouder van zijn jeugdige gunsteling, Willem van Oranje. De prins is er altijd trots op gebleven. Toen hij vijfentwintig jaar later publieke verantwoording aflegde van zijn leven en bedrijf, beroemde hij zich nog op dat keizerlijk eerbetoon. Zo was het ook ongetwijfeld bedoeld. Karel drukte met dit gebaar zijn bijzondere vertrouwen in Oranje uit. Dat gebeurde in het openbaar, op een van de meest publieke momenten van zijn leven. Juist in dat publieke karakter lag de eigenlijke betekenis van deze daad. Karel stond op het punt alle macht uit handen te geven. Voor geen enkele favoriet kon hij nu nog iets doen. Die hand op Willems schouder gaf de boodschap door aan Karels opvolger Filips: let op deze man; gebruik zijn diensten, en beloon hem naar de waarde van zijn talent.

Dat gold niet alleen de prins van Oranje. In zijn redevoering prees de keizer de trouw en gehoorzaamheid die de Nederlanders hem altijd bewezen hadden. Nu hij zijn waardigheden overdroeg aan Filips, beval hij de ingezetenen in de zorg en liefde van zijn opvolger aan. Karel trad niet in bijzonderheden over de manier waarop. Kende hij de Nederlanden, dan wist hij dat het op twee dingen aankwam. Eigenlijk waren het er drie, maar het derde was voor Karel onbespreekbaar. In zijn afscheidswoord had hij Filips bezworen standvastig te blijven in de vreze Gods en de katholieke leer. Mochten er ingezetenen zijn die de vreze Gods met een andere leer verbonden, dan wisten zij nu, dat de nieuwe landsheer van zijn vader in elk geval een krachtige aansporing had ontvangen strikt vast te houden aan een op Rome afgestemde koers. Voor ketterij zou in het rijk van Filips geen plaats mogen zijn.

De godsdienstkwestie bleef in Brussel dus buiten de agenda. Maar wie op dat terrein geen concessies wilde doen, moest dan des te beter acht slaan op de beide andere punten. Het ene was de verhouding tussen de landsheer en de hoge adel in de Nederlanden. De edelen moesten zorgen voor het noodzakelijke draagvlak, ook als de regering zich verplicht zou voelen tot het opleggen van impopulaire maatregelen. Zij moesten leiding geven bij de uitvoering, een verantwoordelijkheid die des te zwaarder woog omdat hun heer gewoonlijk buitenslands vertoefde. Zij zouden dus niet onder zijn dagelijkse controle staan, maar wel beslissende invloed uitoefenen op het feitelijk effect van zijn beleid.

Het andere punt was de verhouding tot de provincies en hun Statenvergaderingen. Daar moest immers het geld vandaan komen om alle maatregelen te bekostigen, populair of impopulair. Vroeg de landsheer hun om geld, dan heette dat een bede. Hier was een permanente spanning ingebouwd. Wie een bede toestaat is hoger dan wie de bede doet, en toch stond hier de heer tegenover zijn onderdanen. De vorst had de macht in handen, en de Staten beheerden de buidel. Maar macht en geld laten zich niet blijvend scheiden. Wie macht heeft wil vrij zijn in de keus van zijn middelen, wie geld heeft verlangt zelf te bepalen hoe zijn rijkdom wordt besteed. De tegenstelling tussen geld en macht is dan ook in veel Europese landen inzet geweest van langdurige strijd. Meestal won macht. Dan verloren de Staten hun instemmingsrecht, en vestigde zich het vorstelijk absolutisme. In sommige landen was het geld de winnaar. In Engeland werd de koning ondergeschikt aan het parlement, in de Republiek van de Zeven Provinciën gingen de Staten regeren zonder vorstelijke inmenging.

Dat alles lag nog ver in de toekomst. Maar het probleem bestond ook al in 1555. Filips had geld nodig, veel geld zelfs, want hij moest oorlog voeren. Zijn vader had een reeks oorlogen met Frankrijk uitgevochten, en de erfenis van Frankrijks vijandschap overgedragen aan zijn zoon. De strijd zou telkens weer oplaaien, omdat de oorzaak van het conflict bleef bestaan. Frankrijk werd in het noorden begrensd door de Nederlanden, in het zuiden door Spanje. In beide landen regeerde het huis Habsburg. Het Duitse Rijk aan de oostgrens stond onder een keizer uit datzelfde huis, terwijl de Franche Comté Habsburgs bezit was, evenals grote delen van Italië. Frankrijk lag dus aan alle kanten ingesloten en liep gevaar een satelliet te worden van een oppermachtig Habsburg. Zolang die bedreiging voortduurde, zou Frankrijk trachten het Habsburgse overwicht te breken.

Wel werd nu en dan vrede gesloten, maar dat leverde niet meer op dan een tijdelijke onderbreking van de strijd. In februari 1556 waren de partijen een vijfjarig bestand overeengekomen. Na ruim een jaar werd het verbroken. Veel eer legden de Fransen er niet mee in. Aan deze zijde van de grens stonden vijftigduizend man gereed, en de fleur van de Nederlandse adel had zich naar het strijdtoneel gespoed: Oranje, Egmond, Berlaymont, Aerschot, Megen, Mansfeld... later zouden ze elkaar naar het leven staan, nu vochten ze zij aan zij. Egmond beleefde zijn grootste uren. In de veldslagen van Saint-Quentin en Grevelingen behaalde hij de overwinning, en vestigde hij zijn naam in de Nederlanden als krijgsman van formaat. Zo bereidde hij de weg naar vrede, die in 1559 te Cateau-Cambrésis werd gesloten.

Beide partijen waren ook aan vrede toe. Zelfs met de kwaadste wil had de oorlog niet veel langer kunnen duren. Frankrijk was financieel uitgeput, en Filips had bij het begin van zijn regering een zo zware schuldenlast moeten overnemen, dat hij al in 1557 niet meer aan zijn verplichtingen kon voldoen. Filips moest dus op zoek naar geld en had zich daartoe reeds in 1556 gewend tot de gewestelijke staten. Het duurde lang voordat ze hem tegemoetkwamen. Betaalden de Nederlanders niet veel meer dan de Spanjaarden of de Italianen? Waren al die oorlogen niet eerder dienstbaar aan de belangen van deze Zuid-Europese volken dan aan die van de Nederlanden? Onvermijdelijke vragen, die des te meer klemden omdat met de onderzoeksmiddelen van de tijd een helder antwoord onmogelijk was. Niemand kon objectief de draagkracht van een land of provincie vaststellen. Een akkoord werd pas in 1558 bereikt. Afgevaardigden van alle gewesten, vergaderd in de Staten-Generaal, verklaarden zich bereid jaarlijks gedurende een periode van negen jaar tezamen een som van 800.000 pond op te brengen.[4] De inzameling van deze zogenaamde negenjarige bede zou door de provincies zelf geregeld worden. De koning zou het geld krijgen, maar de centrale regering mocht zich niet met de heffing van de belastingen bemoeien. Beide partijen konden zo het gevoel overhouden dat ze een te hoge prijs hadden moeten betalen.

Filips wilde geen koning zonder macht zijn. Ervaringen als deze versterkten hem in de wens zijn greep op rechtspraak en bestuur te versterken. Het zwaartepunt moest definitief verschuiven van de provincies naar de regering in Brussel. Niet de afgevaardigden van de staten, maar de ambtenaren van de koning zouden de dienst uitmaken. We kunnen het beleid zoals Filips dat voorstond benoemen met twee sleutelwoorden die overal in West-Europa van toepassing waren: centralisering en bureaucratisering. Dat proces was ook in de Nederlanden reeds langer gaande. We zagen het weerspiegeld in de wijze waarop de Geheime Raad en de Raad van Financiën waren samengesteld. De academisch gevormde juristen gaven de toon aan, de oude adellijke elite was op het tweede plan geraakt.

Deze verandering was noodzakelijk en onvermijdelijk, in het belang van doelmatigheid en goede orde. We zullen later zien dat zelfs de opstandige Nederlanden tot op zekere hoogte eenzelfde beleidslijn volgden. Na de dood van Willem van Oranje kwam de dagelijkse leiding niet te berusten bij een hoge edelman, maar bij een jurist van burgerlijke afkomst, de landsadvocaat Johan van Oldenbarnevelt. Maar mensen van de vroegmoderne tijd – zestiende- en zeventiende-eeuwers – waren sterk geneigd gezag en geboorte met elkaar te verbinden. Ook dat viel te beredeneren vanuit de wens naar maximale doelmatigheid. Overal in de maatschappij was het regel dat vaders en zonen elkaar opvolgden in hetzelfde beroep. Wie zou beter geschikt zijn de winkel of de werkplaats over te nemen dan de jongen die daar van kind af was opgegroeid? Maar als dat gold voor ambachten, waarom zou het dan niet waar zijn voor de hoge ambten in de staat? Ook de jonge edelman of regentenzoon kon al vanaf zijn vroegste jaren geschoold worden in de plichten waartoe zijn geboorte hem riep. Hij zou het zien als zijn natuurlijk recht, eens zijn vader op te volgen in dezelfde ambten en waardigheden.

De oude en de nieuwe doelmatigheid zouden nog lang elkaars concurrenten blijven. Het zou te simpel zijn de twee tegenover elkaar te stellen als lage en hoge kwaliteit. Het ging om twee verschillen: ten eerste stond scholing thuis en in de familiekring tegenover scholing aan de universiteit en op het kantoor. Ten tweede werden de leidinggevende personen bij het oude systeem gerekruteerd uit de adel, bij het nieuwe uit de burgerij. Voorspraak en patronaat waren in beide gevallen in het systeem begrepen. Op den duur konden die ook een burgerlijk ambtenarenapparaat verzieken. Bij de opbouw van een nieuw kader echter spraken vooral de voordelen van de moderne doelmatigheid. De keus was ruimer, de erkentelijkheid van de begunstigden daarom des te groter.

Dat was de lijn van Filips. De gehoopte veranderingen zouden zich echter slechts langzaam kunnen voltrekken, en ook dan zou het gevolg nooit kunnen zijn dat de ene groep de andere volkomen verdrong. De macht van de hoge edelen steunde op rijkdom, clientèle en prestige. Hun positie was veel te sterk om hen van alle ambten en waardigheden uit te sluiten. Zoals we zagen waren zij in groten getale in het legerkamp aanwezig, en ook aan het hof in Brussel was de koning altijd door hoge adel omringd. Maar zoals de Spanjaarden aan Karels hof geklaagd hadden over de prominente aanwezigheid van Nederlandse gunstelingen, zo toonde Filips een opvallende voorkeur voor het gezelschap van zijn Spaanse landgenoten. Filips voerde een grote staat, zijn gevolg werd op wel duizend man geschat. Maar volgens de Venetiaanse ambassadeur was slechts één op de tien geen Spanjaard.[5]

De Nederlanders voelden zich buitengesloten. Filips bleef vier jaar in de lage landen, en dit had hun kans moeten zijn de aandacht van hun heer te trekken. Wat kon een edelman zich beter wensen dan de nabijheid van zijn hoogste patroon? Maar het was vergeefse moeite, als de vorst steeds door een haag van Spanjaarden omgeven was. De Nederlanders leefden op toen Filips eindelijk besloot naar Spanje terug te keren. Gezien de omstandigheden zeer begrijpelijk, niettemin een verontrustend teken. Filips' aanwezigheid in zijn noordelijkste bezittingen had niet het gevolg gehad dat men daar natuurlijkerwijs juist van mocht verwachten. Zijn voornaamste vazallen gaven hun trouw aan het koningshuis niet op, maar ze waren er allerminst in versterkt.

Beginnende oppositie

Zolang het huis Habsburg over de Nederlanden regeerde, had in Brussel altijd een plaatsvervangend hoofd van het bestuur gezeteld. Onder Karel waren dat achtereenvolgens zijn tante Margaretha en zijn zuster Maria geweest. In 1555 werd een landvoogd aangesteld, Emanuel Filibert van Savoye. De verwachting was toen dat Filips spoedig zou vertrekken. Daar Filips echter bleef tot 1559, scheen de functie overbodig. De landvoogd deed feitelijk dienst als generaal in de oorlog tegen de Fransen. Toen de koning vertrok, zag Emanuel Filibert van een verlengde aanstelling af. In zijn plaats kwam weer een landvoogdes, ditmaal een dochter van Karel v, zij het buiten het huwelijk verwekt: Margaretha van Parma, in 1522 te Oudenaarden geboren. Zoals haar naam uitwees was ze getrouwd met een Italiaan, maar Filips kon haar toch voldaan presenteren als 'zijn eigen zuster, geboren en getogen in deze landen'.[6]

Bestuurlijke ervaring had ze nog niet opgedaan. De geschiedenis getuigt evenmin dat ze grote natuurlijke gaven van leiderschap heeft bezeten. Zo'n landvoogdes zou sterk zijn aangewezen op goede adviseurs. Dat was een tweede kans voor de hoge edelen. Nu Filips van hun diensten geen gepast gebruik had gemaakt, kon zijn halfzuster dat tekort aan aandacht vergoeden. Bij zijn afscheid had de koning hen op hoge posten geplaatst. Egmond werd stadhouder over Vlaanderen en Artois, Oranje over Holland, Zeeland en Utrecht. Andere provincies vielen toe aan Bergen, Montigny, Berlaymont, Aremberg, Megen en Mansfelt. Met Horne, die tijdelijk buitenslands vertoefde, met Hoogstraten, met de hertog van Aerschot en wellicht Noircarmes zijn dan wel ongeveer alle namen genoemd die destijds de meest gerespecteerde klank hadden: de twaalf aanzienlijkste mannen van de Nederlanden.

De meesten waren nog jong. Slechts Mansfelt en Berlaymont waren boven de veertig, en Oranje, de jongste, was niet ouder dan zesentwintig. Ze hoopten allen op een mooie loopbaan in dienst van hun heer. Aerschot en Mansfelt hebben dat doel bereikt, in iets mindere mate ook Berlaymont. Oranje is vermoord, Horne en Egmond werden onthoofd, Bergen en Montigny stierven in gevangenschap, Aremberg sneuvelde, Megen stierf aan verwondingen opgelopen in de strijd, Hoogstraten liet het leven tijdens Oranjes veldtocht in 1568. Zolang de adelstand op het publieke toneel een hoofdrol vervulde, zijn er edelen gestorven op het slagveld. Dan lieten zij het leven in dienst van hun heer. Zo zijn Aremberg en Megen aan hun einde gekomen. Maar al de anderen hadden zelf hun lot over zich afgeroepen. In de jaren van Margaretha's landvoogdij zijn zij de oppositie begonnen die de meesten van hen een vroege dood zou brengen.

Het is hun niet gelukt Margaretha voor zich te winnen, omdat Filips al andere raadslieden voor haar had uitgekozen. Het was niet onlogisch dat zij wat vaker overlegde met de voorzitters van haar adviesraden, Berlaymont en Viglius. Berlaymont, al tien jaar president van de Raad van Financiën, onderscheidde zich onder de edelen door een onveranderlijke loyaliteit. Zijn hart gaf hem dat zo in, en zijn grote familie kon hem telkens in herinnering brengen dat trouwe dienst de beste kans op goede baten geeft. Viglius presideerde zowel in de Geheime Raad als in de Raad van State. De eerste waardigheid had hij in 1549, de tweede in 1555 verworven. Viglius van Aytta vertegenwoordigde in de Raad van State de nieuwe doelmatigheid. Deze voormalige hoogleraar in de rechten dankte zijn carrière aan scholing, bekwaamheid, en een goed ontwikkeld inzicht in de machtsverhoudingen, zodat hij op de juiste momenten de passende beschermers wist te vinden. Met zijn Friese geboorteland zou hij zijn leven lang goede banden onderhouden.

Ook Viglius en Berlaymont bleven echter in de schaduw staan van de man die onder Margaretha's officiële gezag het werkelijke hoofd van de regering was: Antoine Perrenot, bisschop van Atrecht, naderhand kardinaal en aartsbisschop van Mechelen, en in de geschiedenis vooral bekend geworden onder de naam Granvelle. Het is niet vreemd dat hij het vertrouwen van Filips genoot. Granvelle was ervaren, scherpzinnig en competent. Wie deze drie deugden op hoog niveau verenigt, kan de wijsheid van een staatsman bezitten. Wat ons doet aarzelen hem op die

Antoine Perrenot (1517-1586). Kardinaal van Granvelle, minister van Karel v en Filips ii.

Onbekende schilder, 1565. Copyright Rijksmuseum Amsterdam.

hoogte te plaatsen is niet zijn hebzucht of zijn ruim politiek geweten. Groteren dan de kardinaal hebben diezelfde ondeugden gehad.

Granvelles tekort ligt eerder in de eigenschap die Filips juist als een kwaliteit beschouwd zal hebben. Hij placht zijn werk te doen als een modelambtenaar: bekwaam in zijn vak, vertrouwd met het dossier, altijd klaar om te adviseren – en dan was de grens bereikt. Meer stond Filips hem niet toe, en meer zou deze minister ook niet proberen. Granvelle kende zijn plaats. Daarom heeft hij ook altijd een hoge positie weten vast te houden, was het niet in de Nederlanden, dan wel in Italië of Spanje. Hij is nooit in ongenade gevallen. Maar hij zag wel dingen gebeuren die hij onder eigen verantwoordelijkheid terecht vermeden zou hebben. De koning rekende hem dat niet aan, het publiek wel. Granvelle miste namelijk een typisch ambtenaarlijke hoedanigheid. Hij verstond niet de kunst op de achtergrond te blijven. Zijn eerzucht dwong hem zich in het licht van de schijnwerpers te stellen. Alles wat het bewind van de landvoogdes Margaretha gehaat kon maken werd op zijn rekening bijgeschreven. Daar was inderdaad alle reden toe, maar Granvelle deed ook geen moeite de schijn van het tegendeel te wekken.

Granvelles optreden prikkelde de hoge edelen, zonder dat het dadelijk kwam tot een hoogoplopend conflict. Niet toevallig vormde een kerkelijk vraagstuk daartoe de eerste inzet. Filips was allang van oordeel dat de kerkelijke organisatie in de Nederlanden versterkt moest worden. Wilde de katholieke kerk het hoofd bieden aan de nieuwe leer, dan diende ze haar controle te intensiveren en de kwaliteit van haar personeel te verhogen. Zo'n verandering moest beginnen aan de top. In de Nederlanden waren slechts enkele bisschoppen werkzaam, en er was geen enkel aartsbisdom gevestigd. De reorganisatie verdeelde het land in drie aartsbisdommen, met hoofdplaatsen in Mechelen, Kamerijk en Utrecht, en onder hun gezag vijftien gewone bisdommen. Dat zou de kerk geestelijk weerbaar en gezond moeten maken.

Dit plan was zonder twijfel zeer bevorderlijk voor het welzijn van de katholieke kerk. Niettemin wekte het een storm van kritiek, ook en juist bij de Nederlandse adel. De hoge ambten in de kerk waren altijd beschouwd als dependentia van het nationale adellijke domein. Wie bisschop wilde worden, moest in een kasteel geboren zijn. Voor jongere zoons van goede familie was de kerk dikwijls de aangewezen weg om een groot inkomen te verwerven. Maar voor de achttien van Filips en voor het hele kader zouden andere eisen gelden. Ze moesten een universiteit bezocht hebben, en de studie hebben afgesloten met de graad van doctor in de theologie. En eenmaal bisschop geworden, zouden ze de dag niet moeten vullen met jachtvermaak en tafelvreugden, maar met zielzorg en kerkvisitatie.

Het ging echter bij de oppositie tegen de nieuwe kerkelijke indeling niet alleen om reactionaire zelfzucht. Bij velen bestond de vrees dat de kerkelijke reorganisatie tegelijk een verscherping van het vervolgingsbeleid zou brengen. Die verwachting was niet ongegrond. De nieuwe regeling voorzag inderdaad in de benoeming van twee vaste inquisiteurs voor elk bisdom. Dat was een duidelijke verandering van beleid. In Amsterdam was bijvoorbeeld na 1553 geen enkel doodvonnis wegens ketterij voltrokken. In Friesland had in 1559 de laatste veroordeling plaatsgevonden.[7] De meeste steden gingen niet graag over tot vervolging van hun eigen stadgenoten, en zeiden dan tegen de inquisiteurs dat handhaving van de plakkaten tegen de ketterij hun eigen verantwoordelijkheid was.[8] Bijstand van kerkelijke rechtbanken hadden ze niet nodig. Slechts weinig steden bestreden de ketterij voluit. In Rijssel werden in de jaren 1561-1566 veertien personen terechtgesteld. De stad verwierf zich daarmee een reputatie van uitzonderlijke strengheid.[9]

Dat is de achtergrond van het verzet tegen de nieuwe kerkelijke indeling. Ze is wel doorgegaan, maar met grote vertraging. Pas onder het zo veel hardere bewind van Alva werden alle bisschopsstoelen bezet. In eerste aanleg is het neveneffect belangrijker geweest, namelijk dat dit plan tot verbetering van de bestuursstructuur van de kerk de aandacht opnieuw bepaald heeft bij het probleem van de ketterij. De omvang van de geloofsvervolging is in vroeger tijden dikwijls veel te hoog geschat, alsof de slachtoffers bij de duizenden geteld konden worden. Men sprak van vijftigduizend, alleen al onder de regering van Karel v. Wie zich realiseert dat de gezamenlijke bevolking van de Nederlanden toentertijd ongeveer tweeënhalf miljoen zielen telde, beseft wel dat zulke getallen moeilijk aan de werkelijkheid kunnen beantwoorden. Volgens recentere, betrouwbaarder schattingen zijn tussen 1523 en 1565 ongeveer 1300 doodvonnissen voltrokken, en in de jaren van Alva iets meer. We komen dan in vijftig jaar op ten hoogste drieduizend. De spreiding naar tijd en plaats was onregelmatig, maar het gemiddelde ligt ook bij deze lage schattingen voor de eerste periode, tot Alva's komst, toch altijd nog op ruim dertig per jaar. Dat is genoeg om de indruk te vestigen van bloedige vervolging.

Er zijn steden geweest waar de terechtstelling van een ketter plaats kon vinden met volle instemming van het verzamelde publiek. Dat wordt ons zo van Rijssel verteld, en daarom was daar ook zo'n streng beleid mogelijk. In Antwerpen daarentegen werden vanaf 1558 executies meestal in de gevangenis voltrokken, om de publiciteit te verminderen.[10] Dat was meer in overeenstemming met de algemene reacties. Bij velen begon meer en meer de gedachte post te vatten dat een ketter de dood niet verdiende, indien hij in zijn geweten ten volle overtuigd was, en als eerlijk man niet anders mocht handelen.[11] Zulke denkbeelden leefden met name ook bij een aantal van de hoge Nederlandse edelen. Oranje trad het meest op de voorgrond, naast hem stonden Egmond, Horne, Bergen en Montigny.

Dat was om twee redenen van groot belang. Ten eerste om de zaak zelf. In de voorafgegane halve eeuw was ongetwijfeld in Brussel wel eens een woord gevallen over de vraag in hoeverre ketterij bestreden diende te worden door geloofsvervolging. Maar nog niet eerder had een grote groep invloedrijke regeringsadviseurs serieus overwogen zich in te zetten voor een toleranter beleid. Ten tweede was het belangrijk voor de edelen. Hun oppositie tegen Granvelle zou op de koning en zijn landvoogdes de indruk kunnen maken van een achterhoedegevecht tegen de geest van de tijd, een uitsluitend door eigenbelang ingegeven poging de oude verhoudingen te laten voortbestaan. Hun pleidooi voor tolerantie gaf hun een concreet punt in handen. Dan was het niet meer een kwestie van personen. De edelen hadden dan een wezenlijk alternatief voor de aanpak van het brandende probleem bij uitstek, de bestrijding van de ketterij.

Ze hoefden het ook niet te laten bij academische bespiegelingen. De meest gangbare opvatting ging er inderdaad nog altijd van uit dat tolerantie strijdig was met het nationale belang. Wie twee geloven toestond scheurde de natie. Een onderdaan kon niet trouw zijn aan een vorst wiens geloof hij niet deelde. Daarom dachten de meeste regeringen dat ze ketterij krachtig moesten bestrijden. Verzetten de ketters zich daartegen, dan bevestigden ze door hun ongehoorzaamheid het vermoeden van onbetrouwbaarheid. Zo bewees de theorie van nationale veiligheid zichzelf, door gevangen te blijven in een vicieuze cirkel.

Maar in de jaren vijftig en zestig van de zestiende eeuw werden in sommige Europese landen nieuwe oplossingen beproefd. Het Duitse Rijk kende sinds 1555 de godsdienstvrede van Augsburg. Die bepaalde dat in elk afzonderlijk vorstendom de onderdanen het geloof van hun heer moesten delen. Wilden ze dat echter niet, dan stond het hun vrij het land te verlaten. Dat was in elk geval in de Nederlanden geen legale optie. Natuurlijk kon iemand wel besluiten te emigreren, maar motiveerde hij zijn vertrek met zijn ketterse gezindheid, dan bekende hij daarmee een misdrijf waarop de doodstraf stond. De Duitse regel hield althans de erkenning in dat ieder mens vrij mocht kiezen tussen Rome en reformatie. Daarom bestond bij de Nederlandse edelen interesse voor het Duitse model.

Een stap verder ging Frankrijk in januari 1562. Bij het tolerantie-edict van Saint-Germain werd aan de protestanten – de calvinisten, daar in de wandeling hugenoten genoemd – vrije godsdienstoefening verleend buiten de steden. Daarmee werden dus in beginsel de twee kerken als gelijkwaardig erkend. Het was een revolutionaire wending, en ze leek nog te vroeg ingezet. De katholieken waren niet bereid de ketters ruimte toe te staan, en zo ontbrandde in Frankrijk de eerste godsdienstoorlog, die door een reeks andere gevolgd zou worden. De Nederlanders volgden de ontwikkelingen in gespannen aandacht, verdeeld tussen hoop en zorg. Bij Margaretha overwoog de bekommernis. Het is toch wel duidelijk waar het nu in Frankrijk om gaat, verklaarde ze. Onder dekmantel van de religie worden kerken geplunderd, en rijken van geld en goed beroofd. Deze mensen zijn enkel uit op anarchie.[12] Een belangwekkende motivering, vooral om wat ze verzwijgt: voor tegenstanders van tolerantie was het wezenlijke verwijt aan de calvinisten niet dat ze roofden en stalen, maar dat ze ketters waren. Voelde Margaretha onwillekeurig behoefte aan nieuwe argumenten om de vervolging te rechtvaardigen?

Filips had aan de oude motivering genoeg om vurig te wensen dat de katholieken zouden winnen. De afloop van deze eerste religiekrijg stelde hem echter bitter teleur. Op 19 maart 1563 werd de vrede beklonken met een nieuw tolerantie-edict. Voor Filips was het een zware slag, en ook voor Granvelle. Zij vreesden dat het Franse voorbeeld een ongunstige uitwerking zou hebben op de Nederlandse verhoudingen, en dat was precies wat er gebeurde. Een van de ijverigste partijgangers van de hoge edelen was Oranjes jongere broer, Lodewijk van Nassau. Hij zou Willem bijstaan in al diens ondernemingen, en niet zelden was Lodewijk zijn broer een stap vooruit. Zo bleek al in 1563. Willem was nog lang niet aan opstand toe. Maar Lodewijk schreef al in de zomer van dat jaar: als God het niet verhoedt, zullen deze landen net als Frankrijk in oproer komen.

Hij gaf ook de reden aan: alles vanwege die rode hoed. Hij bedoelde de kardinaalshoed van Granvelle. Bleef die man in het land, dan zou er volgens Lodewijk dus een godsdienstoorlog uitbreken. Maar als de man dan eens ging? De inzet van een godsdienstoorlog was niet een kardinaalshoed. Het doel zou zijn vrijheid van godsdienst te verkrijgen, en dat zou ook na Granvelles vertrek niet lukken, zolang Filips heer over de Nederlanden bleef. De feiten zouden het weldra bewijzen. Begin 1564 gaf Filips toe. Granvelle kreeg zogenaamd verlof de Nederlanden tijdelijk te verlaten. De hoge edelen hadden gewonnen. Oranje en zijn vrienden kwamen nu aan de macht. Nu was het de vraag of ze daarmee iets konden uitrichten.

De drang naar verandering

De hele actie tegen Granvelle had iets onwezenlijks. Verandering van personen had enkel betekenis als ze gepaard ging met verandering van beleid. De hoge edelen wilden twee dingen. Ze verlangden meer macht, ten koste van de nieuwe ambtenaren, en ze wensten verzachting van de plakkaten tegen de ketterij. Filips wilde in beide gevallen precies het tegenovergestelde. Oranje en zijn vrienden hadden een mogelijke kans van slagen. De koning was sinds lang van oordeel dat de Nederlanden niet naar vermogen bijdroegen in de algemene lasten. Misschien zou Filips bereid zijn de edelen enige zeggenschap te schenken, als zij hun invloed zouden gebruiken om de provinciale staten tot grotere offervaardigheid te nopen. En verder zouden zij vanzelfsprekend zijn godsdienstpolitiek moeten ondersteunen. Op die condities had hij wellicht met de hoge edelen overeenstemming kunnen bereiken.

Maar dat was nu weer het laatste wat ze wilden. Voorzover zij populariteit bezaten rustte die juist op hun afkeer van geloofsvervolging, en hun solidariteit met de provinciale staten. Daarom vroegen ze meer dan eens aan de landvoogdes dat zij de Staten-Generaal bijeen zou roepen. Daar zou naar zij hoopten hun beleid brede steun vinden. Maar wat had Filips daaraan? Deze hoge edelen konden hun heer niet werkelijk van dienst zijn. Ze waren echter evenmin sterk genoeg om tegen hem in te regeren. Hun driftig streven naar koersverandering zou op niets uitlopen, of anders het land steeds dichter brengen bij de opstand die Lodewijk van Nassau in 1563 al had voorspeld. Alleen een geboren optimist kon dan nog een uitweg zien, en dat is altijd Willem van Oranjes meest in het oog vallende eigenschap geweest. De prins was echter tegelijk een praktisch ingesteld mens, en zocht dus wel altijd naar oplossingen die realiseerbaar waren, althans bij aanhoudend gunstige wind. Hij was tot de conclusie gekomen dat voortzetting van het vervolgingsbeleid uitzichtloos was. De gebeurtenissen in Frankrijk hadden hem in die mening bevestigd.

Zelf had hij dan ook als soeverein in eigen recht in zijn Franse prinsdom Orange een tolerantie-edict uitgevaardigd dat ongeveer overeenkwam met het Franse van 1563. Landvoogdes Margaretha riep hem ter verantwoording. Hoe kon de prins als goed katholiek zich zo naar de ketters toebuigen? Oranje verwees haar eenvoudig naar de noodzakelijkheid. Had ik geweigerd, antwoordde hij, dan zouden de burgers een andere heer gekozen hebben. Misschien zat daar een kern van waarheid in. De prins had weinig werkelijke invloed op dat ver in het zuiden van Frankrijk gelegen vorstendommetje. Wilden de bewoners beslist tolerantie, dan moest hun heer eieren voor zijn geld kiezen. Voor de prins lag daarin een analogie met de situatie in de Nederlanden. Ook daar dreigde groot gevaar voor de publieke orde, als hun landsheer niet tot concessies bereid was. Dus zou ook Filips van koers moeten veranderen, althans volgens zijn collega-soeverein, de prins van Oranje.

Hij had in zoverre in elk geval gelijk, als de tekenen des tijds volop te denken gaven. Veertig jaar geloofsvervolging had weinig opgeleverd.

Op heimelijke sympathisanten kreeg ze nauwelijks vat. De besliste aanhangers van de reformatie liepen meer gevaar met de inquisitie in aanraking te komen, maar vonden wederzijdse ondersteuning en bemoediging in hun eigen ondergrondse organisaties, vooral toen na de dopers ook de calvinisten deze weg opgingen. Het calvinisme heeft geen massabeweging op gang gebracht, en het zou dat ook later niet doen. Het wilde een gemeenschap zijn van bewuste belijders. Voor een ondergrondse kerk kwam een andere structuur ook nauwelijks in aanmerking. Maar als alle leden wisten waarom ze zich bij de calvinisten hadden gevoegd, zou de kracht van de beweging de geringe omvang van de ondergrondse kerk ruimschoots compenseren.

Veel belangrijker immers dan het aantal was de gemiddelde kwaliteit. Dat geldt voor een kerkgemeenschap natuurlijk altijd in geestelijke zin, maar in dit geval heeft het ook betrekking op de sociale samenstelling van de groep. Het doperse geloof was niet uitsluitend maar wel overwegend het protestantisme van de armen. De oudste calvinistische gemeenten geven een ander beeld te zien. Daar treffen we in het bijzonder de meer welgestelden aan. Hoe lager we afdalen op de maatschappelijke ladder, hoe geringer het percentage calvinisten. Dat verschijnsel valt in zo veel steden te constateren, dat het niet meer toevallig genoemd kan worden.[13] Het heeft ook wel logische samenhang met het streven naar een gemeente van belijders. Dat onderstelt een niveau van kennis en ontwikkeling, als nu eenmaal vaker in de hogere sociale strata wordt aangetroffen. Het ondergrondse karakter van de gemeente bevorderde bovendien dat de werving van nieuwe leden vooral plaatsvond in vertrouwde kring. Soort zocht soort, in het belang van de eigen veiligheid.

Zo goed en zo kwaad als het ging vormden de calvinistische gemeenten een landelijk netwerk, met nationale synoden naar het voorbeeld van de Franse kerken. De relaties met het buitenland betekenden trouwens in menig opzicht een belangrijke steun voor de calvinisten hier te lande. Dat gold met name voor de vluchtelingengemeenten over de grens, in Londen, Emden, Frankfurt en andere steden. Die waren altijd bereid hun broeders onder de verdrukking bij te staan met goede raad, en in beperkter mate met de daad, bijvoorbeeld door uitzending van predikanten. Zo kon het calvinisme wortel schieten in de Nederlanden, vooral in Brabant, Vlaanderen en andere zuidelijke provincies. Ook dat past precies in het patroon. Groter rijkdom, meer ontwikkeling, een groter aantal bewoners: het logisch vervolg van die reeks is meer calvinisten.

In die zuidelijke gewesten openbaarde zich ook het eerst de radicalisering. In Doornik en Valenciennes verzamelden calvinisten zich 's avonds op straat, en liepen psalmen zingend in het donker door de stad. Dat was in september 1561. Toen bleef het bij demonstraties. Een halfjaar later al kwam het tot gewelddadige actie. In maart 1562 werden te Valenciennes twee gevangenen bevrijd op de dag dat ze in het openbaar verbrand zouden worden. In datzelfde jaar werd in die contreien ook reeds enkele malen gepreekt in de open lucht. Bij een van die preken zouden duizend man bijeen geweest zijn, bewapend met stokken.[14]

Doornik en Valenciennes lagen niet zover van de Franse grens. Deze Nederlandse calvinisten hadden zich door Franse voorbeelden laten inspireren. In dat land trad weldra de volgende fase in. Daar begon de eerste godsdienstoorlog in datzelfde jaar 1562. De Franse protestanten waren naar verhouding niet talrijker dan de Nederlandse, en ze stonden evenmin aan zwaarder vervolging bloot. Er was dus reden genoeg te vrezen dat in de Nederlanden de ontwikkelingen in dezelfde richting zouden gaan. Zolang Granvelle de regering leidde, was het niet mogelijk het gevaar te bezweren door een politiek van matiging. Nu de edelen aan het roer stonden, werd dat alternatief bespreekbaar.

Zo'n koersverandering moest dan natuurlijk wel de goedkeuring verwerven van de landsheer. Met brieven zou men hem niet kunnen overtuigen. Daarom viel eind 1564 het besluit een van de hoge edelen naar Spanje af te vaardigen. De keus viel op Egmond. Zijn instructie, door Viglius opgesteld, werd in december besproken in de Raad van State. Het was bij die gelegenheid dat Oranje zich openlijk uitsprak. Hij zette uiteen hoe rechtspraak en bestuur tekortschoten, en waarom de Raad van State meer autoriteit toekwam. Dat alles had hij reeds dikwijls gezegd. Maar nieuw was de beslistheid waarmee hij in het openbaar stelling nam tegen het fundament van Filips' godsdienstpolitiek. Men moest nu eindelijk openlijk met elkaar durven spreken. In alle omringende landen was de godsdienst doelwit van verandering en inzet van strijd. Hoe zou men dan alleen hier de oude religie kunnen redden met plakkaten en inquisitie, en dat nog wel bij het slechte leven van de geestelijkheid? Dat moest men de koning duidelijk zeggen, en hem vragen de plakkaten in te trekken of te verzachten. En ofschoon de prins zelf de katholieke religie was toegedaan, kon hij niet goedkeuren dat vorsten over de gewetens van hun onderdanen wilden regeren en hun de vrijheid van geloof en godsdienst ontnamen.

Zo had Oranje vrijheid van geweten gevraagd, niet omdat hij die nodig had voor zichzelf, maar omdat men die ook aan ketters niet mocht onthouden. Hij stond niet alleen. Viglius bemerkte tot zijn schrik dat buiten Berlaymont en hemzelf eigenlijk niemand deze denkbeelden ongerijmd vond. De prins had dat zonder twijfel voorzien. Hij zou niet zo ronduit gesproken hebben als hij zich niet gesteund had geweten. Hij moet wel geloofd hebben dat zelfs Filips op zijn minst verzachting van de plakkaten zou moeten toestaan.

Dat was wat Oranje van Egmonds zending hoopte. Succes had de missie niet. Filips zond Egmond met lege handen naar huis en antwoordde pas maanden later, schriftelijk, vanuit zijn landhuis bij het bos van Segovia. De koning koos onvoorwaardelijk voor de harde lijn. Geen verzachting, maar verscherping van de vervolgingen. Over het bestuur zou hij later beslissen. Daar bleef althans nog een schaduw van hoop. Ketters konden echter rekenen op de zwaarste straffen. Dat was de korte inhoud van deze op 20 oktober gedagtekende brieven, die bekendstaan als de brieven van Segovia.

Voor de hoge edelen was het een bittere teleurstelling, en zelfs 's konings vrienden fronsten de wenkbrauwen. Margaretha was zo ongelukkig met de brieven dat ze die een paar dagen achterhield. Viglius stelde voor de inhoud slechts in verzachte vorm door te geven aan de lokale besturen. Dan kon de landvoogdes intussen een laatste poging doen de koning tot grotere mildheid te bewegen. Daar wilde Oranje echter niet van weten. De edelen hadden eerlijk de toestand uiteengezet, en Filips gewezen op de gevaren die zijn politiek nu reeds opriep. De koning had met open ogen gekozen. Dan moest men ook gehoorzaam zijn en deze strenge bevelen algemeen bekendmaken. En de gevolgen? Die zouden stellig noodlottig zijn. Maar dat was niet de verantwoordelijkheid van de edelen. Filips had gezegd wat hij wilde. Dat moest ieder dan maar weten. Zo werd ook besloten.

Het Verbond der Edelen

De hoge edelen waren niet de gekozen vertegenwoordigers van het Nederlandse volk. Hoe representatief hun opvattingen waren viel dan ook niet te meten. Wie het grondig met hen oneens was, kon zich troosten met die onzekerheid, en de adellijke oppositie bagatelliseren. Een van Filips' voornaamste raadslieden, de hertog van Alva, had er al in 1563 op aangedrongen Oranje, Egmond en Horne met harde hand op hun plaats te zetten. 'Elke keer als ik de brieven van die drie Vlaamse heren zie beweegt mij de toorn'.[15] Het ging echter niet naar Alva's wens. Daarvoor genoten deze heren niet alleen te veel persoonlijk aanzien, ze beschikten ook over een te grote aanhang. In 1566 zou duidelijk blijken dat het verzet van de hoge adel het verzet van de gehele adel was.

De Nederlandse edelen van de zestiende eeuw hebben een wisselende reputatie genoten. De opstand tegen Spanje is in de oudere geschiedschrijving altijd te boek gesteld als het epos van de Nederlandse vrijheidsstrijd. Zo'n verhaal vraagt om helden, om mannen van naam, die leven en goed gewaagd hebben voor het grote doel. Die rol werd in de eerste fase toebedeeld aan de edelen. Zij maakten zich waardig, zegt Jona Willem te Water in zijn vierdelige beschrijving van het adelsverbond, 'dat hunne naamen met gulden letteren in 's lands geschiedenissen zouden pronken'.[16] Het is het gewone lot van alle pathos en heroïek dat ze een nuchtere, kritische reactie oproepen bij volgende generaties. Zo werden ook in de negentiende eeuw deze edelen ontmaskerd. Het heette nu dat hun ontevredenheid tot de allerordinairste van alle oorzaken te herleiden viel. Ze zaten verlegen om geld. Ze voerden te grote staat met te weinig middelen, ze verloren hun inkomsten omdat ze de concurrentie met de nieuwe ambtenaren niet aankonden, ze waren intellectueel en moreel niet op de hoogte van hun tijd.

Die verguizing is voorbij. De twintigste eeuw heeft technieken ontwikkeld om ook in het verleden te tellen en te meten. Zo is het inkomen van de edelen in de provincie Holland tot in details onderzocht[17] en volkomen in orde bevonden. De doorsnee edelman was rijk en hield jaarlijks over. Hij leefde dus niet op te grote voet. En als hij minder vaak ambten bekleedde dan zijn vader gedaan had, was het omdat hij die inkomsten kon missen. Hij onttrok zich liever aan de eisen die een bu-

De aanbieding van het smeekschrift der edelen, 3 april 1566.

Frans Hogenberg, 1583. Stichting Atlas van Stolk, Rotterdam.

reaucratiserende overheid aan haar dienaren stelde: zijn vermogen was groot genoeg. Aan intellectuele vorming ontbrak het hem evenmin. Niet ieder mens profiteert van het onderwijs dat hem ten deel valt, en zo zijn er zeker ook zestiende-eeuwse edelen geweest die hun klassieken niet kenden. Maar als zijn opvoeding beantwoord had aan de gewone maatstaven die de cultuur van zijn tijd placht te hanteren, dan had hij die klassieken waarschijnlijk in de leskamer van zijn stamslot ooit wel moeten lezen.

Als mannen met verantwoordelijke posities in de samenleving ten slotte waren ze op de hoogte van de vragen van de dag. Dat betekende concreet dat ze zich een oordeel gevormd hadden over de godsdienstkwestie. Die raakte zozeer de toekomst van het hele land, dat ze aan stellingname niet konden ontkomen. Ook zij moesten hun houding bepalen in het dilemma: vervolging of tolerantie. In een hiërarchisch opgebouwde maatschappij zou hun opinie dan onvermijdelijk de invloed ondergaan van het oordeel dat de groten geveld hadden. Toen dan ook enkele van deze edelen in het laatst van 1565 het initiatief namen voor een adelsverbond dat stuur kon geven aan de verdere ontwikkelingen, waren de leiders vooral te vinden in de kring rondom de prins van Oranje.

In het eerste gelid stonden Lodewijk van Nassau en zijn boezemvriend Hendrik van Brederode. Lodewijk was Willems intiemste vertrouweling, die dagelijks met hem overlegde. Brederode was van geboorte de hoogste edelman in Oranjes stadhouderschappen, en reeds toen in Holland zijn voornaamste vertegenwoordiger. Floris van Culemborg was uit diezelfde contreien afkomstig. De gebroeders Jan en Filips van Marnix behoorden tot de Brabantse ambtsadel en hadden eveneens banden met Oranje. Filips van Marnix, de jongste van de twee, was woonachtig in Oranjes residentie Breda. Culemborg en de beide Marnixen hadden zich al bij de calvinisten aangesloten. De meeste edelen die tot het verbond toetraden hadden zich nog niet zo sterk gecommitteerd. Wat zij niettemin gemeen hadden was de afkeer van inquisitie en geloofsvervolging. Verzachting van de plakkaten beschouwden allen als het noodzakelijk minimum.

Sommigen wilden verdergaan. Zij meenden dat de tijd van handelen was aangebroken. Een van de felste ijveraars, Nicolas de Hames, informeerde al in februari 1566 bij Lodewijk van Nassau naar een Frans boekje over het recht van opstand. Het was wel duidelijk met welke intentie hij dat geschrift wilde bestuderen. 'Met woorden kun je het land niet beter maken,' schreef hij Lodewijk. 'Een ernstige kwaal genees je niet met zoete drankjes, daar zijn scherpere middelen voor nodig.' De naam van de juiste medicijn staat duidelijk tussen de regels door te lezen. Na Frankrijk zouden ook de Nederlanden hun godsdienstoorlog moeten beginnen.

Oranje hield hen terug en noopte de edelen tot een mildere vorm van actie. In april 1566 boden ze in optocht de landvoogdes een smeekschrift aan dat schorsing vroeg van inquisitie en plakkaten. Gebeurde dat niet, dan voorzagen de verbonden edelen het ergste, want dan stond een algemene opstand voor de deur en zou niemand zijn leven nog zeker zijn. De taal van het smeekschrift was onderdanig, maar er ging een onmiskenbare dreiging van uit. Kwam het tot opstand, dan

De beeldenstorm, 20 juli 1566.
Frans Hogenberg, 1583. Museum Catharijneconvent, Utrecht.

zou de militaire macht die moeten onderdrukken. Zo'n strijdmacht werd echter gewoonlijk door de edelen aangevoerd. Op hun trouw moest de regering in geval van opstand staat kunnen maken. Het smeekschrift gaf in bedekte termen te kennen dat op loyale medewerking van de edelen niet te rekenen viel.

Op Margaretha maakte het hele gebeuren een diepe indruk. Haar gezagsgetrouwe raadsman Berlaymont probeerde haar moed in te spreken: Uwe Hoogheid heeft toch geen angst voor die bedelaars! 'Votre Alteze at-elle crainte de ces gueux?' De edelen eigenden zich gretig deze smalende betiteling toe. Het woord 'geus' bleef sinds die dag partijnaam voor allen die bereid waren de volle consequenties van hun politieke oppositie te aanvaarden.

Het adelsverbond genoot veel publiciteit, en de opgewonden bedrijvigheid van de jonge edelen deed de politieke temperatuur een flink aantal graden stijgen. De beweging wekte hoop bij de zwaarst getroffenen van Filips' harde beleid. Calvinisten zagen de ochtendschemering van een betere toekomst lichten. In mei 1566 verlieten zij hun schuilkerken en begonnen te preken in de openlucht, bij de hagen of heggen: vandaar dat de geschiedenis aan deze godsdienstoefeningen in de open lucht de naam hagepreken heeft gegeven. Bij Antwerpen trokken ze in mei en juni tussen de 4000 en de 5000 toehoorders. In juli vervijfvoudigde zich dat aantal.[18] En al zijn getallen in de bronnen gewoonlijk te hoog, als de schattingen verspringen van 5000 naar 25.000, moet er sprake zijn van een spectaculaire groei.

Wat zochten deze mensen buiten in de velden rondom Antwerpen? Natuurlijk stonden er heel wat nieuwsgierigen te midden van die 25.000 luisteraars. Maar een preek heeft een tamelijk lage amusementswaarde. Als predikers week aan week zo'n schare tot zich trekken, zal dat zelden gebeuren om redenen die losstaan van de boodschap. De meest voor de hand liggende verklaring is dan ook dat deze mannen en vrouwen 's zondags door de poorten van Antwerpen naar buiten trokken, omdat ze die preken wilden horen en de boodschap wilden opvangen. Ze vonden godsdienst belangrijk. Wat ze deden en wat ze zongen, werd hun ingegeven door hun geloof.

Geloof zou hun drijfveer blijven, ook toen de preekgangers weldra de grens overschreden tussen geweldloze demonstraties en openlijke agressie. In de zomer van 1566 kon dat niet lang uitblijven. De verwachtingen van de calvinisten raakten steeds hoger gespannen. Ineens was er vrijheid gekomen. Op 3 juli werd het preken in de openlucht bij plakkaat weliswaar verboden, maar op de praktijk had dat geen enkele invloed. De overheid liet de hageprekers ongemoeid. Maar dan moest er ook meer mogelijk zijn, misschien wel alles. Kerkgang in de openlucht blijft behelpen. De zomer bracht de weersgesteldheid die in deze luchtstreek een hoge frequentiegraad heeft behouden: onbestendig, met nu en dan een bui. Een melding uit Doornik, begin augustus, beschrijft het weer daar ter plaatse als 'koud, wisselvallig en regenachtig'.[19] De stad was vol warme en droge kerkgebouwen. Waarom dan kleumend samenschuilen op de wei? Maar dan zouden die kerken natuurlijk wel geschikt gemaakt moeten worden voor calvinistisch gebruik.

Dat gure weer heeft de actie versneld, maar niet geschapen. De beeldenstorm begon op 10 augustus, na de preek van Sebastiaan Matte in de openlucht bij Steenvoorde in het Westkwartier van Vlaanderen. Matte was eigenlijk een eenvoudig ambachtsman, mutsenmaker van beroep. Zijn woorden brachten echter de toehoorders zo in vervoering, dat ze naar het klooster van Sint-Laurentius trokken en daar de beelden kapotsloegen. Het was dus een groepje calvinistische ijveraars dat het vernietigingswerk begon. Ze handelden vanuit hun geloof, in gehoorzaamheid aan het gebod Gods. Was niet alle beeldendienst vervloekt? De beeldenstormers dachten Gode een dienst te bewijzen, schrijft de Gentenaar Marcus van Vaernewijck. Psalmen zingend zag hij hen door de straten van Gent lopen, mannen, vrouwen en kinderen. Wie het voor zijn dure plicht hield het land van afgoderij te zuiveren, beleefde de storm als een wonder Gods. Hiernaar heb ik vijfentwintig jaar verlangd, zei Pieter van der Zoest in Kassel; ik dank de Heere, dat ik lang genoeg geleefd heb om het te zien.[20]

Zulk geloof was in alle standen verbreid en daarom zijn er ook beeldenstormers in de hoogste kringen: edelen, rijke kooplieden, voorname stadsburgers, priesters soms ook. De tijd is wel voorbij dat de beeldenstorm beschreven werd als het werk van een verpauperde, hongerende massa, die misleid en gemanipuleerd werd door de burgerij, zodat ze haar woede niet koelde op de rijken die werkelijk schuldig waren aan hun ongeluk, maar op kerken en kloosters. Er zullen wel enkele beeldenbrekers geweest zijn die met hongerige maag hun vernielingsarbeid uitvoerden, zonder te weten van kerk of kruis. Het gebeurt zelden dat al de leden van een grote massa slechts door één motief bezield worden. Een hoofdmotief was niettemin duidelijk aanwijsbaar. De afgodsbeelden moesten stuk.

Waar met enthousiasme gestormd wordt kan het wild toegaan. Maar de aanwezigheid van personen uit de hogere standen is dikwijls de waarborg van een koele weloverwogenheid. Het gaat om één ding, de zuivering van het kerkgebouw. Dat werk moet energiek en doelmatig uitgevoerd worden. We lezen nogal eens dat beeldenstormers voor hun werk betaald worden. Zo ging het in Doornik, in Antwerpen, in Mechelen, in Den Haag. Was het omdat niemand zich vrijwillig voor die bedenkelijke arbeid zou willen lenen? Verre van dat. Het is omdat het karwei aan de vakman wordt uitbesteed. Ambachtslieden dus met leren voorschoten, zoals in 's-Hertogenbosch, of uitgerust met ladders en touwen, zoals in Breda. Het is beperkt, doelgericht geweld. De beelden moeten stuk, de rommel aan de kant geruimd. Dan is het gebouw klaar voor protestants hergebruik.

Het was een actie die zich snel over grote delen van de Nederlanden verbreidde, doch slechts gedragen werd door een kleine minderheid. Veel kracht bezat ze niet eens. Als de plaatselijke overheid een ferme houding aannam, zoals in Brugge, dan ging de beeldenstorm niet door. De stormers wonnen het pleit, niet omdat ze sterker en talrijker waren dan hun tegenstanders. Integendeel, er waren meer katholieken dan calvinisten. Maar ze profiteerden van de verrassing, de angst en de lijdelijkheid van hun tegenstanders. Velen geloofden ook dat de beeldenstormers machtiging van de overheid hadden ontvangen. Op elke honderd mensen, zei Van Vaernewijck, was er nog nauwelijks één, die niet overtuigd was dat de magistraten het bevel tot de storm hadden gegeven. In Vlaanderen beweerden de beeldenstormers dat trouwens zelf ook. Ze gaven voor, te handelen in opdracht van de Vlaamse stadhouder Egmond.

Daarmee deden ze de graaf onrecht. Maar Egmond en de andere hoge edelen namen evenmin stelling tegen het geweld. Ze waren bereid de katholieken te beschermen, maar tegenover de protestanten bleven ze even passief als voorheen. Ze vroegen de landvoogdes gewetensvrijheid toe te staan en de prediking toe te laten in alle plaatsen waar die al was begonnen. Zolang Margaretha op die verlangens niet inging, lieten ze de beeldenstormers ongemoeid. Haar restte ten slotte niets anders dan toe te geven. Het akkoord van 23 augustus 1566 was geheel in overeenstemming met de wensen die de edelen kenbaar hadden gemaakt.

De wending

De landvoogdes had dus verloren. Het was een akkoord in de geest van Oranje. Beide partijen kregen de beschikking over een aantal kerkgebouwen. Op deze manier zou hij het nog heel vaak proberen: ruimte voor twee geloven in de ene Nederlandse staat. Het is hem nooit gelukt, en ook deze eerste poging zou falen. Een tolerantie-edict in het voorjaar van 1566 zou zeker niet door iedereen begrepen zijn, laat staan gewaardeerd. Maar zolang de protestanten vervolgd werden wekten ze wel sympathie en mededogen op. Tolerantie kon dan een daad van humaniteit zijn. De gebeurtenissen van de zomer hadden echter een omslag in de publieke opinie teweeggebracht. Het hulpeloze lam was ontmaskerd als een wolf in schaapskleren. De vroegere vervolgden leverden nu zelf gevaar op. Misschien was er toch iets te zeggen voor die strenge plakkaten.

Zo verdween de steun voor Oranje bij de hoge edelen. Margaretha voelde zich niet gebonden aan het akkoord dat haar in augustus was afgedwongen. Nu ze de medewerking had van de meeste groten, kon zij zich die houding ook veroorloven. Nog belangrijker was dat zij in het najaar flinke sommen geld uit Spanje ontving. Margaretha liet soldaten werven, drieduizend ruiters en tienduizend man te voet. Naar de maatstaven van de tijd was het geen onaanzienlijk leger. Alva zou in 1567 niet méér soldaten meebrengen. De landvoogdes kon niet anders dan al de hoge edelen bij de bevelvoering betrekken. Een aantal compagnieën werd dus voor goed fatsoen onder bevel van Oranje en Egmond geplaatst. Maar de hoofdmacht kwam onder Mansfelt, Megen, Aremberg, en de pas naar voren gekomen Noircarmes. Zo keerde de wind. Filips van Sint-Aldegonde, heer van Noircarmes, was al tegen de vijftig, maar nooit geplaatst op een post die strookte met zijn ambitie. Enkele jaren had hij tot de vrienden van Oranje behoord. Zijn overgang naar het andere kamp gaf aan dat het getij verlopen was. Voortaan zou deze Nederlandse edelman zich volledig in dienst stellen van kerk en koning, en de strengste repressie niet schuwen. Noircarmes, dat wrede beest, zou de graaf van Hoogstraten hem noemen.

Oranje zelf vond geen bruikbaar alternatief. Hij begreep dat de enige kans nu lag in gewapend verzet, maar zijn vrienden Egmond en Horne waren niet bereid tot het uiterste te gaan. Was er misschien hulp te vinden over de grens? Oranje maakte zich in die tijd graag illusies dat de Duitse protestanten bereid zouden zijn het voor hun Nederlandse geloofsgenoten op te nemen. Die Duitsers waren echter luthers, en hadden een hekel aan calvinisten. Oranje probeerde die moeilijkheid op eigen kracht uit de weg te ruimen. Hij ondernam in deze tijd ijverige pogingen de Nederlandse calvinisten te bewegen tot aanvaarding van de lutherse geloofsbelijdenis, de Augsburgse confessie.

Succes was uitgesloten. Calvinisten en lutheranen hadden beiden slechts oog voor wat hen van elkaar scheidde. De wil tot vereniging ontbrak volkomen. Had Oranje dat niet kunnen zien? Neen, juist hij was daartoe niet in staat. Zelf was hij niet aan een bepaalde belijdenis gehecht, en het kostte hem altijd moeite te begrijpen dat anderen dat wel waren. Hoezeer hij ook begaan was met het lot van de vervolgden, hij zag niet dat mensen die met hun leven voor de waarheid instonden, die waarheid niet gedicteerd wilden krijgen in naam van de tolerantie. Zij betaalden de hoogste prijs voor het geloof dat hun lief was, niet voor een theologische formule die voor alle partijen net aanvaardbaar zou zijn. Oranjes confessionele bemoeienissen hebben dan ook niets opgeleverd.

Daadwerkelijk calvinistisch verzet is er wel geweest, maar het ontbrak aan coördinatie. De opstandige steden bleven op zichzelf staan en zagen meestal na verloop van tijd het hopeloze van hun pogen in. Alleen Valenciennes heeft een beleg doorstaan. In maart 1567 gaf de stad zich over, aan Noircarmes. Kort tevoren hadden de opstandelingen een nederlaag geleden in het open veld: de zogenaamde slag bij Oosterweel. Op zichzelf was het een incident van voorbijgaand belang. De blijvende betekenis lag vooral daarin, dat de oudste en naar men meent ook begaafdste van de gebroeders Marnix in dit gevecht om het leven kwam. De geuzenaanvoerder Hendrik van Brederode bracht wel soldaten bijeen. Een van zijn luitenants ondernam een aanslag op 's-Hertogenbosch, maar richtte niets blijvends uit. Zelf vertoefde Brederode enkele weken in Amsterdam, meer tot verlegenheid van de stedelijke magistraat dan terwille van enig nuttig oogmerk.

In april 1567 vertrok hij naar Duitsland. In diezelfde maand verliet ook Oranje deze landen. Een heimelijke vlucht was het niet. In 's prinsen gevolg trokken ongeveer 170 mannen en vrouwen mee, met alles wat draagbaar was aan kostbaarheden.[21] Geen plaats was ingeruimd voor Oranjes oudste zoon, Filips Willem. De dertienjarige student bleef in Leuven achter. Hij zou zijn vader nooit meer terugzien. Of deze vader ooit nog eens naar de Nederlanden zou weerkeren kon men met reden betwijfelen. De in 1566 begonnen opstand was mislukt. Het land wachtte in spanning de komst af van de hertog van Alva, door Filips uitgezonden om met harde hand de Nederlanders tot stipte gehoorzaamheid terug te brengen.

Alva in 1568

Willem van Oranje en Hendrik van Brederode stonden beiden in een reuk van ketterij en muiterij. Zij hadden van Alva niets te hopen. Ook Culemborg, verklaard calvinist, begreep dat hij beter zou doen het land te verlaten. In de dagen van de beeldenstorm had hij de heilige hostie aan zijn papegaai opgevoerd. Egmond en Horne bleven achter. Zij hadden elke aansporing tot gewapende opstand afgewezen, en in de winter de landvoogdes ondersteund. Als goede katholieken en tot loyaliteit teruggekeerde dienaren van de kroon meenden ze niets te vrezen te hebben. Welke ondeugden ze ook mochten bezitten, aan goed vertrouwen ontbrak het hen niet.

Zo waren er meer die zich vergisten. Argeloos, lichtzinnig, berustend, fatalistisch misschien ook, wachtten zij de komst van Alva af. Anderen hadden een realistischer kijk op de werkelijkheid, en trokken buitenslands. Hun aantal wordt op 50.000 tot 60.000 geschat. Een klein getal, zeggen sommige historici. Dat moet gebrek aan voorstellingsvermogen zijn. Vijftigduizend, dat is 2 procent van de toenmalige bevolking. Omgerekend naar de tegenwoordige verhoudingen zouden het nu 300.000 mensen zijn: een massale uittocht. Over kwaliteit hebben we het dan nog niet eens. Of moeten we zeggen: toekomstige kwaliteit? Onder de vluchtelingen tellen we nogal wat stamvaders van Hollandse en Zeeuwse regentengeslachten. Zien we bijvoorbeeld de namen van de uitgeweken Amsterdammers, dan lijkt het wel een complete lijst van toekomstige burgemeesters: Pauw, Reael, Hooft, Huydecoper... Maar dat is het loon van revolutionairen die het geloof in de goede zaak ook in ballingschap niet verliezen. Ze wonnen veel, maar hadden ook alles op het spel gezet.

De achterblijvers hadden in elk geval ongelijk. Margaretha stelde de definitieve afrekening met de bedwongen oproerlingen nog uit, maar kwam in mei 1567 alvast met een plakkaat dat enkel betrekking had op Antwerpen. Het legde de doodstraf op aan alle beeldenstormers, predikanten, drukkers van ketterse boeken, leden van calvinistische kerkenraden, slechtgezinde schoolmeesters, ouders die hun kinderen niet hadden laten dopen, en om de maat vol te meten ten slotte nog aan allen die predikanten onderdak hadden verleend. Maar toen Filips het las, kon hij zijn ogen nauwelijks geloven. Welke adviseurs hadden haar zo kwalijk beraden? Zo'n slap plakkaat was een belediging van Gods eer en het gezag van de katholieke kerk.[22]

Alva was toen enkel nog maar onderweg. Hij kwam pas in augustus 1567 aan het hoofd van zijn leger Brussel binnen. De hertog was altijd een verklaard propagandist van de harde lijn geweest. De traditie heeft hem belast met een reputatie van onmenselijke wreedheid, en welbeschouwd is tegen dat oordeel weinig in te brengen. Het wordt niet alleen door verharde ketters onderschreven. Het is Margaretha's eigen biechtvader geweest die verzuchtte dat Alva het katholieke geloof meer schade had berokkend dan Luther, Calvijn en al hun gezellen bij elkaar. Zeker, van Alva valt ook wel iets goeds te zeggen. Hij was beschaafd, ontwikkeld, populair bij zijn ondergeschikten, toegewijd aan zijn superieur. Maar als hij meende streng te moeten optreden, kon geen enkele overweging van humaniteit hem weerhouden. Zijn morele maatstaf lag steeds in het doel dat hij op dat moment wenste te bevorderen. Goed en doelmatig waren voor hem identieke begrippen. Plicht won het steeds van sentiment, en liet geen ruimte voor medelijden of hogere rechtvaardigheid.

Een man met zo'n karakter zou altijd instinctmatig kiezen voor de meest energieke oplossing. Dat heeft hij in de Nederlanden ook waargemaakt. Op noodzaak kon hij zich niet beroepen, want er bestond een alternatief. Margaretha was erin geslaagd orde en rust te herstellen met krachtige maatregelen, zonder tot buitensporigheden over te gaan. Die politiek had ze ook na Alva's komst kunnen voortzetten. Per slot van rekening was Alva naar de Nederlanden gezonden met een aanstelling als kapitein-generaal – opperbevelhebber van het leger dus – en niet als de nieuwe landvoogd. Het was Filips' bedoeling dat Margaretha op haar post zou blijven, en ze heeft Alva ook ontvangen in haar hoedanigheid van landvoogdes. Een maand later nam zij ontslag. Haar was duidelijk geworden dat Alva met of zonder de hoogste rang de eigenlijke machthebber in het land was. Zo werd Alva ook in formele zin haar opvolger.

Zijn eerste maatregel had hij toen al genomen. Kort na aankomst liet hij Egmond en Horne arresteren. De graaf van Hoogstraten, onderweg naar Brussel, hoorde het nieuws nog bijtijds, en trok onmiddellijk zijn consequenties. Zo ontkwam hij aan hetzelfde lot. Margaretha nam de

Ferdinand Alvarez de Toledo, Hertog van Alva (1507-1582).
Willem Key, ca. 1550-1600. Gemeente Musea Delft, Collectie Stedelijk Museum
Het Prinsenhof. Fotograaf: Tom Haartsen.

arrestatie hoog op. Sinds de herfst van 1566 had zij zich over de beide nu gevangen heren niet te beklagen gehad. In haar politiek van gematigde repressie paste het niet alsnog allerlei oude rekeningen te vereffenen. Alva van zijn kant kon moeilijk anders doen. Wilde hij krachtig optreden, dan ging het niet aan, de hoogste heren buiten schot te laten. De arrestatie van Egmond en Horne was binnen de logica van Alva's beleid een vanzelfsprekende stap en hij wist hiermee geheel te handelen in de geest van zijn koning.

Nu de eerste gevangenen gemaakt waren, was er een rechtbank nodig om hen te veroordelen. Nog in Spanje had Alva de oprichting voorbereid van de Conseil des Troubles of Raad van Beroerten. Deze bijzondere rechtbank ging met de verlangde voortvarendheid te werk. Meer dan duizend executies werden op haar bevel voltrokken. De overlevering heeft dat getal spectaculair verhoogd, zoals ze gewoonlijk doet met getallen. Wie zich eenvoudig realiseert wat één enkel doodvonnis al teweeg kan brengen, heeft aan die duizend terechtstellingen echter meer dan genoeg om te beseffen dat Alva's Raad van Beroerten de naam Bloedraad ten volle verdiend heeft.

Oranje in 1568

Alva staat volop in het centrum als we de gebeurtenissen van deze jaren beschouwen vanuit Brussel. Maar het is alsof twee geschiedenissen naast elkaar lopen, wel onderling verbonden, en toch onafhankelijk van elkaar, met hun eigen doelstellingen en drijfveren. Alva was naar de Nederlanden gekomen met zijn in Spanje uitgedachte plannen. Willem van Oranje verbleef intussen in Duitsland en bereidde zijn terugkomst voor. Hij kon ternauwernood anders handelen. Hij mocht dan op zijn vlucht nog zo veel roerend goed uit Breda en Brussel meegedragen hebben, zijn landen, huizen, rechten en renten was hij kwijt. De jaarlijkse opbrengst van zijn Nederlandse bezittingen werd geschat op meer dan 150.000 gulden. In hedendaagse munt omgerekend zouden het vele miljoenen zijn. Om al die verloren rijkdom terug te winnen zou hij best iets mogen wagen.

Toch zou het kortzichtig zijn hem geen ander motief toe te willen schrijven dan herstel van geschonden fortuin. De prins had al maanden van tevoren beseft welk risico hij op zich nam. Begin juli 1566 – ruim vóór de beeldenstorm dus – had hij zijn Duitse vriend Filips van Hessen geschreven dat hij de schuld van alle onrust zou krijgen, en dat dan zijn leven en goed gevaar zouden lopen. Hij zou zich alleen kunnen redden als hij wisselde van partij, 'en de arme gemeente in de steek liet'. Hij heeft het niet gedaan, niet in juli 1566, en evenmin drie maanden later, toen hem bleek dat Egmond en Horne het wel op verzoening met de landvoogdes aanlegden. Zijn zaak en die van de verzetspartij bleven onlosmakelijk met elkaar verbonden. Na zijn vlucht in 1567 heeft hij zijn belangen altijd gediend binnen de ruimte die de opstand hem bood.

Al spoedig is hij aan het werk gegaan, op verschillende manieren. Ten eerste heeft hij de hulp gezocht van de drukpers. Oranje bezat een onmiskenbare charme, en dat gaat niet zelden gepaard met een zekere mate van mediagevoeligheid. De prins heeft het belang van politieke propaganda op de juiste waarde ingeschat. Hij heeft ook zelf teksten geschreven of onder zijn supervisie laten vervaardigen. Meestal waren het pamfletten. Het bekendste propagandageschrift was echter geen politiek vertoog of verslag van helaas mislukte ondernemingen, maar een gedicht: het Wilhelmus van Nassauwen.

Ongeveer alle vragen rondom dit lied zijn nog in discussie. Men verschilt van mening over het tijdstip van ontstaan, de persoon van de dichter, en de artistieke waarde. Onomstreden is echter de betekenis van het Wilhelmus als propagandalied. Een lied bewijst niets, en hoeft dat ook niet te doen. Maar het versterkt en bevestigt de mensen in hun overtuigingen. Ze zijn bereid te geloven dat deze prins van Duitsen bloed de koning van Hispanje altijd geëerd heeft, en dat al hun hoop en verwachting van zijn welslagen afhankelijk zijn.

Natuurlijk blijft de beste propaganda onvruchtbaar zonder geld. Dat heeft Oranje meer moeite bezorgd. Het geld kwam deels uit zijn eigen vermogen, deels door de hulp van het hele huis Nassau, met name die van zijn broer Jan. De Nederlandse opstand tegen Spanje was tijdens de beginjaren in hoge mate een familie-investering van het huis Nassau. Ook andere Duitse vorsten droegen bij, maar dan toch dikwijls tegen onderpand van Nassaus grondgebied. Aan de moed om te vragen heeft het Oranje nooit ontbroken. Daarvoor was zijn vertrouwen in de goede zaak te groot. Later, vanaf 1572, wist hij dat vertrouwen ook over te brengen op de Nederlanders die aan zijn zijde streden. In 1568 kwam van die kant echter zeer weinig financiële steun.

Wel was er toeloop van mensen. Brederode had hem al in juni 1567 bezocht, maar hij had hem nog niet tot opstand gereed gevonden. Toen Oranje in 1568 wel tot de daad overging, was Brederode al gestorven. Anders was hij ongetwijfeld mee uitgetrokken, zoals velen zouden doen uit de Nederlandse adel. De edelen bleef ook weinig anders over. De koopman had zijn kapitaal mee kunnen nemen, en de ambachtsman zijn vaardigheden. De edelman in ballingschap was alles kwijt.[23] Zijn vermogen was belegd in de grond die hij had verlaten. Net als de ambachtsman moest hij terugvallen op zijn vakbekwaamheid, die van militair. Dus voegden veel Nederlandse edelen zich bij de prins, met de extra prikkel dat een geslaagde opstand hun ook hun verloren goederen zou teruggeven.

Oranjes plannen waren allereerst gericht op een aanval over land. Op papier zagen ze er interessant genoeg uit. Van drie kanten zou de strijd gewaagd worden: in het noorden door Lodewijk van Nassau, in het zuidoosten door Hoogstraten, in het zuiden door een bevriend leger van Franse hugenoten. Het liep uit op een drievoudige mislukking. De hugenotenleider Coqueville kreeg geen kans iets te ondernemen. Op aanstichten van Alva liet de Franse koning hem gevangennemen en onthoofden. De graaf van Hoogstraten kwam evenmin in actie. Ziekte verhinderde hem zijn legertje te vergezellen. De heer van Villers nam zijn plaats in. Hij werd in april 1568 bij Daelhem verslagen en gevangengenomen.

De enige die aanvankelijk succes boekte was Lodewijk van Nassau. Hij kwam vanuit Oost-Friesland de grens over en rukte aan op de stad Groningen. Graaf Aremberg, de stadhouder van de noordelijke gewesten, bood hem op 23 mei het hoofd in de slag bij Heiligerlee. Lodewijks overwinning heeft geen gevolgen van betekenis gehad. Toen er nog jaartallenboekjes bestonden, bleef dit wapenfeit niettemin verzekerd van een vaste plaats, en niet helemaal ten onrechte. Al is de veldslag op zichzelf van weinig belang, hij is niettemin gedenkwaardig om twee redenen. Het was de eerste zege die de opstandelingen in het open veld behaal-

De onthoofding van Egmond en Horne op de Grote Markt te Brussel, 5 juni 1568.

Afbeelding uit de serie 'Spaensche tirannye in Nederlandt'. Stichting Atlas van Stolk, Rotterdam.

den. En Lodewijks jongere broer Adolf was de eerste van velen uit het huis Nassau, die in de strijd tegen Spanje het leven liet.

Alva begreep dat hij zelf naar het noorden zou moeten trekken om de indringer te verjagen. Eer hij Brussel verliet bracht hij de schrik erin door een aantal opzienbarende executies. Eerst stierven enkele ondertekenaars van het Verbond der Edelen op het schavot. Een dag later was de beurt aan de ongelukkige Villers, die bij Daelhem in Spaanse handen was gevallen. Op 5 juni ten slotte werd het vonnis voltrokken aan Egmond en Horne. De terechtstelling vooral van Egmond maakte een onbeschrijfelijke indruk. Zelfs een man van zijn faam en stand was dus niet veilig voor de bijzondere justitie. Men hoefde met hem geen omslag te maken en hem heimelijk ombrengen door sluipmoord of gif. Nee, hij werd openlijk en ostentatief op de markt in Brussel onthoofd. Kennelijk was het deze regering ernst. Wie haar misnoegen opwekte moest niet slechts het ergste vrezen, hij kon erop rekenen dat het werkelijkheid zou worden. Dat was precies het effect dat Alva beoogde, al heeft het zelfs hem leed gedaan, dat hij daarvoor met de dood van deze twee hoge edelen een zo hoge prijs moest betalen.

De hertog kon Brussel nu gerust verlaten. Voor het vertrek markeerde hij nog zijn meest gewenste prooi, door Oranje bij verstek ter dood te veroordelen. Voorlopig zou hij tevreden moeten zijn met Lodewijk, maar die wilde hij dan ook beslist in handen krijgen. Lodewijk wist zich Alva's mindere, en poogde de strijd te ontwijken. Hij brak het beleg van Groningen op en marcheerde in de richting van Duitsland. Alva trok achter hem aan en overviel Lodewijks tot vechten onwillige leger bij Jemgum aan de Eems. Het liep uit op een verpletterende nederlaag. Gevangenen werden niet gemaakt. Dat zou Alva's vaste beginsel blijven: wie deelnam aan de opstand had slechts de dood te verwachten. Lodewijk zelf behoorde tot de kleine minderheid die aan de slachting ontkwam. Vergezeld van slechts een handvol soldaten voegde hij zich bij het leger dat zijn broer intussen bij de Rijn had verzameld.

Dat was Oranjes laatste kaart, en ook die bracht geen winst. Alva vermeed de directe confrontatie, en wachtte tot Oranjes middelen uitgeput waren. In november was het zover. De prins week uit naar Frankrijk, en trok enige tijd rond met de hugenootse legers, die weer eens in een godsdienstoorlog verwikkeld waren. Totaal berooid keerde hij in november 1569 terug op het Nassause stamslot de Dillenburg. Zijn eerste grote poging was mislukt. Dat er ooit nog een tweede zou volgen leek trouwens uiterst onwaarschijnlijk. De prins stak diep in de schulden, en moest zich verbergen voor zijn crediteuren. Als generaal was hij jammerlijk tekortgeschoten. De Nederlanders hadden zich onverschillig getoond. De Duitsers hadden spijt van de karige hulp die ze hadden geboden.

De enige die de toekomst anders beoordeelde was Oranje zelf. Hij had alles gedaan wat in zijn vermogen lag, meende hij. Maar anderen hadden gefaald, doordat ze niet wilden vechten, niet wilden betalen, niet wilden ondersteunen. Maar natuurlijk zou hij het nog eens proberen. Hier viel zoveel te winnen dat hij geen middel onbeproefd mocht laten, en Alva zou zeker opnieuw van hem horen. Dat is Oranje in zijn zwakheid en in zijn kracht. Hij weigert absoluut zich te schikken in het zogenaamd onvermijdelijke, en bereidt zich onverstoorbaar voor op de volgende ronde. En hij beschouwt geldgebrek als een onaangenaam toeval dat hem deze ene keer heeft belet zijn vleugels uit te slaan. Eerst rekenen en daarna pas handelen lag niet in zijn aard. Wie zo te werk gaat moet veel incasseren. Maar niemand mag hem te vroeg afschrijven.

In 1568 heeft Oranje met zijn militaire ondernemingen aan Alva geen problemen kunnen stellen. Wel blijvende hinder ondervond de landvoogd van de acties die oorspronkelijk gestart waren als een begeleidingsverschijnsel van Lodewijks veldtocht. Toen Lodewijk van Nassau in Groningen opereerde, was het voor hem belangrijk controle te houden over de Eems. Dan kon hij een vijandelijke landing voorkomen, en over het water tevens zijn leger bevoorraden. Daarom had Lodewijk enkele schepen in dienst genomen, het eerst dat van de Friese schipper Jan Abels.[24] De Brusselse autoriteiten wilden deze schepen van de zee verdrijven, en stuurden er een kleine oorlogsvloot op af. Zo kwam het tot het eerste zeegevecht in de lange strijd tegen Spanje. Het had een karakteristiek verloop: op het water zouden de opstandelingen nagenoeg altijd hun superioriteit bewijzen. De zeelieden die hier de overwinning behaalden kwamen bekend te staan als de watergeuzen.

De naam 'geus' was het eerst aan de verbonden edelen gegeven, en vandaar overgegaan op de hele partij waarvan het adelsverbond toen de voorhoede vormde. De geuzenvloot kon aan die herkomst herinneren omdat een flink aantal geuzenkapiteins tot het verbond behoord hadden. In de vroegste jaren van de opstand zouden ze Oranjes voornaamste medewerkers blijven: Lumey, Sonoy, Blois van Treslong, Entens van Mentheda. Ze ontvingen van Oranje zogenaamde kaperbrieven, die hun dan het recht gaven schade te doen aan allen die onder het gezag van Alva stonden.

Kaapvaart was niet gelijk aan zeeroof. De kaper nam voor eigen rekening deel aan een oorlog door schepen aan te vallen uit het land van de vijand. De zeerover viel iedereen aan, zonder onderscheid van nationaliteit. Tussen de twee bestond een duidelijke grens, al bleek dat niet steeds uit het optreden van de ongezeglijke geuzenkapiteins. Ze werkten in naam voor de prins, in werkelijkheid vooral voor eigen rekening. Zonder uitzondering waren ze protestant. Oranje had katholieke medestanders, maar niet onder de geuzen. Onverzoenlijke haat tegen Rome was hun voornaamste geloofsartikel. De prins had praktisch geen controle over hen, en wist ook niet zo goed hoe hij van hun diensten het beste gebruik kon maken. Dat zij de grote wending tot stand zouden brengen heeft hij geen ogenblik vermoed.

Alva's nieuwe orde

Alva ging ervan uit dat zo'n wending niet meer zou komen. De vijand was definitief verslagen. De tijd van opbouw kon beginnen. Zo had hij zijn aanwezigheid in Groningen al benut om daar jaren na 's mans benoeming de nieuwe bisschop te installeren. Die kerkelijke reorganisatie in achttien bisdommen kreeg pas nu haar volledige beslag. Eindelijk was er een regering met genoeg autoriteit om de lokale oppositie het zwijgen op te leggen. De weg naar het absolutisme lag open. Wel ontbrak nog een grondig vernieuwd bestuursapparaat. Maar de volgzaamheid van de dienstdoende ambtenaren was groot genoeg om Alva de vrije hand te geven.

Wat meer moeite kostte de hervorming van de rechtspraak. De Nederlanden kenden geen eenheid van recht. De costumen – het gewoonterecht – verschilden van streek tot streek. Alva probeerde althans voor de criminele rechtspraak tot uniformiteit te komen, met zijn criminele ordonnanties van 1570. Objectief gezien was het een belangrijke verbetering, maar nagenoeg alle gewesten bleken niet alleen zeer gehecht aan hun eigen rechtspraktijk, ze vonden ook dat rechtsvorming plaats hoorde te vinden in overleg tussen de landsheer en zijn onderdanen, in elke afzonderlijke rechtskring. Drents of Fries landrecht moest niet uit Brussel komen. Het moest groeien op de eigen bodem. De nieuwe ordonnanties zijn een paar jaar na Alva's vertrek opgeschort en niet opnieuw ingevoerd. Ze hielden niettemin gezag, ook later in de Republiek der Zeven Provinciën, vanwege hun uitzonderlijke kwaliteit.[25]

Zo had Alva de eenheid van geloof hersteld, en de eenheid van recht geschapen. Eén bouwsteen ontbrak nog voor een gecentraliseerde, absolutistische staat. Het was tevens de belangrijkste: eenheid van belasting. Alva had hier de orde met zijn soldaten kunnen herstellen en de aanvallen van Oranje afslaan, omdat zijn ondernemingen vanuit Spanje werden bekostigd. Maar Spanje was een wereldrijk met tal van zwaarwegende verplichtingen, vooral in het gebied van de Middellandse Zee. De Nederlanden zouden zelf de lasten moeten dragen die noodzakelijk waren voor de handhaving van orde en rust, en de verdediging tegen buitenlandse vijanden. De opbrengst van de belastingen zou dus belangrijk verhoogd moeten worden.

Dat zou alleen mogelijk zijn bij een grondige herziening van het gehele systeem. Belastingheffing in de Nederlanden was een moeizaam proces van maandenlang onderhandelen. Elke provincie moest haar consent geven bij monde van de gewestelijke staten. Zo kwam er altijd minder dan de landsheer eigenlijk had gewild, en werd hij telkens opnieuw genoodzaakt aan zijn onderdanen te vragen wat hij hun veel liever zou willen opleggen. Nu Alva zijn gezag zo stevig had gevestigd, kon hij hopen de vurig gewenste hervorming eindelijk tot stand te brengen. De regering moest zich onafhankelijk maken van haar onderdanen. Dat was Alva's voornaamste doel. Pas dan zou de absolutistische staat gerealiseerd kunnen worden. De koninklijke macht moest zich bevrijden van elke controle.

De opheffing van de controle was het wezenlijke punt. De hoogte van de in te voeren belastingen was minder belangrijk. Ze hoefde immers ook nooit definitief te zijn. Als het de landsheer vrij stond bij elke gelegenheid zelf te bepalen hoeveel hij nodig had, konden de tarieven naar believen aangepast worden bij een gestegen behoefte. Invoering van een dergelijke belasting zou de provincies uitleveren aan de goede of kwade wil van hun heer. Hier was ook voor de gewesten een groot beginsel in het geding. In de omgang met hun landsheer konden zij zich altijd beroepen op voorrechten en vrijheden die hij zelf verleend had. Elke provincie, elke stad en menige landstreek had ooit zulke voorrechten verworven, die bekendstonden als privileges.

Privileges markeerden de eigen positie en gaven de grens aan waar binnen de onderdaan bescherming kon vinden tegen vorstelijke willekeur. Privileges waren de garantie voor de mate van vrijheid die de Nederlanders genoten. Maar garanties werken nooit als de macht tussen twee partijen zich verhoudt als honderd tot nul, alles tot niets. Het consenteren van belastingen was het voornaamste machtsmiddel waarover de provincies beschikten. Gaven ze dat uit handen, dan zou geen enkel privilege veilig zijn.

Dat principiële bezwaar vormde een bijna onoverkomelijke hindernis. Praktische bezwaren kwamen de problemen nog verergeren. Alva wenste drie nieuwe belastingen, kortweg aangeduid als de tiende, de twintigste en de honderdste penning. De namen betekenen dat men één van elke tien, respectievelijk elke twintig of elke honderd penningen zou moeten afdragen. Modern uitgedrukt ging het dus om belastingen van 10, 5 en 1 procent. De honderdste penning was een algemene belasting op het vermogen. Ze zou slechts één keer worden geheven, en is ook daadwerkelijk opgebracht. Dit type belasting was niet onbekend, en werd vaker gevraagd bij dringende behoefte.

Een principiële stelselwijziging echter lag in de twee andere belastingen. De twintigste penning zou gevraagd worden bij elke verkoop van onroerend goed, de tiende penning bij verkoop van roerende goederen. Daar viel voor de regering heel wat mee te verdienen in een handeldrijvend land als de Nederlanden. De tiende penning zou vooral de rijkste provincies in het westen zwaar treffen: Brabant, Vlaanderen, Holland en Zeeland. Van alle kanten klonken dan ook luide protesten, zelfs uit Alva's directe omgeving. De Raad van State, de Geheime Raad en de Raad van Financiën, inmiddels toch grondig gezuiverd van oppositionele elementen, verzekerden de hertog dat zo'n belasting als de tiende penning technisch moeilijk te innen zou zijn, praktisch ruim zou worden ontdoken, en de handel met zulke lasten bezwaren, dat ze de concurrentie met het buitenland zou moeten verliezen.

Maar Alva wist van geen wijken. Hij moest geld uit de Nederlanden trekken, en Filips liet duidelijk weten dat concessies hem niet aangenaam zouden zijn. De landvoogd riep in 1569 de Staten-Generaal bijeen en legde hun zijn plannen voor. De Staten gaven niet toe, maar Alva liet zijn eis niet vallen. Een voorlopige oplossing werd gevonden in een compromis. Twee jaar lang zou Alva jaarlijks twee miljoen ontvangen. Na afloop van die termijn zou men dan opnieuw moeten onderhandelen. Zo werd de crisis uitgesteld tot 1571. Toen bleek dat de wederzijdse standpunten nog niet waren veranderd.

Het liet zich voorzien dat Alva de druk zou moeten opvoeren. Hij zou het ook kunnen, want het land was vol van soldaten. Maar inzet van militairen was een tweesnijdend zwaard. Het wekte angst, maar ook haat. De magistraat van Middelburg riep in februari 1567 de bevolking op, nu alle godsdienstige verdeeldheid te vergeten en samen de stad in staat van tegenweer te stellen om de dreigende aanslagen van de calvinisten te verijdelen. Zelfs de hervormingsgezinden onder de schutters van Middelburg werkten mee. Ze wilden het liever zelf doen om daarmee de komst van krijgsvolk naar Walcheren te voorkomen. De soldaten kwamen wel, en ze waren er nog toen de stormvloed van augustus 1570 de dijken zwaar beschadigde. De boeren van Walcheren wilden echter niet aan de dijk werken. Ze waren bang dat hun vrouwen of dochters iets zou overkomen met al die soldaten in de buurt. In februari 1572 weigerde Vlissingen pertinent plaats te bieden aan nog twee man extra.[26] Twee maanden later zou Vlissingen dat standpunt kracht bijzetten door zich aan te sluiten bij de opstand. Naar de paradoxale wet van alle revoluties zou de stad nadien nooit meer vrij zijn van garnizoen. Dat waren de risico's die Alva moest nemen als het hem ernst was met de tiende penning.

Voorbereiding in ballingschap

Laten we nu terugkeren naar het parallelverhaal: van Alva nogmaals naar Oranje. Wat restte hem nog? Soldaten had hij niet meer, en zijn financiële middelen waren voorlopig uitgeput. Maar volstrekt zonder ressources was hij niet. De watergeuzen stonden althans naar de letter onder zijn leiding. En al luisterden ze niet zo aandachtig naar hem, ze bleven wel de vijand grote last bezorgen. Verder hield Oranje contact met vrienden in de Nederlanden, en met ballingen in den vreemde. Sommigen traden in zijn dienst, onder wie Marnix van Sint-Aldegonde zich meer en meer ging onderscheiden. Oranjes voornaamste contactman was niettemin zijn broer Lodewijk, die zich voornamelijk in Frankrijk ophield. Van die kant heeft de prins eigenlijk altijd in de eerste plaats hulp verwacht, toen hem duidelijk was geworden dat zijn Duitse geloofsbroeders ten bate van hem hun rust niet zouden prijsgeven.

Lodewijk is jong gestorven. Dat kan zijn beeld in de herinnering van de familie geïdealiseerd hebben. Wellicht heeft dat invloed gehad op Jan van Nassaus latere getuigenis, dat vooral Lodewijk zijn broer Willem 'zover bracht, dat hij het pausdom verliet en belijdenis deed van onze christelijke gereformeerde religie'.[27] Maar het is waar dat Lodewijk in zijn Franse jaren als eerste van de Nassaus overging naar het calvinisme. Walsingham, destijds Engels gezant in Parijs, was diep onder de indruk van Lodewijks persoonlijkheid. 'Hij bezit een overtuigende welsprekendheid, maar wat de hoofdzaak is, hij is even godsdienstig van leven als oprecht van belijdenis. Ik hoop dat God hem in onze dagen heeft verwekt om een werktuig te zijn tot vermeerdering van zijn heerlijkheid.'[28]

Ook oprechte mensen kunnen handelen zoals hun eigen belang meebrengt. In de omstandigheden van de tijd getuigde Lodewijks overgang van werkelijkheidszin. Oranjes streven van 1566 de calvinisten te bewegen tot aanvaarding van de lutherse belijdenis, was een doodlopend spoor gebleken. De calvinisten wilden niet, en de lutherse vorsten in Duitsland zouden ook een zogenaamd lutherse opstand niet steunen. Wie werkelijk verder wilde met gewapend verzet, zou aansluiting moeten zoeken bij de partij die daar onvoorwaardelijk toe bereid was.

Oranje zelf heeft in deze jaren die stap nog niet gezet. De katholieke kerk had hij nu wel definitief vaarwel gezegd, maar naar een nieuw kerkelijk tehuis was hij nog op zoek. De vraag hield hem nu sterker bezig, en hij begon studie te maken van de bijbel. Willem van Hessen zond hem Melanchthons handboek van de christelijke leer. Hoe de prins dat verwerkte, blijkt uit zijn brief aan de koning van Denemarken over de redenen die hem hadden bewogen de Nederlanden te verlaten. Filips, zo schreef Oranje, wilde de leer van het evangelie onderdrukken en haar belijders ter dood brengen. Dat is een nieuw geluid. Vroeger was het de prins altijd om de slachtoffers gegaan. Hij was met hen solidair, maar deelde hun geloof niet. Nu noemt hij uitdrukkelijk dat geloof: Filips vervolgde niet misleide mensen, maar stelde zich tegen het evangelie Gods.

Tegelijk bleef Oranje intussen wel zijn oude mening toegedaan dat ook aanhangers van een dwaalleer niet vervolgd mochten worden. Die opvatting onderscheidde hem van anderen, en gaf de prins een eigen geestelijke signatuur. Ze was echter niet meer de allesbeheersende hoofdzaak. Wat nu het kernstuk van zijn geloof werd zien we duidelijk uitgedrukt in het uitvoerige verdedigingsgeschrift, dat hij in 1568 in het licht heeft gezonden onder de naam: *La justification du prince d'Orange*. Op het titelblad haalt hij psalm 37 aan. 'De goddeloze beloert de rechtvaardige en zoekt hem te doden. Maar de Heere laat hem niet in diens handen vallen.' Dat is wat we sindsdien telkens terugvinden in brieven en gesprekken. Een rotsvast vertrouwen dat God hem helpen zal, hoe ook zijn vijanden tekeergaan. Zulk geloof is niet strikt aan een bepaalde confessie gebonden. Calvinist was hij daarmee nog niet. Maar dit sterke geloof maakte het hem wel gemakkelijker toenadering te zoeken.

Daartoe deed zich in 1571 een gunstige gelegenheid voor. De Nederlandse kerken in ballingschap kwamen in 1571 bijeen in een vergadering die bekendstaat als de synode van Emden. Oranje had dit plan ondersteund in de hoop dat daar zijn oude droom waarheid zou worden, de vereniging van luthersen en calvinisten. Enkele medestanders had hij daar wel, want in Emden waren verschillende richtingen van het Nederlandse protestantisme vertegenwoordigd. De beslissingen vielen echter anders uit dan hij zou hebben gewenst. De meerderheid van de synode was het calvinisme toegedaan, en zette de koers voor de toekomst uit.

Deze synode was meer dan een vergadering van machteloze ballingen. Deze mannen voelden zich niet hulpeloos en verlaten. Zij waren zeker van hun zaak, vast overtuigd dat zij binnenkort de grens nogmaals zouden overschrijden, maar nu in de andere richting, om de kerkgebouwen in bezit te nemen. Hoe dan de Nederlandse kerk eruit zou zien stond hun al redelijk scherp voor ogen. Zij wilden twee dingen. Ten eerste zou deze kerk calvinistisch zijn in de leer. De synode sprak uit, dat elke predikant verplicht zou zijn de Nederlandse geloofsbelijdenis te tekenen, de confessie dus die in 1561 was opgesteld door

Guido de Brès. Ten tweede moest die kerk ook calvinistisch zijn in haar bestuursinrichting. De synode stelde dus een kerkorde op waarin elke plaatselijke kerk bestuurd zou worden door haar eigen kerkenraad. Die kerkenraden zouden dan hun afgevaardigden sturen naar regionale vergaderingen – de classes – en boven die classes zouden er dan nog synoden zijn, zowel provinciale als nationale.

Dat was het gevoelen van de meerderheid. De denkbeelden van de minderheid vonden in de besluiten van de synode geen uitdrukking. Niettemin bleef er tweeërlei opvatting bestaan. Dat verschil zou zich binnen en buiten de kerken nog openbaren, toen eenmaal die gereformeerde kerk zich werkelijk in de Nederlanden gevestigd had. In 1571 leek dat nog zeer onwaarschijnlijk. De prins van Oranje maakte wel plannen, maar ze kwamen nauwelijks tot een begin van verwezenlijking. Het bleef bij één enkele daad: Herman de Ruyter maakte zich in 1570 meester van het slot Loevestein. Hij wist zich tien dagen te handhaven tegen een overmacht. Toen zag hij geen uitweg meer en stak de lont in het kruit. Was dat niet het tragisch zinnebeeld van al Oranjes vruchteloze ondernemingen?

1572-1584

DE OPSTAND

De verrassing van Den Briel

In 1566 hebben Nederlanders naar de wapens gegrepen. Die zijn hen door de overheid uit handen geslagen. In 1568 bracht Willem van Oranje zijn legers in het veld. Ze werden vernietigd of smolten weg door geldgebrek. Die twee mislukte aanlopen krijgen een nieuwe betekenis in 1572. De opstand leek al afgeschreven, maar breekt nu opnieuw uit. De watergeuzen bezetten Den Briel en handhaven zich daar. Vanaf dat moment houdt Oranje in Holland en Zeeland vaste voet.

Die Brielse geschiedenis kan in alle onschuld verteld worden, zoals in het klassieke schoolverhaal. De geuzenvloot werd gedwongen de Engelse havens te verlaten, omdat koningin Elizabeth haar aanwezigheid niet langer gedoogde. Admiraal Lumey koerste toen naar Texel en vandaar zuidwaarts naar de Maas. Pas daar viel het besluit de aanval op Den Briel te wagen. De Brielse veerman Jan Coppestock deed dienst als hun onderhandelaar. Namens Lumey meldde hij de burgemeesters dat de geuzen gekomen waren om de stad van Alva's dwingelandij te verlossen. Hoeveel waren het er dan wel? Vijfduizend, antwoordde Coppestock, die het ook niet wist, en zeker vijfmaal te hoog schatte. Dat enorme aantal ontnam de burgemeesters alle lust tot tegenweer. Maar Lumey's eis van overgave binnen twee uur lieten ze onbeantwoord. Omstreeks acht uur in de avond kwamen de geuzen aan land, en maakten zich meester van de half leeggelopen stad. De bezetters lieten burgers ongemoeid, doch stelden zich ruimschoots schadeloos aan kerken en kloosters. Lumey was eigenlijk van zins na gedane zaken scheep te gaan. Maar de Hollandse edelman Blois van Treslong haalde hem over te blijven. Dat was het begin van de opstand in de zeeprovincies. 'De vermoeide Genius der vrijheid had, na lang omzwervens te lande en op zee, eindelijk eene rustplaats gevonden, hem door ruwe en onreine handen bereid.'[1]

Zo'n afsluiting zijn we dit heldenverhaal verschuldigd: een citaat uit de laatste voluit epische beschrijving van de opstand tegen Spanje, het tiendelige geschiedwerk dat de Amerikaan John Lothrop Motley kort na het midden van de negentiende eeuw liet verschijnen. Zijn conclusie heeft een eigen logica. Als niemand minder dan de genius der vrijheid aan de wieg van de Nederlandse onafhankelijkheid heeft gestaan,

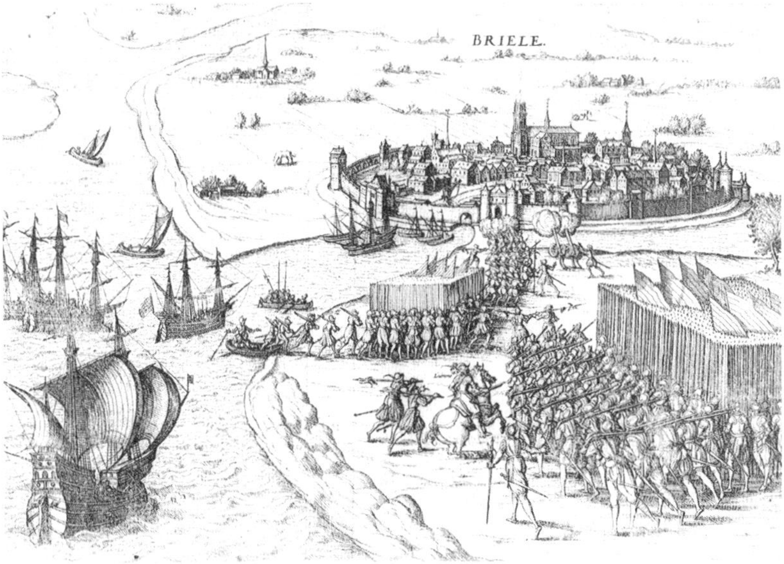

De inname van Den Briel, 1572.
Frans Hogenberg, 1588. Museum Catharijneconvent, Utrecht. Foto: Ruben de Heer.

mocht men het haar wel toevertrouwen een veilige wijkplaats te bouwen. Schrappen we echter deze wonderdoenster uit onze geschiedboeken, dan blijft het hele verhaal wel waar: zo is het gegaan op die eerste april van het jaar 1572. Maar het laat onze nieuwsgierigheid onbevredigd. De verrassing van Loevestein was op niets uitgelopen. Waarom zou het Lumey beter vergaan dan Herman de Ruyter?

Dat was ook de mening van Alva. Hij bracht regelmatig verslag uit aan Filips over de toestand in de Nederlanden. Op 4 april kreeg hij bericht van de verrassing van Den Briel. Hij vond het niet de moeite waard dat nieuws aan zijn koning door te geven. De volgende brieven gingen uit op 5, 7 en 17 april. Ze zwijgen over de aanslag. Pas op 26 april gaf hij de tijding door naar Spanje.[2] Kennelijk heeft hij het belang van deze gebeurtenis zwaar onderschat. Het heeft niets te betekenen, had hij geantwoord toen het nieuws hem bereikte: 'No es nada.' De geuzen schreven die woorden later spottend op hun vaandels.[3]

Het was niet alleen omdat Den Briel tegen alle verwachting in stand had gehouden toen de Spanjaarden probeerden de stad te heroveren.

Het was vooral omdat het Brielse voorbeeld ruime navolging zou krijgen. In de maand april ging nog alleen Vlissingen over. Maar in mei volgden Veere en Enkhuizen, in juni heel Hollands Noorderkwartier. In die maand breidde de opstand zich in Zeeland en Zuid-Holland verder uit, met Oudewater, Gouda, Leiden, Dordrecht, Zierikzee en Gorinchem. Begin juli sloot Haarlem zich aan. In de loop van de zomer kozen vele steden in Gelderland, Friesland en Overijssel eveneens de zijde van de prins.

Zo was plotseling werkelijkheid geworden wat Oranje in 1568 tevergeefs had gehoopt. De algemene opstand die zijn legers niet hadden kunnen ontketenen was op het signaal van de watergeuzen van start gegaan. Wat had dan Lumey, dat Oranje miste? Het is duidelijk dat we de vraag zo niet mogen stellen. Het vertrouwen in Oranje is sterk op en neer gegaan, maar van Lumey zal wel nooit iemand iets goeds verwacht hebben. Het verschil kan niet liggen in de personen. We zullen moeten letten op tijd en plaats. Zouden die gunstiger geweest zijn voor het welslagen van de opstand?

De factor tijd was ongetwijfeld van invloed. Oranje had zijn aanval gedaan toen Alva één jaar aan het bewind was geweest. De watergeuzen kwamen vier jaar later, en onder een streng en hard regime lopen de rekeningen snel op. Naarmate de regering minder weerstand ontmoet, zal ze ook gemakkelijker tot verdere aanscherping durven overgaan, en maatregelen opleggen die ze eerder uit voorzichtigheid achterwege had gelaten. Zo is het precies gegaan met de tiende penning. Begin 1572 meende Alva dat de tijd van compromissen voorbij was. Nu zou hij deze belasting onverbiddelijk opleggen. Dat was de algemene vrees, en Oranjes propaganda nam de kans waar die angst uit te buiten.

Het verschil in plaats is waarschijnlijk nog belangrijker. Oranjes legers kwamen uit Duitsland aangemarcheerd en vielen dus binnen in het oosten van het land. Daar waren de invloeden van de tijd het minst voelbaar. De reformatie was er buiten de steden nog weinig doorgedrongen, terwijl de tiende penning in die agrarische gewesten veel minder onereuze gevolgen zou hebben dan in het handeldrijvende en zeevarende Holland. In die oostelijke provincies had men ook weinig te maken met de acties van de watergeuzen. In Holland des te meer: de geuzen keerden zich tegen ieder die het met Alva hield. Daartoe rekenden ze alle schippers die uitvoeren uit Nederlandse havens. Met name in 1571 hadden de geuzen aan de Nederlandse scheepvaart zware schade toegebracht. Dat was in Holland en Zeeland hard aangekomen. Kooplieden hielden schepen binnen, matrozen zaten thuis zonder werk. Dalende inkomsten gaan dikwijls samen met stijgende prijzen. In de winter van 1571 op 1572 was dat zeker het geval, want de graanoogst was extreem slecht uitgevallen. Duur brood, gebrek aan werk, en dan de tiende penning in het vooruitzicht. Het kon nauwelijks anders of dit explosieve mengsel zou de binnenlandse rust een dodelijke slag toedienen bij de eerste de beste aanleiding.

Toch is daarmee het blijvende succes niet verklaard. Armoede en werkloosheid kunnen altijd leiden tot uitbarstingen van geweld. Dan worden graanpakhuizen geplunderd, woningen van rijke kooplieden bestormd, en belastinggaarders in de gracht geworpen. Maar na korte tijd herstelt zich de rust. Een politieke omwenteling komt uit zulke onlusten niet voort. Daarvoor is het een vereiste dat de politiek mondigen in beweging komen en leidinggeven aan het verzet. De opstand in Holland is meer dan de acute reactie op in de tijd samenvallende ongemakken. Twee fundamentele grieven komen daarin tot uitdrukking.

De ene is het groeiende onbehagen over een regeersysteem dat gevestigde gebruiken en verkregen rechten terzijde schoof, en als vreemd aan de eigen belangen werd ervaren. Dat is de reden waarom nu de politiek mondigen niet onverschillig konden blijven. De andere is de afkeer van geloofsvervolging bij zeer velen, en de bijzondere wens bij hen die de nieuwe leer waren toegedaan, naar eigen overtuiging te mogen leven en handelen. In 1566 had het laatste op de voorgrond gestaan. De onvrede over de geloofsvervolging was toen sterk genoeg gebleken om het land in beroering te brengen. Sindsdien hadden vijf jaar verspaansing de gevoelens van onbehagen zozeer versterkt dat het verzet tegen toename van de overheidsmacht nu algemeen gedragen werd en herschapen was in haat tegen de Spaanse tirannie. De combinatie van deze twee is van grote betekenis. Het religieuze motief bleef in zover het belangrijkste, als het elke verzoening met Filips uitsloot. Het godsdienstig verschil was de reden waarom de strijd niet eindigde. Het motief van de Spaanse tirannie was de belangrijkste reden waarom die strijd in 1572 begon.

Volmaakt evenwicht tussen die twee motieven is er zelden geweest. Direct in 1572 is goed zichtbaar hoe de nadruk op het een of het ander zo volkomen kan verschillen dat het schijnt alsof we met twee opstanden te maken hebben. Bij de geuzen is het religieuze motief overwegend, maar dan vooral in de vorm van religieuze haat. Rome is voor hen de grote vijand, symbool van alles wat wreed en onmenselijk is. Rome is leugen en misleiding, hebzucht en winstbejag. Al wat katholiek is moet van de aardbodem verdwijnen. Hun overtuiging is te radicaal om te respecteren wat voor een ander heilig is. Waar de geuzen huishouden is het precies die heiligheid die ze willen treffen. Ze lopen te pronken in misgewaden, ze vertrappen de hostie, ze smeren hun schoenen met heilige olie. Voordat ze in Den Briel vaste voet kregen, waren de geuzen al dikwijls voor strooptochten aan land gegaan. Het gebeurde wel dat dorpen de plundering afkochten. Maar de kerk was nooit in zo'n contract inbegrepen. Die werd aan de vernieling prijsgegeven.

En natuurlijk haatten de geuzen ook de mannen die hun leven aan die kerk hadden gewijd. Nu zou het hun beurt zijn om te lijden. Menig monnik en priester heeft het ervaren nadat de geuzen eenmaal in Holland geland waren. De grootste vermaardheid kregen de negentien die door Lumey in een turfschuur buiten Den Briel zijn opgehangen. Naar hun herkomst staan zij bekend als de martelaren van Gorcum. In Gouda, in Alkmaar, in Roermond zijn eveneens geestelijken om het leven gebracht om geen andere reden dan dat zij katholiek waren. Dat is één zijde van de opstand. Ze heeft zich in die bloeddorstige gedaante slechts korte tijd vertoond, maar is een wezenstrek van het authentieke geuzendom.

Was dit felle antipapisme echter samengevallen met de opstand, dan zou de geschiedenis een heel andere loop genomen hebben. De agressief antiroomse geuzenbeweging had de strijd verloren, als het die geheel op eigen kracht had moeten voeren. Wel hield de opstand een protestants, calvinistisch karakter, en die gestalte zou ook de Republiek der Zeven Verenigde Nederlanden aannemen. Maar de overwinning dankte de calvinistische partij aan de bredere steun van de velen die haar overtuiging niet deelden, met name degenen die gewoon waren leiding te geven aan bestuur en rechtspraak. Vanaf het begin in 1572 waren er dan ook besliste aanhangers van de opstand, die niettemin ontkenden dat zij de wapenen hadden aangenomen ter wille van de kerk. Twee leuzen stonden tegenover elkaar. *Haec religionis causa*, ter wille van de godsdienst, en *haec libertatis ergo*, ter wille van de vrijheid. De overgang van zo veel steden naar de prins van Oranje was zonder de steun van deze vrijheidspartij ondenkbaar geweest.

In 1572 konden de beide partijen uitstekend samenwerken. Ze hadden dezelfde vijand. Alva met zijn Spanjaarden was de kampioen van de katholieke kerk en de representant van het vorstelijk absolutisme. Oranje moest nu zorgen dat de twee hem beiden van harte zouden ondersteunen. De geuzen had hij nodig, want die vormden zijn krijgsmacht in Holland. Reeds in april had hij de watergeus Diederik Sonoy aangesteld als zijn luitenant-stadhouder in het Noorderkwartier, en wat later zou diezelfde functie in het zuiden van Holland toevallen aan Lumey. Dat waren nuchtere, realistische beslissingen. Deze mannen hadden feitelijke macht, en de prins moest dat wel erkennen. Maar ze mochten de opstand niet beheersen. Oranje wenste niet dat de geuzen leiders van de opstand zouden worden. Daarom kwam in juli 1572 de vergadering van de Staten van Holland in Dordrecht bijeen.

Dat was op zichzelf een revolutionaire daad. Provinciale staten waren niet bevoegd op eigen gezag een vergadering uit te schrijven. Ze mochten alleen samenkomen als de landsheer hen opriep. Dit eigenmachtig optreden botste dus met het hogere gezag van de landsheer. Maar het had wel juist de bedoeling orde te scheppen en de wilde geuzenrevolutie te temmen. De vergadering te Dordrecht bestond uit afgevaardigden van de Hollandse steden, voorzover die zich althans achter de prins hadden geschaard. Delft en Amsterdam ontbraken daarom, en allerlei steden die vroeger geen recht van zitting hadden, waren wel naar Dordrecht opgeroepen. Er zaten dus andere mensen dan vóór de opstand, met slechts hier en daar een vanouds bekend gezicht. Toch vertegenwoordigden ze de continuïteit. Hier zaten de Hollandse regenten, de representanten van het burgerlijk bestuur, die zichzelf beschouwden als het wettig gezag. De opstand moest geen militaire staatsgreep zijn. Zij zou onder de geordende leiding staan van de Hollandse regenten.

Wel moest de opstand een hoofd hebben, een door allen aanvaard en gerespecteerd leider. De geuzenaanvoerders kwamen voor die post niet in aanmerking. Alleen Willem van Oranje bezat het prestige en de autoriteit om door ieder als leidsman aanvaard te kunnen worden. De Staten erkenden hem dus als hun stadhouder. De prins van zijn kant, vertegenwoordigd door Marnix, beloofde dat hij de Staten altijd zou raadplegen, en geen besluiten zou nemen zonder hun toestemming. In naam bleef hij stadhouder van Filips, want de koning van Hispanje bleef men in theorie nog eren. De opstand was niet tegen hem gericht, maar tegen de heerszuchtige en tirannieke Alva. Maar in feite werd Willem van Oranje vanaf 1572 de eerste stadhouder die ondergeschikt was aan de Staten van Holland.

Zij hadden hem benoemd en zich tegelijk aan zijn leiding toevertrouwd. Van meet af aan lag in de functie een dubbelzinnigheid die later tot felle conflicten zou leiden. In 1572 kon daar nog geen sprake van zijn. Het ging nu om leven of dood. Als de opstand wilde overleven, dan moesten de gelederen gesloten blijven onder eendrachtige leiding. Dat was Oranjes verantwoordelijkheid. Hij diende de opstand bijeen te houden, en zijn volgelingen te inspireren tot krachtige inzet en royale offervaardigheid. De middelen om de strijd te voeren zouden van de Staten moeten komen. Zij hielden als vanouds de koorden van de beurs. Samenwerking van stadhouder en regenten was de enige kans. Beiden zouden dan de ander in zijn waarde moeten laten. Sprak men in die tijd wel van 'de dictature van Zijne Excellentie', dan was dat waar in zover als Oranjes leiderschap erkenning vond. Het was niet waar, als met dictatuur onbeperkt gezag gemeend was. Dat zou met de geest van de opstand zelf in strijd zijn geweest.

De strijd in Holland en Zeeland

Enkele jaren lang zou de oorlog zich nu hoofdzakelijk afspelen in de twee westelijke provincies. Dat was niet wat Oranje oorspronkelijk had beoogd. Hij had ook in 1572 zijn krijgsplan gemaakt, dat er in grote lijnen net zo uitzag als vier jaar eerder. Zelf zou hij de Rijn overtrekken en vanuit het oosten de Nederlanden binnenrukken. Lodewijk moest met steun van de Franse hugenoten ten aanval trekken vanuit het zuiden. Aan de watergeuzen was een aanvullende rol toebedeeld. Zij konden langs de Noordzeekust ergens aan land gaan en een stad bezetten. Maar het was toch in de eerste plaats hun taak de vijand af te leiden van het terrein waarop zich de werkelijk beslissende strijd moest afspelen. Oranje zelf zou aan het hoofd van zijn leger de voornaamste acteur zijn.

Dat heeft hij niet kunnen waarmaken. Hij bracht het er niet beter af dan de eerste maal. Deels buiten zijn schuld: de Franse protestanten hadden hulp beloofd, maar die hoop ging in augustus teloor als gevolg van de slachting onder de hugenoten, die als Bartholomeusnacht of bloedbruiloft de boeken is ingegaan. Een ander deel van de schuld echter moest Oranje zelf dragen. Het verging hem naar de bekende spreuk: wie van de geschiedenis niet wil leren wordt gedwongen haar te herhalen. Oranje had van zijn eigen ervaring geen profijt getrokken. Hij wist nog wat geldgebrek hem in 1568 had aangedaan. En toch kon hij op 25 juli 1572 aan zijn broer Jan van Nassau schrijven: 'Ik kan u verzekeren dat ik nog geen stuiver ontvangen heb, en ik laat het aan u over te bedenken in welke moeite ik mij bevind.' Ja, dat kunnen we ons indenken. Maar het is moeilijker te begrijpen hoe iets dergelijks hem voor de tweede keer kon overkomen. Want op die dag was hij de Rijn al over en had hij Roermond bezet, zonder enige zekerheid dat het verlangde geld er ooit zou komen.

Het is geen wonder dat bij deze veldtocht Oranjes soldaten bruut en barbaars zijn opgetreden. Ze kregen geen geld en moesten hun honger wel stillen ten koste van de burger en de boer. Maar een onbetaald leger gehoorzaamt zijn aanvoerders niet en is ten enen male ongeschikt zowel voor de aanval als voor de verdediging. Alles wat Oranjes aanhangers in de zuidelijke gewesten tot stand gebracht hadden, ging verloren. Lodewijk van Nassau had Bergen in Henegouwen ingenomen, maar moest de stad ontruimen. Mechelen viel zonder slag of stoot in Alva's handen omdat het garnizoen niet wilde vechten. Zo werd het vertrouwen in Oranjes leiderschap ondermijnd. 'Dit en is de man niet' klonk het van alle kanten. De prins trok zich terug in Holland om van de zeegewesten zijn laatste bolwerk te maken, met het vaste besluit daar zijn graf te vinden – 'ayant délibéré de faire illecq ma sépulture'. Nogmaals een beroemd citaat, dat twaalf jaar later werkelijkheid zou worden.

Zijn tegenspeler Alva had intussen Mechelen ingenomen. De stad had dadelijk voor hem de poorten geopend, maar toch gaf Alva zijn soldaten verlof drie dagen lang te plunderen. Alles wat Oranje in Brabant aan garnizoen had achtergelaten nam nu de vlucht, zonder te wachten of en wanneer Alva komen zou. De steden gaven zich deemoedig over, en kwamen met een hoge boete vrij. Zo ging het in Leuven, Diest en Oudenaarde. De genadeloze afstraffing van Mechelen had geholpen. De andere steden wisten dat hun onverbiddelijk hetzelfde lot zou treffen als ze zelfs maar dachten aan tegenweer. Terreur wierp vruchten af, en daarom bleef Alva op deze manier te werk gaan.[4] Dergelijke successen behaalt onverhulde terreur bijna altijd. De tactiek is allen schrik aan te jagen door één voorbeeld te stellen. Zo onderwierp Alva Brabant door in Mechelen een bloedbad aan te richten. Zo handelde zijn stadhouder in Friesland Gaspar de Robles met Dokkum, en zo trad Alva's zoon Don Frederik op in Gelderland tegen Zutphen, en vervolgens in Holland tegen Naarden. In die kleine stad kon het werk grondig aangepakt worden. 'Niet één kind is er ontkomen,' meldde Alva trots aan zijn koning.

De tactiek werd één keer te vaak toegepast. Na het bloedbad van Naarden opende geen enkele Hollandse stad vrijwillig de poorten voor het Spaanse leger. Wat was het verschil tussen Holland en de andere provincies?[5] Het belangrijkste is ook hier weer de factor tijd. De opstand was in Holland begonnen en had daar reeds wortel geschoten. Nieuwe mensen waren aan de macht, de ballingen waren teruggekeerd, de kerken in protestantse handen overgegaan. De rekening was nu zo hoog opgelopen dat deze steden toch niet ongestraft konden blijven. Met overgave viel niets te bereiken. Zij hadden de grens al overschreden waarbinnen nog op genade te hopen viel. De Naardense massamoord bevestigde dat alleen maar. Don Frederik trok van Naarden naar Haarlem, doch werd niet binnengelaten. De stad zou de Spanjaarden zeven maanden lang het hoofd bieden.

Dat waren de objectieve factoren. Op deze bodem kon de weerstand groeien. De subjectieve factor was de prins van Oranje. Meteen na zijn terugkeer werd hij de centrale figuur en dat zou hij tot zijn dood toe blijven. Hij gaf leiding aan de militaire acties en overtuigde de Staten van Holland van de noodzaak tot betalen. Voor die taken toonde hij zich berekend alsof ze speciaal voor hem ontworpen waren. Als organisator was Oranje in deze jaren niet te overtreffen. Maar ook de beste organisatie houdt geen opstand en oorlog gaande, als niets of niemand de

Wreede moort tot Zutphen. Afbeelding uit de serie 'Spaensche tirannye in Nederlandt', naar aanleiding van het bloedbad in Zutphen.
Stichting Atlas van Stolk, Rotterdam.

strijders tot bezieling wekt. Dat was Oranjes grootste talent. Zijn inspirerend vermogen gaf mensen de moed om door te gaan. Bij een bezoek aan de Staten van Holland wist hij hun zo veel hoop te geven dat ze verklaarden met hem alles te willen wagen: 'met hem alles te avonturen, datse ter werelt hadden'. Dat voorval staat niet op zichzelf. In december 1573 hield de prins een toespraak tot de kapiteins van de Zeeuwse vloot.

Willem van Oranje op 22-jarige leeftijd.

Antonio Moro, 1573. Gemeente Musea Delft, Collectie Stedelijk Museum Het Prinsenhof. Fotograaf: Tom Haartsen.

Zo diep was de indruk die zijn woorden maakten dat de officieren als één man uitriepen te zullen vechten tot de laatste druppel bloed, al zouden ze een jaar lang geen geld ontvangen en alles verliezen wat ze bezaten.

Enthousiasme dat door welsprekendheid wordt opgeroepen is niet tegen elke beproeving bestand, en dat soldatenbloed geld kost kan ook de grootste idealist niet loochenen. Dat Oranje de strijd kon volhouden had hij te danken aan de Hollandse en Zeeuwse regenten die bereid waren te betalen voor het behoud van hun eigen grondgebied. Maar dat ze doorgingen, ook in de jaren dat de verdediging nauwelijks standhield en elke tegenaanval die verlichting kon geven mislukte, dat is de vrucht van Oranjes leiderschap. 'Vanaf de jaren dat God mij enig onderscheidingsvermogen gaf,' schreef hij in deze tijd aan zijn broer Jan, 'heb ik mij nooit bekommerd om woorden of bedreigingen als ik dacht te handelen met een zuiver geweten, zonder schade te doen aan mijn naaste. En werkelijk, als ik mij het zeggen van de mensen had aangetrokken, of bedreigingen van vorsten, dan zou ik mij nooit in zulke gevaarlijke ondernemingen gestort hebben tegen de wil van mijn vroegere meester de koning, en tegen de raad van vrienden en verwanten.'

Het gaat er niet om of deze woorden precies beschrijven wat Oranje werkelijk heeft gedaan. Hij kan zichzelf overschat hebben, zijn motieven hebben geïdealiseerd, zijn besluitvaardigheid in een te gunstig daglicht gesteld. Maar zo wilde hij zichzelf zien en dat beeld wist hij aan anderen over te dragen. Mocht het niet in alle onderdelen gelijken, het kwam de werkelijkheid genoeg nabij om allen te overtuigen die zijn zijde hadden gekozen. En zelfs de tegenstanders bevestigen huns ondanks het feit dat Oranje zijn geestelijk zelfportret vrij nauwkeurig had getroffen. Al in 1573 rieden Spanjes politieke leiders hun koning aan, de prins door een moordaanslag van kant te maken. Daarin waren Alva en Granvelle eensgezind. Wie de wereld van deze man verloste, zou God en de Heilige Kerk een grote dienst bewijzen.

Maar al dachten de Spanjaarden er zo over, de Nederlandse katholieken werden niet door hetzelfde heilige vuur bezield. Hun gebrek aan geestdrift spreekt niet vanzelf. Oranje slaagde er immers niet in te beletten dat katholieke geestelijken slachtoffers werden van de papenhaat. Lag daar geen kans voor doeltreffende propaganda, om samen alle krachten in te zetten voor de handhaving van het oude geloof? Toch is dat nooit gebeurd. De zwijgende meerderheid van katholieken koos niet de Spaanse zijde. De geschiedenis weet niet te verhalen van boeren of burgers die de wapens opnamen ter verdediging van koning en kerk. De katholieken lieten het over aan de soldaten, of stonden aan de andere zijde. De vechtende boeren en burgers vinden we uitsluitend in het geuzenkamp. Alleen Amsterdam vormt een uitzondering op die regel.

In de heroïsche jaren van een op eigen bodem uitgevochten strijd ontstaan vanzelf ook de verhalen over buitengewone heldendaden van doodgewone mensen. Dat heeft de Duitse bezetting van 1940-1945 ons nagelaten, en zo'n erfenis danken we eveneens aan de jaren zeventig van de zestiende eeuw. Uit de drom der namelozen doken er plotseling enkelen op die naam verwierven. Zo iemand was Jan Haring van Hoorn. Staande op het smalste stuk van de Diemerdijk hield hij met zwaard en schild alleen een vijandelijke troep – duizend man sterk, zeggen de verhalen – net zo lang tegen tot zijn kameraden zich in veiligheid gebracht hadden. Toen sprong hij in het water en ontkwam. De Hoornse zeeman nam ook deel aan de slag op de Zuiderzee. Urenlang is daar gevochten om het aan de grond gelopen Spaanse admiraalsschip de Inquisitie te veroveren. 's Morgens in de schemering wist Jan Haring de mast te beklimmen. Hij haalde de vlag neer, maar moest die roekeloze daad met de dood bekopen.

Soms zijn de verhalen apocrief, geboren uit de behoefte een groots verleden te hullen in het passende historische gewaad. Haarlem bewaart in het Kenaupark de herinnering aan Kenau Simonsdr. Hasselaar, die volgens de overlevering op de muren van Haarlem heeft gestaan, als aanvoerdster van driehonderd strijdbare vrouwen. Het is waar dat ze tijdens het beleg in Haarlem woonde. Ze had als weduwe de leiding overgenomen van het scheepstimmerbedrijf van haar man, en vermoedelijk heeft ze hout geleverd voor de versterking van de vestingwerken. Maar toen de stad zich had overgegeven lieten de Spanjaarden haar ongemoeid. Als deze vrouw de krijgshaftige Kenau van de traditie was geweest, had ze dat zeker met haar leven moeten betalen. Wie kloeke vrouwen zoekt onder de aanhangers van de opstand kan beter terecht bij Trijn van Leemput, de hopmansvrouw uit Utrecht, die het eerst de houweel greep om de Spaanse citadel te slechten. Ze heeft niet met de musket op de wallen gestaan. Maar dat heeft de Haarlemse Kenau net zo min.

Deze mensen zijn niet belangrijk om zichzelf, maar wel om wat ze samen gedaan hebben. Een Spaanse vaandrig die bij de bestorming van Alkmaar de muur beklommen had en van boven neerkeek op de verdedigers, zag nergens helm of harnas: geen soldaten, maar louter eenvoudige mannen, meest als vissers gekleed. Dat waren de dragers van het verzet, ook bij de verdediging van Haarlem. Ze hebben het in die stad zeven maanden volgehouden. Hoe belangrijk dat was zullen ze zelf misschien wel niet hebben beseft. Wie vanaf Haarlems muren de honderden Spaanse soldaten zag rondkrioelen, kon denken dat Alva's hulpmiddelen onuitputtelijk waren. Toch was dat allerminst het geval. De tiende penning was bedoeld geweest om de uitgaven voor bestuur en bezetting op de Nederlanden zelf te verhalen. Filips voerde kostbare oorlogen in het gebied van de Middellandse Zee. Eigenlijk had hij geen geld over om de onderwerping van Holland en Zeeland ook nog uit de Spaanse kas te betalen. Hoe eerder deze extra druk zou wegvallen hoe beter. Daarom was het belangrijk dat Haarlem het zeven maanden uithield in plaats van zes. Toen het beleg begon had Alva al geen geld meer om zijn soldaten te betalen. Elke dag van uitstel verbeterde de vooruitzichten van de opstandelingen.

Na Haarlems val verliep bovendien het jaar 1573 verder zeer voorspoedig. Don Frederik trok verder noordwaarts naar Alkmaar, maar moest onverrichter zake afwijken. De bestorming werd afgeslagen, en voor een herhaalde poging kregen de belegeraars geen kans. Sonoy had de sluizen geopend en de dijken doorstoken. Begin oktober trok het Spaanse leger af. Drie dagen later boekte de opstand een tweede succes. In de slag op de Zuiderzee bevestigden de Hollanders hun meerderheid op het water. Admiraal Bossu, Alva's stadhouder in Holland, werd als gevangene naar Hoorn gebracht. In december 1573 ten slotte vertrok Alva uit de Nederlanden. Zijn aanvankelijk succes was nagenoeg vergeten. Zijn opvolger Don Luis de Requesens stond nu voor de taak de opstand in Holland en Zeeland definitief te bedwingen.

Requesens is ruim twee jaar aan het bewind geweest. Het totaalbeeld is in die tijd niet wezenlijk veranderd. Het bleef een op- en neergaande strijd, die toch steeds het vermoeden wekte dat de Spaanse landvoogd

Leids ontzet. Uitdeling van haring en wittebrood na de opheffing van het beleg van Leiden, 3 oktober 1574.
Otto van Veen, ca. 1574-1629. Copyright Rijksmuseum Amsterdam.

ten slotte aan het langste eind zou trekken. De opstandelingen echter wonnen de zeeslag bij Reimerswaal in 1574. Het onmiddellijk gevolg was dat de Spanjaarden Middelburg niet langer konden verdedigen. Op langere termijn gezien lag de betekenis van die slag daarin dat de Zeeuwen en Hollanders opnieuw bevestigden dat zij in staat waren elke verbindingsweg over het water open te houden.

Hun bondgenootschap met het water bewerkte ook het ontzet van Leiden na een langdurig, dramatisch verlopen beleg. Leiden werd niet zozeer beschoten en bestormd, als wel uitgehongerd. Dat scheen een zeker middel om de stad tot overgave te dwingen. Dat er een leger tot ontzet van de stad zou komen opdagen leek uitgesloten. Al vaak genoeg was gebleken dat de geuzen in het open veld tegen de Spanjaarden niet stand konden houden. Het werd in 1574 nog eens bevestigd. Lodewijk van Nassau rukte met een leger uit Duitsland op, maar kwam niet verder dan de Mokerhei. Zijn leger leed een verpletterende nederlaag. Lodewijk en Hendrik van Nassau lieten het leven.

Toch kwam het ontzet, maar over het water. Zoals bij Alkmaar greep men ook ditmaal naar het uiterste middel van het doorsteken van de dijken. De volharding van de Leidenaren kreeg een blijvend loon in de stichting van de universiteit, die in 1575 werd geopend, midden in een door oorlog verscheurd land. Het was een zeldzaam blijk van vertrouwen in de toekomst. De vestiging van een nieuwe universiteit grensde aan overmoed. Over land was Leiden alleen te bereiken door duizend gevaren heen. Haarlem, Amsterdam en Utrecht waren in Spaanse handen. De dreiging kwam steeds dichterbij: in augustus werd Oudewater ingenomen en uitgemoord, door Filips' nieuwe stadhouder over Holland, de heer van Hierges. Ditmaal werkte de terreur wel. Schoonhoven bood geen ernstig verzet en ging eveneens over. Nu was Leiden niet zo ver meer. In Zeeland verging het de geuzen niet beter. Zierikzee werd ingesloten en zou in 1576 vallen. Het gebied onder Oranjes bestuur zou weldra nog slechts bestaan uit onderling onverbonden losse stukjes grond.

De vestiging van de gereformeerde kerk

Overal waar de opstand zich vestigde, volgde spoedig de gereformeerde kerk. Was het naar Oranjes wensen gegaan, dan zou zij haar plaats hebben ingenomen naast de katholieke. In de eerste vergadering van de nieuwe Staten van Holland in juli 1572 had Marnix namens de prins gesproken van een religievrede. Het was een illusie die Oranje jarenlang bleef najagen, en die steeds en overal spoedig vervloog. In Holland had ze toentertijd geen kans. Daarvoor was de kerk zelf te veel inzet van de strijd. Geen gereformeerde dominee zou voor de koning, en geen katholieke priester voor de prins kiezen.

Voor de katholieke leken lagen de zaken ingewikkelder. Sommigen steunden actief het verzet, anderen hoopten op een Spaanse overwinning, en de meesten schikten zich. Zij vormden de zwijgende meerderheid, die niets tegen de nieuwe regering ondernam, en medewerking verleende als die hun werd opgelegd. Van de geestelijkheid echter kon nauwelijks gevergd worden dat zij solidair zou zijn met een opstand die haar voortbestaan rechtstreeks bedreigde. Van een godsdienstvrede kwam dan ook niets terecht. Het was al veel dat Holland en Zeeland in maart 1576 bij de Unie van Delft de gewetensvrijheid erkenden. Vrijheid van godsdienstoefening kregen de katholieken niet. Alle kerkgebouwen werden ter beschikking gesteld van de gereformeerden. Hun kerk zou nu de plaats van de oude innemen.

Maar wat voor een kerk zou dat zijn? Vanouds waren kerk en staat eng met elkaar verbonden. Dat gold op nationaal niveau, waardoor trouw aan kerk en koning twee zijden van één medaille waren. Het gold ook op het lokale niveau, waar de plaatselijke magistraten gewoonlijk het kerkelijk leven onder hun controle hadden gebracht. Hun bemoeienis kon zo ver gaan dat ze regelden hoe dikwijls de pastoor zijn vicarissen te eten moest vragen, en hoeveel waskaarsen dag voor dag in de eredienst mochten worden aangestoken.[6] Dat hadden stadsoverheden zich al veroorloofd tegenover een kerk die toch haar eigen hiërarchie kende, met bisschoppen, aartsbisschoppen en een paus in Rome. Nu al deze geestelijke autoriteiten ook nog wegvielen, zouden de stadsbestuurders zich ongetwijfeld heren en meesters over de kerk wanen.

Het is ons al gebleken dat binnen de kerk een andere opvatting de overhand had verkregen. Op de synode van Emden in 1571 koos de meerderheid voor een calvinistische bestuursorganisatie en een calvinistische belijdenis. Deze meerderheid liet zich ook dadelijk gelden in de gereformeerde kerk van Holland. Al in augustus 1572 werd de eerste provinciale synode gehouden, te Edam, in Hollands Noorderkwartier. Een jaar later kwam ze opnieuw bijeen, nu te Alkmaar. Daar besloot men geheel in de lijn van Emden, dat alle predikanten de Nederlandse geloofsbelijdenis dienden te ondertekenen. Het andere calvinistische belijdenisgeschrift, de Heidelberger catechismus, zouden ze in hun preken aan de gemeente moeten uitleggen.

Die catechismus was in Duitsland ontstaan, zoals de naam Heidelberger uitwijst. Toch zou dat het leerboek moeten zijn voor kerkvolk en kerkjeugd. Hadden de Nederlandse calvinisten niet een eigen catechismus kunnen schrijven? Natuurlijk wel. Maar zij achtten het juist een voordeel dat zij hun belijdenisgeschriften met buitenlandse kerken gemeen mochten hebben. De oude katholieke kerk was zo wijd als de wereld, of voerde althans die pretentie. Zo zagen de calvinisten zichzelf ook: zij zouden de nieuwe wereldkerk zijn. De kerk was weliswaar overal nationaal georganiseerd, maar ze kon over de grenzen één zijn in haar belijden, en de katholieke oecumene vervangen door een calvinistische. Die internationale verbondenheid zou alle nationale kerken des te beter helpen hun calvinistische identiteit krachtig te handhaven.

De meeste predikanten zagen de nieuwe kerk dus als calvinistisch. In hun eigen kerkelijke vergaderingen zouden ze dat keer op keer uitspreken. Maar wat was het waard? Kerken hebben geen macht, overheden wel. Zo gezien lijkt de uitslag van elk conflict over het eigen recht van de kerk gemakkelijk te voorspellen. Maar kerken achten zich ook altijd aan een hogere autoriteit gebonden. Een kerk bestaat ter wille van de godsdienst. Godsdienst is geen mensendienst. Wie God wil dienen moet Hem gehoorzamen, ook al zou de wereldlijke overheid het anders gebieden. Dat was per slot van rekening de enige manier waarop de reformatie haar goed recht kon funderen: Gode meer gehoorzaam dan mensen. Daarom zijn er altijd punten waarop de kerk niet van wijken wil weten.

Het heeft lang geduurd eer de verhouding tussen kerk en staat vaste vorm heeft gekregen. In feite is dat pas gebeurd in 1618 op de synode van Dordrecht. We zullen op dit vraagstuk dan ook nog meer dan eens terug moeten komen. Maar het is van meet af aan duidelijk dat er vroeg of laat een machtswoord gesproken zal moeten worden. De kerkelijke vergaderingen trekken altijd één lijn. Daar geven onveranderlijk de calvinisten de toon aan. Zij willen dat overal predikanten zullen komen die door de classis – de regionale vergadering – geschikt bevonden waren. Het moesten dus mannen zijn die de calvinistische belijdenis onderschreven en bereid waren de regels van de kerkenordening na te leven. De gereformeerde kerk wordt door de meerderheid van de predikanten dus beschouwd als een calvinistische kerk.

Bij de stedelijke regenten daarentegen zien we veel meer variatie. Wel zijn ze doorgaans allen overtuigd dat de regeling van kerkelijke zaken onder hun verantwoordelijkheid valt. Maar in sommige steden slagen zij erin een redelijke mate van harmonie in stand te houden met de kerkelijke instanties. De plaatselijke kerkenraad krijgt de ruimte zich te gedragen als bestuurscollege van een calvinistische kerk. Waarschijnlijk geldt dat op den duur voor de meeste steden. Ook al zouden veel regenten zelf anders hebben gekozen, ze accepteren de kerk zoals die zichzelf heeft gevormd. De verschillen van inzicht zijn meer van bestuurlijke dan van leerstellige aard. Dat kan tot wrijving leiden, maar het voert niet onvermijdelijk tot hooglopende onenigheid. In enkele steden echter rijzen spanningen. Daar heeft de overheid niet alleen een andere visie op het kerkbestuur, maar ook op de kerkleer. Gereformeerd betekent voor haar afwijzing van leergezag, reformatie is gelijk aan vrijheid. Kerken behoren volgens deze stadsbesturen geen confessie te hebben. In andere woorden, hun kerktype is niet calvinistisch, maar libertijns. Dan worden conflicten onvermijdelijk, en ze zullen voortduren tot de beslissing is gevallen wat de identiteit van de gereformeerde kerk zou zijn.

Wel stond al in de jaren zeventig van de zestiende eeuw buiten discussie dat deze gereformeerde kerk een bevoorrechte positie had ontvangen. Zij genoot de bijzondere bescherming van de overheid. Dat betekende niet dat allen die leidinggaven zich ook bij die kerk aansloten. Calvinistische kerken namen niet zonder meer iedereen als lidmaat aan. Wie zich bij de gemeenschap van de kerk voegde moest goed weten wat hij deed. Hij zou moeten staan voor de gereformeerde belijdenis, maar vooral bereid zijn zich zorgvuldig te gedragen naar de eis van de wet Gods. Kerkenraden hielden daar ook toezicht op. Voor elke avondmaalsviering onderzochten zij of er gemeenteleden waren die door woord of daad aanstoot hadden gegeven. Bleek dat het geval, dan werden zij voor die gelegenheid van de viering uitgesloten. Zij kregen pas weer toegang, als zij hun schuld hadden beleden en zich met de gemeente verzoend.

Velen moesten van deze zogenaamde kerkelijke tucht niets hebben. Ze waren niet bereid hun levenswandel onder correctie van een kerkenraad te stellen en werden dus geen lidmaat. Dikwijls bezochten ze dan wel met zekere regelmaat de diensten en lieten ze hun kinderen door de gereformeerde dominee dopen. Ze waren niet ongelovig, maar vonden de drempel voor het lidmaatschap nog te hoog. Deze groep is vrij talrijk geweest en ze zal ook nog vele jaren blijven bestaan. Men noemde hen doorgaans 'liefhebbers van de gereformeerde religie'. De term is wat misleidend, want hij suggereert een innige verbondenheid, terwijl in werkelijkheid de liefhebber juist enige afstand bewaarde. Wie een vergelijking wil – met alle gevaren van dien – kan denken aan de hedendaagse politieke partijen. Er zijn duizenden die keer op keer hun stem uitbrengen op dezelfde partij. Ze hebben dus wel een vaste politieke overtuiging, maar ze denken er zelfs niet aan lid van een partij te worden. Het aantal liefhebbers overtreft dan vele malen het aantal lidmaten. In de gereformeerde kerk van de zestiende en vroege zeventiende eeuw waren de verhoudingen iets gunstiger voor de lidmaten, maar de meerderheid vormden ze vermoedelijk nergens. Rondom de kleine groep van kerkleden stond een bredere schare van liefhebbers van de gereformeerde religie.

De meeste regenten behoorden in die tijd waarschijnlijk tot die wijdere kring. Zij vonden hun evangelische inspiratie meer in de traditie van Erasmus dan in die van Calvijn. Enkelen echter sloten zich aan bij de gemeente en traden als lidmaat toe. Dat deed ook Willem van Oranje. We weten niet op welk tijdstip hij daartoe besloot. Bekend is dat hij in 1573 te Dordrecht het avondmaal meevierde, maar we kunnen niet uitsluiten dat hij zulks in diezelfde stad of elders al eerder gedaan had. Evenmin laat zich beslissen met welke bedoeling hij zelf deze stap heeft gezet. Vaak is deze daad geïnterpreteerd als een politieke beslissing. Oranje wilde het vertrouwen van de calvinisten winnen en sloot zich bij hen aan.

Het is maar wat we onder politiek verstaan. Bij een man in Oranjes positie had elke publieke daad signaalwaarde, en natuurlijk gaf hij zich daarvan rekenschap. Zo wist hij bijvoorbeeld dat calvinisme ook bij de meeste protestantse vorsten in een kwade reuk van fanatisme stond. Zijn kansen op buitenlandse hulp zouden door deze overgang niet toenemen. Tevens was hem bekend dat de calvinisten zelfs in Holland een minderheid vormden, en eerst recht in al de Nederlanden. Werd hij calvinist, dan kon dat velen van hem vervreemden. Tegelijk echter wist hij ook dat hij zich nu voegde bij de mensen die elk compromis afwezen. Hij koos voor de kerk, die vrede op Spaanse voorwaarden slechts kon betalen met haar eigen ondergang. Dat was de politieke betekenis van Oranjes keus. Hij vereenzelvigde zich met de partij die de strijd tot het einde moest voortzetten.

Eén verschil bleef niettemin bestaan. Dat was het streven naar tolerantie. Naar het scheen heeft Oranje daar geen succes gehad. De geuzenbarbarij die geen priester of monnik ontzag wist hij lang niet voldoende te bedwingen. Zelfs het straffen van de ergste schuldigen bleek een opgave die Oranjes krachten dikwijls te boven ging. Toen Sonoy in het Noorderkwartier, op zoek naar vermeend verraad, een antiroomse heksenjacht ontketende,[7] kon de prins slechts bijsturen. Dat er slachtoffers vielen wist hij niet te voorkomen. Vrijheid van geweten voor katholieken was het maximale dat de Staten van Holland en Zeeland toestonden. Vrijheid van eredienst heeft de prins niet kunnen bedingen. Toch heeft hij voorkomen dat zijn calvinistische bondgenoten van Holland een calvinistische republiek maakten, waarin kerk en staat met elkaar samenvielen. Dat is hem zo overtuigend gelukt, dat pogingen die na zijn dood ondernomen zijn om de staat onder calvinistische controle te brengen volstrekt kansloos zijn gebleven.

Vrede?

In 1575 zijn in Breda vredesbesprekingen gevoerd tussen vertegenwoordigers van Requesens en afgevaardigden van Holland en Zeeland. Ze zijn mislukt. Op het punt van de godsdienst bleek geen overeenstemming mogelijk. Gezien de militaire situatie kon het overmoedig schijnen dat de opstandelingen de strijd wensten voort te zetten. Ze waren er weliswaar enkele malen in geslaagd een aanval af te weren, maar veroveringen maakten ze niet. Toch hadden ze één goede kaart in handen. Ze wisten dat Spanje financieel over de grens van zijn mogelijkheden ging. Filips voerde oorlog op twee fronten: tegen de Turken in het gebied van de Middellandse Zee, tegen de Hollanders en Zeeuwen aan de kusten van de Noordzee. Om dat vol te houden zou de koning over twee goed gevulde schatkisten moeten beschikken, één in Brussel en één in Madrid. Maar de Brusselse schatkist bleef leeg, want de tiende penning was op een fiasco uitgelopen. Alles moest dus uit Spanje komen, en daar begon het gebrek aan contanten voelbaar te worden. Bij gebrek aan gereed geld bleef de regering weinig anders over dan krediet op te nemen om de soldaten door middel van leningen tevreden te stellen. Maar een huishouding die enkel kan voortbestaan door schulden te maken loopt vroeg of laat in het honderd. In de herfst van 1575 moest Filips erkennen dat hij zijn financiële verplichtingen niet meer kon nakomen.

Requesens was er wanhopig onder. Was hij niet bijna aan het doel? De onderwerping van de Hollanders en Zeeuwen zou toch nog slechts een kwestie van maanden zijn geweest, maar dit staatsbankroet sloeg elke hoop de bodem in. Het lukte hem niettemin nieuwe leningen af te sluiten met Antwerpse bankiers, en zo kon hij de soldaten nog aan het vechten houden, meer met goede woorden dan met geld. Zelfs Requesens' overlijden in maart 1576 betekende nog niet het einde van alle militaire inspanningen. De Spaanse legeraanvoerder Mondragón had het beleg geslagen voor Zierikzee. Het was een van de meest briljante acties uit de hele oorlog. Die stad scheen onbereikbaar, omdat de geuzen de zee beheersten. Maar wat per schip niet kon deden de Spanjaarden te voet. Een lange mars bij ebbe over een smalle schor van Filipsland naar Duiveland bracht hen voor Zierikzee. In juni 1576 moest de stad zich overgeven.

Andermaal hadden de Spanjaarden bewezen zich schitterend te kunnen aanpassen aan voor hen volkomen vreemde omstandigheden. Zo'n leger moest wel onverslaanbaar zijn. Voorwaarde was alleen dat het van tijd tot tijd soldij ontving. In de zestiende eeuw was dat van vitale betekenis, want troepen genoten geen verzorging. Elke soldaat was verantwoordelijk voor zichzelf, en de soldij was het noodzakelijke middel om de vereiste uitgaven te bekostigen. Een leger dat geen geld kreeg, moest lenen en krediet vragen als het niet wilde omkomen van de honger. Bleef de soldij maanden achtereen uit, dan was het krediet verspeeld. De soldaat had nu geen andere keus meer dan met geweld te nemen wat hij niet langer kon kopen of lenen. Dat heette dan muiterij, maar met moedwillige ongehoorzaamheid had het niet veel te maken. Soldaten zonder soldij hadden de keus tussen honger en eigenrichting. Goedbewapende, krachtige jongemannen zullen dan zelden voor het eerste kiezen.

De Spaanse soldaten hebben lang geduld geoefend, maar toen Zierikzee eenmaal gevallen was, eisten ze loon naar werken. Het is een opmerkelijk verschil tussen Spaanse en Duitse soldaten. Duitsers vroegen geld voordat ze zich in de strijd stortten. Ze zetten hun leven niet voor loze beloften op het spel. Daarom had het leger van Lodewijk van Nassau in 1568 bij Jemgum nauwelijks weerstand geboden. Spanjaarden darentegen lieten eerst zien wat ze waard waren. Kregen ze dan nog geen betaling, dan sloegen ze aan het muiten. De vrucht van de overwinning ging dan dadelijk verloren. Dat was wat er juli 1576 in Zeeland gebeurde. Zierikzee was nog maar nauwelijks veroverd of Mondragóns mannen begonnen hun muiterij. Ze verlieten het eiland dat hun met zo veel moeite ten deel gevallen was, en trokken Brabant in. Andere muitende soldaten voegden zich bij hen. De rijkste provincies van de Nederlanden dreigden slachtoffer te worden van de troepen die hen voor het geuzengeweld moesten behoeden.

Nu Requesens dood was kon geen landvoogd hen nog tot de orde roepen. Zijn opvolger Don Juan zou pas in november arriveren. De Raad van State nam de zaken waar: nog altijd de heren Viglius en Berlaymont. Ze konden nu aanspraak maken op het formele gezag, maar daarmee bezaten ze nog geen autoriteit. Met het muitende krijgsvolk wisten ze geen raad. Toen gebeurde spontaan wat de oppositie in de jaren zestig meer dan eens had gevraagd. Op initiatief van Brabant kwamen de Staten-Generaal bijeen, op eigen gezag, zonder door de landsheer of zijn plaatsvervanger beschreven te zijn. Ze namen dadelijk maatregelen tegen de muiters. Eigen troepen in dienst van de Staten-Generaal zouden het land nu beschermen.

Was de opstand daarmee algemeen geworden? Neen, zo was het niet bedoeld. Holland en Zeeland waren niet naar Brussel uitgenodigd. Zij werden als een andere partij beschouwd. Het kwam er nu op aan met hen tot een vergelijk te komen, zodat de vrede in het hele land kon worden hersteld. Maar beide partijen hadden nu wel dezelfde vijand. Daarom konden deze onderhandelingen veel gemakkelijker tot overeenstemming leiden dan die van 1575 in Breda. Eind oktober 1576 kwam de verlangde vrede, die bekendstaat als de Pacificatie van Gent.

De pacificatie droeg een voorlopig karakter. Ze was een etappe op de weg naar een volkomen vrede. De overeenstemming was in de eerste plaats negatief: geen vreemde troepen meer in het land. Die eis zou men voorleggen aan de nieuwe landvoogd. Weigerde hij, dan zouden de Staten hem niet erkennen. De regeling van het godsdienstvraagstuk bleef aan de toekomst voorbehouden. De katholieke religie behield haar positie als enige erkende godsdienst. Slechts in Holland en Zeeland bleef de toestand zoals ze was, met vrije eredienst voor de gereformeerden, en in het hele land werden de geloofsplakkaten opgeschort. Uiteindelijk zou het een taak van de Staten-Generaal moeten zijn, een voor allen bevredigende oplossing tot stand te brengen.

Herstel van de volle vrede had voor al de Nederlanden de hoogste prioriteit. Dat bleek reeds enkele dagen na de totstandkoming van het akkoord. Spaanse muiters trokken begin november Antwerpen binnen en hielden dagenlang huis in Europa's grootste handelsstad. Er vielen honderden slachtoffers, en de materiële schade liep in de miljoenen. Als 'Spaanse Furie' ging de plundering van Antwerpen de geschiedenis in. Ze droeg er sterk toe bij de eensgezindheid tussen de Nederlanders te bevorderen. De Staten-Generaal bleven in Brussel bijeen. Voorzover er in het land een centraal gezag bestond, werd het in die vergadering belichaamd.

Vanaf dat tijdstip handhaven ze zich in het middelpunt van de gebeurtenissen. Het is een van de belangrijkste gevolgen geweest van de opstand tegen Spanje, tegelijk natuurlijk en verrassend. Het is een natuurlijk resultaat, omdat het verzet van meet af aan inspiratie heeft gevonden in de weerstand tegen de dreiging van vorstelijk absolutisme. De Staten-Generaal waren dan het aangewezen orgaan om de oppositionele krachten te bundelen en te spreken uit naam van alle lagere instellingen die rechten en privileges te verdedigen hadden. Anderzijds is het verrassend, omdat de Staten-Generaal in geen jaren meer in actie geweest waren, en de opstand zich totaal buiten hen om had voltrokken. Zodra ze er dan eenmaal zijn, treden ze echter op met zo veel autoriteit alsof zij de vanzelfsprekende machthebbers in het land zijn.

Hun probleem zou altijd blijven dat ze een collectief van gelijken vormden waaruit geen hoofd van staat naar voren kwam. Toch heeft elke staat een leider nodig, zeker in zulke kritieke tijden als de Staten-Generaal in 1576 doormaakten. De kleinste van de twee in Gent verzoende partijen had zo'n leider, Willem van Oranje. Hij zal in deze tijd dan ook het toppunt van zijn macht bereiken. De prins verhuisde in 1577 van Holland naar Brabant. Het was zijn doel de beperkte overeenstemming die in Gent bereikt was verder uit te bouwen, en al de Nederlanden te verenigen achter dezelfde banier. Kon dat in vrede met de koning, dan zou hij het niet verwerpen. Moest het tegen de koning in, dan schrok hij er niet voor terug. Hem was het begonnen om de toekomst van de Nederlanden. Zij zouden garanties moeten krijgen die hen vrijwaarden voor vorstelijk absolutisme. En ze zouden nu eindelijk het probleem van de kerkelijke verscheidenheid tot een goede oplossing moeten brengen.

In feite was dat het program van de jaren zestig. Maar dat zou nu in totaal gewijzigde omstandigheden uitgevoerd moeten worden. De oppositie in de tijd van Margaretha van Parma had onder leiding gestaan van de hoge adel. Hoge edelen waren er ook nu nog, en ze hadden nog altijd zitting in de Raad van State of deden dienst als legeraanvoerders. Deels waren het dezelfde personen als vijftien jaar eerder: Berlaymont, Aerschot en Mansfelt hadden zich gehandhaafd aan de top. Toen hadden deze drie zich van de oppositie afgekeerd. Zij hadden andere opvattingen over de aard van hun plichten en belangen. Trouw aan de vorst betekende voor hen in de eerste plaats gehoorzaamheid. Dat was de voornaamste dienst die zij Filips verschuldigd waren. Oranje en zijn vrienden hadden indertijd trouw vooral uitgelegd als behartiging van het belang van de Nederlanden. Zo meenden zij de koning beter te kunnen dienen, ook als hij vanuit de verte soms blijk gaf van andere inzichten.

Het verschil had al in de jaren zestig bestaan en toen de twee groepen steeds meer uit elkaar gedreven. Sinds de opstand was uitgebroken kon men geloven dat Oranjes positie onwaarachtig was geworden. Wie kon de wapens opnemen tegen zijn heer, en toch beweren hem trouw te zijn? De Spaanse muiterijen echter hadden hun invloed uitgeoefend op al de Nederlandse groten. De Staten-Generaal hadden zich genoodzaakt gezien uit zelfverdediging eveneens eigen soldaten in dienst te nemen om zich te beveiligen tegen de troepen die hun koning in het land gebracht had. Of ze wilden of niet, de hoge edelen van de Nederlanden begonnen een gedrag te vertonen dat niet geheel ongelijk was aan dat van de leider van de opstand.

Daarmee was de prins echter nog niet hun man. Nood breekt wet, en muitende soldaten moeten bedwongen worden. Maar de hoogste loyaliteit was voor deze edelen de trouw aan hun heer, niet de dienst aan de natie. Oranje bleef voor hen de man die de verkeerde keus gedaan had. Des te erger dat allen hem nu vereerden als de verlosser van de Nederlanden. Dat versterkte de natuurlijke jaloezie die mannen als Aerschot hem toedroegen. De voormalige balling was nu als triomfator teruggekeerd. Zouden zij zich nu moeten schikken onder de leiding van een man wiens doodvonnis nooit was herroepen?

De jongere generatie onder de meestal Waalse edelen had tijdens de conflicten van de jaren zestig nog geen rol gespeeld. En al lagen de verwikkelingen van dat tijdvak slechts tien jaar achter hen, ze waren in een andere wereld opgegroeid. Opheffing van de kettervervolging was onder het bewind van Alva of Requesens geen bespreekbaar alternatief geweest. Nu ging het er echter toch weer om de noodlottige gevolgen van de godsdienstige verdeeldheid tegen te gaan. Uit ketterij was opstand voortgekomen, en die moest worden neergeslagen. De jongere edelen bekleedden hoge commando's in de legers van de landvoogden. Hierges, stadhouder van Holland, had Oudewater uitgemoord. Maar nu zou hij aan één tafel zitten met de andere stadhouder van Holland, Willem van Oranje. Wat de Pacificatie van Gent ook aan verzoening teweeggebracht mag hebben, een eensgezinde elite kon ze onmogelijk scheppen. De katholieke, koningsgetrouwe adel van de Waalse gewesten had met Oranje slechts weinig meer gemeen.

Deze edelen waren ook totaal vervreemd geraakt van de bevolkingsgroep die in de jaren zestig de voornaamste steun van de oppositie was geweest. Hervormingsgezinden werden onder hen niet aangetroffen. Een Hierges of een Hèze zou nooit geheime besprekingen voeren met de calvinisten, als eens Lodewijk van Nassau. De politieke elite en het kerkelijk verzet waren uit elkaar gegroeid. En zoals de edelen in Filips' dienst daden van gehoorzaamheid gesteld hadden die de grens van de menselijkheid overschreden, zo zou ook het kerkelijk verzet, losgeraakt van alle bedachtzame politieke leiding, een sterke radicalisering ondergaan die de uitvoering van Oranjes program nog sterker belemmerde dan de afgunst en het conservatisme van de Waalse edelen. Deze calvinisten zouden weldra een geduchte hindernis blijken te zijn op de weg naar eendracht en vrede.

Verwarring

Zelden is de politieke kaart van Nederland zo ingewikkeld geweest als in de jaren van de pacificatie. Er waren Staten-Generaal in Brussel. Er waren twee gewesten die zich zelfstandig hadden gemaakt. Er waren Waalse edelen die hoge prioriteit toekenden aan de verzoening met de koning. Er waren Vlaamse en Brabantse calvinisten die geen andere kerk wilden dan de gereformeerde. Er was een prins van Oranje die streefde naar publieke erkenning van beide religies. En dan was er nog een landvoogd, aangewezen door de wettige heer van de Nederlanden, om over deze gewesten te regeren.

Don Juan van Oostenrijk, bastaardzoon van Karel v, kwam in het laatst van 1576 in de Nederlanden aan. Hij had ongetwijfeld veel voor op Alva en Requesens. Zijn afstamming van Karel nam net zozeer voor hem in als zijn persoonlijk voorkomen: een forse, rijzige man, even dapper als welgemanierd, in zijn verschijning en optreden op en top de model-edelman. In de strijd tegen de Turken had hij grote roem verworven als overwinnaar in de zeeslag bij Lepanto, en toch was hij in 1576 nog geen dertig jaar oud. Liet zich voor deze kampioen van christelijk Europa niet een schitterende toekomst voorspellen? Dat vond Don Juan zelf ook. Met het hoofd vol nobele dromen en stoutmoedige plannen arriveerde hij in Brussel, om daar te ontdekken dat hem voorlopig heel andere taken wachtten dan die van held en krijgsman. Hier werd geduld en beleid gevraagd, koelbloedigheid en nuchtere zin, en vooral wijsheid en levenservaring, om goed terecht te komen met alle soorten van mensen.

Allereerst moest hij zijn houding bepalen tegenover de pacificatie. De Staten-Generaal wilden hem alleen als landvoogd erkennen als hij dat verdrag bezwoer en de Spaanse troepen het land uit stuurde. Don Juan had geen geld en beloofde dus wat de Staten vroegen. Maar garanties voor de gereformeerde kerk gaf hij niet, zodat hij in feite de bijzondere positie van Holland en Zeeland niet erkende. Deze gewesten trokken zich toen uit de Staten-Generaal terug. Oranje begreep dat Don Juan zijn voornaamste vijand was. Zou het de landvoogd gelukken de katholieke gewesten achter zich te verenigen, dan waren Holland en Zeeland teruggeplaatst in het oude isolement.

Don Juan noch de prins kon bij voorbaat beschikken over een duidelijke meerderheid. De meeste mannen van invloed en aanzien stonden destijds in het midden. Ze wilden niet breken met Filips, en evenmin de opstand neerslaan met geweld. Hun ideaal was de verzoening van alle gewesten, maar met de koninklijke zegen. Dat was verenigbaar met de erkenning van Don Juan als landvoogd, mits deze bereid zou zijn bij zijn koning op te treden als pleitbezorger van de pacificatie, zonder het nu nog door hem gemaakte voorbehoud. Die voorwaarde was echter zowel voor de landvoogd als voor zijn opperheer onaanvaardbaar. De onstuimige Don Juan nam zijn lot in eigen handen en maakte zich meester van de citadel van Namen. Die daad van geweld vervreemdde hem van de middenpartij. Zou die nu kiezen voor de opstand? Daarvoor lagen de doelstellingen toch te ver uit elkaar. De Staten-Generaal wilden liever op de middenweg blijven. Ze zochten een oplossing die wel de onhandelbare landvoogd zou uitschakelen, maar de definitieve breuk met Filips vermijden.

Zij verzochten de koning een andere gouverneur te benoemen[8] in de plaats van Don Juan. De nieuwe functionaris zou aan twee eisen moeten voldoen. Ten eerste hadden de Nederlanden tot Alva's komst altijd landvoogden of landvoogdessen gehad uit het vorstelijke huis Habsburg, waartoe ook de koning zelf behoorde. Aan die voorwaarde voldeed Don Juan, als bastaardkind van Karel v. Maar hij was in Spanje opgevoed, en voldeed daarom niet aan de tweede eis die de Staten stelden: de landvoogd zou geen Spanjaard mogen zijn.

Het was een profielschets die een bepaalde kandidaat op het lijf geschreven was. Dat huis Habsburg had een Spaanse tak, die van Filips, maar ook een Oostenrijkse, met aan het hoofd de keizer van het Duitse Rijk. Deze keizer had een jongere broer, aartshertog Matthias. Aan deze negentienjarige jongeman wilden de Staten-Generaal de landvoogdij aanbieden. Ze wachtten het antwoord van Filips niet af. Zelf nodigden zij Matthias uit zich beschikbaar te stellen. De jonge vorst ging eveneens eigenmachtig op die uitnodiging in. In december 1577 werd hij door de Staten-Generaal als landvoogd aangenomen. Het was de laatste troef van de middenpartij. De poging bleek zo hopeloos als de hersenschimmige constructie bij voorbaat deed verwachten.

Matthias bereikte niets. Hij koos zich een luitenant, Willem van Oranje, en werd een werktuig in diens hand. Maar ook de prins bracht niets wezenlijks tot stand. Hij voerde zijn eigen politiek, die twee grote doelstellingen nastreefde. Hij wilde de godsdienstvrede realiseren in de praktijk, en de verdediging van de opstand organiseren. Het eerste punt was in de pacificatie voorlopig geregeld, dat wil zeggen dat de bestaande toestand was gehandhaafd. Officieel liep er dus een religiegrens door de Nederlanden. Oranje wilde nu dat men over en weer een concessie zou doen. Waar meer dan honderd gezinnen het vroegen, zou in Holland en Zeeland de katholieke, en in de andere gewesten de gereformeerde religie worden toegestaan.

Dat was een heel logisch en redelijk plan, dus tot mislukking gedoemd. Beide partijen werden niet geïnspireerd door logica en redelijkheid, maar door strijdlust en wantrouwen. De Waalse gewesten waren onder geen enkele voorwaarde bereid tot concessies aan de calvinisten. In Holland en Zeeland lukte het niet ruimte voor de katholieke eredienst te behouden, laat staan te herkrijgen. Een schuchtere poging te Haarlem werd in geweld gesmoord. Amsterdam, in 1578 onder het gezag van de prins gebracht, maakte eveneens spoedig een einde aan de coëxistentie van de beide geloven.

Waar de religievrede werd ingevoerd, bracht hij wel veranderingen in de godsdienstige kaart van de Nederlanden tot stand, maar dan juist niet in de geest van Oranje. De calvinisten in Antwerpen, Brussel en Mechelen wisten in de zomer van 1578 kerkgebouwen te verwerven op grond van de religievrede. In al deze steden werd binnen drie jaar de uitoefening van de katholieke religie verboden.[9] Ook de Vlaamse calvinisten gingen in de aanval. Gent werd onder hun leiding een bolwerk van onverdraagzaamheid. De religievrede leek aldus slechts een middel te zijn om de zuidelijke gewesten te calviniseren. Dat hadden de katholieken met de pacificatie niet bedoeld. Het begon voor hen steeds moeilijker te worden het bondgenootschap met de partij van de opstand te handhaven.

Dat klemde des te meer omdat Don Juan bewees als soldaat zijn voorgangers te kunnen evenaren. Met een kleine strijdmacht overviel hij in januari 1578 bij Gembloers het leger van de Staten-Generaal en bracht het een vernietigende nederlaag toe. Oranje, Matthias en de Staten durfden niet in Brussel te blijven. Ze vertrokken haastig naar Antwerpen. Leuven ging over, andere steden in Brabant, Limburg en Henegouwen volgden. Het hele zuidoosten was nu in handen van Don Juan. Het evenwicht leek definitief verbroken ten gunste van de Spaanse landvoogd.

Allen die tot dusver gekozen hadden voor een middenpositie moesten nu kleur bekennen. Schaarden ze zich aan de kant van Oranje, dan stelden ze zich achter de militair gesproken zwakste partij, die grotendeels streed voor doelstellingen die niet de hunne waren. Een overwinning van Oranje zou de calvinisten ten goede komen, maar daarmee waren de mannen van de middengroep niet geholpen. De belangen van de katholieke kerk daarentegen leken bij Oranje niet veilig, en het voornaamste doel, verzoening met de koning, kwam verder weg te liggen dan ooit. Het is geen wonder dat in de loop van het jaar 1578 de steun voor Don Juan in de zuidelijke gewesten hand over hand toenam.

Het werd dan ook helemaal niets met Oranjes tweede doelstelling, de organisatie van de verdediging. Om de defensie in goede staat te brengen zou men soldaten in dienst moeten nemen en het leger van wapens voorzien. Dat kostte geld, veel geld zelfs. Wie nu wilde doorgaan moest de zakken legen en de buikriem aanhalen. Dat zouden Oranjes bondgenoten moeten begrijpen: betalen was nu de eerste plicht. 'Geen prins is zo wijs dat hij grote dingen kan uitrichten als hem de middelen ontbreken,' vermaande Oranje de Staten-Generaal. Maar geld kwam er nauwelijks binnen. Elke provincie was vooral bezig met zichzelf, met de bescherming van eigen grenzen en belangen. Een beroep op het saamhorigheidsgevoel werkte niets uit. Het standaardexcuus was altijd dat men wel zou betalen zodra de anderen het goede voorbeeld gaven. Dus kwam er niets tot stand.

Don Juans plotseling overlijden in oktober 1578 bracht geen verandering. Anders dan na Requesens' dood ontstond er ditmaal geen machtsvacuüm. De opvolger stond al klaar. Alexander Farnese, hertog van Parma, was als legeraanvoerder reeds in de Nederlanden aanwezig. Hij nam de leiding over, eerst voorlopig, kort daarna ook met officiële aanstelling als landvoogd. Onder zijn directie namen de zaken een gunstige keer voor de Spaanse koning. Jaren zouden voorbijgaan eer de partij van de opstand weer een aansprekend succes wist te behalen.

Een laatste poging de breekbare eenheid te handhaven waren de vredesonderhandelingen te Keulen. Ze begonnen in mei 1579 en duurden tot het einde van het jaar. De Duitse keizer Rudolf had tot dit congres opgeroepen en zich zo het lot van zijn jonge broer aangetrokken. Matthias' landvoogdij was een product van de pacificatie. Bleek die onuitvoerbaar, dan zou de aartshertog in de Nederlanden niets meer te zoeken hebben. Dat was precies ook de conclusie waar de onderhandelingen toe hebben geleid. In Keulen bleek andermaal wat voor beide partijen het cruciale punt was. Filips duldde geen calvinisten in zijn rijk, Holland en Zeeland wensten onder geen beding de gereformeerde kerken te sluiten. De middenpartij bezweek onder de druk, en met haar de pacificatie.

De opstand had niettemin in deze drie jaar veel gewonnen. Utrecht had in 1577 Oranje weer als stadhouder aangenomen. In Gelderland viel dat ambt ten deel aan zijn broer Jan van Nassau. Brabant en Vlaanderen bleven ook na het mislukken van de Keulse onderhandelingen aan Oranjes kant staan. In het noorden was de graaf van Rennenberg door Matthias aangesteld als stadhouder over Groningen, Friesland, Drente en Overijssel. Hij was dus geen oranjeman, en ontleende zijn gezag aan de middenpartij. Rennenberg, uit het roemruchte geslacht Lalaing, waar ook Hoogstraten toe behoord had, was de enige onder de Waalse groten die zich niet had aangesloten bij de Spaanse landvoogd. Maar als katholiek zou het hem wel moeilijk vallen zich volkomen met de opstand te identificeren. Hij bleef de onzekere factor in de combinatie van Oranjes hele en halve bondgenoten. Maar dat diens zaak er aan het einde van 1578 aanzienlijk beter voorstond leed geen enkele twijfel, ondanks de dreiging die uitging van Parma's superieure veldheerschap.

De Unie van Utrecht

De scheiding van de wegen voltrok zich in 1579. In Atrecht – of Arras, zoals de Franstalige stad zichzelf noemde – sloten de Waalse gewesten zich nader aaneen. Ze verklaarden dat niet te doen om te breken met de pacificatie, maar juist om die te handhaven. Doch ziende op de dreigende ondermijning van het katholieke geloof en de schending van de privileges, zouden zij zich opnieuw onder het gezag van de koning stellen, als de Staten-Generaal zich niet binnen een maand bereid toonden de pacificatie ongeschonden te laten en op basis van dat verdrag zich met de koning te verzoenen. Op niet al te lange termijn was daarmee dus de samenwerking met de Staten-Generaal opgezegd.

Het antwoord op deze Waals-katholieke combinatie was de Unie van Utrecht. Ook dat verbond werd naar het heette gesloten binnen de ka-

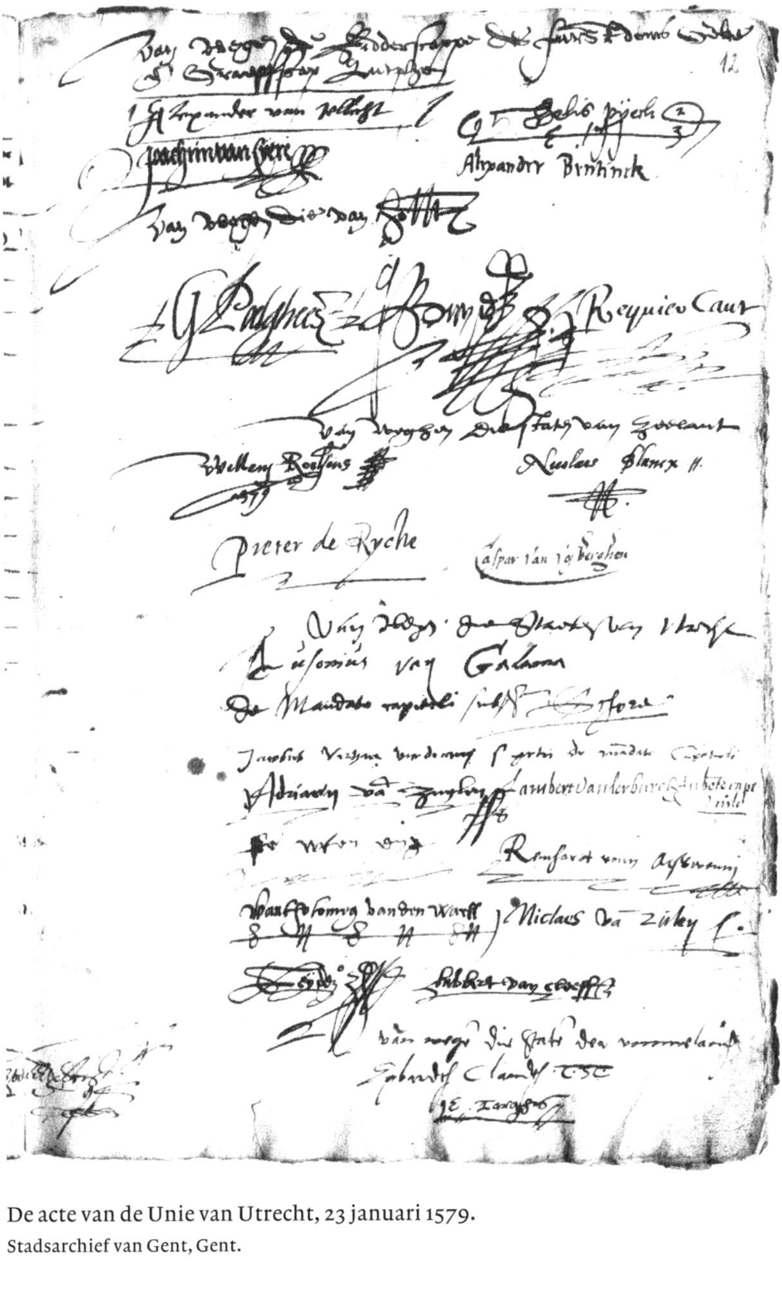

De acte van de Unie van Utrecht, 23 januari 1579.

Stadsarchief van Gent, Gent.

ders van de pacificatie, maar dan in de geest waarin Holland en Zeeland die hadden aangenomen: vrijheid van godsdienst voor de protestanten. De Unie van Utrecht stelde zich ten doel de calvinisten te beschermen. Van verzoening met de koning kon dan natuurlijk niet veel terechtkomen. Het unieverdrag noemt Filips twee keer. Artikel II zegt dat de bondgenoten zich zullen verdedigen tegen elke aanval die in naam des konings tegen hen gericht zal worden. Artikel V voegt daaraan toe dat men de kosten van de verdediging mede zal bestrijden uit de opbrengst van de koninklijke domeinen. In feite is hier met Filips afgerekend. De Unie is een militair bondgenootschap, aangegaan om de macht van Filips te breken.

Op den duur zou de Unie van Utrecht een veel grotere betekenis krijgen. Ze werd tot grondslag van de staatsinrichting voor de Republiek der Zeven Verenigde Nederlanden. In 1579 was dat nog niet te voorzien. Een republiek bestond nog niet en werd door niemand gewenst. Ook waren er geen zeven bondgenoten. De oorspronkelijke ondertekenaars waren Gelderland, Holland, Zeeland, Utrecht, en de Groninger Ommelanden. Later voegden enkele Vlaamse en Brabantse steden zich daarbij, waaronder Antwerpen, Gent en Brugge. In het noorden sloten Friesland en Drente zich aan. Van de stadhouders tekende Jan Van Nassau direct, Rennenberg vijf maanden later. Van Willem van Oranje is geen schriftelijke adhesie bekend.

Dat kan enige distantie verraden. Oranjes idealen sloten nog altijd nauwer aan bij de pacificatie dan bij de nieuwe unie. Ten eerste zag hij de opstand als een zaak van alle Nederlandse gewesten, niet van de beperkte groep, die nu de zogenaamde Nadere Unie gevormd had. De prins vestigde zich in 1579 niet in Utrecht of Den Haag. Hij bleef in Antwerpen wonen. Kennelijk sloeg hij de betekenis van Brabant en Vlaanderen hoger aan dan die van Holland en Zeeland. Ten tweede bleef zijn streven gericht op invoering en handhaving van de religievrede. Het was een ware sisyfusarbeid, met name juist in Brabant en Vlaanderen. Steeds als de steen bijna boven was, rolde ze in grote vaart naar beneden. Het scheen Oranje niet te ontmoedigen. Wederkerige tolerantie bleef zijn wachtwoord. Hij sloot wel inquisitie en geloofsvervolging uit, maar zocht de vriendschap en de medewerking van de katholieken.

Was soms de graaf van Rennenberg de triomfantelijke bevestiging van Oranjes gelijk? Precies zo'n man moest de prins zich wensen: een toegewijd zoon van de oude kerk, die niettemin als hooggeplaatst en hooggeboren edelman de zaak van de opstand wilde dienen. Wel had de graaf lang geaarzeld. Bijna al zijn standgenoten hadden die onzekerheid met hem gedeeld en ten slotte gekozen voor koning en kerk. Rennenberg alleen ging een andere weg. Hij koos voor een staatsgemeenschap met twee geloven die elkaar zouden tolereren. De katholiek Rennenberg was het spiegelbeeld van de protestant Oranje. Toch bleek dat verschil in geloof van beslissende betekenis. In Holland en Zeeland waren opstand en calvinisme onverbrekelijk met elkaar verbonden geraakt. De priesters waren van het altaar verdreven en de dominees hadden de preekstoel beklommen. Dat herhaalde zich in alle steden en streken waar de opstand de macht in handen kreeg. Oranje wilde de uitsluiting van de katholieken niet, maar kon er als protestant mee leven. Voor de katholiek Rennenberg kon het omgekeerde niet gelden. Wilde hij trouw blijven aan zijn kerk, dan moest hij ontrouw worden aan de opstand.

Die stap heeft hij ook gezet, in maart 1580. Met een geslaagde coup bracht hij Groningen aan 's konings zijde, en van dat ogenblik af was hij stadhouder in naam van Filips. Oranje was niet volkomen verrast, maar had ooit in Rennenberg groot vertrouwen gekoesterd. Zijn overgang was een zware slag zowel voor de prins als voor de partij van de opstand. Rennenbergs beslissing riep zo veel ergernis en teleurstelling op dat ze smalend betiteld werd als verraad. Juridisch is daar niet veel tegen in te brengen. Wie als stadhouder in de eed staat van de ene partij kan zijn ambt neerleggen en vervolgens overgaan naar het andere kamp. Wie in de uitoefening van dat ambt zijn degen ter beschikking stelt van de vroegere vijand pleegt in de gangbare zin van het woord verraad, hoe respectabel zijn bedoelingen ook mogen zijn.

Gelijk had Rennenberg in zover als de veranderende tijdsomstandigheden hem weldra zouden hebben ingehaald. Op de derde maart 1580 ging hij over. Precies vier weken later verboden de Staten van Friesland de katholieke eredienst. Alle kerkgebouwen moesten gezuiverd worden van beelden, altaren of andere voorwerpen die gebruikt konden worden tot afgoderij.[10] Die oproep vond gehoor, ook in andere provincies van Rennenbergs voormalig gouvernement. Zo kregen de gewesten van de opstand een steeds protestantser signatuur. In 1581 kwamen de gereformeerde kerken te Middelburg in synode bijeen. Het was niet hun eerste landelijke kerkvergadering, maar wel de eerste waar ook Gelderland, Utrecht, Overijssel en Friesland vertegenwoordigd waren.

Aldus ordenden de oostelijke provincies zich meer en meer naar het Hollandse kerkelijke model. En zoals daar de middenpartij politiek was weggevallen, zo verdween ze ook in het noorden en oosten onder de druk van de polarisatie. Partijkiezen voor de opstand stond gelijk met invoering van het calvinisme. In de gebieden die onder het gezag van de koning bleven of kwamen gebeurde hetzelfde, maar dan omgekeerd. Zo vormde zich meer en meer een katholiek zuiden tegenover een protestants noorden, niet omdat er vanouds een religiegrens door de Nederlanden liep, maar omdat twee politiek-militaire regimes elk hun eigen geloof aan de onderdanen oplegden.

Zuid was daarin strenger dan noord. Als Parma een stad veroverde, kregen de protestanten gelegenheid te vertrekken. Maar wie bleef kon erop rekenen dat ook heimelijke bijeenkomsten streng bestraft zouden worden. Het noorden volgde een mildere koers. De katholieke eredienst werd wel verboden, maar de overheid ondernam geen serieuze pogingen de katholieke religie uit te roeien. Dat zou ook veel te gevaarlijk geweest zijn. De getalsverhoudingen waren nog altijd gunstig voor de katholieken. Parma kon het zich veroorloven de protestantse minderheid uit te wijzen. Oranje en zijn vrienden mochten er zelfs niet aan denken de katholieke meerderheid tot emigratie te dwingen. Hun eigen veiligheid noodzaakte hen enerzijds wel de katholieken te discrimineren en onder druk te zetten, maar anderzijds moesten ze voorkomen dat het land ontvolkt zou raken. De oplossing was een soort gedoogbeleid. Wie het oude geloof bleef aanhangen stond buiten de macht, en kon slechts in het geheim de genademiddelen van de kerk ontvangen. Onder die voorwaarden kon hij katholiek blijven. Wilde hij deze offers niet brengen, dan stond het hem vrij naar het zuiden te verhuizen. Maar het zegt veel over de reputatie van het Spaanse bewind dat er wel een constante stroom van zuid naar noord getrokken is, maar niet omgekeerd. Juist in de jaren tachtig, toen de oorlog een aaneenrijging van nederlagen scheen, vestigden duizenden Brabanders en Vlamingen zich in de noordelijke gewesten.

De verlating

Niettemin had Parma alle reden te hopen dat hij zou slagen waar Alva en Requesens hadden gefaald. Met tijd en geld moest het probleem van de opstand oplosbaar zijn. Aan de inzet van andere middelen had hij geen behoefte. Maar die mening werd niet door allen gedeeld. In alle fasen van oppositie en gewapend verzet was Willem van Oranje de leider en inspirator geweest. Zou zonder hem de weerstand niet allang gebroken zijn? De staatkunde van de zestiende eeuw was niet zo scrupuleus dat ze de gedachte aan moordplannen bij voorbaat als onbespreekbaar van de agenda voerde. Toch was het ook naar de maatstaven van de tijd een buitengewoon krachtig middel, de grote tegenstander openlijk vogelvrij te verklaren. Tot dat uiterste voelde Filips zich gedreven blijkens zijn banedict van maart 1580, dat op Oranjes hoofd een prijs van 25.000 gouden kronen stelde. Wie erin slaagde die prijs te verdienen zou vergiffenis ontvangen voor elke misdaad die hij ooit bedreven had. En mocht hij niet van adel zijn – om met alle mogelijkheden rekening te houden – dan zou een succesvolle moordaanslag hem en zijn erfgenamen in de adelstand verheffen.

Oranje heeft zich persoonlijk verdedigd in zijn *Apologie*. Het is een sterk polemisch document, dat autobiografische waarde bezit – al heeft hij het niet zelf opgesteld – als getuigenis van gekrenkte eigenwaarde. Maar belangrijker was het politieke antwoord. De gewesten van de opstand namen afscheid van Filips, in het Plakkaat van Verlatinghe, van juli 1581. Het ging uit van de Staten-Generaal, die intussen praktisch samenvielen met de vergadering van de gewesten die de Unie van Utrecht hadden getekend of die met dat bondgenootschap sympathiseerden. Deze Staten kozen partij voor de prins, die door de koning buiten de wet gesteld was, en dankten op hun beurt hun landsheer af. De provincies van de Nadere Unie hadden nu althans in eigen ogen ook formeel niet meer hetzelfde hoofd als de verzoende gewesten.

Het plakkaat van verlating is uit drie bestanddelen opgebouwd: een korte theoretische inleiding, een lang historisch verhaal van de opstand en zijn voorgeschiedenis, en een conclusie met een opsomming van de gevolgen. De theorie heeft altijd de meeste aandacht getrokken, zoals zij de rechtmatigheid van de opstand fundeert in de beroemde woorden: de onderzaten zijn niet van God geschapen om der prinsen wille. De vorst is van God gesteld tot een hoofd over zijn onderzaten, als een herder tot bewaarnis van zijn schapen.

Maar overschatten moeten we zulke theorieën natuurlijk niet. Mensen komen niet in opstand omdat ze een theorie ontdekt hebben. Ze komen in opstand en zoeken een rechtvaardiging. De keuze van de argumenten is dan zeer sterk afhankelijk van de vraag tegenover wie ze zich hebben te verantwoorden. Het plakkaat van verlating richt zich niet tot de koning. Het is vooral een propagandageschrift om die Nederlanders te overtuigen die niet meer of nog niet aan de opstand deelnemen, de oude vrienden van de pacificatie. In dit document vinden we dus niet noodzakelijkerwijs de belangrijkste motieven voor de opstand terug. Het stuk geeft de argumenten die men het meest geschikt acht om weifelaars te overreden.

Die intenties blijken het duidelijkst uit het lange historische relaas. Het plakkaat zet de gebeurtenissen in een zeer speciaal kader: zodra Filips de troon had bestegen, verliet hij de wegen die zijn vader had bewandeld en leende het oor aan de Spaanse Raad, die hem wilde doen geloven dat hij de Nederlanders al hun vrijheden moest ontnemen, om hen in slavernij te brengen onder Spaanse heerschappij. Dat werd het eerst zichtbaar in de benoeming van nieuwe bisschoppen. In schijn ging het om de bescherming van de kerk. Maar in werkelijkheid moesten die bisschoppen dienstdoen als agenten van de koning in de Statenvergaderingen, als handlangers van de Spaanse tirannie. En Nederlanders hoefden ze niet eens te zijn. Elke willekeurige vreemdeling was tot het bisschopsambt benoembaar.

Genoeg om de geest van het plakkaat te doen kennen. Hier wordt het verleden herschreven. Alles wat Filips ooit beraamd en bevolen heeft is onderdeel van een al twintig jaar geleden uitgebroed complot om de Nederlanders een slavenjuk op te leggen. Het vrijheidsmotief overheerst, het woord godsdienst wordt in het hele document slechts een paar maal genoemd. Het is dan ook in de eerste plaats een opwekking aan de verzoende provincies zich rekenschap te geven van hun ware belangen en alsnog de zijde van de opstand te kiezen.

In de gewesten van de Nadere Unie stuitte de verlating incidenteel wel op weerstanden. Niet ieder deelde het geloof dat vorstelijke heerschappij aan voorwaarden gebonden was. Naar de mening van veel zestiende-eeuwers was autoriteit heilig en van God gegeven. De onderdaan had als eerste plicht de rechten van de vorst te eerbiedigen. In het buitenland bezorgde het plakkaat van verlating de prins van Oranje een slechte naam. Binnenslands echter waren het slechts weinigen, die de eed aan het nieuwe bewind weigerden. De Staten-Generaal maakten er niet veel omslag mee. Ze handelden deze zaak af in een gewone vergadering, als een van de vele agendapunten die de dagelijkse routine met zich meebracht.

Het plakkaat legde ook niet meer vast dan wat reeds lang werkelijkheid was geworden. En eerlijk gezegd, de huid van de beer was al verkocht. In september 1580, bijna een jaar eerder dus, hadden de Staten-Generaal al een overeenkomst gesloten met de Franse hertog van Anjou, de broer van de Franse koning, en op dat ogenblik in Frankrijk de beoogde troonopvolger. In ruil voor militaire en materiële hulp zou die hun nieuwe soeverein worden. Dat het zover kwam, was een persoonlijke triomf voor de prins van Oranje. Spanje voerde toentertijd de oorlog in de Nederlanden op volle kracht, ongehinderd door zorgen aan andere fronten in het gebied van de Middellandse Zee. Als Filips de hele Spaanse macht in de weegschaal legde, kon Oranje de balans niet in evenwicht houden. Hij moest hulp zien te vinden, maar bij wie? De Duitse vorsten hadden de opstand altijd aan zijn lot overgelaten. Het protestantse Engeland was in beginsel een bevriende natie. Maar koningin Elizabeth liet zich niet zo gemakkelijk bewegen geld te investeren in het dubieuze succes van een in nood verkerende rebellenstaat. Frankrijk was de enige hoop.

Wat Frankrijk aantrekkelijk maakte als partner was de traditionele vijandschap tussen de huizen Habsburg en Valois. Al in de dagen van Karel V hadden Frankrijk en Spanje een reeks oorlogen uitgevochten, en Filips was zijn regering begonnen met een oorlog tegen Frankrijk. Met die rivaliteit wilde Oranje zijn voordeel doen, maar hij heeft er heel wat weerstanden voor moeten overwinnen. De opstand was na het wegvallen van de middengroep een protestantse zaak geworden. Wat hadden de calvinisten te verwachten van een katholieke prins, wiens oudere broer koning Karel IX de geschiedenis was ingegaan als de moordenaar van de hugenoten in de Bartholomeusnacht? En Anjou's

Willem I van Oranje. Onbekende kunstenaar, 1583. Op dit portret is in de hals vlak onder het oor het litteken van de schotwond van een eerdere aanslag te zien, gepleegd door Jean Jaureguy in 1582.

Franse afkomst op zichzelf al pleitte tegen hem. Het was de Satan met Beëlzebul uitdrijven, zich te laten helpen door de lubrieke, verraderlijke Fransen. Vooral in Vlaanderen en Brabant leefden de anti-Franse gezindheid. In het oosten van het land had men geen ervaring met Fransen opgedaan, maar men had er evenmin belangstelling voor. Wel hebben ze gedacht aan een Duitse beschermer, zonder er werkelijk ernst mee te maken.[11] Maar in Gelderland, Utrecht en Overijssel is Anjou nooit als soeverein aangenomen.

Oranjes opzet slaagde wel in het kerngebied van de Nederlanden: Brabant, Vlaanderen, Holland en Zeeland. Het bondgenootschap met een katholieke vorst gaf uitdrukking aan zijn politiek, die, ook nu de opstand zich scheen te verdichten tot een zuiver protestantse aangelegenheid, nog altijd streefde naar de steun van alle gematigden. Dat hij zijn plan heeft kunnen doorzetten bewijst hoe groot zijn overwicht en persoonlijk gezag toen waren. Wel nam hij een enorm risico. Als achteraf zijn ongelijk bleek, zou hij ook de rekening moeten betalen.

Die kwam, maar het had weinig gescheeld of de prins zou de ontknoping van het Franse drama niet eens meer beleefd hebben. In maart 1582 raakte hij bij een aanslag op zijn leven ernstig gewond. Het was een direct gevolg van het banedict. Niet slechts de daad zelf, maar ook de persoon van de dader bewezen aan welke gevaren de koninklijke ban Oranje had blootgesteld. De jonge Jean Jaureguy had vast geloofd, dat hij op deze manier de hemel zou verdienen. 'Daaruit blijkt de boosheid en verblindheid van de moordenaar,' schreef Pieter Bor, die zich het gebeurde nog herinneren kon, in zijn *Geschiedenis van de Nederlandse oorlogen*. Verblindheid, ja, maar boosheid? Een doortrapt en berekenend misdadiger zou geen aanslag plegen die hemzelf vrijwel zeker eveneens het leven zou kosten. Filips had niet het schuim van de onderwereld op Oranje losgelaten, maar de godsdienstige fanatici. Hun roekeloze zelfopoffering stond er borg voor dat zo'n aanslag eenmaal moest gelukken.

Oranje woonde toen nog altijd in Antwerpen, waar ook Anjou verblijf hield. Het is veelzeggend dat de verdenking zich eerst richtte tegen de hertog. Was dit soms het begin van een Nederlandse Bartholomeusnacht? Een typische paniekreactie, maar Anjou had tot dan toe nog weinig gedaan om het vertrouwen in hem te vergroten, en de toekomst zou daarin ook geen verandering brengen. Parma had in 1581 Breda ingenomen. Steenwijk viel een jaar later. Zijn Franse opponent stelde daar niets tegenover.

Kon Anjou dus de verwachtingen van zijn Nederlandse begunstigers niet vervullen, hij raakte zelf ook meer en meer gedesillusioneerd. Hij bracht Franse voorstellingen mee van soeverein gezag, maar de Nederlanders hadden niet voor niets hun landsheer afgezworen. De Staten beseften wel dat zij helpers nodig hadden. Daarom hadden ze Matthias aangetrokken, en na hem Anjou. Een derde experiment met de Engelse graaf van Leicester zou nog volgen. Maar eigenlijk wilden de Staten baas blijven in eigen huis. In de contracten die ze met vreemde vorsten sloten kwam vooral hun wantrouwen tegen heerszucht tot uitdrukking, niet hun dankbaarheid voor de geboden bijstand. Het was dan ook mede hun eigen schuld, dat al deze pogingen op even zo veel teleurstellingen uitliepen.

Maar de hertog deed er wel het zijne toe. In januari 1583 was zijn geduld ten einde. Zijn frustraties zochten ontlading in een gewelddadige greep naar de macht. Ook daarin faalde hij. Zijn aanslag op Antwerpen werd door de bevolking afgeweerd. De bewoners voorkwamen een herhaling van de Spaanse furie van 1576. De naam Franse furie hechtte niettemin aan deze gebeurtenissen hetzelfde odium. Anjou had zich in de Nederlanden onmogelijk gemaakt. Het is niet verwonderlijk dat de hertog het land verliet. Opmerkelijk is alleen dat hij pas in juni vertrok.

Oranjes dood

Het Franse intermezzo deed grote schade aan Oranjes reputatie. Met zijn populariteit was het gedaan. Het leek nauwelijks mogelijk die terug te winnen. De prins behaalde geen enkel succes, terwijl Parma gestaag zijn opmars voortzette. Duinkerken, Nieuwpoort en Aalst vielen hem achtereenvolgens in handen. De verovering van Gent, Brugge en Ieper kon nog slechts een kwestie van tijd zijn, nu deze steden praktisch afgesloten waren van de communicatie met het gebied van de opstand. Ook de positie van Antwerpen begon precair te worden. De weg over land naar het noorden was al eerder afgesneden door de verovering van

Breda. In de zomer van 1583 verhuisde Oranje van Antwerpen naar Delft. De Staten-Generaal verplaatsten hun bijeenkomsten eveneens naar Holland en Zeeland, waar ze op den duur hun vaste residentie zouden kiezen in Den Haag.

Niet beter ging het in de noordoostelijke gebieden. Ook die dreigden in losse brokken uiteen te vallen. In Steenwijk en Coevorden lagen Spaanse garnizoenen, zodat Friesland alleen overzee bereikbaar bleef. Veilig voor de opstand was het in die streken trouwens allerminst. Na Rennenbergs dood in 1581 was de Spanjaard Verdugo daar stadhouder geworden. De opstand kon hem geen gelijkwaardig tegenstander aanbieden. Willems broer Jan van Nassau had het stadhouderschap over Gelderland in 1581 neergelegd. In zijn plaats kwam Willem van den Berg, getrouwd met Willems oudste zuster Maria. Dat gaf tenminste moed: als deze onscrupuleuze opportunist zich aan de zijde van de Nadere Unie opstelde, kon het land nog niet verloren zijn. Pas veel later werd bekend dat de nieuwe stadhouder veiligheidshalve tegelijk de eed van trouw aan Parma had gedaan. Zijn dubbelhartigheid kwam aan het licht en Van den Berg werd in hechtenis genomen. Ter wille van zijn afkomst en familie liet men hem gaan, onder belofte dat hij de Staten trouw zou blijven. Na thuiskomst schond hij die belofte onmiddellijk, en ging definitief over in Spaanse dienst.

Op zichzelf kon elke partij zo'n man beter kwijt dan rijk zijn. Maar het is één aanwijzing uit vele, dat de opstand geen perspectief meer scheen te bieden. Het beste bewijs is Oranje zelf. Hij zag geen betere kans dan toch weer met Anjou in zee te gaan. Die wilde graag in zijn rechten hersteld worden, maar het enthousiasme bij de provincies was niet groot. De onderhandelingen rekten zich over maanden, doch leken uiteindelijk te zullen leiden tot de terugkeer van de hertog. Op 16 juni besloten de Staten-Generaal Anjou opnieuw als soeverein te erkennen. Vier dagen tevoren was deze echter al overleden. De Franse politiek van Willem van Oranje leek definitief mislukt.

Hulp was desalniettemin dringend nodig. Brugge ging over naar Parma, Ieper gaf zich over toen de landvoogd eenmaal het beleg voor de stad geslagen had. Gent was reeds met Parma in onderhandeling. Zelfs Oranje werd nu en dan door een gevoel van moedeloosheid bevangen. 'Velen willen vrede tot elke prijs,' schreef hij in februari 1584 aan zijn broer Jan. 'Zelfs zij die altijd de religie toegedaan waren, zeggen nu dat vrede met niet meer dan vrijheid van geweten beter is dan oorlog met vrije oefening van godsdienst. En de meesten weegt de religie maar licht. In Nieuwpoort waren de gereformeerde kerken altijd vol, maar toen de Spanjaarden voor de wallen kwamen, gaf de stad zich meteen over, zonder zelfs vrije aftocht voor de predikant te bedingen.'

Maar duurzaam was zo'n ondergangsstemming bij de prins niet. Hij bleef overtuigd dat de oorlog te winnen was. Ook al scheen de toekomst donker, hij had voor heter vuren gestaan. Eens waren zijn tegenstanders tachtigduizend man sterk geweest, aangevoerd door een hertog van Alva. Maar zoals God hem toen had bijgestaan, zo zou dat ook nu gebeuren. Moest Oranje de Nederlanden in de steek laten, zodat de wreedheid van de Spanjaarden zich als een zondvloed over hen heen zou storten? Dat zou verraad zijn. Geen persoonlijk levensgevaar, zo besloot hij, kon daar tegen opwegen.

De prins was de belichaming van de opstand. Nu Filips was afgedankt en Anjou gestorven, lag het voor de hand de soevereiniteit ook formeel in handen te leggen van de man die door al de jaren heen het verzet had geleid en gaande gehouden. Die gedachte leefde in Holland en Zeeland al langer. Toen de onderhandelingen met Anjou begonnen, wilden die twee provincies aan Oranje reeds de grafelijke waardigheid opdragen. Toen was dat duidelijk bedoeld om Anjou op afstand te houden. De prins had op het aanbod niet willen ingaan. Onder de gewijzigde omstandigheden echter was hij van het plan niet langer afkerig.

Bij de Hollanders en Zeeuwen waren intussen wel bedenkingen gerezen. Oranjes aanzien was door de verwikkelingen rondom Anjou gedaald bij alle partijen. De calvinisten hadden niets gezien in de katholieke Fransman, de gematigden begrepen dat de aanwijzing van een nieuwe soeverein een onoverkomelijk beletsel moest vormen bij elke poging tot verzoening. Die overweging stond ook Oranjes verheffing in de weg, en gold in zijn geval zelfs nog sterker. Wellicht zou Filips alle handel met Spanje verbieden, als uitgerekend de vogelvrij verklaarde prins hem als graaf van Holland en Zeeland zou opvolgen. En die handel met Spanje bleef belangrijk, vooral voor Amsterdam. We zullen daar later in ons verhaal nog op terugkomen.

De moord op Willem van Oranje door Balthasar Gerards.

L.A. Vincent, 1830. Gemeente Musea Delft, Collectie Stedelijk Museum Het Prinsenhof.

Fotograaf: Tom Haartsen.

Toch kwam een akkoord tot stand over 's prinsen benoeming dat ter goedkeuring aan de steden werd voorgelegd. Het was een herhaling van bekende motieven. Net als bij Anjou en bij Matthias waren de Staten erop uit, zoveel mogelijk macht zelf te houden en zo weinig mogelijk toe te staan aan de nieuwe heer. De graaf kon geen oorlog voeren of verbonden sluiten zonder toestemming van de Staten. Evenmin mocht hij nieuwe privileges uitvaardigen, grenzen veranderen, tollen instellen, wijzigingen brengen in de munt, of belastingen opleggen op eigen gezag. Hij zou de christelijke gereformeerde religie handhaven en alle ambtelijke stukken doen uitgaan in de Nederlandse taal. De Staten hadden de bevoegdheid op eigen gezag bijeen te komen. Zou de prins overlijden, dan waren het de Staten die de bekwaamste van zijn zonen tot zijn opvolger zouden kiezen.

Wat de Staten dus voor ogen stond, was een soort constitutionele monarchie. Niet een democratische, want die kende de zestiende eeuw nog niet. Het akkoord schetste een aristocratische monarchie die erg veel leek op wat later de aristocratische republiek van de zeventiende eeuw zou worden. De stadhouder in die Republiek kreeg ongeveer evenveel macht als in 1584 de graaf was toegedacht. Het belangrijkste verschil was dat het ambt van graaf erfelijk zou zijn in de familie, en logischerwijze steeds zou overgaan op de oudste zoon. Het akkoord liet weliswaar de keuze aan de Staten, maar dat was omdat Oranjes oudste zoon Filips Willem sinds 1568 in Spanje verbleef. Maar overigens kwam het aanbod van de soevereiniteit neer op instelling van een erfelijk stadhouderschap.

Oranje was bereid deze voorwaarden te aanvaarden. Ze brachten in zijn positie weinig verandering, en zoals de zeventiende eeuw heeft geleerd: een man met deze bevoegdheden stond sterk genoeg om het lot van de staat in handen te nemen, als het hem aan gaven en ambitie niet ontbrak. Wat de verheffing tot graaf vooral betekende, was dat ze de formele bevestiging vormde van zijn leiderschap. Ze schiep geen nieuwe band, maar bevestigde de oude.

Werkelijkheid zou dit alles nooit worden. Op 10 juli 1584 kwam aan Willems leven een gewelddadig einde. Eens moest dat wel gebeuren. De zeventiende-eeuwse geschiedschrijver Famiano Strada beweert dat in de zomer van 1584 vijf mannen in Delft verbleven, die allevijf een aanslag op Oranjes leven voorbereidden, zonder dat ze het van elkaar wisten: een Engelsman, een Schot, een Lotharinger, een Fransman en een Bourgondiër. De laatste voerde zijn plan uit en slaagde. Dodelijk getroffen stierf de prins nog op de plaats zelf. Zijn laatste woorden, nu en dan betwist, zijn voldoende door authentiek getuigenis bevestigd: 'Mon Dieu, mon Dieu, ayez pitié de moi et de mon pauvre peuple.'[12]

Zo eindigde op die dag een mensenleven. Zijn grote tegenstander hoopte dat de gelukte aanslag ook de doodsteek geven zou aan de Nederlandse opstand. Die verwachting is niet bevestigd. Het is niet eens zo gebruikelijk dat in een overzichtsboek van de Nederlandse geschiedenis een hoofdstuk in 1584 wordt afgesloten. Vaak wordt gekozen voor 1588, als het jaar waarin het zoeken naar een opvolger voor Filips gestaakt is, en de gewesten van de Nadere Unie voor de eerste twee eeuwen als Republiek der Verenigde Nederlanden worden ingeboekt. Toch leefde in die Republiek Oranjes erfenis voort, in twee opzichten.

Ten eerste is in zijn tijd de nieuwe regeringsvorm gevestigd. Er was eenhoofdige leiding, en die zal er altijd zijn in elke goed bestuurde staat, onder welke constitutie ook. Maar het feitelijke staatshoofd was aangewezen op de samenwerking met grote vergaderingen: de Staten van Holland eerst, naderhand ook de Staten-Generaal. Oranje besefte dat beleid een draagvlak moest hebben bij de politiek mondigen. Die structuur bleef na zijn dood behouden, en ze bezat levenskracht genoeg om stand te houden tot het einde van de achttiende eeuw.

Ten tweede heeft Oranje altijd gestreefd naar religieuze pluriformiteit. Hij wilde dat katholieken, calvinisten, luthersen en doopsgezinden elkaar plaats zouden gunnen en ruimte zouden scheppen voor elkaar, door samen de vijand te weerstaan. Hij heeft dat ideaal niet kunnen verwezenlijken. In de strijd tegen Spanje ging de meest strijdbare kerk overheersen. Gelijkwaardigheid van geloof bleek een onbereikbaar doel. Is Oranjes godsdienstpolitiek dan mislukt? Laten we zien hoe de ontwikkeling is verlopen in andere landen, waar de reformatie de overhand kreeg: in Zweden, Denemarken, Engeland, Schotland, en de protestantse gedeelten van Duitsland en Zwitserland. Daar bleven kerk en staat één. Alle onderdanen waren verplicht zich bij die staatskerk aan te sluiten. Onder Oranjes leiding kwam echter geen calvinistische staatskerk tot stand. Hij heeft dat belet, en wel zo overtuigend dat alle pogingen die later in die richting ondernomen zijn schipbreuk hebben geleden. Het is krachtig bewezen in de onstuimige jaren die op zijn dood zijn gevolgd.

1584-1609

DE NIEUWE REPUBLIEK

Leicester

Toen de Staten van de opstandige gewesten aan Filips de gehoorzaamheid opzegden, hadden ze geen plan klaarliggen voor het stichten van een republiek. Integendeel, het plakkaat van verlating zei uitdrukkelijk dat men nu zou omzien naar 'een ander machtig en goedertieren prince'. De zoektocht was begonnen met de hertog van Anjou, en die proef was meteen mislukt. Macht hadden de Staten hem niet willen geven, en van goedertierenheid gaf de nieuwe soeverein geen blijk. Maar na Oranjes dood stonden de zaken er nog aanzienlijk slechter voor dan in 1581. Niet alleen vonden Parma's veroveringen onverminderd voortgang, de opstand was ook hoofdeloos geworden. Het kwam er meer dan ooit op aan een energieke en vaardige helper te vinden, zelfs als hij mogelijkerwijs tekort zou schieten in goedertierenheid.

Dat leken de Staten ook wel te beseffen. De gedachten gingen niet meer uit naar een vreemde vorst die zich voor altijd in de Nederlanden zou vestigen. Men zou zich onder de bescherming stellen van een koning of koningin die buitenslands resideerde, maar bereid was zich het lot van de opstandige gewesten aan te trekken. Deze buitenlander zou dan genoeg eigen macht moeten bezitten om zich met de koning van Spanje te meten. Daarom waren er slechts twee die ernstig in aanmerking kwamen: Hendrik III van Frankrijk, en Elizabeth I van Engeland.

Hier toont zich al de tegenstelling die twee eeuwen lang een constante zal blijven in Nederlands buitenlandse politiek. Wie is onze beste vriend, Frankrijk of Engeland? Over die vraag heeft zelden eensgezindheid bestaan, en ook toen reeds tekenden zich twee partijen af. De argumenten ten gunste van Frankrijk hebben we al leren kennen. Oranje had die steeds met klem naar voren gebracht. Frankrijk was vanouds de vijand van het Habsburgse huis, en dus de natuurlijke bondgenoot van Spanjes tegenstanders. Het grote argument contra was altijd het verschil in geloof, dat vooral voor de calvinisten zeer zwaar woog. Hoe kon in een godsdienstoorlog dat katholieke Frankrijk een betrouwbare medestander zijn? Voor wie de zaken zo zag kwam alleen het protestantse Engeland in aanmerking.

Tijdens Oranjes leven had het overwicht bij de Franse partij gelegen. Na zijn dood werd die lijn voortgezet. In februari 1585 verzochten de

Staten aan Hendrik III de soevereiniteit over hun landen te aanvaarden. De Nederlandse delegatie zette hoog in, maar werd nog gaande de onderhandelingen steeds bescheidener. De nood steeg hoger en hoger: terwijl men delibereerde, gaf Brussel zich aan Parma over. Concessies mochten echter niet baten. Hendrik wees het aanbod van de hand. Zijn eigen land werd door binnenlandse twist uiteengescheurd, want de godsdienstoorlogen waren nog altijd niet tot rust gekomen. De koning had aan eigen zorgen genoeg.

De Staten-Generaal slaagden er dus niet in de Nederlanden aan Frankrijk te verkopen. Toen waren de meesten er rouwig over, zegt Jan Wagenaar in zijn *Vaderlandsche Historie*, 'schoon men er naderhand den Hemel vuuriglyk voor gedankt heeft'.[1] Wagenaars ontboezeming is neergeschreven in 1753, toen de Frans-Nederlandse betrekkingen op een lang en veelbewogen verleden konden terugzien. Dezelfde ervaring kon de Franse koningen in wijsheid achteraf droevig stemmen over de gemiste mogelijkheden. Maar waarschijnlijker is dat beide partijen elkaar in 1585 een teleurstelling bespaard hebben. Frankrijk had genoeg met zichzelf te stellen eer het kon denken aan investering van mankracht en middelen in de Nederlandse troebelen. De Nederlanders van hun kant hadden buitenlandse helpers nog nooit een warm welkom bereid. Zou de Franse landvoogd meer medewerking en sympathie geoogst hebben dan zijn Engelse alter ego te wachten stond?

De Staten hadden geen keus meer. Nu Frankrijk hen had afgewezen, zou het Engeland moeten zijn, en op dezelfde manier: minder dan de soevereiniteit konden de Nederlanders niet aanbieden. De toestand was te desperaat voor halve maatregelen. Parma had het beleg geslagen voor Antwerpen, in Gelderland gingen Zutphen, Nijmegen en Doesburg verloren. De Staten mochten niet aarzelen. In april keerden de gezanten uit Frankrijk terug, en nog in diezelfde maand besloot men zich tot de Engelse koningin te wenden.

Voor Elizabeth was de beslissing heel wat moeilijker. Ze voelde zich genoeg vorstin om enige weerzin te koesteren jegens opstandelingen die hun wettige heer hadden afgezworen. Ze begreep ook heel goed dat hulp aan de bedreigde Nederlanders een zware aanslag betekende op haar beurs. Maar het was haar toch liever, dat de opstand zich handhaafde dan dat hij definitief zou worden bedwongen. Daarom maakte zij zich zorgen over Parma's voorspoed, vooral toen in de zomer ook Antwerpen in zijn handen viel. Zo kwam het tot een akkoord. Elizabeth werd geen koningin der Nederlanden, maar zegde wel hulp toe. Bij het verdrag van Nonsuch, gesloten op 20 augustus 1585, beloofde zij de Staten-Generaal voor de duur van de oorlog bij te staan.

De beloofde steun had inderdaad reële betekenis: vijfduizend soldaten te voet en duizend te paard op kosten van Engeland. Met zo'n krijgsmacht kon je een stad belegeren en innemen. Bovendien leverde de koningin garnizoen voor Den Briel, Vlissingen, en het Zeeuwse fort Rammekens. Maar dat gebeurde niet belangeloos. Zodra het vrede werd, zouden de Staten Elizabeth terugbetalen. De drie genoemde sterkten zouden als onderpand Engelse bezetting houden tot alles voldaan was. Het bevel over de Engelse hulptroepen zou gevoerd worden door Elizabeths vertegenwoordiger, en bovendien mocht de koningin twee Engelse leden benoemen in de Raad van State.

Het heeft zin deze bepalingen kort samen te vatten omdat de Engels-Nederlandse relatie lang heeft standgehouden. De pandsteden hielden hun Engelse bezetting tot 1616, en de Engelse presentie in de Raad van State eindigde pas in 1627. De aanwezigheid van Elizabeths vertegenwoordiger hier te lande heeft echter slechts kort geduurd. De koningin had voor die post het oog laten vallen op Robert Dudley, graaf van Leicester. Zijn voornaamste verdienste lag daarin dat hij bij de koningin in blakende gunst stond. Dat was natuurlijk niet zonder belang. Zo'n man kon het oor van de koningin vinden. Maar hij moest toch in de eerste plaats met de Nederlanders weten om te gaan. Dat talent bleek de Engelse landvoogd niet gegeven.

Het werd hem ook niet gemakkelijk gemaakt. Leicester vond van het begin af twee problemen op zijn weg. Met het eerste hadden zijn voorgangers ook geworsteld, zonder dat ze het tot een oplossing wisten te brengen. Nederlanders vroegen hulp omdat ze die behoefden, maar wilden er eigenlijk niets voor teruggeven. Ze waren niet bereid de helper zo veel macht te gunnen als hij nodig had om naar behoren zijn werk te kunnen doen. Wel waren Leicesters bevoegdheden veel uitgebreider dan die van Anjou of van Oranje geweest waren. Maar als hij het vertrouwen niet won, zou die grotere macht wel de spanning maar niet de daadkracht van het gouvernement doen stijgen.

Koningin Elizabeth van Engeland.

Quentin Massys. Pinacoteca Nazionale, Siena. Su concessione del Ministero per i beni e le attività culturali. Soprintendenza PSAD di Siena e Grosseto.

Het tweede probleem was nieuw, vergeleken met de tijd van Matthias of Anjou. Parma's leger had de opstand zware slagen toegebracht. Na de val van Antwerpen was de herovering van Brabant en Vlaanderen ten naaste bij voltooid. Slechts enkele kleinere steden zoals Bergen op Zoom en Oostende restten nog, maar de twee grootste provincies van de Nederlanden stuurden geen afgevaardigden meer naar de Staten-Generaal. Dat betekende dat het zwaartepunt van de opstand weer volledig in Holland lag. Leicester kon zich slechts waarmaken als de nieuwe leider, als hij bereid was de Hollanders alle ruimte te geven.

De Hollanders markeerden hun positie nog vóór Leicesters komst door snel een eigen stadhouder te benoemen in de persoon van Willem van Oranjes zoon Maurits. Twee maanden later, in februari 1586, koos Holland zich bovendien een nieuwe landsadvocaat: Johan van Oldenbarnevelt. Zijn buitengewone bekwaamheden zouden hem in korte tijd doen uitgroeien tot een staatsman van Europees formaat. In feite werd hij de opvolger van Oranje, niet slechts voor Holland, maar voor al de Verenigde Provincies. Zijn meesterproef heeft hij dadelijk moeten afleggen als oppositieleider ter verdediging van Hollands belang tegenover de Engelse landvoogd.

Leicester kwam met de Hollanders in conflict op drie punten: de handel, de godsdienst en het bestuur. Nagenoeg op alle terreinen dus, behalve de oorlogvoering. Dat zou groot verschil gemaakt hebben als Leicester zich een bekwaam veldheer had betoond. Dan had hij wellicht genoeg prestige verworven om zijn program ten uitvoer te kunnen leggen. Eén succes heeft hij inderdaad behaald: in 1586 wist hij Doesburg te veroveren. Die ene bescheiden triomf woog echter lang niet op tegen het verlies van Venlo, Grave, Deventer en Sluis. In de confrontatie met Parma bleek Leicester gedurig de mindere, en erger misschien nog was dat zijn officieren het vertrouwen niet waard bleken. Deventer en de schans bij Zutphen gingen verloren door het verraad van de Engelse officieren William Stanley en Roland York. Dat alles stempelde Leicester tot een verliezer. Zo'n man zou niet spoedig het voordeel van de twijfel binnenhalen.

Leicester dacht langs rechte lijnen. Nederlanders en Spanjaarden voerden oorlog, dus dienden ze elkaar als vijanden te bejegenen. Elke hulp aan de tegenstander bracht schade toe aan de eigen natie. Het gaf derhalve geen pas, dat Hollandse of Zeeuwse schepen aanlegden in vijandelijke havens. Naar ons besef spreekt dat eigenlijk vanzelf, omdat in onze tijden oorlog een totaalkarakter heeft aangenomen. Voor de zestiende-eeuwer was oorlog veel meer een lokaal gebeuren dat samenviel met de militaire operaties van dat moment. Maar burgers konden, met de nodige voorzorgen, heel goed op reis gaan naar het land van de vijand om zaken te doen. En waarom zouden ze zich van handelsbetrekkingen onthouden? Wat de vijand nodig had, zou hij toch wel kopen. Leverden de Nederlanders hem niet, dan zou een ander het doen. Dan was het toch verre te verkiezen dat de Nederlanders eraan verdienden, om met het gewonnen geld des te beter de oorlog tegen de Spanjaarden te kunnen betalen.

De logica van de redenering is even gewrongen als onweerstaanbaar. Voor Leicesters tegengestelde mening bestonden niettemin eveneens goede argumenten. De opstandelingen hadden altijd de zee beheerst. Dat overwicht konden ze omzetten in een totale blokkade van de Zuid-Nederlandse kusten. Werd de aanvoer van graan en andere levensmiddelen afgesneden, dan kon dat Parma in ernstige verlegenheid brengen. Het is een sluitende gedachtegang, vrij van de innerlijke tegenspraak die het Hollandse standpunt doortrok. Maar op dat Hollandse standpunt was de welvaart van de hele samenleving gebouwd.

Hollandse schippers haalden graan uit de landen rondom de Oostzee, leverden dat aan Spanjaarden en Portugezen, kochten in die landen zout, en stelden dat weer ter beschikking van hun eigen landgenoten, die er de haring mee bewerkten die ze uitvoerden naar het Oostzeegebied. Zo was de cirkel rond, en wie er één segment uit wegnam verstoorde het hele patroon. Leicesters blokkadepolitiek sneed Hollandse kooplieden in eigen vlees, en verplaatste de graanhandel naar het buitenland.[2] Dat was nadelig voor de koopman, maar ook voor de staat. Die voerde oorlog, en had geld nodig. Kon dat geld niet verdiend worden, dan zou de staat de oorlog verliezen en dus tenietgaan.

Rechtlijnig dacht Leicester ook over godsdienst en kerk. In eigen land stond hij bekend als een vriend van de puriteinen, en bij zijn aankomst in de Nederlanden verklaarde hij zijn taak op zich te hebben genomen om de voortgang van Gods Woord te bevorderen.[3] Hij schonk de calvinisten dan ook alle ruimte. Er kwam een nationale synode bijeen in Den

Haag in 1586. Zij stelde een nieuwe kerkorde vast op basis van de oude, en verplichtte alle predikanten tot aanvaarding van de Nederlandse geloofsbelijdenis en de Heidelberger catechismus. In Utrecht, de stad die Leicester zich als residentie koos, kwam een einde aan de kerkelijke verdeeldheid. Hier hadden de beide hoofdstromingen van het Nederlandse protestantisme elk hun eigen gemeente gevormd: de ene calvinistisch georiënteerd, de andere libertijns-protestants, rondom de figuur van Huibrecht Duifhuis. De landvoogd wilde het niet langer gedogen. De religie kan niet groeien waar tweedracht heerst, zei Leicester.[4]

Die stelling konden ook de Hollandse regenten onderschrijven. Zij stonden echter een andere oplossing van dat probleem voor. Leicester wilde de staat aan de kerk committeren. Niet slechts de kerk, maar ook de staat zou calvinistisch zijn. Die verbinding wezen de Hollandse regenten onvoorwaardelijk af. Hun antwoord op meningsverschillen in de kerk was onderlinge verdraagzaamheid. De tijd zou leren dat ook die koers een krachtig overheidsingrijpen nodig maakte, dat niet vrij kon blijven van dwang. Maar dat lag nog in een ver verschiet. Onder Leicesters gouvernement ging het er in feite om of het geloof van de calvinisten aan iedereen opgelegd moest worden. Het hoofdbezwaar was welbeschouwd hetzelfde als in de kwestie van de handelsvrijheid. De Hollanders moesten een oorlog winnen. Het zou gelijkstaan met zelfmoord zich dan te vervreemden van allen die uit vrije wil nooit voor het calvinisme zouden kiezen.

Ten slotte het bestuur. Daar was de botsing bij voorbaat al gegeven. Leicester moest het land redden van de ondergang en was ingehaald als de ongekroonde koning. Hij schroomde niet van zijn macht gebruik te maken, maar begreep niet dat in die Nederlandse gewesten alle macht gedeeld moest worden. In zo'n structuur kon hij niets bereiken. Hij miste geheel die allesbepalende eigenschap waardoor zijn voorganger Willem van Oranje het roer in voor- en tegenspoed vast had kunnen houden. Van zijn persoon ging geen enkele inspiratie uit. Tegen de oppositie van het enige gewest dat na het verlies van Brabant en Vlaanderen nog telde was Leicester nagenoeg kansloos. De landvoogd probeerde zich wel een eigen staf te vormen van Zuid-Nederlandse uitgewekenen. Maar deze mensen misten juist dat ene waar het werkelijk op aankwam: ze hadden geen invloed binnen het gewest Holland. In december 1587 gaf Leicester zijn pogingen op, en vertrok definitief uit de Nederlanden. De toekomst zou zijn aan de man die hem op alle fronten geslagen had, de Hollandse landsadvocaat Johan van Oldenbarnevelt. Sinds die tijd was de Hollandse hegemonie definitief gevestigd.

De tien jaren

De opstand tegen Spanje heeft een zeer wisselvallig verloop gehad. In 1568 schijnt hij bedwongen, in 1572 herleeft hij met niet vermoede kracht. Drie jaar later staat Oranje er bijna hopeloos voor, maar in 1576 lijkt de prins de strijd in zijn voordeel te hebben beslist. Dan volgt weer een lange periode van ononderbroken neergang: de tien jaren van Parma. Die benaming is niet gebruikelijk. Sinds echter Robert Fruin in 1857 zijn altijd vermaard gebleven monografie over de periode 1588-1598 in het licht zond onder de titel *Tien jaren uit den tachtigjarigen oorlog*, heeft de naam zich exclusief aan dat tijdvak gehecht.

Een eigen naam verdient het zonder twijfel. Toen immers is de beslissing gevallen in de lange oorlog die met de onlusten van de jaren zestig begonnen was. Tussen 1588 en 1598 heeft de opstand het definitief gewonnen. Al zijn er nadien nog wel tijden geweest waarin de fortuin de Spaanse zijde koos, de onafhankelijkheid van de nieuwe staat is niet meer wezenlijk in gevaar gekomen. Daarom is deze periode van fundamenteel belang voor de hele Nederlandse geschiedenis. Het hele verhaal dat daarop gevolgd is van republiek en koninkrijk had niet geschreven kunnen worden als de opstandige gewesten het hoofd in de schoot hadden moeten leggen. Een aparte naam is het minste dat we dit decennium mogen gunnen. En een passender etiket dat de Nederlanden meer typeert is wel niet te vinden dan dat nuchtere, droge en volstrekt waardevrije: tien jaren. Geen woord heroïek, geen zelfverheffing of heldenverering. Enkel twee jaartallen met de zakelijke conclusie dat tussen die twee een periode van tien jaren besloten ligt.

Fruin heeft zijn tijdvak zorgvuldig gekozen, ter wille van een maximaal effect. Nooit was de toestand hachelijker geweest dan in 1588, maar nooit ook scheen de Nederlandse Republiek steviger gevestigd dan in 1598. In die korte tijd moeten zich dus wezenlijke veranderingen hebben voltrokken. Wat stelde de opstandelingen in staat die dramatische wending te voltrekken? Hoe zijn ze erin geslaagd een oorlog te winnen die in de tijd van Leicester zo goed als verloren scheen?

Een eerste reden lag buiten hun controle. Het was de verandering in de internationale toestand. Was de verhouding tot Engeland onder Leicesters gouvernement moeizaam en gespannen geweest, in 1588 zou dat even snel als radicaal veranderen. De oorzaak lag niet bij koningin Elizabeth, noch bij de Staten-Generaal. De Spanjaarden hebben zelf hun vijanden naar elkaar toegedreven. Filips II ontwierp een groots plan om zowel Engeland te veroveren als de Nederlandse opstand te onderdrukken. Hij liet een vloot gereedmaken van 130 schepen, met 30.000 man aan boord. In mei 1588 verliet zij de haven van Lissabon, onder de triomfantelijke naam 'invencible armada', onoverwinnelijke vloot. Drie maanden later werd ze bij Grevelingen verslagen. Om Schotland en Ierland heen moest ze zich een weg terug zoeken. De helft van de schepen heeft Spanje nooit weer teruggezien.

De verenigde inspanning tegen het gedeelde gevaar had Engelsen en Nederlanders tot elkaar gebracht. Dat heeft blijvende gevolgen gehad. Engeland had ervaren dat het dezelfde tegenstander had als de Hollanders. Beide naties hadden nu dezelfde belangen. Tegelijk had Engeland bemerkt dat deze vijand te verslaan was. Het kon de strijd met groeiend zelfvertrouwen voortzetten. Een echt hartelijke verstandhouding heeft tussen Engelsen en Nederlanders nooit bestaan, maar de gemeenschappelijke bedreiging was sterk genoeg om het bondgenootschap een solide basis te verschaffen.

Belangrijker nog waren de veranderingen die zich in Frankrijk voltrokken. Hendrik III, de laatste koning uit het huis Valois, stierf in 1589 door moordenaarshand. De naaste mannelijke erfgenaam – vrouwen hadden in Frankrijk geen recht van opvolging – was Hendrik van Bourbon, koning van Navarra. Als Hendrik IV besteeg hij de troon, maar hij was protestant, en daarom voor velen onaanvaardbaar. De katholieke partij stelde zich tegen de hugenootse pretendent te weer, en kreeg de hulp van Spanje. Filips gebood zijn landvoogd Parma het zwaartepunt van de militaire operaties naar Frankrijk te verplaatsen.

Vanuit het Spaanse belang gezien was het een heel verstandig besluit. Als Frankrijk van Spanje afhankelijk werd, was Filips heerser van Europa. Het neerslaan van de Nederlandse opstand kon dan geen probleem meer zijn. Alles hing er vanaf of Filips de krachtsverhoudingen juist had ingeschat. Was hij sterk genoeg om met hulp van de katholieke partij meester te worden van Frankrijk? Zo ja, dan was de Spaanse hegemonie verzekerd. Zo neen, dan offerde hij de bijna voltooide onderwerping van de Nederlanden op aan een hersenschim. In elk geval trof het slecht dat hij juist in het jaar daarvoor de vrede met Engeland verbroken had. Spanje had nu drie vijanden tegelijk. Zelfs voor de machtigste monarch van Europa kon dat te veel blijken.

Voor de jonge Nederlandse staat is het een onschatbaar voordeel gebleken om de strijd tien jaar lang te mogen voeren met de steun van twee geduchte bondgenoten. Het is zeker geen toeval dat de roemruchte tien jaren eindigden onmiddellijk nadat Frankrijk en Spanje vrede met elkaar gesloten hadden. Daarom is het ook maar beter aan de nuchtere naamgeving vast te houden. Het was geen tweekamp tussen David en Goliath. De Nederlandse David had goede vrienden, en samen konden ze het wel opnemen tegen de reus. Het zou anderzijds verkeerd zijn Davids aandeel in deze alliantie te onderschatten. Het was altijd een zwakke zijde van de opstand geweest dat geen van zijn voormannen in staat was het militair vermogen doelmatig aan te wenden voor een offensieve oorlogvoering. In dat tekort werd gedurende de tien jaren eindelijk voorzien.

Dankzij Hollands stadhouder Maurits en zijn Friese neef Willem Lodewijk nam de strijd vanaf 1590 een volkomen nieuwe wending. Deze twee grepen met succes naar het initiatief. Willem van Oranje had meer dan eens initiatieven genomen. Ze waren altijd op niets uitgelopen. Pas onder Maurits worden veldslagen gewonnen, namelijk het ruitergevecht bij Turnhout in 1597, en de slag bij Nieuwpoort in 1600, waarop we later nog terug zullen komen. Belangrijker nog was dat Maurits vele steden heeft veroverd. De tachtigjarige oorlog is voornamelijk gevoerd in de vorm van een reeks belegeringen. Maurits en Willem Lodewijk maakten enerzijds de soldaten voor die arbeid geschikt door veelvuldige oefening en strikte discipline. Anderzijds hebben zij zich grondig verdiept in de theorie van de belegering. Een geslaagd beleg was voor hen de oplossing van een wetenschappelijk vraagstuk. Zo is het hun gelukt de ene stad na de andere te veroveren, methodisch en systematisch.

Een uitvoerig verslag van al deze operaties zou zelfs een biografie van Maurits te zwaar belasten. De grote meerderheid van al die tientallen belegeringen laten we daarom liever onvermeld. Ook de kleinste selectie kan echter niet voorbijgaan aan de verrassing van Breda, toen in een turfschip negentig mannen heimelijk de stad werden binnengeloodst. Niet omdat de actie duidelijk het stempel draagt van de veldheer Maurits. Integendeel, het was eigenlijk niets voor hem, een keurtroep van uitgelezen soldaten tot inzet te maken van een geslaagde gok. Ook niet alleen omdat het turfschip van Breda vanouds een ereplaats inneemt onder de spannende verhalen van onze vaderlandse geschiedenis. Helemaal te verwaarlozen is dat motief trouwens niet. Het spannende verhaal doet getrouw verslag van de werkelijkheid: een stoutmoedig, gedurfd avontuur dat met succes bekroond werd. Dat onderscheidt Breda van Maastricht, waar in 1594 een vergelijkbare poging faalde omdat het de aanvoerders op het kritieke moment aan moed ontbrak. In Lochem beproefden de Spanjaarden in 1590 een soortgelijke aanslag met hooiwagens, maar daar werd het plan bij toeval ontdekt toen jongens begonnen hooi van de wagens te plukken. De geschiedenis van het turfschip heeft alles wat in Lochem en Maastricht niet bewaarheid kon worden.

Maar niet alleen daarom maakte dit gebeuren een buitengewone indruk. Hoe lang was het niet geleden dat de opstandelingen een stad van betekenis gewapenderhand hadden veroverd? De Staten-Generaal putten er genoeg inspiratie uit om het volgende jaar te kiezen voor het offensief. Ze hadden vertrouwen gekregen in hun kapitein-generaal, en Maurits heeft dat niet beschaamd. Het jaar 1591 werd meteen zijn meest succesvolle, met veroveringen in vier verschillende provincies: Zutphen, Deventer, Delfzijl, Hulst en Nijmegen. Vijf steden in één jaar, of beter gezegd in één seizoen. Zutphen werd eind mei ingenomen, Nijmegen eind oktober. Met de technische hulpmiddelen van de tijd was het buitengewoon moeilijk een leger met tientallen wagens en honderden paarden beweeglijk te houden en van voorraden te voorzien. Die veldtocht van 1591 duurde dan ook feitelijk niet langer dan vijf maanden. De spreiding over het hele land maakt dan des te meer indruk. Tussen de belegeringen door moesten de soldaten marsen maken van Delfzijl naar Hulst en van Hulst naar Nijmegen.

In 1591 kenmerken Maurits' campagnes zich door grote mobiliteit. Dat heeft zijn krijgsmacht de naam van 'het vliegende leger' bezorgd. Die beweeglijkheid treedt ook in andere jaren wel aan het licht, met name in 1597. Karakteristieker voor Maurits zijn niettemin de zorgvuldige, planmatige belegeringen, waar aankomende jonge officieren met gretige aandacht de ontwikkelingen volgden als gold het een cursus aan de hogere krijgsschool: aanschouwelijk onderwijs met afwerking van alle onderdelen volgens de regelen der kunst. Het beleg van Geertruidenberg vooral oogstte de bewondering van de experts. Maurits had zijn legerplaats toen zo doeltreffend beveiligd dat een Spaans leger tevergeefs beproefde de stad te ontzetten. Onder de ogen van de vijand dwong Maurits de vesting tot overgave. In zulke meesterstukken vonden de Nassaus hun hoogste voldoening. 'Ik acht het slechts mijn plicht u geluk te wensen met een zo klinkende overwinning,' schreef Willem Lodewijk aan Maurits, na de val van Geertruidenberg. 'Ge hebt het schitterende bewijs geleverd, dat in de oorlog beleid en inspanning meer waard zijn dan kracht. Zo wordt de oude krijgskunst in ere hersteld, die tot nu toe door onverstandigen bespot is.'[5]

Ja, beleid vermocht meer dan brute kracht, maar goedkoop was het niet. De stadhouders hadden ook niet de vrije hand. Maurits was niet als zijn vader, die de militaire leiding met de politieke had gecombineerd. Johan van Oldenbarnevelt had de politieke leiding in de Republiek, Maurits had het bevel over de krijgsoperaties. We kiezen met opzet die omschrijving, omdat we Maurits niet de militaire leider kunnen noemen, de opperbevelhebber van de strijdmacht. In een land dat vecht voor zijn bestaan valt geen politiek te bedrijven los van het militaire beleid. Wie op het oorlogstoneel zelfstandig de gang van zaken bepaalt, zet de politici naar zijn hand. In die positie verkeerde Maurits niet. Opperbevelhebbers waren de Staten-Generaal. Zij hadden de beslissende stem, en lieten dat dikwijls merken. Maurits' advies woog zwaar, maar het laatste woord had hij niet. Zouden we één man als opperbevelhebber moeten aanwijzen, dan kan dat niemand anders zijn dan Oldenbarnevelt. Die beheerste de Staten van Holland, en daarmee de Staten-Generaal. Treffend blijkt het in de herfst van 1591, als overwogen wordt of men na Nijmegen nog een andere stad moet gaan belegeren. Hare Edel Mogenden namen verschillende opties in overweging, maar besloten uiteindelijk het er liever bij te laten. En waarom? 'Overmits de sieckte van den advocaet van Hollandt,' schrijft Bor, 'also in dese tijt niet besonders ter handt en wert genomen sonder sijn advijs.'[6]

Daarin lag één beperking van Maurits' mogelijkheden. Een tweede kwam voort uit de internationale toestand. Met name het Franse bondgenootschap schiep verplichtingen. In juli 1594 voltooide Maurits het beleg van Groningen. Tijd genoeg om nog een tweede stad aan te vallen eer de winter aanbrak. Maar een deel van het leger moest naar Frankrijk marcheren om Hendrik IV bij te staan. Met een te kleine krijgsmacht kon Maurits toen niets meer ondernemen. Zulke ongemakken vloeiden wel eens uit de relatie voort. Maar over het geheel genomen was het natuurlijk een belangrijk voordeel dat Spanje de strijd op twee fronten moest voeren. De Staten-Generaal maakten zich wel enige zorgen toen Hendrik IV om redenen van doelmatigheid zijn protestantse geloof inruilde voor het katholieke. Zolang de koning leefde, bleef hij echter een vriend van de Nederlanders, omdat hij een vijand van Spanje was. Dat hij in 1598 toch vrede met de Spaanse koning sloot veranderde aan zijn gevoelens niets. Het verhoogde wel de oorlogsdruk op de Verenigde Nederlanden.

De bereidheid die strijd voort te zetten werd er niet minder om. In de jaren negentig zijn er diverse initiatieven genomen om tot vredesonderhandelingen te komen. Ze gingen altijd uit van de Spaanse zijde, ten teken dat daar de twijfel toenam of de oorlog ooit nog het gewenste resultaat zou kunnen hebben. Ze werden door de Nederlanders onveranderlijk afgewezen. In Den Haag verwachtte men kennelijk dat de eigen positie door voortzetting van de oorlog alleen maar sterker zou kunnen worden. De vrede die Spanje toen aanbood was altijd gebonden aan de voorwaarde dat de Verenigde Provincies formeel het oppergezag van hun vroegere landsheer zouden erkennen. Maar was er dan wezenlijk iets veranderd, dat de Staten-Generaal zich weer gerust onder de hoede van hun oude soeverein konden begeven? In 1597 werd in Brussel Anna van den Hove levend begraven omdat zij het protestantse geloof was toegedaan. Zij is het laatste slachtoffer van de godsdienstvervolging geweest. Maar wie kon dat in 1597 voorspellen? De zelfbewuste jonge Nederlandse staat voelde zich te sterk om noodgedwongen de proef te nemen met de redelijkheid en verdraagzaamheid van de overheden die over de zuidelijke gewesten regeerden. Zij meenden hun zaken op orde te hebben, en daar wilden ze het liever bij laten.

Welvaart

Het ging die Nederlanders goed, en vooral de Hollanders. Op zichzelf was welvaart geen nieuw verschijnsel dat zich pas voordeed in het laatste decennium van de zestiende eeuw. Een bloeiende economie op de grondslag van een wijdvertakte handel en een florerende nijverheid werd in de Nederlanden reeds lang gevonden, met name in de westelijke provincies. Wel was vóór de opstand één stad bij uitstek de belichaming van de welvaart geweest, namelijk Antwerpen. Na de opstand bleef dat alles in zekere zin gelijk: gespreide welvaart met één dominerend middelpunt, dat zich verplaatst had naar Amsterdam. Toch was er een belangrijk verschil. Door de Nederlanden heen liep nu een politieke grens. Ze scheidde niet een verpauperd zuiden van een rijk gezegend noorden. Zo absoluut lag de tegenstelling niet. Maar de dynamiek van het economisch leven had zich toch geheel naar het noorden verplaatst. De Nederlandse economie werd een Hollandocentrische economie.

De zestiende eeuw is het geboorte-uur geweest van de wereldhandel. Het Europese handelsnetwerk kreeg contacten met Azië, Afrika en Amerika, en de handelsgebieden rondom Noordzee, Oostzee en Middellandse Zee raakten nauwer op elkaar betrokken. Zeeschepen van betere kwaliteit stelden de schippers in staat langere reizen te ondernemen. Maar met de afstanden namen ook de risico's toe. De reisduur van lange vaarten was in de eeuwen van de zeilscheepvaart nooit te voorspellen. De schipper wist niet of hij op het juiste tijdstip zou aankomen, als de waar die hij zocht zowel in ruime hoeveelheid en als in goede kwaliteit tegen lage prijs werd aangeboden. Dat risico kon belangrijk verminderd worden als er een bepaalde plaats was waar alle mogelijke handelswaren uit al de werelddelen werden opgeslagen en aangeboden. Daar was men dan verzekerd van een constant aanbod, van stabiele, niet te hoge prijzen, en van een permanente vraag. Voor zo'n centrale markt, zo'n stapelmarkt, kwamen de Nederlanden door hun gunstige ligging het eerst in aanmerking.

Maar niet alleen de aardrijkskunde sprak in hun voordeel. De Hollanders bezetten al lange tijd een belangrijke plaats in de internationale handel en scheepvaart. Al in de vijftiende eeuw waren zij de Europese vrachtvaarders bij uitstek.[7] Massagoederen als hout en graan werden ook toen al zo niet als regel, dan toch zeer dikwijls in Hollandse schepen vervoerd. Veel winst leverde zo'n reis niet op; daarom werden de kosten zo laag mogelijk gehouden: eenvoudig geconstrueerde schepen met een maximum aan laadruimte en een minimale bemanning. Dat hield de scheepvaart goedkoop. Maar wie door storm of oorlogsgeweld zijn schip verloor, kon evengoed in één klap geruïneerd zijn. Daarom was in Holland het scheepsbezit gespreid. Een gewoon vrachtschip kon gemakkelijk dertig of veertig eigenaars hebben, die winst en schade met elkaar deelden. Zo werd ook het bescheiden kapitaal van kleine beleggers actief benut, en kon het Hollandse aandeel in de vrachtvaart gestadig toenemen.

Voor een stapelmarkt was het niet genoeg. Daar moet meer te koop zijn dan hout en graan. Daarin voorzag dan allereerst de provinciale nijverheid: het Leidse laken en het Haarlemse linnen, beide krachtig gestimuleerd door nieuwe arbeidskrachten en kapitaalverschaffers uit de zuidelijke gewesten. Ook de landbouw heeft een belangrijke bijdrage geleverd. Uit het Oostzeegebied kwam genoeg graan om de bevolking te voeden. De boeren in de kleistreek – Zeeland, Holland, Friesland en Groningen – konden zich richten op de levering van exportgoederen, met name boter en kaas, en het telen van industriegewassen, zoals koolzaad en vlas. De oorlog droeg het zijne tot Hollands welvaart bij. Na de val van Antwerpen werd de Schelde afgesloten, en de Vlaamse handel tot kwijnen gebracht. Kooplieden uit Vlaanderen en Brabant waren genoodzaakt hun zaken naar andere steden te verplaatsen, vooral naar Holland. Ze brachten hun kapitaal mee, hun kennis van zaken, en hun relaties met de handelscentra van de Middellandse Zee. Dat versterkte Hollands aandeel in de handel in hoogwaardige goederen, die voor het ontstaan van een werkelijke algemene stapelmarkt een levensvoorwaarde was.[8]

Economische veranderingen voltrekken zich altijd relatief langzaam, maar het beginpunt van de grote opgang laat zich wel ongeveer dateren.[9] Het valt in 1590, dus in die befaamde tien jaren. De Nederlandse staat won aan stabiliteit, zodat de internationale handel meer vertrouwen kreeg, en Antwerpse kooplieden nu liever een vestigingsplaats kozen in Holland dan in de Duitse bocht. Van groot belang was ook dat de legers van de Staten-Generaal voldoende controle kregen over de grote rivieren om de waterverbinding met Duitsland te garanderen. De directe vaart naar de Middellandse Zee, in 1585 begonnen, was omstreeks 1590 al tot de normale patronen gaan behoren. Java en Ambon kwamen pas later. Maar handelsbetrekkingen met Amerika bestonden in 1590 al, en Afrika zou spoedig volgen.

Zo kwamen alle omstandigheden elkaar te hulp om Holland in korte tijd te verheffen tot de rang van economische grootmacht. De oorlog, de Europese machtsverhoudingen, de scheepvaartstraditie werkten mee, maar ook de textielnijverheid, de veeteelt en de zuivelproductie. Die eigen economische activiteiten gaven de welvaart een bredere basis in de steden en op het platteland. Ze zorgden niet alleen voor arbeid, maar door de hoge graad van specialisatie ook voor hoogwaardige, goedbetaalde arbeid. Het is waar dat die slechts het levenslot van een kleine minderheid bepaalde. Maar gebrek aan werk was er nooit. De scheepvaart had jaarlijks zelfs zo veel nieuwe matrozen nodig dat ze altijd afhankelijk bleef van toeloop van arbeidsvolk uit het buitenland. De behoefte aan arbeidskracht was zo groot dat de lonen nergens in Europa zo hoog waren. Holland was een gezegend land, waar de lonen sneller stegen dan de prijzen. Dus trok het steeds vreemd volk aan, en het heeft daar veel aan te danken gehad.

Holland werd dus rijk. Daaruit volgt echter niet zonder meer dat de Hollandse overheid royaal in haar geld zat. Spanje was rijk door zijn koloniaal bezit, Frankrijk was het grootste land van West-Europa met de meeste natuurlijke hulpbronnen. Toch heeft zowel Frankrijk als Spanje in de loop van de zestiende eeuw enkele malen een staatsbankroet beleefd. Ze hadden de eerzucht van grote mogendheden, en voerden daarom een politiek die hun middelen te boven ging. Zeker, maar wat dan te zeggen van de Verenigde Nederlanden, die zich de weelde van een oorlog tegen Spanje meenden te moeten permitteren? Als een staat bankroet ging, was het gewoonlijk omdat de regering er niet in geslaagd was een evenwichtig en doelmatig belastingstelsel op te bouwen. Het geld was te vinden bij de rijken, maar juist die hadden ook de meeste invloed. Zij werden dus ontzien, en de minder welgestelden betaalden boven evenredigheid. Dat kostte hun zo veel moeite dat de belastingheffing steeds gepaard moest gaan met harde dwangmaatregelen, en desondanks de opbrengsten nooit het peil van de ramingen bereikten.

Kenmerkend voor Holland in de zeventiende eeuw was daarentegen de gespreide welvaart. Het draagvlak voor de belastingen was daardoor breder en steviger. De grote meerderheid van de bevolking kon de overheid tevredenstellen, zonder het gevaar te lopen in armoede te vervallen. In het Frankrijk van de zeventiende eeuw zijn belastingopstanden een ware plaag geweest. In Holland hadden ze zelden meer dan lokale betekenis. Ze bleven bescheiden naar omvang en tijdsduur. Dat was ook een gevolg van de aard van het belastingstelsel. Het was bijzonder geschikt voor een land waar verreweg de meesten noch rijk noch arm waren, doch zich verheugden in een matige welstand. Alweer in tegenstelling tot Frankrijk was het niet de belasting op het totale inkomen die hier de voornaamste plaats innam. Ze bestond wel – de zogenaamde verponding – maar ze was gewoonlijk niet hoger dan enkele guldens per huishouding. Veel belangrijker waren de indirecte belastingen op consumptiegoederen, die alle koopwaren iets duurder maakten, zonder dat de prijzen tot buitensporige hoogte stegen. Zo vervulde de consument zijn belastingplicht bij elke kan bier die hij dronk en bij elk brood dat hij aansneed. In de schatkist groeiden al die duiten en stuivers tot miljoenen guldens aan. De gespreide welvaart heeft zichzelf zonder merkbare inspanning betaalbaar gemaakt.

Handel overzee

De Nederlandse matroos voer naar de Oostzee en de Middellandse Zee, naar Frankrijk, Duitsland en Engeland, naar Archangel en Noorwegen. Al ging hij ver van huis, hij bleef gewoonlijk in Europa. In de loop van de zeventiende eeuw zou de vaart naar andere continenten een steeds grotere plaats innemen, zonder dat ze ooit overheersend werd. Wel was het altijd de meest spectaculaire, die alle andere overtrof in gehalte van avontuur en romantiek. Ook haar geboorte gaat terug tot die wonderbaarlijke tien jaren. Wel waren al eerder Nederlandse schepen naar Braziliё gevaren, maar dan in Portugese dienst. Een paar jaar na de val van Antwerpen gingen ze ook op eigen initiatief, en in de jaren negentig vertrokken de eerste schepen naar Afrika. In omvang had dit alles nog niet zoveel te betekenen. Perspectief bood deze handel wel. Het waren de rijkste en kundigste kooplieden, die deze tochten financierden.

In diezelfde jaren begon men ook de weg te zoeken naar Oost-Indië. Over de beste route bestond verschil van mening. De Spanjaarden en Portugezen voeren om Afrika heen. Zou het ook langs de andere kant kunnen, voorbij Archangel, om de noord? Vooral in Amsterdam bestond belangstelling voor deze variant. Ze is driemaal beproefd, en uit de aard der zaak steeds zonder resultaat. De in 1596 begonnen tocht van Willem Barentsz. en Jacob van Heemskerck verwierf zich wel een blijvende plaats in de epische geschiedschrijving. Vastgelopen in het ijs, was de bemanning genoodzaakt zich op het eiland Nova Zembla een winterverblijf in te richten. Gerrit de Veers dagboek van de overwintering behoort tot de klassieken van de Nederlandse scheepsjournalistiek.

De andere weg, om Afrika heen, was toen al verkend door Jan Huygen van Linschoten, die in Portugese dienst verscheidene jaren in de Oost had doorgebracht. Zijn *Itinerario* heeft velen tot navolging gestimuleerd. Cornelis de Houtman, uitgevaren in april 1595, was in het volgende jaar de eerste die erin slaagde de Oost-Indische Archipel te bereiken. Hij had er vijftien maanden over gedaan. In augustus 1597 keerde hij terug. Hij was met 240 man vertrokken, en kwam met 87 thuis. Meer dan dit zware verlies aan mensenlevens had de tocht eigenlijk niet opgeleverd.

Maar men wist nu dat Nederlandse schippers heen en terug naar de Oost konden varen. Het voorbeeld werkte zo aanstekelijk dat in 1598 niet minder dan vijf kleine vloten naar Oost-Indië vertrokken, met in totaal 22 schepen. Olivier van Noort had opdracht een andere richting te kiezen. Hij zeilde om de zuidpunt van Amerika heen, om drie jaar later langs de andere kant terug te keren. Zo werd hij de eerste Nederlander die om de wereld zeilde. Ook zijn tocht leverde weinig winst op, maar die van Jacob van Neck langs de traditionele route des te meer. Scheepstochten naar Indië trokken veel beleggers aan als een weliswaar riskante, maar bij goed succes zeer lucratieve investering.

Ontvangst van Jacob van Heemskerck door de burgemeester van Amsterdam, 1 november 1597.
Gemeentearchief, Amsterdam.

Kostbaar waren deze ondernemingen wel. Voor de vaart op Indië waren veel grotere schepen nodig dan men in Europa gewend was, en ze konden niet zo zuinig bemand worden. Niet alleen was de sterfte onderweg groot, maar ook moesten de schepen zich tegen elke vijand kunnen verdedigen, misschien onderweg, en zeker na aankomst. Een Oost-Indiëvaarder diende dan ook veel zwaarder bewapend te zijn dan een Europees handelsschip. Hoe de inheemse naties hen zouden bejegenen wisten ze niet, maar ze konden in elk geval rekenen op de vijandschap van de Portugezen, die zichzelf beschouwden als de enige natie die recht had met Azië handel te drijven.

Voor de Nederlandse overheid kon dat een reden zijn de handelaars daadkrachtig te ondersteunen. Het Portugese koningshuis was in 1580 in rechte lijn uitgestorven. In de strijd om de opvolging had Spanje zich de sterkste getoond, zodat het land zich had moeten schikken onder het gezag van Filips II. Sinds 1580 waren de Portugezen dus vijanden in dezelfde graad als de Spanjaarden. Nederlandse kooplieden die inbreuk maakten op hun belangen droegen dus bij tot de oorlogvoering. De overheid verstrekte dan ook actieve steun, met kanonnen, munitie en belastingvoordelen, om de draagkracht van de beleggers en de weerbaarheid van de schepen te vergroten.

Alle problemen waren daarmee niet opgelost. De Nederlandse handelaars kwamen terecht in een wereld die hun volslagen vreemd was. Jacob van Heemskerck kwam in 1599 op de Banda-eilanden aan, en informeerde daar allereerst naar de rechten en costumen van het land. Het vraagteken is eigenlijk altijd blijven staan. Mannen als Heemskerck dachten te zeer vanuit eigen Europees perspectief om zicht te kunnen krijgen op Aziatische machtsverhoudingen en relatienetwerken, en drukten hun frustraties uit in schimpen op de trouweloze Moren. Menig Nederlander heeft in die jaren het leven gelaten. Meestal ging het goed, en naarmate de Europese nieuwkomers meer macht verwierven nam het risico af. Een element van onzekerheid is in de betrekkingen altijd blijven bestaan.

Op den duur zou steeds meer duidelijk worden dat de handel met deze verre werelddelen een totaal andere organisatie eiste dan in Europa gebruikelijk was. Ze kwam ook tot stand, toen in 1602 de Verenigde Oost-Indische Compagnie werd opgericht. De directe behoefte rees echter minder uit de Aziatische dan uit de Nederlandse verhoudingen. Het woord 'verenigd' duidt er al op, dat er ook vóór 1602 compagnieën bestonden. Groepjes kooplieden uit dezelfde stad deelden dan de kosten en het risico van de tocht, en na behouden thuiskomst van de schepen ook de eventuele winst. Hoe meer van deze groepen elkaar beconcurreerden, hoe kleiner de baten. Dat kon een motief zijn om de handen ineen te slaan, maar in dit geval lag het initiatief toch vooral bij de overheid. Het is met name Oldenbarnevelt geweest die sterk op vereniging heeft aangedrongen.

Oldenbarnevelt was zelf geen koopman, en pretendeerde evenmin een kenner van het bedrijfsleven te zijn. Van de lakennering heb ik geen verstand, schreef hij eens aan de Nederlandse gezant in Londen. Van de handel in specerijen zal hij het fijne ook wel niet geweten hebben. Maar hij wist wel dat concurrentie de prijzen verlaagde, en dus de compagnieën minder armslag gaf. De uitgaven echter moesten wel hoog zijn, niet alleen omdat de reizen lang en duur waren, maar ook omdat de Nederlanders hun scheepvaart daar in dat andere werelddeel zouden moeten beschermen tegen de Portugese rivaal. Die vijand afbreuk te doen was een nationaal belang. Om de Indische handel de kosten van de verdediging te doen dragen, moesten de winsten verzekerd zijn. Daarom riep Oldenbarnevelt in 1598 al een vergadering bijeen van alle belanghebbende rederijen uit Amsterdam, Rotterdam en Middelburg.[10]

Gemakkelijk zijn de onderhandelingen niet verlopen. Kooplieden waren niet gewoon aan samenwerking op deze schaal, en de steden hadden geen volmaakt vertrouwen in elkaars goede bedoelingen. Bovendien was er een belangrijk verschil in doelstelling tussen de initiatiefnemer en de genodigden. De landsadvocaat werd geleid door militair-politieke overwegingen, de compagnieën dachten in economische termen. Maar in dit geval was een combinatie van die twee lijnen inderdaad noodzakelijk, zodat de partijen elkaar ten slotte hebben kunnen vinden in de Verenigde Oost-Indische Compagnie.

In meer dan één opzicht was zij een volstrekt nieuw fenomeen. Het was niet ongewoon, dat een compagnie kapitaal bijeenbracht van diverse belangstellenden. Zo werden langere scheepstochten altijd gefinancierd. Maar dan staken de participanten doorgaans hun geld in één reis, en na thuiskomst van het schip beslisten zij zelf of ze opnieuw zouden inleggen. De nieuwe Compagnie legde voor langere tijd beslag op het geld. Ze kreeg octrooi voor eenentwintig jaar, maar het zijn er in werkelijkheid bijna tweehonderd geworden. De nieuwe vorm is levensvatbaar en succesvol gebleken.

De Compagnie was een handelsonderneming, maar nam tegelijk rechten en bevoegdheden van de staat over. Dat was het tweede nieuwe aspect. De VOC moest in haar octrooigebied alles kunnen doen wat in de Europese wereld door de overheid gedaan werd. De Staten-Generaal konden op zo grote afstand niet bemiddelend voor haar optreden, en hebben zelfs niet overwogen een leger van diplomatieke vertegenwoordigers uit te zenden naar de talloze vorsten van de Indische Archipel. De Compagnie gedroeg zich in Indië als was zij zelf soeverein. Zij was bevoegd oorlog te voeren en verdragen te sluiten. Dan moest zij vanzelfsprekend ook soldaten in dienst kunnen nemen en forten bouwen, en zij mocht rechtspreken over allen die onder haar gezag stonden. Zo ontstond een organisatie die de verplichtingen van een staat had, en in de Indische wateren de plaatsvervangster was van de Staten-Generaal. Dat bond van het begin af de twee stevig aan elkaar. Ze zouden elkaar niet kunnen laten vallen.

De vereniging had de Compagnie een breed draagvlak gegeven, doordat alle steden die al in de Indische handel participeerden in het bestuur vertegenwoordigd waren. Ze bestond uit een aantal kamers, dat gevestigd was in Amsterdam, Middelburg, Delft, Rotterdam, Hoorn en Enkhuizen. Het overkoepelende bestuur van de organisatie werd gevormd door het college van de Heren XVII, waarin vertegenwoordigers van al de kamers waren opgenomen. Amsterdam bezette acht van de zeventien zetels, maar had dus juist niet de meerderheid. Dat was, naar men aanneemt, het werk van Oldenbarnevelt. Zijn beste vrienden woonden niet in Amsterdam, zoals in het vervolg nog zal blijken. Het was niet zijn belang – en zolang hij de Hollandse politiek bepaalde, ook niet het Hollandse belang – de macht van Amsterdam nog te vergroten.

Het zou de kroon op het werk geweest zijn als de VOC een parallel gevonden had in een West-Indische compagnie. De handel op Amerika en Afrika was eerder op gang gekomen dan de Indische, en in de jaren negentig van de zestiende eeuw niet zonder betekenis. Ze stelde echter geheel andere problemen. Het Spaanse bestuur in de nieuwe wereld was veel beter georganiseerd dan het Portugese in de Oost. Voor een doorbraak ten gunste van de Nederlandse handel zouden krachtige tegenmaatregelen nodig zijn. Een West-Indische compagnie moest in slagkracht en doelmatigheid de VOC nog overtreffen. Ze kwam in deze tijd niet tot stand, ondanks Amsterdamse aandrang. Veel meer dan de Oost-Indische Compagnie is zij altijd een controversiële zaak gebleven.

De staatsinrichting

Leicester heeft geen opvolger gekregen. De Staten-Generaal hebben hun pogingen tot het vinden van een nieuwe landsheer of landsvrouwe definitief gestaakt. De Nederlandse staat veranderde van een vacante monarchie in een echte republiek. Het is een eenvoudige vaststelling die we uit de gebeurtenissen kunnen aflezen. Maar ze roept een vraag op, die sindsdien de geesten nooit met rust heeft gelaten. Wie is de opvolger van de landsheer geworden? Bij wie berustte in de Republiek de soevereiniteit?

Het is op zichzelf beschouwd geen ingewikkeld vraagstuk. Filips was niet afgedankt als heer der Nederlanden, want dat ambt bestond niet. Hij was hertog van Gelderland, graaf van Holland, heer van Utrecht, enzovoorts. Op dat niveau zullen we dus ook zijn opvolger moeten zoeken. Het zijn de Staten van de gewesten, die van nu af aan de rechten van de soeverein uitoefenen. In formele zin is daarmee de vraag beantwoord. De Republiek der Zeven Verenigde Nederlanden heeft bestaan uit zeven soevereine staten.

Het probleem is daarmee echter niet van tafel. Wat moeten wij ons voorstellen bij een soevereine republiek Overijssel of Utrecht? Ze ontleende haar gezag aan niemand anders, en dat is het kenmerk van soevereiniteit. Met macht of grootte heeft het niets te maken. San Marino en Andorra zijn even vrij en onafhankelijk als China en de Verenigde Staten. Maar niet elke vrije staat is bij machte de eigen soevereiniteit te handhaven tegen vijanden van binnen en van buiten. Dat zou noch Overijssel noch Utrecht gekund hebben, en ook geen van de andere, met uitzondering alleen van Holland. Op Holland steunde de macht van de Republiek. De andere voegden daar iets aan toe, maar haar bestaan als onafhankelijke staat had de Republiek te danken aan dat ene gewest.

Zes van de zeven konden hun zelfstandigheid niet handhaven zonder de Unie der Verenigde Zeven. Onvermijdelijk moesten zij dan ook een deel van hun soevereine rechten afstaan aan dat grotere geheel, zoals dat belichaamd werd in de Staten-Generaal. Dat college kon zich dan ook bij tijd en wijle gedragen als ware het soeverein. Dat gold naar buiten toe, in de omgang met andere mogendheden. Het buitenlands beleid werd gevoerd door de Staten-Generaal, niet door de provincies afzonderlijk. Maar ook naar binnen toe stelden de algemene staten zich boven de provinciale, in geval van interne conflicten, als er in eigen gewestelijke kring geen onafhankelijke instantie beschikbaar was om het geschil te beslechten. Ook zonder dat er een formele uitspraak of regeling aan ten grondslag lag, konden de Staten-Generaal zo een positie verwerven die haar boven de officiële soevereinen stelde.

Dat benadrukt dan weer de aparte plaats die Holland in de Republiek heeft ingenomen. Deze provincie heeft er zelden bezwaar tegen dat de Staten-Generaal zich bemoeien met Friese of Utrechtse zaken. Integendeel, omdat Holland zo veel macht heeft, zullen de Staten-Generaal dikwijls functioneren als een orgaan ten dienste van de Hollandse politiek. Zo is het met name geweest in de tijd van Johan van Oldenbarnevelt. De landsadvocaat heeft nooit last gehad van gewetensbezwaren, als Hollands belang een ingreep van de Staten-Generaal noodzakelijk maakte in de huishouding van een bepaald gewest.

Maar Holland wil in dit opzicht niet met de andere op één lijn gesteld worden. Inmenging van de Staten-Generaal in Hollandse zaken acht het onduldbaar. Toch zijn er momenten in de geschiedenis geweest, waarop Hollands tegenstanders ingrijpen noodzakelijk oordeelden. Ze zijn zeldzaam, omdat Hollands overwicht gewoonlijk groot genoeg is om zich voor zulke actie te vrijwaren. Ze doen zich enkel voor als Holland alleen staat tegenover de andere zes, en Hollands medewerking wel onontbeerlijk is, maar niet wordt gegeven. Dat zijn de grote crises in de geschiedenis van de Republiek: 1618, 1650, 1672. In zulke uitzonderlijke jaren nemen de Staten-Generaal voorrang boven Holland. Doch ze bevestigen daarmee tevens de regel dat in gewone omstandigheden Holland de Generaliteit beheerst.

Soeverein zijn de Staten-Generaal niet, maar ze fungeren wel als het hoogste college in de staat. Haar vergadering telde zeven leden leden, tenminste nadat Groningen in 1594 was overgegaan. Er werden dus zeven stemmen uitgebracht, in de vaste volgorde Gelderland, Holland, Zeeland, Utrecht, Friesland, Overijssel en Groningen. Drente was wel een zelfstandige provincie, maar had geen zitting in de Staten-Generaal. Wel kon het zich beroemen op een hogere status dan de zogenaamde Generaliteitslanden, de veroverde delen van Brabant, Vlaanderen en Limburg, en het oostelijk van de provincie Groningen gelegen Westerwolde. Die hadden geen zelfbestuur of zitting in de vergadering van de Staten-Generaal, maar werden vanuit Den Haag geregeerd.

De zeven stemhebbende provincies hadden in beginsel gelijk aandeel in de macht, en gelijke bevoegdheid belangrijke beslissingen met een tegenstem te blokkeren. De Unie van Utrecht had de gewesten met elkaar verenigd, 'alsof zij maar één provincie waren'. Daarom werd altijd als het er echt op aankwam eenstemmigheid vereist. Die eenheid was ook volstrekt noodzakelijk zolang de Republiek vocht voor haar bestaan. Alleen in eensgezindheid kon ze hopen de oorlog te winnen. Maar het unieverdrag sprak eveneens duidelijk uit wat de inzet van de strijd was: bescherming en handhaving van de rechten en privileges van elke provincie. Het ging dus om eigen recht en zelfstandigheid.

Eenheid moest dus dienen om verscheidenheid te handhaven. Als het doel absolute voorrang kreeg boven het middel, zou de unie uiteenvallen. Stelde daarentegen het middel de doelstelling in de schaduw, dan liep de gewestelijke zelfstandigheid gevaar. Staatsmanschap in de Republiek bestond daarom gewoonlijk uit het vinden van een middenweg tussen deze twee in de grond van de zaak onverenigbare idealen. Met harde hand viel hier niet te regeren. Dwang noch geweld konden baten, want de provincies waren volledig vrij. Schikken, plooien, overleggen, voor wat hoort wat, geef en neem: dat was de weg van besluitvorming in netelige zaken. Persuasie, heette deze kunst. Wie haar niet beheerste, kon de Republiek niet besturen.

Een meester in deze overredingstechniek kon leidinggeven, als het moest ook krachtig en energiek. Maar het diende altijd in overleg te gebeuren. Voor dictatuur was in de Republiek geen ruimte. De hele staatsinrichting bemoeilijkte concentratie van macht in één hand. Dat gold voor alle niveaus. De zeven provincies met hun gelijkheid in rechten gaven daaraan het duidelijkst nadruk. Maar het gold ook één niveau lager, bij de edelen, de steden en de kwartiersvergaderingen in elke provincie. Oostergo wilde niet achterstaan bij Zevenwolden, en Zierikzee duldde niet dat het minder geacht zou worden dan Vlissingen. Wie de Staten van Overijssel naar zijn hand wilde zetten, moest goede banden hebben met de magistraat van Deventer, maar mocht dan toch de drost van Salland niet vergeten. En boven het niveau van de provincies, bij de centrale organen binnen en buiten Den Haag, treft ons ook overal de spreiding van macht. Ze wordt belichaamd in de Staten-Generaal, en verder uitgewerkt in de samenstelling en werkwijze van alle hoge colleges van staat.

De belangrijkste kunnen we ook in dit beknopte kader niet voorbijgaan. Naast de Staten-Generaal was er een Raad van State, een naam die we ons nog herinneren uit de dagen van Margaretha van Parma. Toen was dat het hoogste college, en zo was het ook bedoeld toen

Leicester in het land kwam en deze Raad hem terzijde werd gesteld. Alle provincies hadden zitting, maar er werd hoofdelijk gestemd, en besluiten vielen bij eenvoudige meerderheid van stemmen. Veel doelmatiger dus dan de omslachtige regelingen in de Staten-Generaal, maar de constructie had één fundamenteel gebrek: ze maakte het mogelijk dat de afgevaardigden van Holland overstemd zouden worden. Dan kon de Raad van State beslissen wat hij wilde, maar zijn besluiten misten het noodzakelijke draagvlak.

Met de Raad van State als regering is het dan ook niets geworden. Hij had een stille dood kunnen sterven, zoals was overkomen aan al zijn voorgangers sinds de dagen van Matthias. Om twee redenen bleef de Raad bestaan. Elk centraal gouvernement heeft mensen nodig om besluiten voor te bereiden en uit te voeren, om deel te nemen aan commissiewerk in het regeringscentrum en gedelegeerde taken te vervullen in het hele land. In het Nederlandse bestel van de late zestiende eeuw zouden de Staten-Generaal dat allemaal moeten doen, maar dat is nooit een bijzonder groot gezelschap geweest. Doorgaans woonden een tien tot vijftien gedeputeerden de vergaderingen bij, en het aantal kwam vaker beneden het eerste dan boven het tweede cijfer uit. Het was een uitkomst te kunnen beschikken over de twaalf leden van de Raad van State, zodat de mankracht praktisch verdubbeld werd.

Een tweede reden voor het voortbestaan van de Raad was dat zich voor dit college al spoedig vaste taken ontwikkelden. De oorlog en zijn financiering vroegen een zo constante aandacht dat de Staten-Generaal zich daarmee niet konden belasten. De zorg voor de oorlog ter zee werd toevertrouwd aan de colleges van Admiraliteit, die voor de oorlog te land aan de Raad van State. In beide gevallen ging het zowel om de militaire uitrusting als om haar bekostiging. De Raad voerde het beheer over de vestingwerken, regelde de aankoop van wapens en oefende controle uit over de krijgsmacht. De admiraliteiten – vijf in getal, gevestigd in Rotterdam, Amsterdam, Hoorn/Enkhuizen, Zeeland en Friesland – lieten oorlogsschepen bouwen en waren verantwoordelijk voor hun uitrusting.

Het geld kwam langs verschillende wegen. Het leger werd betaald uit de bijdragen van de provincies. Pogingen tot de invoer van een algemeen belastingstelsel voor de gehele Republiek zijn altijd mislukt. Het zou ook moeilijk verenigbaar geweest zijn met de provinciale zelfstandigheid die de basis was waarop de Unie van Utrecht steunde. De verdeling van de lasten was in wezen nog net zo geregeld als in de landsheerlijke tijd. Iedere provincie was gehouden een bepaald percentage van de algemene lasten voor haar rekening te nemen. Zo'n gewestelijk aandeel werd een quote genoemd, en die varieerde naar de draagkracht van de gewesten. Er hebben zich in de loop van de tijd wel verschuivingen voorgedaan, maar de Hollandse bijdrage bleef een vaste waarde. Zij vertegenwoordigde altijd meer dan de helft van het totaal.

De uitgaven ten bate van de vloot kwamen niet tot last van de provincies. De admiraliteiten zorgden daar zelf voor, als beheerders van de belasting die wij tegenwoordig in- en uitvoerrechten noemden, en die toen bekendstonden als de convooien en licenten. Ze werden geheven in de havensteden, maar ook aan de grenzen, voor het verkeer te land. In later tijden, toen aan de oorlogsvloot hogere eisen gesteld moesten worden, was de opbrengst van deze belastingen niet meer toereikend. Zolang de strijd tegen Spanje duurde, zijn ze tot in de jaren dertig van de zeventiende eeuw voldoende gebleken.

De stadhouders hadden zowel met het leger als met de vloot directe bemoeienis, omdat zij kapitein-generaal en admiraal-generaal waren over de strijdmacht van de provincies waarin zij het gouvernement voerden. Dat droeg veel tot hun aanzien bij, en het versterkte hun machtspositie. Want reële macht bezaten de stadhouders ongetwijfeld, meer ook dan met hun officiële bevoegdheden overeenkwam. Het aparte van hun ambt blijkt al direct daaruit dat zij hun waardigheid niet uitoefenden binnen de limieten van een college. Een stadhouder deelde zijn ambt met niemand. Wel waren er gewoonlijk twee tegelijk, van wie de ene in Holland resideerde, en de andere in Friesland. Maar beiden waren als zodanig uniek. Ze konden wel stadhouder zijn in meer dan één provincie – de Fries dikwijls in Groningen en Drente, de Hollander altijd in al de overige – maar ze hadden geen bevoegdheden in de gewesten van de ander.

Dat lag in de oorsprong van de functie besloten. Willem van Oranje had de titel van stadhouder gedragen. Maar het wezenlijke van zijn taak was niet wat het woord stadhouder, plaatsbekleder, eigenlijk uitdrukt. Hij stond niet in de plaats van een ander, hij verving niet de vorst, zoals hij dat vóór 1572 gedaan had. Hij was leider van een opstand, met de bevoegdheden die de nood vereiste. Zulk leiderschap werd ook na zijn dood gevraagd. Daarom moest er een nieuwe stadhouder komen, en die diende te beschikken over genoeg prestige om zijn leiderschap voor allen aanvaardbaar te maken.

Zulk prestige was voor de zestiende-eeuwse mens moeilijk te scheiden van iemands geboorte. Niemand in de opstandige gewesten was van voornamer afkomst dan Willems zoon. Prins Maurits van Nassau volgde dus zijn vader op. Maar in een staat waar publieke bevoegdheden niet scherp omschreven zijn, is de feitelijke invulling van een ambt doorgaans sterk afhankelijk van de kwaliteiten van de persoon. Maurits bleek voor het militaire leiderschap buitengewoon geschikt, doch politieke ambitie ontplooide hij niet. Hij werd dan ook niet de werkelijke regeringsleider, zoals zijn vader dat geweest was. Die positie viel aan Johan van Oldenbarnevelt ten deel.

Oldenbarnevelt was toen Hollands advocaat van den lande, zoals de functie toen nog heette, ofwel raadpensionaris, om de latere titel hier reeds te bezigen. Het betekende dat hij na de stadhouder de hoogste ambtenaar van de provincie Holland was. Hij trad op als voorzitter van de gewestelijke Statenvergadering, voerde de correspondentie met binnen- en buitenland, en leidde de delegatie van Holland bij de Staten-Generaal. Voor een man van talent en ambitie was die basis solide genoeg om zich grote macht en invloed te verwerven. De raadpensionaris is dan ook dikwijls een van de groten in de Republiek geweest, al moet men zijn positie ook weer niet overschatten, door hem als een eeuwige rivaal van de stadhouder te zien. Die concurrentie kon hij niet aan, om verschillende redenen.

Ten eerste bleef hij ondanks Hollands hegemonie binnen de Unie in de grond van de zaak de vertegenwoordiger van een deelbelang. Wat goed was voor Holland was misschien ook wel het beste voor de hele Republiek, maar het was niet noodzakelijkerwijs goed voor elke andere provincie. Daarom zou men de raadpensionaris veel meer dan de stadhouder toch altijd als een partijman zien. Ten tweede waren stadhouder en raadpensionaris weliswaar beiden in formele zin niet meer dan ambtenaren, toch bestond in werkelijkheid tussen de twee een enorm verschil. Een raadpensionaris kreeg status door zijn ambt. Een stadhouder bracht die status bij zijn ambtsaanvaarding al mee. De prinsen van Oranje waren de dragers van de grootste naam in de Republiek, en het was die naam die aan de functie van stadhouder zo veel extra gewicht gaf. Ten derde voerde de stadhouder tegelijk de bevelhebber van leger en vloot. Hij was niet gerechtigd die bevoegdheid anders te gebruiken dan in dienst van de Republiek. Maar als bij hooglopende conflicten het ware belang van de Republiek op twee verschillende manieren gedefinieerd werd, kon de stadhouder zijn opvatting in militaire maatregelen uitdrukking geven. Indien hij kwaad wilde, moest hij de sterkste zijn.

De regentenstand

Oranje en Nassau waren de mooiste namen in de Republiek. Daarmee kon niemand concurreren, maar er waren toch genoeg anderen die trots waren op de hunne. Het is een laat-zestiende-eeuws dichter geweest die de uitdagende vraag gesteld heeft: 'What's in a name?' Misschien hebben zijn wereldwijze tijdgenoten daar toch de schouders over opgehaald. Zij zouden geantwoord hebben: ontzaglijk veel, en dat niet alleen in hoogadellijke kringen. Ook in het lokale bestuur gaf de naam afkomst en geboorte aan. Een naam was niet genoeg om carrière te maken, maar hij schiep voor een geslaagde loopbaan toch de beste ingangsvoorwaarde. Wanneer we begrippen als Staten van Holland en vroedschap van Amsterdam concreet willen maken, moeten wij ons altijd mensen voorstellen die zo dachten en zelf zo waren geselecteerd.

Het is in de beginjaren van de opstand een criterium geweest dat met bepaalde reserves moest worden toegepast. Er kwamen mannen naar voren die zich sterk aan de nieuwe orde van zaken hadden gecommitteerd, en er waren oude families die zich vreemd voelden aan alles wat zweemde naar geuzendom. Zo was er dus hier en daar een gedeeltelijke aflossing van de wacht, maar de verandering bestond niet hierin dat nu een sociale middengroep aan de macht kwam. Eerder kunnen we zeggen dat een aantal reeds welgestelde families sneller en gemakkelijker het patriciaat binnendrong. Zo namen in 1578 te Amsterdam de graanhandelaars de macht over van de oude oligarchie. Hun namen zouden spoedig genoeg bekend worden. Ze voldeden namelijk al aan de tweede voorwaarde die aan een regent gesteld werd: ze waren rijk.

Het een zowel als het ander getuigt naar de opvatting van zestiende- en zeventiende-eeuwers van een gezond oordeel. Hoge geboorte is een goed criterium, want de aanzienlijke oefent een natuurlijk gezag uit. Rijkdom is een goed criterium, want geld maakt onafhankelijk. Wie bestuurt heeft macht, en in macht ligt de verleiding tot misbruik. Corruptie was in de vroegmoderne tijd een onuitroeibaar verschijnsel. De grens tussen goed en kwaad was soms tamelijk ver opgeschoven in de richting van wat we dan maar berustend de realiteit noemen. Maar een grens bestond wel. Daarom was het beter als de regent ruim genoeg in de middelen zat, zodat hij omkoopgeld kon versmaden.

Geld en afkomst zijn de voornaamste bestanddelen van wat tegenwoordig het maatschappelijk vermogen van een familie genoemd wordt: het hele complex van middelen dat de positie van een groep verwanten bepaalt, en haar leden de kansen verschaft carrière te maken en voordelige huwelijken te sluiten. Verstandig beheer stelt de familie in staat zich te handhaven, en de totaliteit van het ideële en materiële erfgoed door te geven aan het volgende geslacht. Dat is een verplichting die de generaties elkaar verschuldigd zijn. Ieder moet handhaven wat hij heeft ontvangen, en het liefst nog uitbreiden.

Daarom kan de regent zich ook een geroepene voelen. Hij is verantwoordelijk tegenover zijn familie. Maar de roeping strekt zich tevens uit tot de maatschappij. Wie de kwaliteiten heeft om ambten te bekleden is aan de samenleving verschuldigd, dat hij haar ook inderdaad deze dienst bewijst. De stadsraad stond veelal bekend onder de naam 'vroedschap', van het thans verouderde woord 'vroed', wijs. Nu en dan echter komen we ook de term 'rijkdom' tegen, als synoniem van vroedschap. Wie de ene kwaliteit bezit zal ook de andere hebben. Daarom mag hij zich niet aan zijn plicht onttrekken.

Afgesloten was de regentenstand niet. Wie slaagde in het zakenleven kon hopen dat hijzelf of zijn kinderen weldra zouden doordringen tot het patriciaat. Het systeem hield echter de selectie in beginsel beperkt binnen een relatief kleine kring. In de vroegmoderne tijd mag men dat ook niet anders verwachten. De grote meerderheid van de mensen ontving slechts een bescheiden scholing, zodat veel talent nooit de gelegenheid kreeg zich te ontplooien. Des te belangrijker was het dan, dat zich bij die niet zo grote schare van geroepenen een hoog verantwoordelijkheidsbesef ontwikkelde. Het bewustzijn tot een bekende familie te behoren moest voor de regentenzoon een extra steun zijn. Hij moest zijn vader navolgen, niet alleen door dezelfde naam te voeren, maar ook door zich even verdienstelijk te maken als zijn voorgeslacht had gedaan.[11]

Lukte hem dat niet, dan richtte hij weinig schade aan. Het grote voordeel van de collegiale bestuursvorm is dat haar kwaliteit niet wordt aangetast als een paar leden beneden de middelmaat blijven. De leidersfiguren komen toch wel naar voren. Het zwakke punt van het regeringsstelsel lag niet in de familieheerschappij. Het wezenlijke bezwaar was het gebrek aan externe controle. Als een stadsbestuur misbruik maakte van zijn macht, had de burger geen mogelijkheid om verhaal te halen. Tegen een gesloten patriciaat viel niets te beginnen.

Het is daarom een gelukkige omstandigheid geweest dat er lang niet in alle gevallen van zo'n gesloten front sprake was. Binnen de regentenstand kon tussen families en belangengroepen zo veel rivaliteit bestaan dat zich een strijd om de macht ontwikkelde. 'Facties' noemen we deze groeperingen gewoonlijk, om aan te geven dat er geen hoger beginsel in het geding was. In het algemeen is dat ook juist, maar dat is geen reden om op factiestrijd neer te zien. Elk politiek bestel heeft afwisseling aan de top nodig om gezond te blijven, ook de democratie. Bestaan er geen werkelijke ideologische tegenstellingen, dan zijn rivaliserende facties de beste vervanging.

En overigens waren partijen in het Nederlandse bestel toch niet geheel absent. Een bestuur komt vroeg of laat voor echt politieke vragen te staan, waar familiebelang geen antwoord op heeft. In later tijden is de plaats van de stadhouder zo'n probleem geweest. Tijdens de lange oorlog met Spanje is er een andere netelige kwestie die telkens weer opduikt en de regenten tot stellingname noopt. Het is het vraagstuk van oorlog of vrede. Dan gaat het om economische belangen, die verschillend ingeschat kunnen worden. Het gaat zeker ook om de godsdienst, de plaats van de gereformeerde religie in de Nederlandse Republiek en in heel Europa. Rondom zulke tegenstellingen kwamen partijtegenstellingen tot leven. Na het einde van de tien jaren zou dat spoedig genoeg blijken.

De andere zes

In de geschiedenis van de Republiek wordt het woord 'Holland' met zo grote letters geschreven dat we het bestaan van de andere zes bijna uit het oog verliezen. Tijdens de tien jaren gaat het nog wel, want dan speelt zich de oorlog hoofdzakelijk op hun grondgebied af. Daarna vallen ze terug in de anonimiteit van de figurant. Alleen bij zeer afwijkend gedrag keren ze nog wel eens terug in de schijnwerpers: Zeeland als het in 1648 de vrede van Münster niet wil tekenen, of Gelderland dat in 1675 Willem III tot hertog wil verheffen. Springen ze niet uit de rij, dan leven ze veilig en gerust onder Hollands hoede.

Het is ook niet toevallig dat in het laatste kwart van de twintigste eeuw voor nagenoeg alle provincies gewestelijke geschiedenissen zijn verschenen. Ze hebben voorzien in een reële behoefte, want het verleden van deze provincies laat zich niet uit het verhaal van de Nederlandse geschiedenis afleiden. Maar we mogen hun de bescheiden plaatsen niet ontzeggen die hun ook in het grote verhaal toekomen. Dat geldt in het bijzonder voor de staatsinrichting. Allezeven waren in de processen van besluitvorming op nationaal niveau betrokken. Wat voor mensen waren daarbij actief, welke instellingen waren daarvoor verantwoordelijk?

Het basisprincipe van de collegiale regeringsvorm gold voor alle provincies, inclusief Drente. Eigenlijk ook overal werden die colleges bemand door een oligarchie. Wel bestond in het noorden een beperkt democratisch stemrecht. Dat wil zeggen dat niet-adellijke plattelandsbewoners meebeslisten over de aanwijzing van gedeputeerden naar de Statenvergaderingen. Erg veel had het niet te betekenen. Omstreeks 1600 vielen in Friesland klachten te beluisteren dat geen klokgelui meer klonk om de stemgerechtigden op te roepen. De grietman – lokaal rechter en bestuurder – liet zijn vrienden halen en ging ieder voorbij van wie hij tegenspraak zou kunnen verwachten.[12] Aan de grovere misbruiken kwam later wel een einde, maar feitelijk ontbrak toch de sociale structuur die vereist is om democratie te doen gedijen. Friese kiezers waren geen partij voor Friese grietmannen.

De provinciale oligarchieën bestonden uit edelen en stedelijke regenten. In twee provincies, namelijk Holland en Zeeland, hadden de stedelijke afgevaardigden een groot overwicht. In andere woog de stem van de adel zwaarder, met name in Gelderland. Een tweede verschil tussen de provincies was de mate van interne samenhang. Het gewest Stad en Landen van Groningen was precies wat deze naam aangaf, twee losse delen, verenigd tot één provincie, tegen wil en dank. De gezamenlijke verantwoordelijkheid voor belastingen en benoemingen viel dan moeilijk te dragen. Ook in Gelderland hadden de drie kwartieren van de Betuwe, de graafschap Zutphen en de Veluwe ieder een tamelijk zelfstandig bestaan.

In zulke provincies was eigenlijk een stadhouder onmisbaar, als de enige die een machtswoord kon spreken. Friesland heeft altijd een stadhouder gekend, Groningen en Drente meestal. Het heeft niet kunnen verhinderen dat de spanningen soms boven het kookpunt stegen, tenminste in Friesland en Groningen. Maar een stadhouder was toch de enige natuurlijke arbiter, en in stadhouderloze tijdperken werd zijn afwezigheid terdege gevoeld.

In het algemeen was de stadhouder de man wiens hulp werd ingeroepen door allen die zich tekortgedaan voelden door de Hollandse aristocratie. Dat konden de verdedigers zijn van een verwaarloosd deelbelang in de Hollandse Staten, het kon de gereformeerde kerk zijn, en het konden zeker ook de provincies zijn die we hier bijeenbrachten onder de verzamelnaam van de andere zes, de zwakken tegenover de ene sterke. De zwakke had niet beslist het gelijk aan zijn kant. Een provincie die zich verongelijkt voelde beriep zich graag op de Unie van Utrecht. Maar nog liever wilde ze houden wat ze had, ook als het niet precies zo in het unietraktaat stond.

Friesland was daarvan in deze periode het beste voorbeeld. Het had in het belang van de eigen veiligheid ijverig meegedaan aan de verovering van Groningen en Drente. Tegelijk had het de gelegenheid te baat genomen de vestingen in de Groninger Ommelanden en het in Drente gelegen Coevorden te voorzien van Fries garnizoen, als ging het om de vestiging van de Friese hegemonie in de noordelijke provincies. De poging is mislukt. Ze stuitte af op de tegenstand van Groningen en Overijssel, die geen behoefte hadden aan Fries overwicht. En belangrijker nog, ze had niet de zegen van Holland. Dat bleef toch altijd een grens die geen van de zes kon overschrijden.

De plaats van de kerk

De Republiek bestond uit de provincies die de Unie van Utrecht en de gereformeerde religie aanvaard hadden. Zo stond het in de eed die de huursoldaten van het Staatse leger aflegden: wij beloven en zweren de Staten-Generaal van de Verenigde Nederlanden, die bij de Unie en de handhaving van de gereformeerde religie zullen blijven, gehouw en getrouw te wezen.[13] De staat was gereformeerd, en zo zou ook haar religie zijn. De oude kerk had afgedaan, en voor haar was een opvolgster gevonden. Wat de katholieke kerk eens voor allen geweest was, dat zou nu de gereformeerde kerk zijn.

Zo is het ook gegaan in de meeste landen waar de reformatie het won. Soms bleef er dan wel een kleine katholieke minderheid bestaan, maar het protestantisme werd het geloof van de massa. De Nederlandse Republiek is een uitzondering op die regel. Ook al verwierven de gereformeerden een bevoorrechte positie, de oude kerk slaagde erin zich uitstekend te handhaven. Wie zich afvraagt waarom het hier anders ging, kan de redenen deels vinden in het beleid van de gereformeerde kerk, deels in de wijze waarop de katholieke kerk de crisis te boven kwam. Maar kerken regeren het land niet. Ze moeten hun plaats vinden binnen de ruimte die ze van de overheid krijgen. Kerkelijk beleid is sterk afhankelijk van de mate waarin de overheid tot steun of tot last is. Vanuit dat gezichtspunt zullen we hier dan ook de positie van de kerken beschouwen.

De gereformeerden hadden een beschermde plaats ontvangen. Zij hadden dus de beste mogelijkheid de kerk van de massa te worden. Het heeft vooral aan haarzelf gelegen dat ze die positie niet verwierf. Welbewust maakte ze het lidmaatschap niet goedkoop. Ze wilde geen doublure van het Nederlandse volk zijn, geen gemeenschap waar men krachtens geboorte toe gerekend werd. Ze wenste een belijdende kerk te zijn voor mensen die er zelf voor gekozen hadden zich in leer en leven kenbaar te maken als gereformeerde lidmaten. Dat hield de kerkelijke gemeenten klein. In haast ieder handboek valt te lezen dat in 1587 10 procent van de Hollanders bij de kerk was aangesloten.

Het is een treffend voorbeeld van de eerbied waarmee onze cultuur het getal pleegt te koesteren. De oudste telling van kerkleden in Nederland dateert van 1809. Hoe komen we dan aan die opgave uit 1587? Ze is ontleend aan een oude bron, namelijk het uitvoerige geschiedwerk dat Pieter Bor aan de oorlog tegen Spanje gewijd heeft. Onder het jaar 1587 doet Bor verslag van een gesprek tussen enkele vertegenwoordigers van respectievelijk de Hollandse overheid en de gereformeerde kerk. Die samenkomst had een bepaald doel. De Staten van Holland vonden dat de dominees hun plaats moesten weten, en geen kritiek mochten oefenen op de politiek. Een van de heren merkte daarom enigszins schamper op, dat nog niet een tiende deel van de ingezetenen de gereformeerde religie was toegedaan.[14] Wat verbeeldde zo'n kerk zich dan helemaal?

Uit zo'n opmerking laat zich afleiden dat de gereformeerden toen een minderheid vormden. Anders zou een dergelijke taxatie een te gemakkelijk doelwit voor de predikanten geweest zijn. Maar over aantallen onthult ze vanzelfsprekend niets. De spreker had even goed kunnen zeggen: een twaalfde. Dan zouden de handboeken dat keurig in percentages hebben omgerekend: in 1587 was 8,33 procent van de Hollandse bevolking gereformeerd. Of heeft die 10 procent gezag gekregen, omdat het zo'n mooi rond getal is? Laten we maar liever geen zekerheid zoeken waar ze niet gevonden kan worden. Een minderheid, dat is alles wat we kunnen zeggen. Een minderheid plus de liefhebbers van de gereformeerde religie, dat is wat we eraan moeten toevoegen. De kerk bleef klein omdat verschillende factoren haar groei tegenhielden.

Eén hebben we genoemd: de hoge drempel die de kerk zelf in stand hield. Een andere was het overheidsbeleid. Haast net zo belangwekkend als die 10 procent was het antwoord dat een van de dominees gaf. De meeste regenten, zo luidde zijn repliek, waren zelf geen lidmaten. Gaven zij het goede voorbeeld, dan zou de gemene man wel volgen. Die waarneming was zeker niet minder treffend dan die van de zo dikwijls geciteerde regent. De kerk wilde calvinistisch zijn in haar bestuur en confessie. Zeer veel regenten koesterden geen grote sympathie voor het calvinistisch model. Zij zouden liever een volkskerk gezien hebben, die plaats bood aan alle geboren Hollanders, en aan de poort geen kritische vragen stelde over leer en leven.

Hun ideaal was verwezenlijkt in een stad als Gouda, waar vrijheid tot hoogste beginsel was gekroond. Niemand mocht een ander zijn vrijheid ontnemen, en ook een kerk had het recht niet te heersen over haar eigen leden.[15] Buiten Holland heeft zo'n kerk bestaan in Utrecht, waar het avondmaal openstond voor iedereen, en niemand aan enige confessie was gebonden. In de meeste steden echter was de kerk calvinistisch, en de regenten zouden op den duur volgen en in meerderheid toch het kerklidmaatschap aannemen. Ze bewaarden echter tevens de erfenis van de libertijnse traditie: geen heerschappij van de kerk over de staat, geen onderzoek van de gewetens, geen vervolging van andersdenkenden. Dat liet dus ruimte voor andere kerken dan alleen de gereformeerde.

Katholieken

Zulke kerken waren er ook, in de eerste plaats de katholieke, die er in deze tijd in slaagde haar verantwoordelijkheid een nieuwe impuls te geven. In Holland kunnen we aan de herleving van de katholieke kerk een jaartal verbinden: in 1583 werd de Delftse priester Sasbout Vosmeer benoemd tot apostolisch vicaris voor het aartsbisdom Utrecht. Dat betekende dat hij voor deze hele kerkprovincie als bisschop fungeerde, onder toezicht van de pauselijke nuntius in Keulen. Gemakkelijk is zijn taak niet geweest. Hij leefde ondergronds, zwierf in allerlei vermommingen door het land, en eindigde zijn leven in ballingschap. Ook heeft hij altijd te kampen gehad met een schrijnend gebrek aan priesters. In 1602 waren het er ongeveer zeventig, van wie de helft werkzaam was in het voormalige bisdom Haarlem. De verdeling van priesters over het hele land was dus nogal onevenwichtig, en dat heeft gevolgen gehad voor de mate waarin de oude kerk zich hervond. Maar dat ze succes had lijdt geen enkele twijfel. Een aanzienlijk deel van de bevolking bond zich aan het katholieke geloof.

Waarom kon de katholieke kerk zich een plaats heroveren? Een eerste en belangrijke reden is ongetwijfeld dat ze helemaal niet verdwenen was. Vooral in Noord-Holland is zij al in 1588 zo duidelijk aanwezig dat er waarschijnlijk slechts sprake is geweest van een kortstondig hiaat in de katholieke zielzorg. Als dan in zulke dorpen pas laat in de tijd voor het eerst een gereformeerde dominee verscheen, had hij nauwelijks kans meer de bevolking voor zich te winnen. Predikanten gaven zich die moeite ook niet. Dominees verkondigden het Woord vanaf de preekstoel, maar niet langs de deuren. Ze gingen bij de lidmaten langs in de week die voorafging aan een avondmaalsviering. Maar bij niet-lidmaten kwamen ze bijna nooit, ook niet als er liefhebbers woonden.

Priesters deden dat anders. Zij zochten de mensen huis aan huis op om te spreken tot hun hart. Sasbout Vosmeer had welbewust gekozen voor een zwervend bestaan om de gelovigen op te zoeken en hun achting te verwerven door honger en dorst te verduren. Die bereidheid zich moeite te geven is een tweede reden waarom de katholieke kerk zich heeft hersteld. Vosmeer stelde tot zijn vreugde vast dat zijn priesters een ongekende ijver vertoonden, heel anders dan onder het oude bestel. De dorre takken zijn in de wind verwaaid, meende hij; de groene zijn ongedeerd gebleven. Verdrukking doet een kerk gewoonlijk goed. Wie geestelijken wil leren kennen van de slechte kant, moet hen zien triomferen. Een lijdende kerk brengt hen weer terug tot het rechte bewustzijn van hun eigenlijke taak.

De nieuw ontwaakte geloofsijver van de geestelijkheid had haar weerslag op de leken. Zij werden indringend voor de keuze gesteld: was de zaligheid nog altijd te vinden in dat oude gebouw waar nu de dominee preekte, of bleef de ene en ondeelbare waarheid gegrond op de oude leer? Daar ligt dunkt mij een derde reden die Hollanders kon doen beslissen ten gunste van de katholieke kerk. Ze berust op gewoonte, maar ook op overtuiging. Romes kracht ligt in haar onpersoonlijke, tijdloze zekerheid, onafhankelijk van falende priesters en corrupte structuren; het ongeschokt bezit van een eeuwige waarheid, door de traditie van meer dan duizend jaar ondersteund.

Zo had de oude kerk haar kansen, en de priesters wisten die waar te nemen. Maar ze konden dat alleen doen in de illegaliteit. Vrijheid van eredienst bestond niet voor katholieken. Er bestond wel een grens die de Staten van Holland eerbiedigden. Dat was de vrijheid van geweten. De Staten waren er trots op dat zij niemand dwongen zijn consciëntie geweld aan te doen. Voor de zogenaamde begunstigden was het een waardeloos geschenk. Katholiek geloof vraagt bemiddeling van de priester. De katholiek die deze bemiddeling niet zoekt blijft schuldig in zijn geweten. De regenten geven hem minder dan het minimum: ze geven slechts wat voor een libertijnse protestant genoeg zou zijn, en beschouwen katholicisme als een manier van denken, niet als een wijze van leven. Als het hierbij bleef, kon deze in hooghartigheid toegeworpen gave op de naam tolerantie geen aanspraak maken.

In de praktijk ging men verder en schiep oogluikend ruimte voor de uitoefening van de katholieke eredienst. Die concessie was nodig om burgeroorlog en bloedvergieten te voorkomen. Een actief vervolgingsbeleid tegen een groot deel van de eigen bevolking leidt tot mislukking of tot massamoord, en waarschijnlijk tot beide. Maar het bleef een concessie aan de noodzakelijkheid. Hadden de regenten zelf de wereld mogen scheppen, dan hadden ze die gematigd protestant gemaakt. Maar wat moest een regering doen die wist dat vele van haar onderdanen het katholieke geloof niet wilden prijsgeven?

Officiële erkenning was geen optie. Ten eerste sympathiseerden katholieke priesters met de vijand, en ten tweede zou wettelijke aanvaarding van de katholieke eredienst zeer aanstotelijk zijn voor de gereformeerde kerk. Krachtige bestrijding kwam evenmin in aanmerking. Katholieken waren talrijk, en redelijk gehoorzaam als ze niet tot het uiterste werden getergd. Dus koos men voor een middenweg: heimelijke erkenning, maar publieke aanstoot vermijden. Toestaan dus dat katholieken namen wat ze onmogelijk konden missen, maar tevens door incidentele actie waarschuwend de grenzen van de ondergrondse vrijheid afbakenen.

Soms werd een priester gevangengenomen. Meestal kwam hij er dan af met een korte gevangenisstraf en verbanning uit de provincie. De apostolische vicaris heeft zelf eenmaal in de klem gezeten toen hij bij een huiszoeking werd verrast en de uitgangen bezet vond door gewapende mannen, met twee burgemeesters aan het hoofd. De aanvoerders vroegen Vosmeer wie hij was. Hij noemde zijn naam. De burgemeesters wisselden een blik en lieten Vosmeer door de voordeur naar buiten. Voor beide partijen was het de beste uitweg, ook voor de regenten. Wie op katholieken jaagt en dan een apostolische vicaris vangt, moet hem ophangen. Maar het politieke doel was niet de katholieken uit te roeien, doch hen rustig te houden. Een martelaarskroon voor Sasbout Vosmeer was het laatste dat de Staten begeerden. De krachtsverhoudingen dwongen tot compromissen. Ze hebben het geduld van de katholieken net niet te zwaar op de proef gesteld.

Andere richtingen

Kerkelijk gezien is Nederland sinds het de reformatie won, altijd een veelstromenland geweest. Katholieken en gereformeerden waren verreweg het talrijkst, maar er waren ook joden, doopsgezinden, luthersen en remonstranten. De remonstrantse broederschap dateert pas van later tijd, en ook op de joden zullen we pas in het vervolg terugkomen. De lutherse kerk heeft als toevluchtsoord voor Duitse immigranten in een behoefte voorzien. Ze is er niet in geslaagd een brede aanhang te verwerven, en kreeg daartoe ook niet de kans. Ze had de tijd tegen zich. De gereformeerde kerk was nooit bijzonder welwillend tegenover de kleinere kerkgenootschappen, die dan vooral waren aangewezen op een vriendelijke bejegening van de zijde van de overheid. De luthersen echter genoten bij de Hollandse regenten weinig krediet. In Duitsland werd destijds het verschil tussen Luther en Calvijn als een onverzoenbare tegenstelling beleefd, en enkele calvinisten hebben dat zelfs met de dood moeten bekopen. Daarom kon in de Nederlandse Republiek de vrees bestaan dat men met de luthersen tegelijk de intolerantie binnen zou halen. De ruimte voor deze variant van de reformatie was dan ook in de laatste decennia van de zestiende eeuw niet buitensporig groot.

De doperse richting mocht evenmin rekenen op grote sympathie. Net als de luthersen had zij te kampen met het probleem dat er al een gereformeerde kerk bestond, een goed protestants alternatief voor de rooms-katholieke. In de ogen van ordelievende bestuurders voorzag ze dus niet meer in een wezenlijke behoefte. Bovendien had ze haar verleden tegen zich. Eén daad van geweld is gewoonlijk al voldoende om de reputatie van een kerkgenootschap voor altijd te besmeuren, en de vroegste geschiedenis van de dopers was nu eenmaal een bloedig relaas van revolutie en gewapend verzet. Die erfenis kwam het doperdom slechts met moeite te boven.

Dat revolutionaire verleden herinnerde tevens aan de sociale herkomst van de meeste dopers. Zij voldeden het best aan de omschrijving die de apostel Paulus gaf van de oudste christelijke gemeenten: niet vele wijzen, niet vele machtigen, niet vele edelen. De zeventiende eeuw zou daar wel geleidelijk verandering in brengen, vooral in cultureel opzicht, maar in deze tijd misten ze zowel de steun van kapitaal en relaties, als het prestige van wetenschap en cultuur. Dat benadeelde hen niet alleen naar buiten toe. Het deed ook schade aan de innerlijke samenhang, doordat de gemeenschap geen tegenwicht vond tegen de dominerende invloed van sterke persoonlijkheden onder de geestelijke leidslieden. Omstreeks 1590 waren de doopsgezinden verdeeld in zes hoofdgroepen: Waterlanders, Hoogduitsers, Oude Vlamingen, Jonge Vlamingen, Oude Friezen en Jonge Friezen. Daarnaast bestonden er nog kleinere groepen, die dikwijls alleen lokale verspreiding kenden.

Wel deelden de dopers kenmerken met elkaar waardoor ze zich duidelijk van anderen onderscheidden. Enkele bijbelse geboden legden zij uit op een wijze die noch de katholieken noch de overige protestanten aansprak. Menno's aanhangers weigerden wapens te dragen, eden te zweren en overheidsambten te vervullen. Er was dus enige moed voor nodig te kiezen voor de menisten. Zij vormden een minderheid die afweek van de gangbare regels, en dat stempelde hen tot een natuurlijk doelwit voor discriminatie. Dat gold vooral voor de doperse weerloosheid. Wie in de samenleving achteraan stond, kwam voor overheidsambten niet in aanmerking, en hij hoefde misschien wel nooit in zijn leven een eed te zweren. Maar ging het om de weerloosheid, dan moest hij kleur bekennen.

Zodra er gevochten werd, mocht hij niet meer meedoen. Dat zou vaak blijken, want de drempels voor geweld in het privé-verkeer waren laag. In een herberg konden doperse jongeren 's avonds beter niet komen, en bij dorpsfeesten zouden ze er goed aan doen vroeg naar huis te gaan. Nu was niemand verplicht feest te vieren, maar werken moest iedereen. Wie de kost verdiende als matroos, moest niet alleen elke vechtpartij aan boord vermijden, hij moest zich ook afzijdig houden als zijn schip werd aangevallen door Duinkerker kapers of andere vijandelijke schepen. In een land dat tachtig jaar oorlog gevoerd heeft tegen Spanje was weerloosheid niet een licht te dragen last.

Respect hebben de menisten zich daarmee naar het schijnt niet verschaft. Daarvoor was de oorlog te veel een vanzelfsprekend deel van het leven zelf. De weigering eden te zweren werd verschillend beoordeeld. De gereformeerde kerk protesteerde meer dan eens tegen de vrijheid aan de dopers verleend dat zij mochten getuigen op mannen- of vrouwenwaarheid. Stond dat gelijk met een eed, dan zwoeren de dopers bij zichzelf, en maakten zij zich dus schuldig aan afgoderij. Zo dachten en spraken de dominees, maar de publieke opinie stond in dit geval niet aan hun kant. Zij erkende dat men de doopsgezinden op hun woord mocht geloven. Daarmee is heel wat gezegd in een samenleving die de eed buitengewoon ernstig nam, en het waarheidsgehalte van beëdigde, respectievelijk onbeëdigde verklaringen zeer verschillend beoordeelde.

De aanvaarding van de belofte als gelijkwaardig met de eed zegt iets over de reputatie van de mennonieten. De gereformeerde synode van Zuid-Holland gaf in 1589 aan dat men de dopers op twee manieren diende te bestrijden. Ten eerste door hun valse leer te weerleggen, ten tweede door ook de gereformeerde lidmaten aan te sporen tot een godzalige levenswandel. Waarschijnlijk zonder het zo te bedoelen tekende de synode de broederschap daarmee als een lichtend voorbeeld voor allen. Polemiek werd tegen ieder kerkgenootschap ingezet. Maar alleen als het ging om Menno's volgelingen moesten de gereformeerden hun waarde bewijzen door te tonen dat ook zij bereid waren naar al Gods geboden te leven.

Breed hadden de doopsgezinden het niet, net zo min als de luthersen. Hun positie was onaangenaam, zonder dat ze onhoudbaar werd. Maar anders dan de katholieken stonden ze niet zonder meer aan de verkeerde kant van de wet. De katholieken wisten van verbod en vervolging, en mochten wel vragen voor welke vrijheid van geweten de Republiek eigenlijk beweerde te vechten. Hun voortbestaan kwam desondanks volstrekt niet in gevaar. Hoe schamel het concept van de gewetensvrijheid ook aandoet, het had kracht genoeg in zich om te verhinderen dat zich een inquisitie kon ontwikkelen in enigerlei vorm.

De verscheidenheid van het godsdienstig leven kon zich aldus verder ontplooien. Die variatie bleef ook niet beperkt tot georganiseerde kerkgenootschappen. Het land was vol van sekten als muggen in de zomer. Zo werd tenminste door een tijdgenoot beweerd,[16] maar met sekten moet hij dan toch wel denkrichtingen bedoeld hebben die meestal geen enkele vorm van organisatie kenden. De boodschap van deze verzuchting is meer dat er in de Republiek vrijheid van denken bestond, en relatief grote vrijheid dat denken ook in handelen om te zetten.

Een consequentie van deze vrijheid is tevens dat de Republiek vrij gebleven is van de plaag die zo veel landen van Europa in de zestiende en zeventiende eeuw heeft geteisterd. De georganiseerde heksenjacht bleef hier onbekend. Er zijn nog enkele verspreide executies geweest in de periode die we in dit hoofdstuk bestrijken. Maar Leene Dimmens uit Goedereede en Marigje Arriens uit Schoonhoven markeren eerder het einde van een tijdperk dan dat hun dood een nieuwe impuls aan de vervolgingen zou geven. Waar inquisitie niet kan gedijen, daar blijven ook de heksenjachten uit.

De immigratie en haar betekenis

Het leger dat Maurits zijn overwinningen schonk bestond voor het grootste deel uit buitenlandse huursoldaten. De handelsvloot in Europa werd overwegend door Nederlanders bemand, maar op de lange gevaarlijke reizen naar de Oost waren altijd veel Duitsers aan boord. Het is niet ongewoon in rijke landen dat zware riskante arbeid bij voorkeur aan vreemdelingen wordt opgedragen. De ingeborenen krijgen de beste banen, wat overblijft is voor de hoopvolle immigranten die zich gouden bergen beloofd hadden. Die instroom is begonnen in de jaren tachtig van de zestiende eeuw, en ze heeft meer dan een eeuw aangehouden, maar is in die lange tijd wel van karakter veranderd.

De immigratie van de jaren tachtig en negentig van Vlamingen en Brabanders naar het grondgebied van de Republiek was namelijk niet alleen een vlucht uit arme naar rijke landen. Dat is wel een bijkomend aspect, maar niet het complete verhaal. In die jaren heeft zich een massale verhuizing voltrokken. De omvang laat zich slechts bij benadering schatten. Ze liep in de duizenden, en ging volgens sommigen de honderdduizend ver te boven. Het is de vraag of zo'n aantal de opnamecapaciteit niet overschreed voor een land waar toch niet meer dan anderhalf miljoen mensen woonden. Maar massaal was de uittocht wel, en alle lagen van de bevolking waren daarbij betrokken. De Zuid-Nederlandse inwijkelingen hadden heel wat meer te bieden dan handenarbeid van laaggeschoolden. Een groot deel van de culturele en economische elite is in deze jaren naar de noordelijke provincies getrokken. De fameuze bloeiperiode die in het laatste decennium van de zestiende eeuw begon is in hoge mate schatplichtig aan de bijdrage van de zuidelijke nieuwkomers.

Voor de economie is ons dat hiervoor al gebleken. De Antwerpse kooplieden wisten uit lange ervaring wat het inhield zaken te doen in een centrum van de wereldhandel. De besten onder hen waren van een andere klasse dan hun Hollandse collega's. Dat ze juist naar Holland gingen is anderzijds ook weer geen toeval, want aanvankelijk kozen ze dikwijls andere bestemmingen. Ze vestigden zich in Hamburg en Bremen, of in Keulen en Frankfurt. In de jaren negentig echter kozen ze alsnog voor Holland, met name voor Amsterdam.[17] Ze hadden vertrouwen gekregen in de economische en politieke toekomst van de Republiek.

Anderen gingen omdat ze niets te kiezen hadden. De reformatie had juist in de zuidelijke gewesten het stevigst wortel geschoten. Wie vóór Parma's veroveringen op zoek was naar calvinisten in de Nederlanden, kon het beste terecht in Gent of Antwerpen. Wie overtuigd calvinist was en dat wilde blijven, kon na de intocht van Parma's legers niet anders doen dan naar het buitenland vertrekken. In verreweg de meeste gevallen vestigden ze zich in het noorden. De gereformeerde kerk van Holland, Zeeland en de andere gewesten van de Unie heeft zeer sterk hun invloed ondergaan. De leiding binnen die kerk kwam zelfs voor een groot deel in hun handen te liggen. Onder de predikanten waren zij zeer goed vertegenwoordigd, en althans in de grote steden leverden zij soms wel de helft van de kerkenraadsleden. De val van Antwerpen is de grote winst voor het Noord-Nederlandse calvinisme geweest.[18]

Geldt het ook voor andere kerken? We vernamen al dat onder de zes hoofdrichtingen van de doopsgezinden er twee een naam droegen die zuidelijke herkomst verried, de oude en de jonge Vlamingen. Die groepen verloren wel hun binding aan de regio van ontstaan, maar de namen getuigen toch in elk geval ook hier van Zuid-Nederlandse inbreng. Geboren zuiderlingen waren trouwens ook in de andere groepen te vinden: geen beroemder doperse uitgewekene dan de dichter Joost van den Vondel, wiens familie uit Antwerpen afkomstig was. Maar Vondel hoorde tot de Waterlanders, althans voordat hij terugkeerde tot de oude moederkerk. En dat Vondel zich bij die Waterlanders aansloot is ook weer niet zo onverklaarbaar, want de grote voorman van die richting was de eveneens uit Antwerpen afkomstige Hans de Ries.

De Ries heeft zich een reputatie van gematigdheid en verdraagzaamheid verworven, zoals we gevoelsmatig alleen bij de zogenaamde nuchtere Hollander verwachten, en niet bij de warmbloedige zuiderling. Gelukkig maar dat we met zulke stereotypen niet ver komen. Kennen moeten we ze wel, want reeds de tijdgenoot heeft met die dubieuze maatstaf gemeten. Wij Hollanders zijn ernstig, standvastig en vreedzaam, verklaart de Amsterdamse burgemeester C.P. Hooft, en buitenlanders missen die eigenschappen. Brabanders en Vlamingen, zegt de steeds om zijn gematigdheid geroemde Gerard Brandt, worden 'doorgaens gehouden voor onrustig, moeijsiek, staetsuchtig van aerdt, oock heethoofdiger dan de Hollanders';[19] daarom stonden ze aan de kant van de calvinistische fanaticus Leicester. De uitspraak is des te meer veelzeggend, omdat Brandt pas in 1626 geboren is. Toen hij de jaren des onderscheids bereikt had, waren de afstammelingen van immigranten uit Leicesters tijd allang tot Hollanders geassimileerd. De vooroordelen hadden zich gehandhaafd, en hadden hun bruikbaarheid niet verloren voor ieder die verlegen zat om een goedkope verklaring van historische ontwikkelingen.

Hoe weinig de werkelijkheid aan zulke schema's beantwoordt, blijkt meer dan zonneklaar uit de geschiedenis van de jonge Republiek in de tijd van de grote immigratie.[20] Zien we eens naar de Oost-Indische Compagnie. Bij haar oprichting in 1602 tekenden 42 Noord-Nederlandse kooplieden in voor bedragen van 10.000 gulden en meer. Hetzelfde deden 41 Zuid-Nederlanders. De gezamenlijke inleg van deze noorderlingen echter kwam uit op 672.500, die van hun zuidelijke medebeleggers op 926.460. De waarschijnlijk rijkste koopman van de Republiek woonde destijds in Rotterdam. Zijn naam was Johan van der Veken, en hij was afkomstig uit Mechelen. Puur materieel gezien kwam dus veel van het goud dat de eeuw haar naam gegeven heeft uit de zuidelijke Nederlanden.

Het bestuur was gereserveerd voor de ingeborenen. Immigrantenfamilies kregen pas na enkele generaties toegang tot de regentenstand. Maar onder de hoge ambtenaren waren wel verscheidene inwijkelingen. Leicester zocht in die kring zijn medewerkers, en zijn falen is wel mede toegeschreven aan die voorkeur voor een Zuid-Nederlandse entourage. Maar het probleem zat minder in de keus van de personen dan in het gebruik dat hij van hen maakte. De Raad van State liet zich dienen door een Brabantse secretaris, Christiaan Huygens, de vader van de dichter Constantijn. De Staten-Generaal hadden kort voor Leicesters komst de Brabander Cornelis Aerssens als griffier aangesteld. Zijn zoon François heeft geen plaats gekregen in de handboeken van de letterkunde, ofschoon hij zich in zijn brieven deed kennen als een meesterlijk stilist. Hij heeft er talloos vele geschreven, als ambassadeur in Frankrijk en op andere diplomatieke posten.

Cultuur

Genoeg om ons te realiseren dat de Republiek voor haar opgang en bloei in hoge mate schatplichtig geweest is aan al de gewesten van het zuiden, met inbegrip overigens van de Waalse. Noch de economie, noch de cultuur, noch de kerk, noch de staat heeft zich aan die invloed kunnen of willen onttrekken. Wel krijgt dit alles een ander aanzien in de nieuwe Noord-Nederlandse context. Dat kenmerk is de Republiek van de zeventiende eeuw altijd in hoge mate eigen geweest, dat zij in staat bleek vreemd goed in zich op te nemen, en dat een Noord-Nederlandse schijn te verlenen.

Dat laat zich in dit verband natuurlijk alleen zeggen onder het voorbehoud dat het slechts gaat om variaties binnen eenzelfde cultuur. Waarin ook de Nederlandse gewesten in noord en zuid van elkaar verschilden, ze hadden alle hun plaats binnen de ene christelijke, klassiek geënte, Europese cultuur. Die Europese beschaving verkeerde in de fase van haar bestaan die we de Renaissance plegen te noemen. Haar opkomst ligt vóór de grenzen van ons tijdsbestek, en een brede schets zou hier dan ook misplaatst zijn. Het woord zelf helpt ons al een eind op weg. Renaissance betekent wedergeboorte. Een totale vernieuwing, maar juist door middel van een terugkeer naar het oude: opnieuw beginnen, om het nog eens beter over te doen. Het startpunt moest dan de klassieke beschaving van Grieken en Romeinen zijn. Dat was de tijd waarin kunst en letteren gebloeid hadden.

De superieure kwaliteit van hun beschaving had uitdrukking gevonden in ongeëvenaard schone vormen. Die na te volgen, was een eerste ideaal van de Renaissance. Zij wilde de vertrouwdheid met de taal van de klassieke Oudheid herwinnen, om zich eveneens van die schone vormen te kunnen bedienen. De taal was daartoe een noodzakelijk middel. Wie deel wilde hebben aan de cultuur moest in staat zijn zich uit te drukken in een elegant en zuiver Latijn. Het moest echter meer zijn dan uitwendige schittering. De schone vormen van de Oudheid maakten juist daarom zo'n indruk, omdat zij het voertuig waren van nobele en treffende gedachten. Dat was cultuur in de ware zin van het woord: naar vorm en inhoud met de klassieken één zijn. Maar de laatste trede was dan nog niet bestegen. Hoe hoog de ouden ook waren geklommen, de allerhoogste trap hadden ze niet bereikt. De Heilige Schrift was voor hen een gesloten boek geweest. Wie in staat was klassieke wijsheid en schoonheid te doen samengaan met christelijke waarheid, zou de ouden niet slechts evenaren maar zelfs overtreffen.

Een praktisch gevolg voor ons is dat de toegangsdrempel tot de cultuur van de zestiende eeuw tamelijk hoog is geworden, zeker voorzover ze in directe relatie tot de wetenschap stond. Wie iets belangrijks te zeggen had deed dat in het Latijn. De allergrootsten heeft het niet gedeerd. Hun werk is vertaald in alle talen van Europa. Zo kennen we nog de *Utopia* van Thomas More, de *Institutie* van Calvijn en de *Lof der Zotheid* van Erasmus. Buiten Erasmus heeft echter geen enkele Latijn schrijvende Nederlander zo'n status verworven, De Groot en Spinoza uitgezonderd, maar die behoren tot de volgende eeuw. En ook Grotius' *Adam in ballingschap* is dezelfde weg naar de vergetelheid gegaan als alle neolatijnse treurspelen.

Juist in de Nederlanden heeft de neolatijnse poëzie een hoge vlucht genomen. Ze was nauw verbonden met de universiteiten, want haar ijverigste beoefenaars hebben niet zelden academische leerstoelen bezet. De opgang van de wetenschapsbeoefening valt ook alweer samen met de tien jaren. Na een aarzelende start had de jonge Leidse universiteit geleidelijk erkenning gevonden, zodat zij buitenlandse geleerden van naam wist aan te trekken. Justus Lipsius heeft Leiden weer verlaten om naar Leuven terug te keren. De Fransman Scaliger is echter tot zijn dood in Holland gebleven. De tweede Nederlandse universiteit, de Friese hogeschool in Franeker, begon haar bestaan in 1585. Haar grootste licht in die beginjaren was alweer een Zuid-Nederlander, Johannes Drusius, kenner vooral van de oosterse talen.

Zo werden in de Nederlandse cultuur allerlei talen gesproken, met het Latijn duidelijk op de eerste plaats. Toch was ook nieuwe aandacht voor de eigen taal een typische vrucht van de Renaissance. De mens van de Renaissance geeft zich zo veel moeite omdat hij zich van zijn eigenwaarde bewust is. Het beste is voor hem nog niet goed genoeg, en daarom leert hij graag Latijn. Maar als hijzelf een man is die er wezen mag, moet ook zijn eigen taal belangrijk zijn. De Nederlandse letterkunde van de zestiende eeuw was in hoge mate het product van de rederijkerskamers. Die kamers hebben hun goede zijde gehad, niet alleen als middelpunten van sociaal verkeer, maar ook als hoedsters van de Nederlandse taaltraditie. De populaire beoefening van de dichtkunst heeft zich nog lang gehandhaafd in de zeventiende eeuw, maar is dan wel op het tweede plan geraakt. De volkstaal had de belangstelling gewekt van de sociale elite.

Zonder twijfel heeft die interesse een stimulans ontvangen van de woelige bewogen tijd. In kerk en staat speelden zich ingrijpende veranderingen af die het leven van alle mensen beroerden. Zou de reformatie het winnen, of zou Rome zich handhaven? Moest de koning heer blijven over de Nederlanden, of zouden de Verenigde Provincies een vrije republiek vormen? Ook wie geen partij koos moest de gevolgen dragen van de keus die anderen maakten in zijn plaats. Handhaving van de neutraliteit loste geen enkel probleem op. Alle partijen oefenden druk op hem uit om hun eigen gehoopte overwinning te bespoedigen. Pamfletten, vertogen en strijdliederen lichtten hem voor over het pro en contra.

Kwaliteit is niet gelijkelijk over beide zijden verdeeld. Talent is dikwijls modegevoelig, en kiest gaarne de kant van de vernieuwers. Geen groot kampioen onder de Nederlandse litteratoren heeft het voor Filips opgenomen. Onder de propagandisten van de opstand springen twee namen eruit: Filips van Marnix, heer van Sint-Aldegonde, en Dirck Volckertsz. Coornhert. Beiden waren medestanders van de prins van Oranje, en zo met zijn beginselen en belangen vervlochten dat Marnix en Coornhert de twee voornaamste kandidaten zijn voor het dichterschap van het Nederlandse volkslied. Zo veel ruimte biedt blijkbaar de exegese van het Wilhelmus, dat een vurig calvinist en een tolerant libertijn elkaar het auteurschap kunnen betwisten. Vanaf het begin van de woelingen hebben Marnix en Coornhert tegenover elkaar gestaan in onderlinge disharmonie, als representanten van de uitersten onder 's prinsen partijgangers.

Tijdens de troebelen van 1566 heeft Coornhert zich zeer ingespannen om te voorkomen dat in de kerken van zijn woonplaats Haarlem de beelden werden stukgeslagen. Marnix daarentegen publiceerde in het jaar daarop een gepassioneerde verdediging van de beeldenstorm, die hij zag als een werk Gods. Marnix was fel antirooms. Geen boek van zijn hand is zo bekend geworden als de *Bijenkorf der Heilige Roomse Kerk*, dat vileinige, treiterende, scabreuze, exuberante schotschrift tegen het katholieke geloof. Maar tegelijk heeft hij altijd staande gehouden dat dwang in godsdienstzaken een wezenlijke aantasting van de vrijheid betekende. Wie Coornhert in één woord wil typeren zal zonder aarzeling kiezen voor 'tolerant', vooral als hij nooit iets van Coornhert gelezen heeft. Coornherts tolerantie is een triomf over 's mans eigen vechtlustige natuur. Hij heeft gestreden voor verdraagzaamheid met alle scherpte die in hem was. Deels ook wel uit nood, want Coornhert had voor zichzelf geen geloof gevonden dat kerkelijk onderdak te brengen was. Dogmatiek had voor hem nauwelijks waarde, ethiek des te meer, en dan kon hij streng genoeg zijn. Met morele laksheid had vroegmoderne tolerantie niets gemeen.

Marnix en Coornhert zijn beiden erflaters van de Nederlandse beschaving, de een met zijn strijdbaar calvinisme, de ander met zijn libertijnse verdraagzaamheid. Het calvinisme vestigde zich in de kerk, de libertijnse tegenstroom was het sterkst in de letterkunde. De woordvoerders van het libertinisme predikten een eigenaardig mengsel van nonconformisme en gezagsgetrouwheid. Zij wilden niet dat de kerk hun de wet zou stellen, maar beschouwden kritiek op de overheid als een onvergeeflijke zonde, mits die overheid zich niet identificeerde met de calvinisten.

Calvinisme is bij uitstek geloof van het Woord. Daarom zal het vooral dichters tot stellingname nopen, en zelf ook dichters voortbrengen. Andere kunsten ondergingen echter evengoed gevolgen van de omwentelingen in kerk en staat. De gereformeerden hadden voorlopig

Filips van Marnix, heer van Sint-Aldegonde.
J. Wierix, 1581. Koninklijke Bibliotheek van België, Brussel.

gebouwen genoeg, en ze vroegen noch naar beelden noch naar kerkmuziek. De welvaart van de zeventiende eeuw zou in elk geval de bouwkunst krachtig doen herleven. Maar althans voorlopig zagen componisten, beeldhouwers en bouwmeesters zich hier te lande in hun mogelijkheden tamelijk beperkt, nu de kerk als grote opdrachtgeefster was weggevallen.

Ook de schilders hadden hun grote tijd nog voor zich. Dat die komen zou kondigt de late zestiende eeuw reeds aan. Het was hier als in de handel: een groot potentieel is al aanwezig, als van de immigranten uit het zuiden een nieuwe kwaliteitsimpuls uitgaat. De toonaangevende Noord-Nederlanders waren jonge mannen, bijna allemaal geboren in de jaren zestig: Abraham Bloemaert en Joachim Wtewael in Utrecht, Michiel van Mierevelt in Delft, Cornelis Cornelisz. in Haarlem. Hun beroepsleven begon dus ongeveer in 1585, gelijktijdig met het begin van de grote instroom. De schilderende Brabanders en Vlamingen onderscheidden zich niet zozeer omdat ze dragers waren van tot op heden beroemde namen – dat gebeurde eigenlijk pas goed met de tweede generatie, aangevoerd door Frans Hals – als wel door de ontwikkeling van nieuwe genres. Landschappen, stadsgezichten, tafereeltjes uit het dagelijks leven, stillevens, veldslagen en zeeslagen, ze hebben een zo vanzelfsprekende plaats in ons beeld van de Nederlandse schilderkunst, dat we ons nauwelijks realiseren hoe weinig van dat alles aan het begin van die zeventiende eeuw reeds gemeengoed was. Na de dageraad zou spoedig het volle licht doorbreken.

Van oorlog naar bestand

De vrede van Vervins tussen Frankrijk en Spanje was slechts de eerste grote verandering van het jaar 1598. Een tweede volgde in Brussel. De Spaanse koning deed afstand van de heerschappij over de Nederlanden, om die als bruidsschat af te staan aan zijn dochter Isabella. Haar bruidegom was aartshertog Albertus van Oostenrijk, die reeds als landvoogd in Brussel resideerde. Twee van zijn broers waren hem reeds in dat ambt voorgegaan: eerst de ongelukkige Matthias, veel later aartshertog Ernst, die eigenlijk als echtgenoot van Isabella voorzien was. Zijn vroege dood in 1596 had de weg vrijgemaakt voor Albertus. Zo werd Filips bij zijn overlijden in datzelfde jaar 1598 in Spanje opgevolgd door zijn zoon Filips III, in de Nederlanden door zijn dochter Isabella.

Een onvoorwaardelijke afstand was het niet. Bleef het niet meer zo jonge echtpaar kinderloos, dan zou hun erfenis toevallen aan de Spaanse kroon. De soldaten van het Spaanse leger zwoeren als voorheen de eed van trouw aan de koning van Spanje, die de verantwoordelijkheid voor hun betaling droeg. Het ging dus slechts om een schijnbare onafhankelijkheid, die de zuidelijke Nederlanden de status schonk van een Spaanse vazalstaat. Toch bestond zeker de mogelijkheid dat dit bescheiden begin op den duur zou leiden tot een werkelijk zelfstandig bestaan, vooral als eenmaal de oorlog tot een einde gebracht was. Ook dan echter was het niet waarschijnlijk dat de aartshertogen zelfs maar het formele gezag over de afgevallen provincies zouden herkrijgen. De Republiek had de smaak van de vrijheid geproefd en zou zich niet goedschiks weer onder het juk van de Habsburgers begeven. Onderhandelingen zijn wel gevoerd. Albertus bleek bereid tot vele concessies, maar twee harde voorwaarden kon hij niet laten vallen. De opstandelingen zouden de soevereiniteit van de aartshertogen moeten erkennen, en er zou ruimte moeten komen voor de uitoefening van de katholieke eredienst. Beide condities waren onaanvaardbaar.

Dus ging de oorlog verder. In de jaren negentig had de strijd zich telkens verplaatst van de ene provincie naar de andere. De keuze van het strijdtoneel was steeds de primaire vraag die bij het begin van elke campagne beantwoord moest worden. Maurits' aanhoudende successen hadden het probleem iets eenvoudiger gemaakt. Heel het gebied ten noorden van de grote rivieren was onder controle van de Staten gebracht. Men had nu de keus tussen de grensvestingen van Brabant en Vlaanderen: 's-Hertogenbosch of Grave, Sluis of Hulst, dat door de Spanjaarden was heroverd. Maurits had voorkeur voor Sluis. Vanuit die stad bedreigden kaperschepen de vrije vaart op de Schelde. Zo'n horzelnest moest opgeruimd worden.

Maar als het daarom ging, bood zich een interessant alternatief aan. De handel van de Republiek had wel ernstiger problemen dan de Spaanse galeien in Sluis. Parma had sinds 1583 Duinkerken ingericht als centrum van de kaapvaart. De Duinkerker kapers vormden al spoedig een ware plaag voor de Hollandse en Zeeuwse scheepvaart. Jaar in jaar uit brachten ze grote schade toe aan koopvaardij en visserij. Dat zou doorgaan tot Duinkerken in 1646 door de Franse bondgenoten werd veroverd. Zo kreeg het de kans in de tweede helft van de zeventiende eeuw opnieuw de Nederlandse vijanden met de kaapvaart te kwellen, nu onder Franse vlag. Maar dat rampenscenario kon in het jaar 1600 nog niemand voorzien. De politieke leiders van de Republiek, Oldenbarnevelt voorop, wilden aan de Duinkerker roofzucht onmiddellijk een einde maken. Op hun aandrang landde Maurits met een aanzienlijke legermacht in Vlaanderen, en sloeg het beleg voor Nieuwpoort.

Hij had met grote tegenzin deze expeditie ondernomen. Maurits' hele strijdwijze was gebaseerd op het uitschakelen van elk risico. Oorlogvoering was een wetenschap, niet een kansspel. De tocht naar Vlaanderen stelde het hele leger bloot aan ernstig gevaar. Bracht ook de vijand daar zijn strijdmacht bijeen, dan kon Maurits de slag niet ontwijken. Wonnen de Spanjaarden de strijd, zoals ze in het open veld altijd gedaan hadden, dan was aan Maurits elke terugweg afgesneden. De slag bij Nieuwpoort in 1600 verdient dan ook werkelijk haar plaats in de jaartallenboekjes om betere reden dan het mooie ronde getal. Was de staatse krijgsmacht daar vernietigd, en Maurits in handen van de aartshertogen gevallen, dan had deze veldslag het laatste keerpunt in de oorlog kunnen zijn. Maurits' overwinning hield de strijd open, en redde de Republiek.

Veel successen heeft hij nadien niet meer behaald. Grave werd in 1602 veroverd, Sluis in 1604. Dat was het einde van Maurits' triomfen. De oorzaak is tweeërlei. Frankrijk had in 1598 vrede gesloten. Elizabeths opvolger Jacobus maakte in 1604 eveneens een einde aan de oorlog. En al boden beide vrienden nog wel wat steun, de tweefrontenoorlog behoorde tot het verleden. Het Spaanse leger kon het initiatief naar zich toe trekken. De Nederlanders moesten overal op de verdediging bedacht zijn, omdat er niet elk jaar genoeg geld was voor een aanvalsoorlog. Vooral het langdurige beleg van Oostende heeft miljoenen gekost en de reserves uitgeput. De oorlogslasten waren zelfs voor Holland niet meer te dragen.

De tweede reden van Maurits' tegenspoed is dat hij eindelijk te maken kreeg met een opponent die volkomen aan hem gewaagd was. De nieuwe aanvoerder Ambrosio Spinola was een Italiaan van geboorte. Hij stamde uit een welbekende Genuese bankiersfamilie. De Italiaanse koopman aan het hoofd van zijn legers was een dankbaar mikpunt van spotternij, maar Spinola wist snel genoeg de lachers op zijn hand te krijgen. In 1604 slaagde hij erin het beleg van Oostende tot een goed einde te brengen. Maurits vond toen nog compensatie in de verovering van Sluis. Maar in 1605 beproefde hij tevergeefs de aanval op Antwerpen, terwijl Spinola zich meester maakte van Oldenzaal en Lingen. Even ongelukkig verliep de veldtocht van 1606. Het kwam de Republiek te staan op het verlies van Rijnberk en Grol. De integriteit van het grondgebied van de Staten werd nu geschonden door twee pijnlijke enclaves in Gelderland en Overijssel.

Het veranderde niets aan Maurits' vastbesloten wil de oorlog voort te zetten. Een andere mogelijkheid bestond voor hem niet, en hij was ook niet de enige Nederlander die er zo over dacht. De Staten-Generaal hadden in 1598 vredesonderhandelingen van de hand gewezen, omdat de strijd tegen Spanje geen tijdelijke oorzaken had die met het verstrijken van de jaren voorbij konden gaan. Spanje streed voor de wereldheerschappij en de roomse religie. Zolang Spanje en Rome nog kracht bezaten zouden ze proberen de Nederlanden te onderwerpen. Boden ze vrede aan, dan was het enkel om zichzelf een adempauze te verschaffen, en daarna des te harder toe te slaan. Een eerlijke vrede met de Spanjaarden was onbestaanbaar.

Zo hadden inderdaad de Staten-Generaal in 1598 zelf gesproken. Maar intussen begonnen ook zij zich af te vragen of de oorlog hun krachten niet te boven ging. De Republiek draaide om Holland. Als die provincie niet langer bij machte was de gaten te vullen, viel er niet aan te ontkomen andere opties in ogenschouw te nemen. Het zou echter een blijk van zwakheid zijn als eerste de onderhandelingen te openen. Maar daarin kwam de tegenstander de Hollanders te hulp. Vredesaanbiedingen waren altijd van de vijand uitgegaan en zo geschiedde opnieuw in 1606. Ditmaal reageerden de Staten niet direct afwijzend. In december 1606 openden Spinola en Oldenbarnevelt de formele besprekingen.

Het heeft weinig nut die onderhandelingen nauwkeurig te volgen. Aan Nederlandse zijde was vrij veel verzet, van Maurits en Willem Lodewijk, van Amsterdam, en van Zeeland. De bezwaren waren hoofdzakelijk van godsdienstig-politieke aard, maar ze werden versterkt door economische overwegingen. In geval van vrede zou Spanje toch niet gedogen dat de Nederlanders doorgingen met de pas begonnen handel in

Ambrosio Spinola (1569-1630). Opperbevelhebber der Spaanse troepen in de Zuidelijke Nederlanden.

Michiel Jansz. van Mierevelt, 1609. Copyright Rijksmuseum Amsterdam.

de Oost. Aan de Spaanse zijde was dat inderdaad een van de problemen. Zwaarder nog wogen twee andere punten: de noordelijke gewesten zouden althans formeel de soevereiniteit van de aartshertogen moeten erkennen, en ze dienden bereid te zijn enige vrijheid toe te staan aan de katholieken: de twee vanouds bekende struikelblokken die tot nu toe de weg naar vrede hadden versperd.

Vrede is het ook ditmaal niet geworden. Spanje bleek nog niet bereid te erkennen dat het de Republiek haar eigen weg moest laten gaan. Een vrede op de voorwaarden zoals de Staten-Generaal die stelden kwam dan ook niet tot stand. Het bleef bij een opschorting van de strijd, een bestand voor een periode van twaalf jaren. De Staten-Generaal deden geen enkele concessie. Slechts de oprichting van een West-Indische Compagnie naar analogie van de Oost-Indische werd door de toestand van tijdelijke vrede uitgesteld. De hervatting van de oorlog in 1621 zou meteen in die wens voorzien. Maar voor het zover was, zouden de Staten-Generaal nog moeilijke jaren beleven.

1609-1621

DE CRISIS VAN DE REPUBLIEK

De Republiek in Europa

Zo had de Republiek zich dan gevestigd tussen de Europese mogendheden. Het traktaat van bestand vormde het bewijs dat Spanje niet in staat was gebleken de opstand neer te slaan. In feite had het nu de Noord-Nederlandse statenbond erkend, ook al zou dat hoge woord er pas uitkomen bij de vrede van Münster, bijna veertig jaar later. Formeel was Spanje nog niet verdergegaan dan de bereidheid met de Staten-Generaal te onderhandelen 'als met vrije landen'. Voor deze gelegenheid wilden ze dus wel doen alsof, en over twaalf jaar konden ze dan alsnog proberen die zogenaamde vrije landen te onderwerpen. Andere Europese regeringen moesten hun houding nu bepalen. Maar ze begrepen wel dat het aanknopen van diplomatieke betrekkingen met de Haagse regering noch in Brussel noch in Madrid een goede indruk zou maken.

De meeste katholieke vorsten lieten de Republiek dan ook links liggen. Frankrijk was vanouds al een uitzondering op die regel, en ook andere traditionele vijanden van Spanje in het gebied van de Middellandse Zee traden in diplomatiek verkeer met de Staten-Generaal. De anti-Spaanse instelling van de regeringen legde meer gewicht in de schaal dan het geloof. Reeds in 1609 hadden de Staten een buitengewone ambassade gezonden naar Venetië, een bezoek dat deze stad in 1610 ook zou beantwoorden. De zich noemende keizer van Marokko kwam eigener beweging de vriendschap van Hare Hoog Mogenden zoeken, en sloot in datzelfde jaar met de Republiek een traktaat. Zelf namen de Nederlanders het initiatief in Constantinopel, waar in 1612 een vaste vertegenwoordiger kwam te resideren. In de landen van de christenheid wekte dat ergernis en bevreemding, maar toen vanuit Duitsland een verzoek om uitleg binnenkwam, antwoordden de Staten hooghartig dat zij zich voor hun daden tegenover niemand behoefden te rechtvaardigen.[1]

Het was niet toevallig dat zij juist tegenover Duitsers een zo hoge toon aansloegen. De krachtsverhoudingen waren behoorlijk veranderd sinds de dagen waarin Willem van Oranje tevergeefs steun had gezocht bij zijn Duitse vrienden en geloofsverwanten. De Republiek was nu zelf een macht van betekenis geworden, en werd op haar beurt door Duitse protestanten als helpster en bondgenote begeerd. Tijdens de bestandsjaren was het in Den Haag een voortdurend komen en gaan van Duitse gezanten. Steden zowel als vorsten traden de Staten tegemoet alsof die een officieus protectoraat uitoefenden over het protestantse deel van het Duitse Rijk. Ze vroegen bemiddeling in onderlinge geschillen, bescherming tegen dreigend geweld, en voorspraak voor het sluiten van leningen op de Hollandse kapitaalmarkt.

De Staten gingen op al die verzoeken slechts in voorzover ze bevorderlijk waren voor hun onmiddellijk belang. Ter wille van de handel in het Oostzeegebied was het niet ondienstig goede relaties aan te knopen met de Duitse Hanze, en zo kwam er een formeel bondgenootschap tot stand, eerst met Lübeck alleen, vervolgens met het hele Hanzeverbond. In het aangrenzende Oost-Friesland hadden de Staten al in de zestiende eeuw de rol van bemiddelaars op zich genomen tussen de graaf en het tegen hem rebellerende Emden. De Staten legden garnizoen in die stad, en reduceerden Oost-Friesland feitelijk tot vazalstaat van de Republiek. Waar zij het nuttig en nodig achtten, grepen ze binnen het Duitse Rijk met de wapens in. Met name in de bestandsperiode zou dat meer dan eens gebeuren. Maurits heeft Gulik belegerd en ingenomen, Frederik Hendrik kwam met een leger de stad Brunswijk te hulp tegen haar eigen hertog.

Terughoudend waren de Staten wel. Ze wisten dat de toestand in het Duitse Rijk zeer gespannen was. De liga van katholieke vorsten stond tegenover de Union van Duitse protestanten. Wierpen de Staten zich nadrukkelijk op als beschermheren van het protestantse geloof, dan zouden ze wel eens in een godsdienstoorlog betrokken kunnen raken. Zij echter moesten altijd rekenen met een hervatting van de strijd tegen Spanje. Daarom wilden de Staten zich niet al te diep in de Duitse zaken steken. Alleen wanneer ze zeker konden zijn van Franse en Engelse steun, zouden ze de vrede wel willen prijsgeven.

Die mogelijkheid scheen zich al vrij spoedig na de bezegeling van het bestand voor te doen. In 1609 was de hertog van Gulik overleden, zonder kinderen na te laten. Verschillende pretendenten betwistten elkaar de erfenis, maar het was onduidelijk wie de beste aanspraken kon laten gelden. De keizer bemoeide zich rechtstreeks met de zaak door zijn neef aartshertog Leopold naar Gulik af te vaardigen. Deze nam voorlopig bezit van de stad, in afwachting van een definitieve uitspraak. De aartshertogen was dat zeer welkom, maar voor de Republiek was het des te zorgelijker, deze belangrijke grensvesting onder het bevel te weten van een prins uit het huis Habsburg. De Staten-Generaal toonden zich dan ook niet onwelwillend toen twee protestantse pretendenten, Brandenburg en Palts-Neuburg, gezamenlijk in Den Haag hulp kwamen inroepen om hun rechten te verdedigen.

De kansen van deze pretendenten stonden er niet slecht voor, al waren ze dan geen meesters in de stad Gulik. Dit was nu zo'n geval waarin de mogelijkheid bestond brede internationale steun te verwerven. De Franse koning bleek namelijk bereid zich de belangen van het tweetal aan te trekken, ook als dat zou moeten gebeuren met de wapens in de hand. Hij bracht dertigduizend man bijeen. De Duitse protestantse vorsten hadden tienduizend soldaten tot hun beschikking, en de Staten-Generaal zouden er nog achttienduizend aan toevoegen. Het scheen alsof de duur van het twaalfjarig bestand teruggebracht zou worden tot iets meer dan twaalf maanden. Een algemene Europese oorlog stond voor de deur. Toen kwam uit Parijs het ontstellende bericht dat Hendrik IV op 14 mei 1610 door moordenaarshand gevallen was.

Hendrik was niet de eerste vorst die in een moordaanslag het leven liet. Meestal werd zo'n daad begaan door een godsdienstfanaticus, en dat gold ook voor de moordenaar van de Franse koning. Maar zijn dood kwam Spanje en de aartshertogen wel buitengewoon gelegen. Met de Franse oorlogsplannen was het meteen afgelopen. Hendriks opvolger Lodewijk XIII was nog minderjarig en stond onder de voogdij van zijn moeder Maria de Medici. De nieuwe regering voelde zich veel te zwak voor een energiek optreden en schakelde over op een vredelievende koers. Wel stelde zij tienduizend man beschikbaar om Gulik te veroveren, en Maurits bracht die onderneming inderdaad tot een goed einde. Maar de kans op een grote Europese oorlog was verkeken. Frankrijk kreeg met binnenlandse onlusten te maken, die de aandacht van de regering volledig opeisten. De anti-Spaanse politiek van Hendrik IV behoorde tot het verleden. De nieuwe regering zocht juist toenadering tot Spanje, en bezegelde die met een dubbelhuwelijk tussen de huizen van Habsburg en Bourbon.

Voor de Republiek was dat een hoogst verontrustende ontwikkeling. Frankrijk was haar beste vriend geweest, zolang Hendrik leefde. Koos het nu de Spaanse zijde, dan zou men in allerijl nieuwe bondgenoten moeten zoeken. In politieke en militaire kringen vormde zich dan ook een partij die de veiligheid van de staat wilde zoeken in een groot internationaal protestants verbond. De Duitse Union zou daar dan aan deelnemen, wellicht ook Denemarken en de protestantse kantons van Zwitserland; maar in elk geval Engeland, de enige grote mogendheid waar de partij van de reformatie op kon bogen. Dan was een alternatief gevonden voor de oude alliantie met Frankrijk. Dat op de Fransen niet meer viel te rekenen, leek boven alle twijfel verheven toen een binnenlandse opstand in 1614 het tijdvak van de godsdienstoorlogen deed herleven. Velen in de Republiek meenden daarom dat een oriëntatie op Engeland dringend geboden was. Ook stadhouder Maurits was die mening toegedaan.

Oldenbarnevelt was echter van een tegengesteld gevoelen. Ook hij zag natuurlijk dat de nieuwe Franse regering toenadering zocht tot Spanje. Dat was begrijpelijk omdat Frankrijk tijdelijk te zwak was om zich internationaal te doen gelden. Ter wille van de eigen veiligheid moest het wel kiezen voor neutraliteit en proberen goede betrekkingen te onderhouden met alle partijen. Maar dat betekende niet dat het definitief naar het andere kamp was overgegaan. De Franse belangen verschilden zo fundamenteel van de Spaanse dat een bondgenootschap tussen deze twee rijken gerust een hersenschim mocht heten. Oldenbarnevelt was daarom niet geneigd de vriendschap met Frankrijk prijs te geven en die in te ruilen voor een nauwere aansluiting bij Engeland. De tijd zou hem ook ondubbelzinnig in het gelijk stellen.

Voorlopig echter bleek daarvan niets. Oldenbarnevelt koos hier tegen de publieke opinie in. Dat is de wijsheid van de ware staatsman. Maar wie het aandurft tegen alle uiterlijke schijn een koers te varen die het vertrouwen in zijn beleid en persoon stelselmatig ondermijnt, neemt risico's die in elk geval zijn politieke leven in gevaar brengen, en wellicht meer dan dat alleen. Het zelfstandig voortbestaan van de Republiek stond hier op het spel. Wij herinneren ons hoe Maurits en velen met hem de oorlog tegen Spanje beschouwden als een onontwijkbare plicht. Spanje zou niet rusten eer het de gereformeerde religie overal in Europa had overwonnen. In hun ogen was het op zijn best kortzichtig de Spanjaarden de adempauze van een bestand toe te staan. Hoe eerder

Prins Maurits. Michiel van Miereveldt, eerste kwart zeventiende eeuw.
Paleis Het Loo, Apeldoorn, bruikleen Geschiedkundige Vereniging van het Huis Oranje Nassau. Foto: E. Boeijinga.

de strijd hervat werd hoe beter, want eens zou toch de grote afrekening moeten volgen.

Dat inzicht was in zoverre juist, als de grote Europese godsdienstoorlog inderdaad voor de deur stond. Vanaf 1618 zou die op Duitse bodem worden uitgevochten. De toekomstverwachting van Maurits en de zijnen zou dus werkelijk bevestigd worden. In hun visie sprak het echter vanzelf dat Frankrijk zich aan de kant van de katholieke machten zou scharen. De welwillender politiek van de Franse interimregering beschouwden zij als een definitieve ommekeer. De Fransen waren overgegaan naar de Spaanse zijde en moesten nu als vijanden van de Republiek gezien worden. Vrienden waren alleen nog de Franse hugenoten, maar de regering van Maria de Medici was niet langer te vertrouwen. Parijs stond nu op één lijn met Brussel en Madrid, ook al beweerden de Franse ministers dat zij de vriendschap met de Staten-Generaal niet wilden prijsgeven.

Die losse verzekeringen verdienden geen enkel geloof, zo meenden de critici. Maar wat dan te denken van Oldenbarnevelt, die zijn hele buitenlandse beleid op de Franse kaart gezet had? Zo onnozel kon de landsadvocaat toch niet zijn dat de heroriëntatie van de Franse politiek hem ontgaan was? Neen, dom was Oldenbarnevelt niet, dat zou zelfs zijn ergste vijand nog niet durven beweren. Maar dan moest er sprake zijn van kwade trouw. Dan hield hij vast aan de alliantie met Frankrijk, omdat de toenadering tot het katholieke Spanje ook hem naar de zin was. Het was moeilijk te geloven dat Oldenbarnevelt dubbelspel speelde. Maar was het niet nog onaannemelijker dat hij de politieke werkelijkheid zo verkeerd kon beoordelen, en het gevaar van een naïef vertrouwen in de Franse vriendschap niet meer zag?

Het is goed zich van dit alles bewust te zijn, want hier ligt de oorzaak van Oldenbarnevelts val. Andere elementen zijn daarbij gekomen, zoals we in het vervolg nog zullen zien. Maar zonder dit diepe verschil van inzicht in de buitenlandse politiek had de kwalijke verdenking van landverraad tegen Oldenbarnevelt nooit kunnen rijzen. In een hoofdstuk dat hoofdzakelijk gewijd moet zijn aan het grote conflict tussen Maurits en Oldenbarnevelt, dient ter wille van de duidelijkheid de buitenlandse politiek in het verhaal van zaken dan ook altijd voorop te gaan.

De verhouding tot Spanje was in die tijd de allesbeheersende vraag in het buitenlands beleid. De internationale betrekkingen dankten daaraan hun oorsprong. Bij het ingaan van het twaalfjarig bestand had de Republiek over de grenzen slechts twee volwaardige gezantschapsposten: in Londen en in Parijs, in de residenties dus van de beide grote bondgenoten, die haar in de strijd tegen Spanje daadwerkelijk hadden gesteund. Twee Nederlandse diplomatieke agenten waren verder werkzaam in het Duitse Rijk, één in het calvinistische Heidelberg, één in het westelijke grensgebied, meestal in Keulen. Dat alles was direct uit de oorlogvoering voortgevloeid, en het was bijna allemaal al begonnen in de late zestiende eeuw. De overwegend economisch gefundeerde betrekkingen zijn jonger. Die met Denemarken zijn in deze groep de oudste. Ze bestonden sinds 1605, en gaven uitdrukking aan het uitzonderlijk belang van de Oostzee voor de Nederlandse handel en scheepvaart. Daaarom kwam er ook in 1617 een Nederlandse agent in Lübeck, en in datzelfde jaar een commissaris in Danzig.

Een vertegenwoordiger in Zweden was er nog niet, wel omgekeerd. Het was overigens een Nederlander die hier de belangen van de Zweedse koning voorstond, in de zeventiende eeuw een niet-ongewone constructie. Vooral Duitse vorsten lieten zich zo in Den Haag vertegenwoordigen. Meestal ging het om een nevenbetrekking, en had de agent eigenlijk een andere status, bijvoorbeeld die van ambtenaar bij de griffie van Hare Hoog Mogenden, of van gedeputeerde ter Generaliteit. De loyaliteit kon dan wel eens een probleem zijn, en sommige agenten kwamen vooral aan de kost als nieuwsleverancier, hetzij aan buitenlandse mogendheden, hetzij aan uitgevers van kranten, want de krant heeft hier te lande in deze periode haar intrede gedaan. Meer dan een van deze agenten heeft de kerker van binnen leren kennen, en één heeft zelfs zijn leven gelaten op het schavot – niet als spion overigens, maar als valsemunter.

De Nederlandse diplomatieke dienst heeft zich buiten de criminele sfeer weten te houden, was echter wel van wisselende kwaliteit. Ook op de zware posten lukte het niet altijd capabele mensen aan te stellen. Een ambassadeur in Frankrijk of Engeland moest eigenlijk hogere staat voeren dan met zijn bezoldiging overeenkwam. De baan zou hem dus geld kunnen kosten, en daar stond weinig tegenover, want bij terugkeer naar het vaderland zou hij zijn carrière moeten beginnen met een achterstand op leeftijdsgenoten uit adel en patriciaat, die van jongsaf het bestuurlijke circuit doorlopen hadden. Daarom waren gezantschappen niet erg gezocht, en wie eenmaal op zijn plaats zat was ook bij gebleken ongeschiktheid niet zo gemakkelijk te vervangen. Een kweekplaats van talent is de buitenlandse dienst niet geweest, de goeden niet te na gesproken.

Binnenlandse vragen

De Unie van Utrecht hield de losse federatie van zeven provincies bijeen, omdat ze samen een oorlog wilden winnen. Het bestand nam de druk tijdelijk weg. Daar lag het risico in besloten dat de middelpuntvliedende krachten nu de overhand zouden krijgen. Dat gevaar was voorzien, en het zou zich ten volle realiseren, zij het wellicht op andere terreinen dan vooraf was gevreesd. De bestuursinrichting van de Republiek vertoonde twee structurele gebreken. Het eerste was de ongelijke verdeling van macht. Voor dat probleem bestond geen oplossing, zolang Holland alleen meer gewicht had dan al de anderen samen. Als het Hollandse overwicht centraliserend werkte, kon de Republiek goed functioneren. Schiep het juist partijschap in de andere provincies, dan liep de besluitvorming zware averij op.

Het tweede gebrek viel niet samen met het eerste. De moeilijkheid was niet zozeer dat Holland zoveel moest betalen, want dat was de prijs van de welvaart. De lastenverdeling tussen de andere zes daarentegen was echt problematisch, en tamelijk willekeurig tot stand gekomen. In de jaren tachtig van de zestiende eeuw had de Hollandse quote als uitgangspunt gediend. De Zeeuwse quote was gelijk aan een vierde deel van de Hollandse, de Friese aan een vijfde, de Utrechtse aan een tiende. Toen Groningen na de herovering van de stad weer een compleet gewest vormde, kreeg het een even hoge bijdrage te betalen als Utrecht. Gelderland en Overijssel werden als oorlogsgebieden lange tijd ontzien. Pas in 1605 kwamen ze op vaste quoten: Gelderland 5,5 procent van het totaal, Overijssel 3,5 procent, terwijl overigens de verhoudingen dezelfde bleven. Dat was dan de quotentabel: zeven willekeurig doorgehakte knopen. Van objectieve toetsing was geen sprake, en zo kon de lastenverdeling elk ogenblik tot twistappel worden.

In de bestandsjaren heeft deze kwestie veel aandacht opgeëist. Ze kon direct buitengewoon netelig worden, omdat de provincies geen geld stortten in de kas van de Generaliteit. De uitgaven werden over de provincies verdeeld, en dan rechtstreeks betaald aan de belanghebbenden. Ze hadden voornamelijk betrekking op de kosten van het leger. Elk gewest betaalde een aantal compagnieën, in verhouding tot het bedrag waarvoor het was aangeslagen. De compagnieën die tot last van de quote van een bepaald gewest kwamen, waren dan zoals het heette op die provincie gerepartieerd, dus voor hun betaling van die provincie afhankelijk.

Dat gaf de provincies een sterk pressiemiddel in handen. Tijdens de bestandsperiode meende zowel Zeeland als Friesland overbelast te zijn, en beide kozen voor dezelfde eigenmachtige oplossing. Ze schrapten een aantal compagnieën van de betalingslijst: Friesland negen, en Zeeland tien. Voor beide kwam het neer op een verlaging met ongeveer 20 procent. Hare Hoog Mogenden waren wel genoodzaakt zich van deze zaak ernstig rekenschap te geven. De Raad van State onderzocht de klachten van beide provincies, en overeenkomstig zijn uitspraak werd Zeeland ten slotte teruggebracht tot een quote van 9 procent. De Friezen kregen geen verlichting. Hoe de beslissing tot stand kwam onthullen de stukken niet, maar de beide klagende gewesten hebben haar geaccepteerd.

Deze verdeling van 1616 heeft standgehouden tot diep in de achttiende eeuw. Kennelijk werd ze als billijk ervaren. Op een zo belangrijk punt als de quotentabel is de Raad van State erin geslaagd een oplossing te vinden die althans niet werd weersproken. Over de onderlinge verhouding hoefde niet meer getwist te worden. Wel gebeurde dat praktisch elk jaar over de hoogte. Dat had ook weer te maken met de wijze waarop een provincie haar belang definieerde. De Raad van State deed ieder jaar een voorstel over de hoogte van de lasten en de verdeling van het geld over de diverse posten. Vroeg de Raad dan bijvoorbeeld een extra bedrag voor de aflossing van leningen, dan zouden de meeste provincies antwoorden dat dit geld geleend had moeten worden als gevolg van de nalatigheid van de andere, en dat zij dus niets hoefden bij te dragen. Ging het om buitengewone uitgaven ten behoeve van de vloot, dan zeiden de landprovincies dat de zeegewesten daarvoor verantwoordelijk waren. Moest er meer betaald worden voor de vestingwerken, dan wilde Zeeland dat dan bij voorrang gezorgd zou worden voor Sluis, en Gelderland verlangde hetzelfde voor Nijmegen. Het gevolg van dit alles was dat zes van de zeven provincies jaarlijks minder bijdroegen dan was gevraagd. Financieel draaide de Republiek op Holland.

Daar moest natuurlijk iets tegenover staan. Holland zag het belang van de Republiek altijd samenvallen met het zijne, en verlangde van de andere inschikkelijkheid. Dikwijls viel er ook weinig te kiezen en konden de zes niets anders doen dan met Holland meegaan, indien niet van harte dan maar knarsetandend. Over de verhouding tot Holland kon overigens in alle buitengewesten wel eens verschil van inzicht rijzen. Soms liep dat uit op een bestuurlijke impasse, en was alle besluitvorming geblokkeerd. Dan viel er voor de Staten-Generaal niet aan te ontkomen. Noodgedwongen moesten ze zich mengen in de provinciale aangelegenheden. Dan was het belangrijk welke factie de sympathie van Holland verwierf. Twee voorbeelden kunnen het nader verduidelijken.

De eerste interne twist van de bestandsjaren speelde zich af in de stad Utrecht. Een groep ontevredenen slaagde erin met enig machtsvertoon de zittende regenten van de kussens te verdrijven. De onderliggende partij echter had de steun van de gewestelijke staten, en die wisten met hulp van hun Hollandse vrienden gedaan te krijgen dat een leger onder aanvoering van Frederik Hendrik de stad binnenmarcheerde om de oude orde te herstellen. Het geschil werd dus met tamelijk grove middelen beslecht, omdat Holland het zo wenste. We zijn in 1610, dat wil zeggen in de tijd dat de politieke wil van Holland bepaald wordt door Oldenbarnevelt. Het toont nog eens, voor wie aan deze nadere bevestiging behoefte mocht hebben, dat Nederlands grootste staatsman geen angstvallige zorg koesterde voor de provinciale soevereiniteit. Hij aarzelde niet een generaliteitsmacht uit te zenden naar een ander gewest, als het belang van Holland het naar zijn oordeel vereiste.

Een tweede incident van meer dan lokale betekenis speelde zich in Leeuwarden af. Daar waren het de Staten van Friesland met hun stadhouder Willem Lodewijk die verandering wilden brengen in het stedelijk bestuur, terwijl Oldenbarnevelt de zittende heren begunstigde. Hier was de combinatie van tegenkrachten Holland te sterk. De Staten-Generaal stuurden wel een commissie naar Leeuwarden, bestaande uit drie partijgangers van Oldenbarnevelt, maar het drietal keerde onverrichter zake naar huis terug. De krachten in Friesland waren in dit geval te ongelijk verdeeld om de Hollandse interventie kans van slagen te bieden.

Op lange termijn hebben noch de Leeuwarder, noch de Utrechtse onlusten grote historische betekenis gehad. Ter wille van de korte termijn echter verdienen ze toch een ogenblik onze aandacht, omdat ze beide invloed uitgeoefend hebben op de partijstrijd van het twaalfjarig bestand. Ze kunnen bovendien door vergelijking verduidelijken wat eigenlijk het probleem geweest is in dat grote conflict. Het is naar ons zal blijken een van de zeldzame gevallen waarin het beleid van Holland op zo hevig verzet stuit dat de Republiek uit haar voegen dreigt te raken. De gewone oplossingen van het type Utrecht in 1610 stonden niet ter beschikking. Slechts buitengewone middelen zouden een einde kunnen maken aan de strijd. Wie deze tegenstellingen wilde wegnemen zou een nieuw model moeten vinden dat in de constitutionele geschiedenis van de Verenigde Provincies nog niet was beproefd.

Handel en bestand

De bestandsovereenkomst van 1609 was in langdurige onderhandelingen voorbereid. De beslissingen moesten uiteindelijk genomen worden door de kleine groep van mannen die deel had aan de formele macht. De vragen waren echter belangrijk voor iedereen, en ze kwamen ook onder de algemene aandacht. Een brede stroom pamfletten gaf voorlichting over consequenties en risico's van vrede of bestand. De argumenten pro en contra waren hoofdzakelijk van politieke en godsdienstige aard. Economische overwegingen hadden nagenoeg alleen betrekking op de handel buiten Europa, en waren dan eigenlijk altijd tot politieke opties te herleiden. Een discussie over de economische gevolgen van vrede of tijdelijke wapenstilstand viel ook moeilijk te voeren. In veertig jaar strijd was oorlog zozeer de normale toestand geworden, dat weinig schippers of kooplui nog een voorstelling hadden van handel en scheepvaart in vredestijd.

Dat was anders, toen in de jaren veertig van de zeventiende eeuw het debat over oorlog en vrede opnieuw oplaaide, bij de nadering van de vrede van Münster. Toen hoefden de mensen niet meer dan 25 jaar terug te gaan in de herinnering, en konden ze met behulp van hun geheugen de munitie vinden om de tegenpartij te beschieten. Dat twaalfjarig bestand, schrijft dan een antivredespamflet, is buitengewoon schadelijk geweest voor de werkgelegenheid. De lasten voor de koopman waren gedaald. Hij hoefde zijn schepen niet meer zo zwaar te bewapenen en niet zo veel mannen in dienst te nemen om zich te weer te kunnen stellen tegen een vijandelijke aanval. Dus liepen de zeelui werkloos rond, en heel wat matrozen kozen uit armoe voor de vrije nering. Ze sloten zich aan bij de zeerovers in Ierland of zelfs in Noord-Afrika, en brachten de Hollandse handel grote schade toe.

De pamfletschrijver vergiste zich niet. Het twaalfjarig bestand is de tijd geweest van de beruchte zeerovers Simon de Danser en Claes Compaen, van de piratenkapiteins Waterdrincker en Keert de Koeyen. Het was de tijd waarin de gewone man klaagde over slapte in de neringen en dalende verdienste. Hij kreeg de rekening van het bestand gepresenteerd. De koopman genoot de voordelen, en voor hem zijn het prachtige jaren geworden. De Spaanse en Portugese havens waren voor hem nu vrij toegankelijk, en van Duinkerker kapers had hij geen last meer. De Middellandse Zee was nog niet veilig, en ze zou dat ook niet worden zolang de bewoners van Noord-Afrika's kust elk Europees koopvaardijschip als wettige buit beschouwden. Maar van Spanje ging bij de doorvaart door de Straat van Gibraltar geen dreiging meer uit. De wateren lagen voor de Hollanders open.

Zoals steeds gebruiken we het woord Hollanders niet ter afwisseling met Nederlanders. De echte profiteurs woonden in die ene provincie, zonder dat nu de anderen gelijktijdig in armoede vervielen. Maar de tekenen van toenemende bloei laten zich voornamelijk in Holland aflezen, nog meer in het bijzonder in Amsterdam. Eén zo'n teken is de Amsterdamse Wisselbank, die haar werkzaamheden begon in januari 1609. Ze voorzag in een langgevoelde behoefte. Geld wisselen was in de Nederlandse Republiek een dagelijks terugkerend probleem. Er bestond hier te lande geen nationale munt met monopolie van muntslag. Elke provincie was bevoegd zelf geld aan te maken, waarbij wel sinds 1606 als regel gold dat men zich zou beperken tot het slaan van rijksdaalders, leeuwendaalders, gouden dukaten en gouden rijders, met daarbij natuurlijk nog de kleinere pasmunt. Zogenaamde guldens werden niet gemaakt. Het was wel de gewoonte geldbedragen uit te drukken in guldens van twintig stuivers. Maar een geldstuk met die waarde bestond niet. De gulden was uitsluitend als rekeneenheid in gebruik, een vaste waarde te midden van de voor koerswijzigingen gevoelige gouden en zilveren munten.

De zeventiende-eeuwer, en ruimer genomen de vroegmoderne mens, stelde de waarde van een muntstuk gelijk met de metaalwaarde. In een rijksdaalder van twee gulden en tien stuivers moest dus precies voor dat bedrag aan zilver verwerkt zijn. Ter bescherming van de kwaliteit werden munten dan ook regelmatig op gewicht en gehalte gecontroleerd. Dat was des te meer noodzakelijk, omdat buitenlands goudgeld en zilvergeld in de Republiek als goede betaalmiddelen werden geaccepteerd. Vreemde staatshoofden zouden wel eens op de gedachte kunnen komen geldverlegenheid te verbloemen door minderwaardige munt in omloop te brengen. Daarom bestond er behoefte aan een instelling waar steeds betrouwbare munt te krijgen was, en waarvan kooplieden zich konden bedienen voor de verzorging van het giraal verkeer.

Wisselbanken bestonden ook elders. Het bijzondere van de Amsterdamse bank was dat ze niet uit het particulier initiatief voortkwam, maar uitging van de stadsregering. Het is een trek die we vaker kunnen opmerken in de Nederlandse samenleving van de zeventiende eeuw. Het idee komt uit het buitenland, de toepassing heeft eigen kenmerken die de bruikbaarheid verhogen. Dankzij die overheidsbescherming kende de Amsterdamse Wisselbank een hoge graad van stabiliteit en betrouwbaarheid, zodat ze buitengewoon geschikt was om haar dienende taak te vervullen. Een vergelijkbare maatregel was de bouw van de Amsterdamse beurs, die in 1611 in gebruik genomen kon worden. Ze zou zich spoedig ontwikkelen tot de toonaangevende beurs van Europa.

Beurs en bank bewijzen dat de Hollandse overheden geen onvoorwaardelijk vertrouwen stelden in het vrije spel van de economische krachten. Ze waren van sturende maatregelen niet afkerig, en vroegen zich slechts af hoe de Hollandse koopman het best gediend kon worden: nu eens met vrijheid, dan weer met organisatie en controle. De Verenigde Oost-Indische Compagnie legde daar getuigenis van af, de West-Indische zou het later doen. Ze heeft een soort voorloopster gehad in de Compagnie van Nieuw Nederland, die in 1614 werd opgericht om de handel met de nieuwe kolonie in Noord-Amerika in goede banen te leiden. De bedoeling was tweeledig, als bij de VOC: enerzijds wilde men voorkomen dat Nederlandse kooplieden elkaar zouden schaden door ongebreidelde concurrentie. Anderzijds was het monopolie van zo'n nieuwe compagnie ook bedoeld om buitenlanders gemakkelijker van die kusten te kunnen weren.

Compagniesvorming bleef niet beperkt tot de overzeese handel.[2] In 1614 kwam eveneens de Noordse Compagnie tot stand, die het Nederlandse aandeel in de walvisvaart veilig moest stellen. Ze is daarin geslaagd, in elk geval goed genoeg om verlenging van het octrooi overbodig te maken. Het walvisdorp Smeerenburg op Spitsbergen trok jaar op jaar honderden werkkrachten aan. Voor Oostzee of Middellandse Zee werd organisatie niet nodig geacht. Wel kan men uit de buitenlandse politiek de constante aandacht voor deze vaargebieden aflezen, zoals blijkt uit de verdragen met de Hanze en Marokko, en de diplomatieke betrekkingen met Turkije en Venetië.

Kenmerkend voor deze periode is tevens dat het aanbod van goederen zich in de breedte ontwikkelde, vooral ook in kwalitatieve zin. Het accent lag niet meer zo sterk op massagoederen als hout en graan. De komst van ervaren kooplieden uit Antwerpen en andere Brabantse en Vlaamse steden had een nieuwe deskundigheid ingebracht en nieuwe netwerken gevlochten. Het wegvallen van alle belemmeringen tijdens de bestandsperiode gaf deze mannen ruimer armslag en stimuleerde de navolging. De Hollandse nijverheid ging zich meer en meer specialiseren in de productie van kwaliteitsgoederen. Engels laken werd hier aangevoerd en dan geverfd en afgewerkt om een beter product te doen ontstaan dan de Engelsen zelf op de markt konden brengen. Die typisch Nederlandse methode van overnemen en verbeteren vond misschien wel nergens ruimer toepassing dan op industrieel gebied.

Joden in Amsterdam

De Hollandse handel heeft groot profijt getrokken van de komst van de Zuid-Nederlandse immigranten. Ze kwamen binnen als vreemdelingen, maar groeiden op den duur met de autochtone bevolking samen. Eén groep ingekomenen is echter altijd apart blijven staan: de joodse gemeenschap, die haar bestaan begonnen is in Amsterdam. Tot op heden heeft ze haar identiteit gehandhaafd, ofschoon ze binnenkwam onder een andere naam. Bij hun aankomst heetten ze geen joden, maar Portugezen. Op het Iberisch schiereiland was aan de joden reeds honderd jaar lang alle vrijheid van godsdienst ontzegd. Ze werden gedwongen zich te laten dopen en stonden te boek als katholieken, maar bleven niettemin als *conversos* of bekeerden bloot staan aan discriminatie, vooral in Spanje. Het klimaat in Portugal was hun iets gunstiger gezind, doch toen dat land in 1580 door Filips II aan zijn rijken werd toegevoegd, oordeelden sommige Portugese kooplieden van joodse afstamming het raadzaam de wijk te nemen naar veiliger oorden.

Bij de keus van een nieuwe woonplaats ging het vooral om de gunstigste condities voor het voortzetten van hun bedrijf. Ze bleven zaken doen met Portugal, en zochten afzet voor alle waren die op de Portugese markt werden aangeboden: suiker, brazielhout, specerijen en diamant.[3] Zo handhaafden ze hun posities in de oude netwerken, en brachten nieuwe nering aan in de steden die ze als wijkplaats kozen. De eerste emigranten kwamen nogal eens terecht in Hamburg, zoals aanvankelijk ook de Vlaamse en Brabantse kooplieden gedaan hadden. Tijdens het twaalfjarig bestand streefde de Amsterdamse vestiging Hamburg definitief voorbij.

In Amsterdam zouden deze Portugezen hun joodse geloof hervinden. In Portugal waren ze katholiek geweest. Noodgedwongen of van harte maakte niets uit, want een andere mogelijkheid stond in dat land niet open. Maar wat moesten ze doen als Amsterdammers? Daar was nu juist de katholieke kerk verboden. Met zich goed rooms voor te doen bewezen ze noch zichzelf noch de overheid een dienst. Een synagoge echter was nergens in de Nederlanden te vinden. Hoe de eerste Portugese nieuwkomers een uitweg gezocht hebben in dit dilemma ligt grotendeels in het duister. Als de mist optrekt met het aanbreken van het

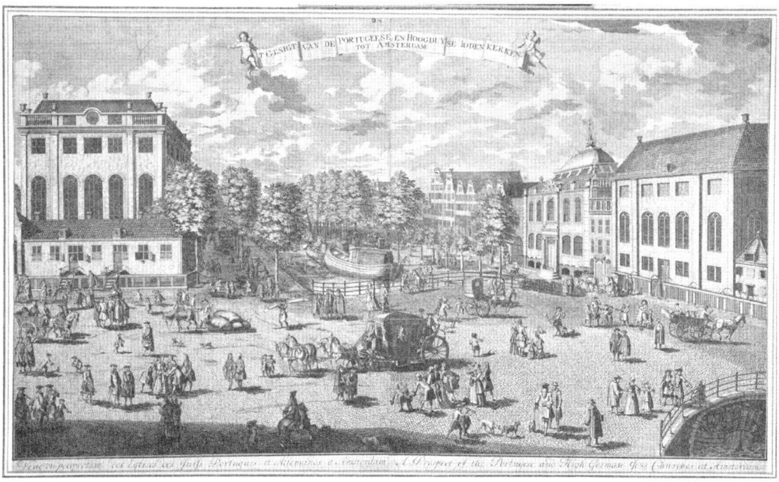

De Portugese en de Grote Synagoge in Amsterdam na 1752.
Adolf van der Laan. Collectie Joods Historisch Museum, Amsterdam.

twaalfjarig bestand, blijkt er in Amsterdam een joodse gemeente te bestaan, het Huis van Jacob, Beth Jacob. In 1612 is er al een tweede, Neveh Salom, de Woning des Vredes. Over een wettelijke toelating is nooit gesproken. De Amsterdamse overheid heeft het recht op joodse godsdienstoefeningen noch geregeld, noch in twijfel getrokken.

Wel heeft de Amsterdamse vroedschap in 1616 een keur uitgevaardigd over de omgang tussen joden en christenen. Het werd joden verboden bekeerlingen in hun gemeenschap op te nemen, of smalend te spreken en te schrijven over het christelijk geloof. Om de twee beter bij elkaar vandaan te houden was het joden evenmin toegestaan geslachtsgemeenschap te oefenen met christelijke vrouwen, zelfs al zouden het hoeren zijn. Die kleine apartheid werd maatgevend voor de verhouding tussen beide religies, niet alleen in Amsterdam. Waar later in Holland joodse gemeenten ontstonden, werden doorgaans de Amsterdamse regels overgenomen.

Grote problemen kwamen uit de nieuwe joodse vestiging overigens niet voort. De Portugese of sefardische joden waren ten eerste zo klein in aantal dat hun aanwezigheid niet als bedreiging werd ervaren. Ze waren ook slechts zo herkenbaar als ze zelf wilden, want de Staten van

Joden wandelend op straat.
Willem Drost, leerling van Rembrandt, ca. 1650. Teylers Museum, Haarlem.

Holland stonden niet toe dat ergens in stad of land joden verplicht zouden zijn een uiterlijk kenteken te dragen. Te midden van de meer dan honderdduizend Amsterdammers vielen die enkele honderden joden in het straatbeeld nauwelijks op. Ten tweede behoorden de sefardim sociaal gesproken tot de gegoede burgerij. Ze namen niemands arbeidsplaats weg, en waren voor de geboren Amsterdamse kooplieden eerder gewaardeerde collega's met eigen expertise dan gevaarlijke concurrenten. Anti-joods sentiment kwam zo niet tot krachtig leven. Dat is pas veranderd toen vroeg in de achttiende eeuw de al eerder begonnen instroom uit Duitsland in omvang toenam: de zogenaamde asjkenazim, sociaal en cultureel van een ander niveau dan hun sefardische geloofsgenoten. In de zeventiende eeuw was ook hun groep nog te klein om vrees te wekken. Alleen de gereformeerde kerk drong nu en dan aan op maatregelen tegen de joden. Antisemitisme had echter in de zeventiende eeuw nog geen betekenis. De jood werd met rust gelaten.

De uitzonderingspositie die hem in Amsterdam toeviel was ook internationaal zijn deel. De joodse gemeenschap hier te lande was welvarend, ontwikkeld, tevreden met zichzelf en haar plaats in de wereld. Economisch en cultureel kon ze zich bewegen op hoger niveau dan elders mogelijk en gebruikelijk was. Internationaal genoten de Amsterdamse sefardim veel prestige, misschien wel vooral vanwege hun aandeel in de Nederlandse handel. Enigszins bedrieglijk was de sefardische voorspoed wel. Ze rustte op een uiterst smalle basis. Buiten de handel bestonden er voor de joden nauwelijks mogelijkheden aan de kost te komen. De ambachtsgilden lieten hen niet toe, en intellectuele beroepen zoals arts of leraar konden ze alleen uitoefenen in eigen kring. De sefardische vestiging in Amsterdam was kortom een geslaagde onderneming met een onzekere toekomst.

De VOC in Indië

De toekomst van de Nederlandse handel lag intussen over de hele wereld verspreid. Nederlanders bleven ook na de sluiting van het bestand niet helemaal weg uit de West, en op de kust van West-Afrika stichtten zij zelfs al hun eerste fort, dat later fort Nassau zou gaan heten. Toch houden die betrekkingen met Afrika en Amerika iets voorlopigs, alsof het wachten toch was op de oprichting van een West-Indische Compagnie. Zo'n daad van openlijke vijandschap tegen Spanje zou pas in 1621 mogelijk worden. Handel overzee betekende in deze jaren dan ook vooral: verder werken aan de opbouw van de Verenigde Oost-Indische Compagnie.

Het bestuur van de nieuwe handelsonderneming was gevestigd in Amsterdam, waarheen al de kamers hun afgevaardigden zonden in het college van de Heren XVII. Dat viel in de praktijk natuurlijk niet goed waar te maken. De reis van Holland naar Indië duurde zeven tot acht maanden. Berichten uit de Oost waren dus altijd oud nieuws, en de reacties van de Heren XVII liepen nog verder achter de feiten aan. Ter wille van een slagvaardig beleid moest de Compagnie wel een bestuursapparaat in Indië opbouwen, en naar de aard der zaken zou dat genoodzaakt zijn zich tamelijk zelfstandig te gedragen. Die beslissing is genomen in 1609. Toen werd de eerste gouverneur-generaal aangesteld, die de leiding kreeg over alle kantoren van de Compagnie in de Oost.

Het ambt heeft in de loop der eeuwen grote opgang gemaakt. Onderkoning van Indië, zou men de gouverneur-generaal gaan noemen. Maar die tijd was nog ver weg, toen Pieter Both zich als eerste titularis vestigde op het eiland Ambon. In dat onmetelijke Indonesische eilandenrijk betekende de Nederlandse presentie niet meer dan een paar stipjes op de kaart. Op Ambon en Banda hadden de Nederlanders al vroeg de macht. In Jakarta en andere plaatsen op Java werden ze enkel toegelaten. Both voerde slechts een bescheiden staat. Hij heeft nog geen tweehonderd realen uitgegeven, schamperde zijn opvolger Gerard Reynst, die zelf van plan was de zaken heel anders aan te pakken. Stuur mij een hoedband van robijnen, schreef hij zijn zwager in Amsterdam, want dat vereist mijn kwaliteit. Het volk hier stelt prijs op uiterlijke schijn.[4]

Het was een van de dilemma's waar deze vreemde wereld de Nederlanders telkens voor stelde. In het vaderland zou een koopman niet over straat gaan met een hoedband van edelstenen. Moest hij dan op de Molukken zijn burgerlijke eenvoud verruilen voor ostentatieve pronk? Maar Azië kende nu eenmaal andere zeden en andere politieke structuren, en wist niet van burgerlijk republikeinse deugd. Het hele verschijnsel republiek was in dat werelddeel zelfs onbekend. Als de Compagnie verdragen sloot met Aziatische vorsten, verhief zij voor de gelegenheid Maurits tot de waardigheid van koning der Nederlanden. De republikeinse staatsvorm vond daar geen begrip, de Nederlanders liepen gevaar uitgelachen te worden om zulke buitenissigheid. Zij zijn een volk zonder hoofd, spotten de Engelse concurrenten: treedt liever in bondgenootschap met de grote en machtige koning van Engeland![5]

Ook dat was anders dan in Europa. Thuis was Engeland een bevriende natie, in Indië probeerden de Engelse kooplui ongeveer gelijktijdig met de Nederlanders voet te krijgen in dezelfde gebieden. In de ogen van het compagniespersoneel waren de Engelsen niet beter dan de Portugezen, die vanouds aanspraak maakten op het monopolie in de Indische wateren. Die onderlinge Europese concurrentiestrijd bepaalde de verhoudingen voor een belangrijk deel, maar alle Europeanen tezamen vormden nog maar een nietige minderheid. Het kwam er vooral op aan een goede verstandhouding op te bouwen met de lokale vorsten, en met hen verdragen te sluiten, en zich van een welkom te verzekeren in de havensteden.

De Compagnie kwam binnen als gast, en was aangewezen op de welwillendheid van haar inlandse gastheren. Maar afhankelijkheid is zelden de beste manier om vrienden te verwerven, en zonder macht viel er voor de Compagnie weinig te bereiken. Ze moest sterke vloten uitrusten, en die niet slechts met matrozen, doch ook met soldaten bemannen. Zo boezemde zij respect in, maar dat kon weer gemakkelijk omslaan in angst. Admiraal Pieter Verhoeff kwam in 1609 met een grote vloot in de Molukken aan, om de Nederlandse positie extra te versterken, en de Bandanezen te noodzaken tot naleving van eerdere overeenkomsten. Dat machtsvertoon riep gerechtvaardigd wantrouwen op. De Bandanezen nodigden Verhoeff uit tot een conferentie aan de wal. Daar brachten zij hem om het leven, met ruim veertig van zijn metgezellen.

Dat lokte natuurlijk weerwraak uit: een geweldsspiraal, die uiteindelijk de Bandanezen fataal zou worden. Op deze kleine eilanden waren de Nederlanders machtig genoeg om de controle over te nemen. Ze dachten ook niet anders te kunnen. Wilden ze zaken doen, dan moesten ze laten zien wie de sterkste was. Vriendschap en verdragen, meenden ze, betekenden niets voor de Bandanezen, die geen andere regel van goed en kwaad kenden dan het onverbloemde eigenbelang: een 'schelmachtige, gierighe, meyneedighe, wulpsche, ende met één woord geseyt Moorsche natie'.[6] Slechts een enkeling meende dat ook schuld aan de andere kant zou kunnen liggen. Alle Moren haten ons, zei Steven van der Haghen; ze zouden de duivel en zijn moer wel in het land halen als ze ons daarmee konden verjagen. Toen de Portugezen hier waren ging het de inlanders goed. Maar de Compagnie wil alles alleen hebben. Laat ze liever zorgen dat ieder krijgt wat hij nodig heeft.[7]

Zo had de VOC in Indië problemen genoeg, en het kostte haar moeite haar plaats te vinden. Vroeg of laat moest dat lukken, want het ontbrak haar noch aan de wil noch aan de middelen. Dan komt gewoonlijk ook wel de man naar voren die genoeg beleid en energie bezit om die middelen zo te bundelen dat het spreekwoord vervuld wordt van de wil en de weg. De Oost-Indische Compagnie heeft zo'n man gevonden in de persoon van Jan Pietersz. Coen, de eerste bouwer van het Nederlandse imperium overzee. De geschiedschrijving, zo wordt wel eens beweerd, is niet gehouden een waardeoordeel over het verleden uit te spreken. Coen is een van die mensen geweest die deze stelling logenstraffen. Het is nog nooit iemand gelukt over hem te schrijven in een geest van koele onpartijdigheid. Deels liggen de oorzaken natuurlijk buiten de persoon van Coen. Toen Nederlanders trots waren op dat imperium werd hij vereerd. Het blad heeft zich gewend, nu een koloniaal verleden bij elk Europees volk schaamte oproept. Maar Jan Pietersz. Coen is niet louter een product van de tijdsomstandigheden. Evenmin is hij toevallig in de Oost beland, omdat het in Amsterdam niet lukken wou, zoals de bankroetier Anthony van Diemen, die het in Indië ook gebracht heeft tot gouverneur-generaal. Coen is als twintigjarige voor het eerst naar Indië gegaan, en steeds teruggekeerd omdat hij daar zijn taak zag. Hij meende scherp te zien welke weg de Compagnie moest gaan, en hij wilde de man zijn die aan deze actie leidinggaf.

Dat vonden ook anderen die de zaken kenden. Na de dood van gouverneur-generaal Reynst in 1615 nam Laurens Reael tijdelijk de functie waar. Zelf had hij geen ambities, hij wist wel een betere: 'een persoon van groten oordeel, neerstich ende cloeckmoedich'. Het was de toen achtentwintigjarige Coen. De bewindhebbers in patria bevestigden die keuze. Door het lange heen en weer schrijven van Amsterdam naar Indië duurde het tot april 1618 eer Coen kennis kreeg van zijn benoeming. Van toen af droeg hij ook de formele verantwoordelijkheid voor het compagniesbeleid.

Wat hij wilde stond hem toen al duidelijk voor ogen.[8] Ten eerste wilde hij dat er één centraal punt zou komen waar het Indische bestuur gevestigd was en alle schepen binnenliepen. Dat punt werd gevonden in Jacatra op Java. De Compagnie beschikte daar over een factorij. Maar die vestiging zou alleen dan aan Coens doel beantwoorden als de VOC daar ook het gezag overnam en de rechtspraak uitoefende. Na veel strijd en wederwaardigheid kwam het zover in 1619. De triomf werd bezegeld met een nieuwe naam. Jacatra ging Batavia heten. Van daaruit zou de VOC zich ontwikkelen tot de sterkste politieke en militaire macht in de Indonesische Archipel.

Ten tweede wilde Coen dat de Compagnie zich niet alleen zou toeleggen op de uitrusting van retourvloten naar het moederland. Ze zou ook aandeel moeten nemen in de inter-Aziatische handel. De winsten zouden dan gebruikt kunnen worden om de handel met Europa te bekostigen. In die opzet is Coen eveneens geslaagd, zij het niet precies op de manier die hij in gedachten had. Hij hoopte op Nederlandse kolonisten, maar die wens is nooit in vervulling gegaan. De welvarende Nederlandse Republiek was ten eerste geen emigratieland, en ten tweede zouden degenen die voor zichzelf een toekomst buiten Europa zagen, altijd de voorkeur geven aan gematigder landstreken. Nederlandse kolonisten hebben zich gevestigd in Zuid-Afrika en Noord-Amerika. De landbouw in Suriname heeft slechts weinigen getrokken, en de Indonesische eerst recht niet. Maar een bloeiende handel in Azië zelf kwam niettemin tot stand, en ze zou zich in de loop van de zeventiende eeuw handhaven en uitbreiden.

Het meest omstreden is Coens beleid op de Molukken geweest. Daar deed ook de concurrentie met de Engelsen zich het sterkst gevoelen. Coen beschouwde hen als rivalen die uit de Indonesische havens geweerd moesten worden. Zijn meesters in Holland echter zagen het einde van het twaalfjarig bestand naderen. Werd de strijd tegen Spanje hervat, dan zou men de vriendschap van Engeland des te meer nodig hebben. Zo kwam in 1619 een overeenkomst tot stand waarbij de bestuurders van de Engelse en de Nederlandse Compagnie tot samenwerking besloten, ook in de Molukken. De diverse bepalingen hoeven ons hier niet bezig te houden. Ze hebben ook niet veel toekomst gehad. Coen volgde zijn eigen koers, waarbij de Engelsen slechts minimale ruimte werd gelaten. Het ging hem er vooral om, de Banda-eilanden onder Nederlands gezag te brengen. Een casus belli was altijd te vinden in het wederzijds gekrakeel over de naleving van handelscontracten. In 1621 ging Coen tot de daad over. Met grote gestrengheid onderwierp hij de eilanden aan de autoriteit van de Compagnie.

Coen laat zich hier kennen als de man die niet weet van begrippen als matiging, compromis en toegeeflijkheid. Hij heeft een sterk ontwikkeld gevoel voor recht. Hij komt zijn beloften na, ook al toont hij zich zuinig in de uitleg. Van anderen verwacht hij eveneens trouw aan het eens gegeven woord. Voor spijtopties is geen plaats. Ook hij is gebonden, die tot zijn schade gezworen heeft. Weigert hij te horen, dan moet hij maar voelen. Twijfel of aarzeling kent Coen niet. Historici hebben hem wel verweten dat hij geen rekening hield met de oosterse mentaliteit. Coen zou die beschuldiging hebben afgewezen. Hij meende de Molukkers uitstekend te kennen. Die eilanden werden bevolkt door trouweloze moren. Zolang daar geen verandering in kwam viel met hen geen huis te houden. Coen heeft dan ook gekozen voor een oplossing die veel gelijkenis heeft met wat tegenwoordig etnische zuivering genoemd wordt. Honderden vonden de dood, anderen werden op transport gesteld naar Batavia. Nederlandse kolonisten namen de aanplant van specerijen over, het enige experiment met Europese plantagehouders.

De VOC hield aan de strenge executie geen vrienden over. De bewindhebbers in Amsterdam zagen het niet zonder zorg aan. Het zal wel ontzag, maar geen gunst baren, hielden ze hun gouverneur-generaal voor. Maar daaruit sprak meer angst voor mogelijke gevolgen dan afkeer van de daden. Het recht van de Compagnie moest gehandhaafd worden, indien nodig ook met harde hand. Ook de Engelsen hebben het ervaren. Op grond van het in 1619 gesloten akkoord hadden zij een loge op Ambon. Maar dat eiland stond wel onder het gezag van de Nederlandse gouverneur Van Speult, en de Engelsen waren aan het Nederlandse recht onderworpen. Toen Van Speult in 1623 meende een samenzwering ontdekt te hebben, aarzelde hij dan ook niet het gehele personeel van de loge een scherp verhoor af te nemen. De mannen werden schuldig bevonden en ter dood gebracht.

In Engeland verwekte de zaak grote beroering. Zij ging de geschiedenis in als de Ambonse moord, en ze bleef de relatie tussen de beide mogendheden belasten. Toen de Engelsen in 1654 de eerste zeeoorlog tegen de Republiek als overwinnaars afsloten, bedongen zij alsnog dat de erfgenamen van de slachtoffers schadeloos gesteld zouden worden. De Compagnie heeft 3615 pond sterling uitbetaald. Ze zal niettemin overtuigd zijn gebleven dat Van Speult het formele recht aan zijn kant had. Maar ze moest ervaren dat ook het recht de kant kiest van de sterkste partij. En was haar eigen beleid niet op dat beginsel gegrond?

De godsdiensttwisten

De Republiek der Zeven Verenigde Nederlanden was een christelijke staat. Dat sprak vanzelf, want heel Europa was christelijk, voorzover het niet onder Turkse heerschappij stond. En al die Europese mogendheden zagen het als een van hun voornaamste doelstellingen op hun eigen grondgebied de christelijke religie te handhaven in de vorm waarvoor zijzelf hadden gekozen. Dat gold ook voor de Republiek. Zij handhaafde de gereformeerde religie. Daarom zorgde zij dat overal in het land de kerkgebouwen ter beschikking stonden van de gereformeerden, en dat er dominees werden aangesteld om de kerkdienst te onderhouden. Dat waren de plichten van een gereformeerde overheid. Op dat punt bestond er geen verschil van inzicht tussen kerk en staat.

Beide partijen wilden een gereformeerde kerk met gereformeerde dominees. Beide ook erkenden dat de ander bevoegd was over deze zaken mee te spreken. De kerk was wel geneigd haar rechten wat ruimer te zien dan de overheid gedoogde, maar onder normale omstandigheden riep dat geen spanning op. Daarvoor was het krachtsverschil tussen kerk en staat te groot. Ging het om kleinigheden of zelfs om middelgrote zaken, dan won de staat altijd. Maar een kerk kan de grens van eigen geloofwaardigheid niet overschrijden. Geeft ze toe als naar haar vaste overtuiging de hoofdzaak in het geding is, dan houdt ze in feite op te bestaan, zoals een koninkrijk dat onvoorwaardelijk heeft gecapituleerd en onder het gezag van vreemde heersers is gebracht. Die grens wordt zichtbaar tijdens de godsdiensttwisten van het twaalfjarig bestand.

De gereformeerde kerk had vanaf haar vestiging helderheid willen scheppen over de leer die in die kerk zou worden gepredikt. Zij vroeg al haar predikanten de Nederlandse geloofsbelijdenis te ondertekenen, en de Heidelberger catechismus bij het geloofsonderricht te gebruiken. Dat was een duidelijke, gerichte keuze, en wel voor de reformatie zoals die gepredikt was door Johannes Calvijn. De kerk wilde dat al haar dienaren een calvinistische confessie zouden onderschrijven, en de gemeente uit een calvinistisch leerboek onderwijzen. Zo meende zij haar kudde het beste te dienen, en zo legde zij het dus aan de kerken op.

Ze beschikte ook wel over middelen van controle. De kerk was trapsgewijs georganiseerd. De gemeenten in stad en dorp waren verenigd in regionale verbanden, de zogenaamde classes. De classes van één gewest kwamen samen in de provinciale synode, of in het geval van Holland twee synoden, één voor Noord en één voor Zuid. De provinciale synoden op hun beurt waren vertegenwoordigd in de nationale synode. Voor een nationale synode was toestemming van de Staten-Generaal vereist, en die werden daar steeds zuiniger mee. Lagere vergaderingen waren afhankelijk van de goedkeuring van lagere overheden, maar die waren doorgaans wel tot medewerking bereid. Dankzij dit netwerk van vergaderingen heerste er in de kerk een tamelijk hechte eensgezindheid. Er konden binnen de kerkelijke organisatie andersdenkende minderheden bestaan, maar ze zouden in omvang voortdurend slinken, omdat elke nieuwe predikant zich aan catechismus en confessie zou binden.

Niettemin was er een zwak punt in de constructie. De opleiding werd verzorgd aan de universiteiten. Toen het twaalfjarig bestand begon waren dat er nog slechts twee, Leiden en Franeker. Groningen zou volgen in 1614, Utrecht en Harderwijk kregen hun universiteiten pas later in de eeuw. Het bestuur van al deze instellingen berustte bij curatoren, die hun werk deden onder verantwoordelijkheid van de gewestelijke staten. De theologische faculteiten bepaalden voor een groot deel het aanzien van de academie, maar benoeming en ontslag van de hoogleraren ging geheel buiten de kerken om. Voor de confessionele betrouwbaarheid van de opleiders was de gereformeerde kerk afhankelijk van de overheid. Gaven de calvinisten de toon aan in de provinciale staten, zoals in Friesland, dan was haar belang veilig. In Holland waren de verhoudingen anders. De Leidse universiteit zou dan ook aan het begin van de zeventiende eeuw voor grote onrust zorgen.

In 1603 werd de Amsterdamse predikant Jacobus Arminius benoemd tot hoogleraar in Leiden. Over zijn geleerdheid behoefde niemand zich zorgen te maken. Zijn reputatie van rechtzinnigheid daarentegen was niet onverdeeld gunstig. Het duurde dan ook niet lang voordat tegen Arminius' onderwijs en opvattingen bedenkingen rezen bij zijn ambtgenoot Franciscus Gomarus. Het punt van verschil tussen beide hoogleraren was het leerstuk van de verkiezing. Het zou de Nederlanden in grote beroering brengen, zowel binnen als buiten de kerk.

Arminius heropende de discussie over de gereformeerde belijdenis op het meest omstreden punt. Het betrof de leer van verkiezing en verwerping, het vraagstuk van de goddelijke voorbeschikking of predestinatie. Het calvinisme ging ervan uit dat de mens als gevolg van de zondeval in het paradijs elke natuurlijke aanleg tot het goede had verloren. Hij was nu integendeel geneigd God en zijn naaste te haten. Hij bezat in zichzelf geen kracht meer de zonde te overwinnen. Alleen Gods genade kon hem redden. Die genade schonk God aan wie Hij wilde. Wie het waren die behouden zouden worden, stond aan de vrije beschikking Gods. Doch allen die door God waren uitverkoren mochten vast vertrouwen dat het eeuwige leven hun deel zou zijn.

Deze leer kan men indrukwekkend noemen, omdat zij radicaal breekt met de gedachte dat godsdienst een ander woord is voor beoefening van de deugd in het welbegrepen eigenbelang van de gelovige. Een deugdzaam leven is hier niet de voorwaarde voor de verlossing, maar haar resultaat. De verloste zal nu uit dankbaarheid zijn wil richten op de gehoorzaamheid aan Gods geboden. Men kan deze leer ook bijbels noemen, omdat ze een hecht fundament heeft in het nieuwe testament, met name in Paulus' brief aan de Romeinen. Men kan echter deze leer niet logisch noemen. Als de mens slechts gered kan worden door Gods vrije verkiezing, en niet door eigen kracht, hoe kan hij dan nog schuldig zijn aan de zonde waaraan hij niet kan ontkomen? Waarom wordt de een verworpen en de ander behouden?

Paulus laat de paradox staan, en het calvinisme is hem daarin gevolgd. Het lost de spanning niet op tussen verkiezing en eigen verantwoordelijkheid, maar laat beide gelden in hun volle omvang. Verkiezing is genade, en toch is verwerping schuld. Daarop richtte zich nu de kritiek van Arminius. Hij kwam met een andere verkiezingsleer. De uitverkorenen waren diegenen van wie God voorzien had dat zij zouden geloven. Bij Arminius is dus verkiezing gevolg van geloof. Bij zijn tegenstanders is geloof een gave, die tegelijk met de verkiezing wordt geschonken. Tussen de beide opvattingen bestaat dus een niet alleen duidelijk, maar ook gemakkelijk te begrijpen verschil. Dat viel op de preekstoel uit te leggen aan de toehoorders, zodat iedereen partij zou kunnen kiezen voor of tegen Arminius.

Werd het probleem aan de kerk overgelaten, dan stond de uitslag bij voorbaat vast. De jarenlange aandrang op ondertekening en aanvaarding van de belijdenisgeschriften was niet zonder gevolg gebleven. De grote meerderheid van de predikanten stond aan de kant van Gomarus, en wilde het conflict beslechten in zijn geest. In het eerste decennium van de zeventiende eeuw is dat duidelijk zichtbaar in de wijze waarop de classicale vergaderingen in Holland reageren. Studenten van de Leidse universiteit werden nauwkeurig uitgevraagd over de brandende vragen. Dienstdoende predikanten die blijk gaven van sympathie met de leer van Arminius moesten beloven geen enkel gemeentelid met hun denkbeelden te verontrusten. Het hele beleid was erop gericht de arminianen te isoleren, hen waar mogelijk op andere gedachten te brengen, en de verdere verbreiding van hun opvattingen te voorkomen.

Wilden de vrienden van Arminius zich handhaven, dan waren zij wel gedwongen bescherming te zoeken buiten de kerk. De calvinistische organisatie leek sterk genoeg om het arminianisme met kerkelijke middelen uit te schakelen. Ruim veertig predikanten besloten toen tot een gezamenlijke tegenactie. Zij plaatsten hun handtekening onder het verzoekschrift ofwel de remonstrantie, die in januari 1610 aan de Staten van Holland werd aangeboden. De remonstranten, zoals wij ze vanaf dat ogenblik mogen noemen, legden in dat document hun gevoelen neer, en vroegen voor hun standpunt ruimte binnen de kerken. Arminius zelf werd onder de ondertekenaars niet meer gevonden. Enkele maanden eerder was hij overleden, nog geen vijftig jaar oud.

De Staten van Holland waren bereid de remonstranten te hulp te komen. De contraremonstrantie, in het volgende jaar aangeboden door de vrienden van Gomarus, kon hen niet op andere gedachten brengen. Onder de regenten was nooit de bekoring geweken van het libertijnse ideaal de open kerk die ruimte bood aan iedereen. In het gevoerde beleid kwam dat niet regelrecht tot uitdrukking. Dat zou ook van weinig voorzichtigheid getuigd hebben. Hollands politieke leider, Johan van Oldenbarnevelt, beperkte zich tot dat ene concrete punt, de aanvaarding van beide opvattingen. Zowel de leer van Arminius als die van Gomarus mocht in de kerken gepredikt worden. Er moest plaats zijn zowel voor remonstranten als voor contraremonstranten. De bestaande binding aan de gereformeerde belijdenis werd daarmee dus opgeheven. De wederzijdse aanvaarding moest volledig zijn. De kerk mocht geen hotelkerk worden met gescheiden appartementen voor de beide gezindten. De twee zouden met elkaar dezelfde gebouwen delen, dezelfde preken horen, avondmaal vieren aan dezelfde tafel. Dat kwam dicht bij een reorganisatie van de kerk naar het libertijnse model. De calvinisten immers wilden dat de kerk tucht zou oefenen over leer en leven van haar lidmaten. De kerkpolitiek van Oldenbarnevelt echter verlangde van hen dat zij de keus tussen ware en valse leer zouden overlaten aan de overheid. De kerk was dan niet langer bevoegd daar zelf over te beslissen. Zij zou bij de avondmaalsviering mannen en vrouwen moeten toelaten die zij zelf daartoe onwaardig achtte.

Was het vaststellen van de leer dan niet bij uitstek een kerkelijke bevoegdheid waarover een synode zich zou moeten uitspreken? In de optiek van de Hollandse Staten kon dat nooit het geval zijn. Elke kerkelijke beslissing was aan de goedkeuring van de overheid onderworpen, en zelfs het recht om te vergaderen moest uitdrukkelijk zijn verleend. Over de wenselijkheid van een synode bestond in dit geval geen verschil van mening. Arminius had er zelf in 1605 al om gevraagd. De aanhangers van Gomarus waren daar gaarne toe bereid. Ze wilden dat deze synode dan de opvattingen van Arminius zou toetsen aan de bestaande belijdenis. Arminius daarentegen wilde eerst een discussie over die confessie. Het kwam er dus op neer dat de ene partij de geschilpunten wilde toetsen aan de belijdenis, de andere wenste de belijdenis te toetsen aan de nieuwe opvattingen. Een onoverbrugbare kloof dus. De Staten van Holland gaven toen geen verlof tot het houden van een synode. Ook de vergaderingen van de provinciale Hollandse synoden werden opgeschort. Ze zouden pas in 1618 worden hervat.

Deze kwestie heeft Holland diep verdeeld en het land aan de rand van een burgeroorlog gebracht. Hoe kon een meningsverschil tussen twee professoren in de theologie zulke verregaande consequenties hebben? In die vorm is het een verkeerd gestelde vraag. Ze beperkt het geschil tot de studeerkamer. Maar daar is het niet als een puur theoretisch vraagstuk op tafel gekomen. Het is een praktisch probleem voor ieder die het evangelie verkondigt. Bekeert u en geeft u over aan Gods genade, zegt de dominee op de preekstoel. Maar hoe kan hij oproepen tot bekering, vraagt Arminius, als verkiezing en verwerping toch reeds vaststaan? Hoe kan hij ons overgeven aan Gods genade, antwoordt Gomarus, als we zelf eerst bewijs moeten leveren dat we gelovig zijn? Die vragen raken de hele gemeente, en ze hebben de kerk dan ook in hevige beroering gebracht.

Nu is dat kerken vaker overkomen. Blijken de tegenstellingen onverzoenbaar, dan gaan de partijen uiteen. Dat leidt dan tot kerkscheuring, maar niet tot burgeroorlog. Zo is het uiteindelijk ook in de bestandsjaren gegaan. Dat de strijd zo hoog opliep was gevolg van de overheidsbemoeienis. Oldenbarnevelt en de zijnen vonden het alternatief van kerkscheuring onaanvaardbaar. De kerk was een nationaal goed. De eensgezindheid van het Hollandse volk was gediend met kerkelijke eenheid. Vóór de reformatie waren kerk, volk en staat één geweest. Herstel van die eenheid kon nog altijd het achterliggende ideaal zijn van kerkelijk overheidsbeleid. Oldenbarnevelt begreep het theologische geschilpunt zeer goed, zo ingewikkeld was het immers niet. Zijn eigen voorkeur ging uit naar het standpunt van de contraremonstranten, zoals een pastoraal gesprek in zijn laatste levensnacht zou doen blijken. Maar het verschil was hem geen kerkscheuring waard. Dus mocht niemand een kerkscheuring willen. De kerk moest de vrede bewaren, of anders zouden de Staten haar die opleggen, desnoods met geweld.

Oldenbarnevelt maakte zich hier schuldig aan een bekende denkfout. Hij verwarde tolerantie met leervrijheid. Tolerantie houdt in dat ieder zijn eigen weg mag kiezen. Maar dan mag hij ook zelf beslissen met welke reisgenoten hij op weg wil gaan. Tolerantie is met leervrijheid slechts verenigbaar, als ze ook de vrijheid tot afscheiding insluit. De gereformeerde kerk had ervoor gekozen een belijdende kerk te zijn waarin alle predikanten gebonden zouden zijn aan eenzelfde confessie. Wie haar leervrijheid opdrong beval haar van natuur te veranderen. In spijt van alle maatregelen die Oldenbarnevelt en zijn rechterhand Hugo de Groot verzonnen, toonde een aanzienlijke meerderheid zich niet tot gehoorzaamheid bereid. Op tal van plaatsen weigerden de contraremonstranten de samenwerking met hun remonstrantse tegenstanders. Zij gingen apart vergaderen, of liepen elke zondag uit naar andere dorpen en steden. Meer en meer werd duidelijk dat de Staten aan de kerk een last oplegden die zij niet wilde dragen.

De Staten stonden nu voor de keus. Zij konden hun nederlaag erkennen, en de kerk toestaan zelf te beslissen over haar eigen leer. Dat alternatief kwam voor Oldenbarnevelt niet in aanmerking. De staat moest zijn gezag over de kerk hooghouden en mocht in geen geval juist de partij laten vallen die zijn bescherming had gezocht. Dan bleef niets over dan fysieke dwang. Zo gebeurde. Dominees werden ontslagen, vergaderingen uiteengejaagd, roerige gemeenteleden uit de stad verbannen. De meest tolerante overheid van Europa ging tot kerkvervolging over ter wille van leergeschillen die zijzelf niet eens belangrijk vond.

Maurits en Oldenbarnevelt

In onze ogen is het bizar en curieus. Maar ook de tijdgenoot was verwonderd. Waarom zetten de Staten zulke sterke middelen in om de kerk te dwingen tot een koers die zijzelf hardnekkig afwees? Dikwijls lost het ene raadsel het andere op. Velen stonden verbaasd over Oldenbarnevelts buitenlandse politiek. Frankrijk had na de moord op Hendrik IV het roer omgewend in de richting van Spanje. De hele wereld kon het weten, want de koningshuizen van beide landen bezegelden met een dubbelhuwelijk hun nieuw gesloten vriendschap. Geen goede protestant zou nu nog de Fransen vertrouwen. Alleen voor Oldenbarnevelt scheen het geen verschil te maken. Hij bleef een toegewijde bondgenoot van dat verraderlijke Frankrijk, dat zich openlijk aan Spanje had verkocht. In Frankrijk waren de hugenoten in opstand gekomen tegen dat jezuïetengouvernement. Wat was Oldenbarnevelts reactie geweest? Hij had de Franse regering zijn steun toegezegd om de protestantse opstand te onderdrukken.

Sommige politieke waarnemers zagen daarin de voorbode van nieuwe onderhandelingen over een vredestraktaat. Als Frankrijk dan zijn gewicht in de schaal zou leggen ten gunste van zijn Spaanse bondgenoot, zou het resultaat wel eens heel wat slechter kunnen uitvallen dan in 1609. Waarschijnlijk zouden de Nederlanders dan de vaart op Indië moeten prijsgeven, en zeker zouden ze vrije godsdienstoefening moeten toestaan aan de katholieken. Zo'n vrede werd door Oldenbarnevelts star vasthouden aan de Franse alliantie voorbereid, tot onheil van het land.

Zo rees meer en meer twijfel aan Oldenbarnevelts goede bedoelingen.

En in dat weefsel van verdachtmakingen had de godsdienstpolitiek van de Hollandse Staten haar natuurlijke plaats. De landsadvocaat, zo meenden zijn felste tegenstanders, werd niet misleid, maar was zelf van kwade bedoelingen vervuld. Hij hield de remonstranten de hand boven het hoofd: een kleine, kettersc groep, die in haar leer dichter bij Rome stond dan bij de reformatie. Zo werd de gereformeerde kerk krachteloos gemaakt en daarmee was het hechtste bolwerk geslecht dat de Nederlanden tegen het pausdom beschermde. Moest dat niet dienen om een algemene tolerantie voor te bereiden, die ook de katholieken insloot? En had men eenmaal de katholieken vrije eredienst vergund, dan stond niets meer een definitieve vrede met Spanje in de weg. Dan zouden de zuinige regenten vervolgens direct het leger afdanken, en de roomse vijfde colonne, uit haar schuilhoeken te voorschijn gekomen, zou weldra zorgen dat de Spanjaard meester werd in het hele land.

We kunnen deze redenering gekunsteld noemen, ongezond, overspannen, vergiftigd. Maar ze is niet verzonnen door politieke tinnegieters aan de bierbank of rondom de molen. Het waren diplomaten van de eerste rang, zoals de Engelse gezanten sir Ralph Winwood en Dudley Carleton, en de Nederlandse ambassadeur in Parijs, Frans van Aerssen van Sommelsdijk. Ook Maurits hebben zij voor dat standpunt gewonnen.[9] De stadhouder is er ten langen leste van overtuigd geraakt dat de advocaat landsverraderlijke bedoelingen koesterde.

Op welk moment of zelfs maar in welk jaar die verdenking bij hem tot rijpheid is gekomen ligt in het verborgene. Maar zeker is wel dat Oldenbarnevelts Fransgezinde politiek Maurits reeds in 1612 ernstige zorgen baarde. Hij heeft zich toen al ingelaten op geheime onderhandelingen met Engeland om een protestants alternatief te vinden voor de Franse alliantie. Op dat tijdstip had hij ook reeds bij de contraremonstranten de reputatie hun partijgenoot te zijn.[10] In het kerkelijk conflict had hij de rekening opgemaakt en zijn conclusie getrokken.

Het is waar, er bestaat een anekdote die zegt dat Maurits bekend zou hebben niet te weten of de predestinatie groen of blauw was. Het is op zichzelf genomen al een vreemd verhaal. Maurits was opgevoed in het huishouden van zijn streng calvinistische oom Jan van Nassau. Ongetwijfeld was hij van jongsaf aan in de geloofsleer onderwezen, en hij leefde in de eeuw van de godsdienstoorlogen, die theologische vraagstukken als vanzelf actualiteit en betekenis gaven. De anekdote wint ook niet aan geloofwaardigheid als we weten dat ze voor het eerst gedrukt is in 1827. Toen was het overigens niet groen of blauw, maar grauw of blauw. We kunnen deze historie dus gerust naar het rijk der fabelen verwijzen, en er ons tegelijk bij neerleggen dat ze nooit uit de geschiedschrijving zal verdwijnen. 'De aan hem toegeschreven opmerking, dat hij niet wist of de predestinatie blauw of groen was moge apocrief zijn, ze geeft precies zijn onbevattelijkheid voor zulke abstracte denkbeelden weer.'[11] Als historici van goede faam die wijze van schrijven verantwoord vinden, zie ik niet wat we voor Maurits nog kunnen doen.

Eén ding mogen we niettemin ten gunste van de onbevattelijke Maurits zeggen. Hij gaf in de kerkelijke strijd van meer werkelijkheidszin blijk dan Oldenbarnevelt. Beiden wilden dat de kerk onder controle van de overheid zou staan, en beiden wilden dat de rust zou terugkeren. De oorzaak van de onrust moest dus weggenomen worden, en voor Oldenbarnevelt was dat de felheid van de contraremonstrantse ijveraars. Hij probeerde daarom de meerderheid te dwingen tot verdraagzaamheid. Maurits daarentegen hield juist de remonstranten voor intolerant. In zijn brieven betitelt hij de twee partijen steeds als 'de goeden' en 'de hevigen'. Met de laatsten bedoelt hij de remonstranten.[12] Die lastige minderheid moest men dus het zwijgen opleggen. Het is misschien geen grootser, maar wel een realistischer doelstelling dan de heropvoeding van een flinke meerderheid. Als politiek de kunst is van het mogelijke, dan heeft Maurits zich gedurende de bestandsjaren een beter politicus getoond dan zijn opponent.

De beslissing viel in 1617, in Den Haag. Dat was een van de vele plaatsen waar het een jaar eerder tot een feitelijke scheuring gekomen was. De contraremonstrant Rosaeus was in zijn ambtsbediening geschorst, omdat hij geen vrede met de andere partij wilde houden. Rosaeus legde zich bij die beslissing niet neer, maar ging in Rijswijk preken. Enkele honderden Hagenaars liepen elke zondag uit om hem te beluisteren. In de zomer van 1617 echter begon die lange wandeling de Haagse contraremonstranten te verdrieten. Ze namen bezit van de kloosterkerk, die tot dan toe niet voor de prediking werd benut. Oldenbarnevelt woonde toen aan de Kneuterdijk, op enkele meters afstand dus van het gerequireerde kerkgebouw. Hij heeft naar het schijnt ernstig overwogen deze provocatie zwaar te bestraffen, maar deed uiteindelijk niets. Het zou ook een zeer verantwoordelijke beslissing zijn geweest. De dienst in de kloosterkerk had een bijzonder karakter door de aanwezigheid van niemand minder dan Maurits. De stadhouder had nu ook openlijk partij gekozen.

Het was voor Maurits gemakkelijk genoeg in Rijswijk te kerken. Daar woonde hij zelf. Zijn Haagse kerkgang had daarom vooral een demonstratieve betekenis. Als stadhouder stond hij in dienst van de Staten van Holland, maar dat had Maurits niet belet ten aanschouwen van heel Den Haag stelling te nemen tegen het beleid van zijn meesters. De stadhouder was tevens kapitein-generaal van het leger, en als zodanig verantwoordelijk voor de handhaving van orde en rust. Maurits' gang naar de kloosterkerk was een publiek getuigenis: op deze kapitein-generaal viel niet langer te rekenen. Om alle misverstand uit te sluiten verklaarde Maurits in ronde woorden dat hij niet bereid was zijn soldaten in te zetten tegen de gereformeerde kerk. De Staten van Holland zouden andere middelen moeten zoeken.

Zij vonden die in hun besluit van 4 augustus 1617. Het was door Oldenbarnevelt persoonlijk ontworpen en staat bekend als 'de scherpe resolutie'. Ze wees iedere wijziging van het kerkelijk beleid radicaal van de hand. Er zou geen synode komen, nationaal noch provinciaal. De stedelijke magistraten konden naar eigen behoefte soldaten in dienst nemen, zogenaamde waardgelders, om met hun hulp de orde zo te handhaven als die steden zelf wensten. De bestaande krijgsmacht zou moeten gehoorzamen aan de Staten van Holland en aan de regering van de steden waar ze was gelegerd. Wie meende zich te moeten beklagen over de handelingen van de plaatselijke autoriteiten, diende zich te wenden tot de Staten van Holland, en niet tot de gewone organen van de justitie.

Dat was de befaamde scherpe resolutie. Extravagant, zou Maurits haar noemen. Ze bezat inderdaad zowel scherpte als extravagantie, maar die beide eigenschappen konden zich slechts openbaren als ze steunde op reële macht. De kerkelijke onrust duurde al zo lang als het bestand oud was. Alle voorgaande maatregelen, mild of energiek, hadden de vrede in de kerken niet tot stand kunnen brengen. De gewone machtsmiddelen waren ontoereikend gebleken. Wie de zaken nuchter beoordeelde – maar wie was daar nog toe in staat? – zou moeten erkennen dat de politiek van Oldenbarnevelt had gefaald. Ze had de regenten in een valse positie gebracht. Een gematigde overheid als de Hollandse kon niet zichzelf blijven, als zij tegenover haar eigen onderdanen haar gezag moest handhaven met behulp van huurlegers en buitengewone justitie.

De scherpe resolutie koos in feite voor een militaire oplossing, maar dan tegen de wil van de militaire leiding in. Het bleek een ernstige onderschatting van de werkelijke machtspositie die de stadhouder innam. Maurits was de dienaar van de gewestelijke staten, maar hij was tegelijk veel meer. Hij had het bevel over de soldaten van de Republiek. Maar die soldaten zouden nu eerst moeten luisteren naar de burgemeester van Schoonhoven of van Medemblik, voordat ze de orders van hun kapitein-generaal in overweging mochten nemen. Deze resolutie was in de kiem staatsontbindend. Ze zei Maurits de wacht aan. Onder deze voorwaarden kon hij noch stadhouder van Holland zijn, noch kapitein-generaal.

Ze is dan ook het keerpunt in de bestandstwisten geworden. Sindsdien zette Maurits zich actief in om de contraremonstranten de overhand te bezorgen, en de partij van Oldenbarnevelt ten val te brengen. Hij deed het langzaam en voorzichtig, in de stijl waarin hij ook altijd zijn belegeringen had uitgevoerd. Geleidelijk aan brak hij Oldenbarnevelts invloed af, eerst in de Staten-Generaal, vervolgens ook in de Staten van Holland. Hij kon steunen op de publieke opinie, op Oldenbarnevelts politieke vijanden, op de Engelse ambassadeur en diens patroon koning Jacobus I, die een diep wantrouwen koesterde jegens de pro-Franse koers van de landsadvocaat. Maar het voornaamste was wel dat het leger aan zijn bevelen bleef gehoorzamen. Het schonk geen aandacht aan de scherpe resolutie, die het onder bevel van de stedelijke magistraten stelde. De door sommigen gevreesde burgeroorlog bleef dan ook uit. Dreigen met geweld bleek voldoende om in de regeringscolleges overal nieuwe meerderheden te vormen. In augustus 1618 was het werk voltooid. Maurits liet zich door de Staten-Generaal instrueren Oldenbarnevelt en zijn voornaamste medestanders in verzekerde bewaring te stellen. Het conflict van de bestandsjaren was ten einde.

De synode van Dordrecht

Nu was het woord aan de overwinnaars. Nu konden zij kerk en staat naar hun hand zetten. Om de kerk was het hun begonnen geweest, en daarvoor hadden ze ook een duidelijk program. De nationale synode kon eindelijk bijeenkomen, en die zou ongetwijfeld het remonstrantisme veroordelen. De leer was veiliggesteld. Zolang de Republiek der Zeven Verenigde Nederlanden nog zou bestaan heeft ook nooit weer een overheid beproefd de kerk voor te schrijven wat de christen nodig is te geloven.

Dat gevaar was bezworen. Maar er stond meer op het spel. Onze tegenstanders, had eens de oude Arnhemse predikant Johannes Fontanus gezegd, willen dat wij geen herders over de kudde, maar schapen onder de macht van de magistraat zullen zijn. Fontanus stierf in 1615. Waren hem drie levensjaren meer vergund geweest, dan had de synode hem wel eens tot haar praeses kunnen kiezen. Niet uitgesloten is dat juist in die positie de twijfel hem nu en dan zou hebben bevangen: was hij herder gebleven of toch veranderd in een schaap? Oldenbarnevelt had zich een onbereikbaar doel gesteld: een kerk waarin het moest gaan naar de zin van de minderheid. Maurits was toen de meerderheid te hulp gekomen. Daarom hadden de contraremonstranten vertrouwen in hem, en voelden zij geen behoefte elk gebod dat de nieuwe regering hun oplegde achterdochtig tegen het licht te houden. Tussen kerk en staat heerste harmonie als nooit tevoren, niet omdat de kerk de staat overwonnen zou hebben, maar omdat de kerk de bedoelingen van deze overheid niet vreesde. Dat de staat het beslissende woord moest spreken was ook voor Maurits geen punt van discussie.

In dat licht bezag hij ook de nationale synode. Dat ze in Dordrecht bijeenkwam was hem eigenlijk niet naar de zin. Den Haag was beter geweest, want daar zetelden toch al de regeringscolleges waarmee voortdurend overleg gepleegd moest worden. De synode lag voor hem in het verlengde van de Haagse politiek. Een flinke delegatie van de Staten-Generaal nam aan de vergaderingen deel. Deze gedeputeerden mengden zich niet vaak in de gedachtewisseling, maar als het erop aankwam gaf hun stem altijd de doorslag. Ook de Engelse ambassadeur in Den Haag stond trouwens in doorlopend contact met de Britse gedelegeer-

De Nationale Synode van Dordrecht, gehouden van 13 november 1618 tot en met 25 mei 1619.

Stichting Atlas van Stolk, Rotterdam.

den – uit Engeland en Schotland – die de synode als stemhebbende leden bijwoonden.

Er waren meer buitenlanders, want dat lag in de opzet besloten. De synode moest uitdrukking geven aan de internationale eenheid van het gereformeerde protestantisme. Vooral de Engelse koning had daar altijd op aangedrongen. Jacobus had zelf een levendige belangstelling voor theologie, en combineerde die interesse met de politiek. Als hoofd van de Engelse kerk wilde hij beide domeinen op elkaar betrekken, ook in de internationale verhoudingen. Zo niet als protestantse paus, dan toch als algemeen gerespecteerd arbiter in alle kerkelijke zaken. De bestandstwisten heeft hij al die jaren lang kritisch begeleid, als overtuigd tegenstander van Oldenbarnevelt. Op zijn wijze heeft hij tot diens val bijgedragen, en het is ook mede onder zijn invloed dat de synode een internationaal karakter gedragen heeft: naast Engelsen en Schotten waren er Zwitsers en Duitsers, uit verschillende Duitse vorstendommen en steden. Fransen waren er niet. Het katholieke Frankrijk had er geen belang bij het prestige van een protestantse synode te vergroten.

De remonstranten waren eveneens present, niet als gedeputeerden, doch slechts als gedaagden. Zelf beseften ze wel weinig of geen kans te maken. Hun tactiek was meer gericht op vertraging dan op efficiënte afhandeling van zaken, tot het ten slotte voorzitter Bogerman te veel werd. Met een korte harde aanspraak zette hij de remonstranten buiten de deur. Bogerman had van tevoren overlegd met de politieke gedeputeerden en wist zich van hun instemming verzekerd. De schade aan zijn reputatie komt niettemin voor zijn rekening, want de gekozen vorm was zijn eigen verantwoordelijkheid. De verdere procedure werd er wel door vereenvoudigd, nu de beraadslagingen niet langer het karakter droegen van een twistgesprek waarin beide partijen slechts uit waren op handhaving van eigen gelijk. Al konden de gemoederen ook nu nog wel eens behoorlijk verhit raken, de leeruitspraken werden in april 1619 met algemene stemmen aangenomen. Als Dordtse leerregels of vijf artikelen tegen de remonstranten kregen zij in de Nederlandse kerk de status van belijdenisgeschrift.

De synode deed nog vele andere zaken. Naar het bestaande gebruik herzag zij de gehele kerkorde, en zij besloot een nieuwe Nederlandse vertaling van de bijbel te laten maken. Die kwam pas veel later gereed, en ze zal ons dan ook pas in een volgend hoofdstuk bezig moeten houden. De kerkorde is bekend geworden met het toevoegsel 'Dordts', en ze wijkt inderdaad op enkele punten van haar Haagse voorgangster af. Wezenlijk bevat ze opnieuw dezelfde regelingen en voorschriften die sinds de synode van Emden in 1571 het bestuursmodel vormden van de gereformeerde kerk in de Nederlanden. Ze beschrijft de structuren van de kerkelijke organisatie, zoals de calvinisten zich die hoopten en dachten. Die bestonden al lang voordat de synode van Dordrecht bijeenkwam. Ze gaven vorm aan het kerkelijk leven, en ze zouden dat blijven doen. Maar het bleef een spel binnen regels die de overheid had opgesteld, en die ze wijzigde naar believen. Nationale synoden, zo zei de kerkorde, zullen gewoonlijk eens in de drie jaar bijeenkomen. Zolang de Republiek bestaan heeft, is er nooit meer een nationale synode bijeengeroepen. Dat was het leergeld van de bestandstwisten. Zo ver wilde de overheid het nooit meer laten komen. Kwam eenmaal een synode bijeen, dan was dat een zeker teken dat de zaken al uit de hand gelopen waren.

De dood van Oldenbarnevelt

Kerkelijke conflicten hadden hun vaste regels. De toepassing kon pijn doen, de procedures konden moeizaam verlopen, maar men wist van tevoren welke wegen bewandeld moesten worden. Voor het conflict in de staat lag geen regeling klaar. De vroegmoderne tijd had nog niet de mechanismen ontworpen om wisseling van leiding vreedzaam en soepel te doen verlopen. De Staten van Holland in hun nieuwe door Maurits aangepaste politieke samenstelling konden niet eenvoudig hun advocaat ontslaan met dank voor de bewezen diensten. Daarvoor waren de tegenstellingen veel te hoog opgelopen, en daarvoor waren ook de verdenkingen te ernstig. Oldenbarnevelt werd niet naar huis gezonden, maar gearresteerd. Met hem raakten nog drie anderen in gevangenschap: zijn rechterhand Hugo de Groot, laatstelijk pensionaris te Rotterdam; Rombout Hoogerbeets, pensionaris van Leiden; en Gillis van Ledenberg, advocaat van de Staten van Utrecht.

Over hun lot moest nu beslist worden, maar door wie? De Republiek kende geen nationaal gerechtshof, en ze beschikte al helemaal niet over een instelling die zich kon belasten met de bestraffing van politieke misdrijven. De Staten van Holland meenden dat zij de eerst geroepenen waren om de drie Hollanders te berechten. De andere provincies echter betoogden dat het hier ging om de beschuldiging van landverraad, en dat raakte de hele Unie. Men vond uiteindelijk een tussenoplossing. Het waren de Staten-Generaal die een bijzondere rechtbank instelden van vierentwintig rechters. Holland mocht er twaalf aanwijzen, en de andere zes provincies ieder twee.

Vrienden van Oldenbarnevelt waren er niet bij. Maar zelfs al had men hen aangezocht, ze hadden stellig voor een benoeming bedankt. Hun eergevoel moest hun dat verbieden, en niet minder hun rechtsbewustzijn. Hoe kon men een hoge ambtenaar zelfs maar in staat van beschuldiging stellen, als hij zich voor elk onderdeel van zijn beleid kon beroepen op de machtiging van zijn superieuren, de Staten van Holland? Van de formele zijde beschouwd kon Oldenbarnevelt helemaal niet berecht worden, laat staan veroordeeld. Wie instemde met de instelling van een bijzondere rechtbank, moest alleen reeds daardoor tot Oldenbarnevelts politieke tegenstanders behoren.

De uitspraak van de rechtbank was daarmee niet bij voorbaat gegeven, maar haar keuzemogelijkheden waren wel tamelijk eng begrensd. De veroordeling van de landsadvocaat was in de gegeven omstandigheden een politieke noodzakelijkheid. Het was hier als in Dordrecht: de rechters konden niet anders doen dan het gelijk van de overwinnaars bevestigen. Op twee vragen moesten zij niettemin een antwoord geven. Ten eerste dienden zij een manier te vinden om de handelingen van de beklaagden als strafwaardig te omschrijven. Ten tweede was het aan hen de strafmaat vast te stellen. Konden zij het laten bij gevangenisstraffen of moesten zij doodvonnissen uitspreken?

De eerste van die beide opgaven hebben ze niet naar behoren volbracht. Het was ook een onmogelijke taak. Oldenbarnevelt en zijn medestanders waren niet schuldig in de zin der wet. Ze hadden gekozen voor een bepaald beleid, en dat is dan ook alles wat de sententie kan uitdrukken. Eigenlijk wordt de tegenstelling reeds geheel blootgelegd in de eerste overweging van het vonnis: Oldenbarnevelt had staande gehouden dat elk gewest bevoegd was zelf over kerkelijke zaken te beslissen.

Zo dachten inderdaad de Hollandse regenten, en over die opvatting viel ook nauwelijks te twisten. De Staten van Holland oefenden de soevereiniteit uit. De opperheerschappij over de kerk was daarbij inbegrepen. De kerk was aan de staat ondergeschikt. Dat vond ook de partij van Maurits, en ze heeft in Dordrecht naar die leer gehandeld. Desondanks was dit soevereine recht aan praktische beperkingen onderworpen. De Unie van Utrecht had zich ontwikkeld tot een verbond voor de handhaving en verdediging van de gereformeerde religie. Mocht elke provincie in theorie al het formele recht behouden hebben zich te conformeren aan de oude rooms-katholieke kerk, de bondgenoten zouden die afwijking zeker niet hebben aanvaard.

Nu was terugkeer naar Rome wel het uiterste, maar ook in kleinere zaken diende er toch overeenstemming te zijn. De zeven gewesten verdedigden samen de gereformeerde religie. Daarom moesten ze het ook met elkaar eens zijn over de omschrijving van dat begrip. Zeven provincies met zeven verschillende kerken konden niet samen strijden voor één geloof. Wilde Holland aan dat begrip gereformeerd een bepaalde invulling geven, dan stelde het in feite de andere provincies de wet: volgt onze lijn, want anders loopt de eenheid van de Unie gevaar. Holland hechtte dan te veel aan zijn formele recht, en verloor uit het oog dat de gezamenlijke verdediging van eenzelfde belang ook gemeenschappelijke besluitvorming vereiste.

Dit verschil gaat dieper dan het op de eerste blik schijnt. Het leidde ertoe dat Holland onder de directie van Oldenbarnevelt een eigen kerkelijke orde ging handhaven. Maar wie een bepaalde orde oplegt tegen de wil van de meerderheid in, moet machtsmiddelen te baat nemen. Hij moet dus de beschikking hebben over soldaten. Hij moet het leger kunnen inzetten voor de handhaving van een religie die in een andere provincie niet wordt erkend. Zo brengt hij de militairen in een gewetensconflict. Welke godsdienst hebben zij nu bezworen in hun eed van trouw? Daarom wordt Oldenbarnevelt in het vonnis ook als schuld aangerekend dat hij de Hollandse steden waardgelders in dienst deed nemen, en dat hij het garnizoen van Den Briel heeft willen verplichten tot een nieuwe eed. Zo gezien was Oldenbarnevelts politiek een ondermijning van de Unie van Utrecht. Ze gaf het gemeenschappelijk doel van handhaving van de gereformeerde religie prijs, tenzij de andere gewesten zich noodgedwongen aan Holland zouden conformeren.

Wat Oldenbarnevelt wilde kwam dus neer op de keus tussen ontbinding van de Unie, of erkenning van de Hollandse hegemonie, ook in het kerkelijke. Het is begrijpelijk dat de andere provincies zich daarbij niet konden neerleggen. Maar dat maakt Oldenbarnevelt nog niet schuldig. Hij belichaamde slechts de politieke wil van de Staten van Holland. Het mocht waar zijn dat de landsadvocaat zelf een ijverig voorstander van dat beleid geweest was. Maar het kon hem niet persoonlijk aangerekend worden. De rechters hadden wel het punt aangewezen waarop de gedachten radicaal uit elkaar liepen, ze hadden daarmee niet een veroordeling gerechtvaardigd.

De zware straf kan dan ook alleen begrijpelijk worden tegen de achtergrond die we eerder hebben geschetst. We moeten het doodvonnis lezen als bedekte explicatie van het vermeende landverraad. Als het erom begonnen was de gereformeerde kerk te ondermijnen, de herinvoering van de katholieke religie voor te bereiden, en de Spanjaarden opnieuw voet te verschaffen in het land, dan zijn al de aangevoerde feiten in hoge mate belastend. Het motief van het landverraad verenigt ze tot één patroon. Oldenbarnevelt is ter dood veroordeeld op grond van deze onbewezen vermoedens. Een tragisch, doch niet uniek geval, dat verdenkingen meer uitwerkten dan bewezen feiten.

Op 13 mei 1619 vond de executie plaats. Naar de zede van de tijd kreeg de veroordeelde zelf het laatste woord: 'Mannen, gelooft niet dat ik een landverrader ben. Ik heb oprecht en vroom gehandeld als een goed patriot, en die zal ik sterven.' De Staten van Holland getuigden op de dag van zijn terechtstelling in hun resolutiënregister nog eenmaal wat zij in Oldenbarnevelt hadden verloren: 'Een man van grooten bedrijve, besoigne, memorie ende directie, ja singulier in alles. Die staat siet toe dat hij niet en valle, ende sij Godt sijne siele genadigh. Amen.'

De laatste jaren van het bestand

Maar wat was er nu veranderd met Oldenbarnevelts val? Veel in de persoonlijke, weinig in de structurele sfeer. De inzet van de binnenlandse strijd had niet bestaan in een verschil van opvatting over de constitutie van de Republiek. Het is een weliswaar oude, maar desalniettemin volstrekt onjuiste gedachte dat het in 1618 ging om het vraagstuk van de soevereiniteit: lag die bij de gewesten, of bij de Staten-Generaal? Het is een begrijpelijk misverstand, want zowel Oldenbarnevelt als zijn medebeklaagden hebben zich steeds beroepen op de provinciale soevereiniteit, in de wetenschap dat ze daarmee een ijzersterke verdediging opbouwden. Maar Oldenbarnevelt heeft te dikwijls – ook tijdens de bestandsjaren, in Utrecht en Friesland – de Generaliteit ingezet tegen onwillige provincies, dan dat men hem de martelaar van de gewestelijke suprematie mag noemen. Oldenbarnevelt verlangde de suprematie van Holland. Met welke middelen dat doel het beste bereikt kon worden was van minder zorg. Hij wilde de erkenning van Hollands machtspositie. De Republiek moest geleid en bestuurd worden zo als Hollands belang het vereiste. Dat bleef ook na 1618 het geval. De Republiek was van Holland afhankelijk, en bewees gewoonlijk zichzelf de beste dienst als ze bereid was met het belang van dat gewest steeds ernstig rekening te houden. De oude structuren die dat mogelijk maakten bleven intact.

In de Nederlandse Republiek was echter het persoonlijke element doorgaans belangrijker dan het formele. De noordelijke gewesten waren in hun strijd tegen Spanje altijd verenigd geweest achter één politieke leider. Dat was eerst de prins van Oranje geweest, en vervolgens na een kort machtsvacuüm de Hollandse landsadvocaat. Maurits had hem weliswaar als legeraanvoerder terzijde gestaan, maar de directie van het binnen- en buitenlands beleid lag in handen van Oldenbarnevelt. Na zijn dood beschikte alleen Maurits over genoeg prestige en autoriteit om de leiding over te nemen. Maar in feite werd hij in deze nieuwe positie overvraagd. De stadhouder miste nu eenmaal het staatsmansinzicht en de bestuurlijke ervaring van zijn geniale opponent.

Daar kwam bij, dat Maurits minder dan Oldenbarnevelt gelegenheid had samen te werken met ervaren mensen. Dat was niet omdat de omwenteling zo veel van Oldenbarnevelts oude partijgangers in de gevangenis heeft doen belanden. Slechts enkelen hebben met hem voor de rechtbank gestaan. Het ging om mannen die één niveau lager dan Oldenbarnevelt in naam de dienaren en in feite de dirigenten waren van de overheden die hen hadden aangesteld: de pensionarissen van de aan Oldenbarnevelt welgezinde steden. In Leiden was dat Rombout Hoogerbeets, in Rotterdam Hugo de Groot. Beiden werden veroordeeld tot levenslange gevangenisstraf. Dat lot zou naar alle waarschijnlijkheid ook de secretaris van de Staten van Utrecht getroffen hebben, Gillis van Ledenberg. Die sloeg echter in de gevangenis de hand aan zichzelf.

De Groot en Hoogerbeets werden ondergebracht op het slot Loevestein. De Groot wist in 1621 te ontvluchten met de hulp van zijn echtgenote Maria van Reigersberg en het dienstmeisje Elsje van Houwening: een sprookjesachtig mooi verhaal van haast volmaakte romantiek. Nederlands beroemdste geleerde ontsnapt in een boekenkist van nog geen vier voet lengte, dankzij het vernuft van zijn liefdevolle huisvrouw en de toegewijde hulp van hun trouwe dienstmeisje. Zo herkreeg De Groot zijn vrijheid, maar voor de prijs van eeuwige ballingschap. Hoe het hem had kunnen vergaan als hij geduldig zijn lot had aanvaard blijft ijdele speculatie. Wel weten we dat de detentie van Hoogerbeets kort na Maurits' overlijden werd omgezet in huisarrest. Spoedig daarna is hij gestorven.

Maar de gevangenschap van deze twee pensionarissen betekende niet een beslissende verzwakking van het Hollandse regentenpatriciaat. Meer problematisch was dat in de meeste steden de zittende notabelen aan de kant geschoven waren ten gunste van mannen die politiek betrouwbaarder werden geacht, maar nog ongeoefend waren in de regeerkunst. Dat geldt ook van de nieuwe raadpensionaris Anthonie Duyck, die na een interimperiode in 1621 als opvolger van Oldenbarnevelt werd benoemd. Duyck had een veeljarige ervaring opgebouwd bij de rechterlijke macht, maar was bestuurlijk onervaren. Hij was niet de man om leiding te geven aan de Staten van Holland. Van die vergadering ging niet zo veel kracht meer uit, en dat zou nog jarenlang zo blijven.

Een groot verlies voor Maurits was ongetwijfeld het overlijden van zijn neef Willem Lodewijk in 1620. Van alle Friese stadhouders is hij de enige geweest die een hoofdrol heeft vervuld in de Nederlandse geschiedenis. Latere Friese Nassaus gedroegen zich meestal als jaloerse rivalen, of in het gunstigste geval als volgzame ondergeschikten. Willem Lodewijk daarentegen was de volwaardige partner van zijn Hollandse ambtgenoot. Zijn raad woog Maurits haast zwaarder dan zijn eigen oordeel. In militaire bekwaamheid kwam de Friese stadhouder Maurits nabij, in zuiverheid van karakter heeft hij hem verre overtroffen. Zijn overlijden was een verlies voor de Republiek, en voor Maurits in het bijzonder. Met Willem Lodewijks opvolger Ernst Casimir begint de lange reeks van middelmatige grootheden in het Friese stadhouderschap.

Met deze mensen aan het roer moest de Republiek het hoofd bieden aan de wisselende tijdsomstandigheden. De twaalf jaar van het bestand waren bijna om, en dan zou de oorlog hervat moeten worden. Maar in 1609 had de wereld er anders uitgezien. Ten eerste was de binnenlandse eensgezindheid verdwenen. Dat uitte zich in een kerkscheuring volgend op de Dordtse synode. Een deel van de remonstrantsgezinden scheidde zich van de gereformeerde kerk af, en vormde de remonstrantse broederschap. Groot was ze niet, want de aanhangers van Arminius waren altijd al in de minderheid geweest, en een deel van hen schrok toch voor de uiterste consequentie terug. De bescherming van overheidswege was nu in haar tegendeel verkeerd. Zolang Maurits leefde, en ook nog enkele jaren daarna, stond de broederschap aan vervolging bloot. Op haar sociale samenstelling had dat de gebruikelijke uitwerking: niet vele wijzen, niet vele machtigen, niet vele edelen.

Die kleine broederschap vormde ook niet het eigenlijke risico. Wat de eensgezindheid brak was de blijvende partijschap in de hoogste kringen. Tijdens de bestandstwisten bestond tussen de prins en de meerderheid van de Hollandse regenten een politiek verschil van inzicht over het te voeren beleid. Het was moeilijk dat conflict tot een goed einde te brengen binnen een staatsrechtelijke structuur die eigenlijk gebaseerd was op harmonie tussen de stadhouder en de Staten. De meest scherpzienden gingen daarom twijfelen aan de waarde van die structuur. Met name Oldenbarnevelt begon Maurits te verdenken van een streven naar vorstelijke macht. Hij meende dat de stadhouder uit was op de soevereiniteit. Oldenbarnevelt vergiste zich. Maurits deed geen enkele poging zich tot graaf van Holland te doen verkiezen, ook niet toen hij de macht in handen had. Maar een groot overwicht op de Staten verschafte hij zich wel. Vanaf deze tijd kon daarom onder regenten de gedachte groeien dat het stadhouderschap een gevaar was voor de aristocratische regeringsvorm.

Dat bewustzijn was in 1618 nog niet gerijpt, en het gaat hier ook niet om een tegenstelling die tot het einde van de Republiek constant de politieke verhoudingen zou beheersen. Maar ze sluimerde op de achtergrond, en ontwaakte bij voorkeur te ongelegener tijd. Dat latente wantrouwen jegens de stadhouder leefde niet uitsluitend maar wel in hoofdzaak in de betere kringen. De boer, de matroos en de ambachtsman hadden geen reden tot gelijke achterdocht. De overheid waar zij last van konden hebben, werd eerder belichaamd in de stedelijke aristocratie. En hoe kerkser ze waren, hoe meer de herinnering aan de bestandstwisten hen kon doen beseffen dat de gereformeerde kerk het veiligst was onder de hoede van het stadhouderschap.

Toen het bestand ten einde liep waren al deze wonden nog vers. Maurits was niet langer een algemeen geliefde oorlogsheld. Dat kon hem doen aarzelen of hij de strijd zonder reserve moest hervatten. En er was meer. Ook de Europese verhoudingen hadden zich gewijzigd. De verwachte godsdienstoorlog in Duitsland was eindelijk begonnen. Het protestantse Bohemen was in opstand gekomen tegen de keizer, en had zich in 1618 een eigen koning gekozen in de persoon van Frederik, keurvorst van de Palts. Kon daar niet een kans liggen het zwaartepunt van de oorlog naar het Duitse Rijk te verplaatsen, zodat de druk op de Republiek zou verminderen? Het denkbeeld scheen des te aantrekkelijker omdat Frederik getrouwd was met Elizabeth Stuart, de dochter van de Britse koning Jacobus. Die zou zich nu aan het hoofd kunnen stellen van een grote protestantse alliantie tegen alle met Rome verbonden machten.

Jacobus heeft die hoge verwachtingen niet vervuld. Frederik ontving niet de steun die hij nodig had, en bleek aan zichzelf overgelaten niet de man die een keer kon brengen in de Europese geschiedenis. Beslissend verslagen in 1620 op de Witte Berg, moest hij niet alleen Bohemen verlaten, maar ook zijn eigen keurvorstendom prijsgeven aan de Spaanse veroveraar. De eerste fase van de Duitse godsdienstoorlog was geëindigd in een smadelijke nederlaag voor de protestanten. De Republiek zou onder ongunstige voortekenen de oude strijd met Spanje weer moeten opnemen.

1621-1648

HET ZENIT VAN DE GOUDEN EEUW

Maurits' laatste jaren

Toen het bestand zijn einde naderde, had Maurits zichzelf reeds overleefd. De Hollandse stadhouder had geschitterd in het driemanschap met Willem Lodewijk en Oldenbarnevelt. Aan zichzelf overgelaten stond hij voor een taak die zijn krachten te boven ging. Waarschijnlijk zou het hem niet onwelkom geweest zijn als de wapenstilstand verlengd had kunnen worden op de bestaande voorwaarden. Maar als de aartshertogen daar al toe bereid geweest waren, dan toch in elk geval hun feitelijke oppervoogden niet. Spanje had zijn pretenties van grote mogendheid nog lang niet prijsgegeven en putte nieuwe inspiratie uit het gunstig verloop van de oorlog in Duitsland. De Brusselse regering moest zich daarbij wel aansluiten, en lang zou haar formele onafhankelijkheid ook niet meer duren. Albertus van Oostenrijk stierf in juli 1621. Zijn huwelijk met Isabella was kinderloos gebleven, en daarmee vielen de Zuidelijke Nederlanden terug in hun oude status van buitenbezitting. Isabella bleef wel aan het bewind, doch nu als landvoogdes namens de Spaanse koning. Sinds maart 1621 was dat niet meer haar broer Filips III, maar diens zoon en opvolger Filips IV.

In tegenstelling tot al deze personele wisselingen op het politieke erf bleven de militaire hoofdrolspelers dezelfde. Opnieuw stond Maurits tegenover Spinola, en weer toonde de Italiaan zich de meerdere. Wel dient erkend dat de Republiek voor een zwaardere opgave stond dan in het eerste decennium van de eeuw. Ze moest het nu stellen zonder bondgenoten. De vredelievende Jacobus volhardde in zijn politiek van non-interventie, en het inwendig verdeelde Frankrijk kon noch wilde de Republiek zoals vroeger financieel ondersteunen. De Nederlanders daarentegen waren nu niet alleen verplicht de oorlogskosten volledig te betalen uit eigen beurs. Ze mochten bovendien ondanks alles hun Duitse geloofsgenoten niet in de steek laten, al was het goed geld op kwaad geld. Zo raakte de Republiek financieel overbelast, precies het motief dat Oldenbarnevelt tot de bestandsonderhandelingen had gebracht.

Thans waren die kwalen zonder enige hulp van buitenaf nog ernstiger, en middelen moeilijker te vinden. Bij de hervatting van de oorlog verlaagden Gelderland en Overijssel onmiddellijk hun bijdragen, omdat de Spaanse garnizoenen in Oldenzaal en Grol nu weer mochten plunderen en brandschatten naar hartelust. En al maakten de schamele procenten van die zandige gewesten doorgaans het wezenlijke verschil niet uit, na het bestand zouden ze zeer welkom zijn geweest. De Hollandse handel maakte zware tijden door, nu ze zich opnieuw moest schikken naar oorlogsomstandigheden, en toch konden de Staten niet anders doen dan de belastingen verhogen, ondanks verminderde draagkracht. Met alle extra inspanningen bleef het niettemin te weinig voor offensieve militaire actie. Dus was men gedwongen zich tot de verdediging te beperken, steeds in angstige hoop dat de vijand een vesting zou kiezen die sterk genoeg zou blijken om de aanval uit te houden. Voor Gulik bleek dat in 1622 te veel gevraagd. Bergen op Zoom hield het wel, zoals het ook in 1588 Parma al had weerstaan. Die geslaagde afweer inspireerde tot een van de mooiste liederen in Valerius' *Gedenkklank*. Maar een keer in de oorlog kon zo'n afgeslagen aanval natuurlijk niet brengen.

Het somberste teken destijds was misschien wel de zwakke start van de nieuwe West-Indische Compagnie. Velen hadden al vóór het bestand op haar komst gehoopt, en in het geslaagde voorbeeld van haar Oost-Indische voorgangster kon nu een extra prikkel schuilen. Doch toen de kans zich in 1621 eindelijk aanbood bleek de reactie tamelijk flauw. Met name de Amsterdamse kooplieden toonden slechts weinig interesse. Het zou tot 1623 duren eer het kapitaal voltekend was. De WIC verwierf octrooi voor het hele gebied tussen de Straat van Magallaan en Kaap de Goede Hoop. Daar viel dus ook Guinea onder, en in Amerika de nog zeer jonge vestiging in Nieuw Nederland, die tot dan toe onder een eigen compagnie had gestaan. Daar in Noord-Amerika viel geen concurrentie te duchten van Spanjaarden en Portugezen. Elders in het octrooigebied hadden deze twee naties echter weinig grond meer vrijgelaten. Veel meer dan in de Oost zou de nieuwe compagnie zich moeten invechten. De WIC was van het begin af dan ook minder op handel dan op kaapvaart ingericht, ofschoon haar organisatie sterke gelijkenis vertoonde met die van de VOC: kamers in Amsterdam, Rotterdam, Hoorn/Enkhuizen, Middelburg en Groningen, met een overkoepelende bestuursraad van negentien leden. Maar de Heren XVII zijn een begrip geworden. De Heren XIX konden niet in hun schaduw staan.

Dit waren jaren van tegenspoed en onderlinge verdeeldheid. De relatie tussen de Nederlanders en het huis Oranje-Nassau heeft hoogten en diepten gekend. Maar alleen tegen Maurits hebben zijn eigen landgenoten een moordaanslag beraamd. Het is waar dat de samenzweerders tegen hem een gerechtvaardigde wrok mochten koesteren, want het waren de zoons van Oldenbarnevelt die zich naar hun heerlijkheden Groenevelt en Stoutenburg noemden. In regentenkringen hadden zij alleen steun gevonden bij Van der Dussen, die met een nicht van de overleden landsadvocaat getrouwd was. De andere deelnemers waren remonstranten uit de kleine burgerij. Het onbeholpen opgezette plan mislukte, en gaf zo slechts een signaal af dat de wonden van 1618 nog niet geheeld waren. Zolang Maurits stadhouder was, kon de prins van Oranje geen symbool van nationale eenheid zijn.

Een succesvol krijgsheld was hij in zijn laatste levensdagen evenmin. Het initiatief bleef aan Spinola, die in augustus 1624 het beleg sloeg voor Breda. Het was Maurits' eerste grote verovering geweest, en die operatie had zich in één dag voltrokken. Spinola deed er negen maanden over, zodat Maurits op zijn doodsbed de smaad bespaard bleef het verlies van Breda te moeten vernemen. Dat de krijgskans zich gekeerd had was hem niettemin al duidelijk geworden. Op eigen kracht was de Republiek niet tegen het weer zo zelfbewuste Spanje opgewassen. Het beste dat Maurits in die vier trieste jaren heeft kunnen bereiken was dan ook een nieuwe overeenkomst met Frankrijk. De Franse regering zag met zorg de voorspoed van de Habsburgers in Duitsland en de Nederlanden aan. Haar eigen belang dwong haar de bedreigde Staten-Generaal te hulp te komen. Bij het verdrag van Compiègne van 1624 zegde Frankrijk voor drie jaar een subsidie van jaarlijks één miljoen gulden toe. Dat beloofde voor de toekomst een wending ten goede. Toen Maurits in april 1625 definitief de ogen sloot waren toch de vooruitzichten overwegend somber.

Frederik Hendrik

Maurits liet geen wettige kinderen na. Het stadhouderschap ging over op zijn jongste broer Frederik Hendrik. De twee leken veel op elkaar, zo heet het altijd, maar één oorzaak van die gelijkenis was toch in elk geval dat de bewonderde oudste broer voor de ruim zestien jaar jongere Frederik Hendrik het grote voorbeeld ter navolging was. Als kapitein-generaal heeft hij ook dezelfde wegen bewandeld en een soortgelijke faam opgebouwd. Zijn bijnaam 'de stedendwinger' getuigt nog van zijn bekwaamheid als belegeraar, en van veldslagen was hij even afkerig als Maurits geweest was. De verschillen tussen voorganger en opvolger springen echter het meest in het oog. Maurits was generaal. In dat ene woord is de volheid van zijn gaven begrepen. Wat het niet uitdrukt zullen we ook tevergeefs in hem zoeken. Toen Maurits geroepen werd tevens leiding te geven aan de politiek schoot hij schromelijk tekort.

Een staat in oorlog kan niet overleven zonder de generaals. Maar wie aan het hoofd wilde staan van de Republiek der Zeven Verenigde Nederlanden moest ook in oorlogstijd vóór alle dingen een staatsman zijn. Dat talent woog zwaarder dan het militaire. Het is de Verenigde Provincies altijd slecht vergaan als een soldaat zonder politieke bekwaamheden zich aan het hoofd van de zaken stelde. Het geldt voor Maurits' laatste jaren, toen Oldenbarnevelt hem ontvallen was, misschien ook voor Willem II, als we hem voor zijn krijgsmanskunst het voordeel van de twijfel gunnen. Willem van Oranje daarentegen heeft op het slagveld niet veel roem geoogst, maar zijn staatsmansgaven zijn het behoud van Holland geweest. Ligt het ideaal in de combinatie van beide, dan is er niemand die beter aan het model beantwoordt dan Frederik Hendrik.

Overscrupuleus was de stadhouder niet. Die eigenschap had ook weinig kans zich te ontplooien in het Nederlandse bestel, waar men altijd mensen en groepen met uiteenlopende belangen op één lijn moest zien te krijgen, zo niet goedschiks dan maar kwaadschiks. Frederik Hendrik heeft zeker wel eens beslissingen geforceerd met minder zuivere middelen. Maar van nature was hij geneigd tot compromis en verzoening, en die eigenschap kwam hem zeer te stade om de wonden te helen die de bestandstwisten hadden geslagen. De vervolgingen tegen de remonstranten werden geleidelijk aan gestaakt, ofschoon naar goed Nederlands gebruik het verbod niet officieel werd ingetrokken. Met die middenkoers konden de meesten leven, al wekte ze bij niemand geestdrift en riep ze soms ook achterdocht op. Frederik Hendrik scheen altijd positie in het midden te kiezen, en kon dan toch plotseling naar links of rechts afbuigen. 'Men weet nooit hoe men met u staat,' klaagde de griffier Musch, 'ge zegt niet wat ge wilt, en toont een vriendelijk gelaat, zodat men altijd bekommerd is wat men doen zal.'[1] Vooral aan het eind van zijn leven heeft dat moeite gegeven. Maar een avontuurlijk en onverantwoord beleid heeft de stadhouder nooit gevoerd.

Meer dan zijn voorgangers in het stadhouderschap had Frederik Hendrik de behoefte zijn macht nadrukkelijk te vergroten en in uiterlijke symbolen zichtbaar te maken. Dat ook Maurits er al een hofhouding op nahield hebben we lange tijd bijna uit het oog verloren, omdat Frederik Hendrik er toch in elk geval veel meer werk van maakte. Het grote verschil lag misschien wel in zijn gehuwde staat. Frederik Hendrik was getrouwd met Amalia van Solms, een voormalige hofdame van keurvorst van de Palts. Dus wist zij dat hofcultuur status geeft aan de vrouwen van de hofhouding, in het bijzonder aan het hoofd, de vorstelijke echtgenote. Voor Frederik Hendrik was de statusverhoging van zijn huis belangrijker. Hij was in 1625 stadhouder geworden in Gelderland, Holland, Zeeland, Utrecht en Overijssel. Die vijf provincies beloofden hem al in 1631, dat zijn vijfjarig zoontje Willem te zijner tijd zijn vader als stadhouder zou opvolgen. In 1640 vielen Frederik Hendrik ook Groningen en Drente toe, na het overlijden van de Friese stadhouder Hendrik Casimir. Die twee gewesten legden dezelfde belofte af. Met Friesland lukte het toen nog niet. Daar kwam het stadhouderschap toch toe aan Willem Frederik, ofschoon de Staten-Generaal hadden aangedrongen op verkiezing van Frederik Hendrik. Maar enige tijd later gaf Friesland in zoverre toe dat het aan Frederik Hendriks zoon het recht van opvolging toekende. Slechts Willems vroege dood heeft verhinderd dat al de Nederlandse provincies al in de zeventiende eeuw onder eenzelfde stadhouder kwamen.

Ambities had Frederik Hendrik genoeg, en hij heeft ze grotendeels verwezenlijkt, ook tegenover het buitenland. Maurits was nooit meer dan een excellentie geweest. Zijn broer werd de eerste Oranje wiens aanspraak op de titel 'Zijne Hoogheid' internationaal erkenning vond. Dynastieke eerzucht zou zich tegen de Republiek kunnen keren, en dat is in de geschiedenis van het huis ook wel eens voorgekomen. Anderzijds waren de Oranjes en de Republiek zo nauw met elkaar verbonden dat beider belangen dikwijls op een natuurlijke wijze samenvielen. Zolang de staat en de dynastie tegen dezelfde vijand oorlog moesten voeren liep hun relatie geen gevaar.

De oorlog onder Frederik Hendrik

Breda's bevelhebber Justinus van Nassau, bastaardbroer van de prins, capituleerde in mei 1625. Frederik Hendriks gouvernement begon dus onder ongelukkige voortekenen. Voor lange tijd zou het echter het laatste grote Spaanse wapenfeit in de Nederlanden blijven. Langdurige belegeringen waren zeer kostbaar, ook voor Filips IV, die aan de rand stond van een faillissement. Daarom besloot de Spaanse regering dat Spinola zich voorlopig tot het defensief zou moeten bepalen. De Republiek had dat ook wel eens gedaan, en er zelden plezier aan beleefd. Een puur verdedigende oorlogvoering kon ten hoogste de schade beperken en leidde bijna altijd tot verliezen. Zo verging het ook ditmaal de tegenpartij. In 1626 veroverde de Friese stadhouder Ernst Casimir Oldenzaal, en Frederik Hendrik bracht een jaar later Grol terug onder het gezag van de Generaliteit. Daarmee waren na twintig jaar de Spaanse enclaves ten noorden van de grote rivieren eindelijk opgeruimd. Gelderland en Overijssel raakten vrij van brandschat, zodat de beide gewesten weer volwaardig konden contribueren in de algemene oorlogslasten. Met deze twee veroveringen had de Republiek haar militaire positie aanzienlijk verbeterd.

Twee grote gebeurtenissen zouden nog volgen, de eerste ver van huis, de tweede in eigen land. Piet Hein, admiraal in dienst van de West-Indische Compagnie, wist in 1628 in de baai van Matanzas bij Cuba de jaarlijks naar Spanje varende zilvervloot bij verrassing te overmeesteren. Op zo'n buitengewone kans hadden de Nederlanders lang tevergeefs gehoopt. Nooit eerder was een dergelijke overval gelukt, en nu was ineens de droom werkelijkheid geworden. Moeite of mensenlevens had de verovering niet gekost. Nauwelijks waren twee schoten afgevuurd, of de Spaanse vloot gaf zich over. Zo kon Piet Hein de hele buit ordelijk uitladen en overbrengen in zijn eigen schepen. Wat in de zakken van de matrozen verdween zal altijd onbekend blijven, maar de admiraal kon in elk geval geld en goederen overdragen tot een waarde van 11.509.524 gulden. Dat was meer dan de jaarlijkse oorlogslasten bedroegen, en Piet Hein werd bij zijn thuiskomst dan ook als een held gevierd:

So lang des werelts gronden
De gulde son omkruyt,
Soo is tot geenen stonde
Gekregen sulcken buyt.[2]

Het is de zeventiende-eeuwers wel eens aangerekend dat geen overwinning zo populair is geweest als die simpele onbloedige verovering van de zilvervloot, alsof heldenmoed gemeten wordt aan de opbrengst in edelmetaal. Is het waar, dan zijn Nederlanders weinig veranderd sinds de dagen van Piet Hein. Geen wapenfeit uit al de Nederlandse oorlogen wordt zo dikwijls bezongen als de zilvervloot, ook als hedendaagse stadionbezoekers niet meer weten van 1628.

De tweede grote gebeurtenis was de verovering van 's-Hertogenbosch in 1629. Maurits had een paar maal voor de stad gelegen zonder iets te bereiken. Ze was nooit eerder veroverd, noteerde Frederik Hendrik later vol trots in zijn memoires. Elke vrijer had ze teruggewezen, deze maagd onder de belegerde steden. Beschermd door moerassen en rivieren, was ze dan ook buitengewoon moeilijk te benaderen, en Frederik Hendrik had bijna het hele staatse leger nodig om de stad in te sluiten. Dat stond gelijk met vragen om een vijandelijke inval, die dan ook niet op zich liet wachten. In augustus trok Montecuculi met 25.000 man Gelderland binnen, stak de Veluwe over, en vandaar ging hij rovend en plunderend verder naar Utrecht en het Gooi. Die streken waren op weerstand niet meer voorbereid. Amersfoort viel na een beleg van één dag. Het land scheen open te liggen. Voor het eerst in de eeuw riep Holland alle weerbare mannen onder de wapens om langs Vecht en Vaart een haastig gevormde verdedigingslinie te bezetten. Frederik Hendrik zette de belegering voort, even onverstoorbaar alsof hij de goede afloop van tevoren wist. Otto van Gent, gouverneur van Emmerik, slaagde erin zich bij verrassing meester te maken van de vesting Wesel. Daar viel hem een grote voorraad wapens en levensmiddelen in handen, want Wesel was het steunpunt vanwaaruit het invasieleger van al het nodige werd voorzien. Montecuculi kon zich zonder nieuwe bevoorrading niet langer handhaven, en trok zijn leger uit de Nederlanden terug. Op 14 september capituleerde 's-Hertogenbosch.

Sinds de ambtsaanvaarding van Frederik Hendrik had de Republiek elk jaar een succes laten aantekenen, zonder dat de tegenpartij er iets tegenover kon stellen. In Spanje maakte het indruk. Filips IV bood een bestand aan voor onbepaalde tijd. Zoals altijd met vredesvoorstellen het geval was, lokte dit aanbod verdeelde reacties uit, maar de oorlogswil bleek nog sterk genoeg. Dat was anders in de Habsburgse Nederlanden. Twee vooraanstaande edellieden, Warfusée en Van den Bergh, boden zelfs tegen betaling hun medewerking aan, als Frederik Hendrik op verovering zou uitgaan. Voorwaarde was slechts dat de katholieken vrije godsdienstoefening mochten behouden. Op de tocht langs de Maas in 1632 kon de stadhouder Venlo en Roermond dan ook zonder slag of stoot veroveren, al gingen beide steden vijf jaar later weer verloren. Maastricht werd belegerd en ingenomen. Die verovering was wel blijvend, ofschoon de Staten-Generaal hier de soevereiniteit moesten delen met de bisschop van Luik. Als enige stad in al de zeventien Nederlandse gewesten mocht ze beide religies hun eigen kerkgebouwen vergunnen.

De samenwerking met de Zuid-Nederlandse adel mislukte echter, en een voordelige vrede op korte termijn raakte buiten zicht. Frederik Hendrik zette nu alles in op de oorlogskaart. Hij kon dat des te beter, omdat in 1635 een bondgenootschap tussen Frankrijk en de Republiek tot stand kwam. Wederzijds beloofden ze geen afzonderlijke vrede te zullen sluiten. Samen zouden ze nu de Zuidelijke Nederlanden veroveren. Werkten die mee, dan kregen ze de kans een zelfstandige staatsgemeenschap te vormen. Wilden ze niet bevrijd worden, dan zouden de beide bondgenoten het veroverde land verdelen. Zo scheen het, dat de oorlog met een definitieve overwinning kon eindigen. Maar zou de uitslag dan brengen wat de Republiek had gehoopt? Met name onder de Hollandse regenten leefden nogal wat bezwaren. Bij verdeling van de zuidelijke gewesten kwamen Frankrijk en de Verenigde Provincies ten eerste direct aan elkaar te grenzen. De goede vriend in de verte zou veranderen in een machtige en misschien wel heerszuchtige buurman. Ten tweede zou Antwerpen ongetwijfeld deel gaan uitmaken van de vergrote Nederlanden. Dan kon Holland het vrije verkeer op de Schelde niet langer belemmeren, en de vroegere Brabantse metropool zou wellicht in oude luister herrijzen ten koste van Amsterdam.

De sympathie voor Frederik Hendriks streven nam af en de oorlog leverde ook niet precies op wat de voorstanders van het bondgenootschap gehoopt hadden. Frankrijk werd vooreerst nog te zeer in beslag genomen door de oorlog in Duitsland, en Spanje gaf prioriteit aan de verdediging van de noordelijke grens met de Republiek boven de zuidelijke met Frankrijk. Wel lukte het de prins in 1637 Breda te hernemen. Het is zijn laatste belangrijke verovering geweest. Nadien heeft hij alleen nog Hulst en Sas van Gent aan het grondgebied van de Generaliteit toegevoegd.

De Republiek kon menen dat haar territorium nu wel was afgerond. De prioriteit zou zich dan kunnen verplaatsen naar de oorlog te water. Frederik Hendrik zou in elk geval graag de slagvaardigheid van de vloot hebben vergroot door middel van bestuurlijke reorganisatie. De verdeling van rechten en plichten over vijf colleges van admiraliteit schiep niet de ideale voorwaarden voor krachtige actie ter zee. De Vlaamse kapers, met name de Duinkerkers, bleven een plaag voor visserij en handel, zonder dat de Republiek hen afdoende kon bestrijden. Pas in 1646 kwam een einde aan deze vorm van particuliere oorlogvoering, toen Frankrijk erin slaagde Duinkerken te veroveren. In later tijden zou de Nederlandse scheepvaart opnieuw met de Duinkerkers te maken krijgen, die toen tijdens de vele Frans-Nederlandse oorlogen uitvoeren met commissie van de Franse koning.

Meer succes had de Republiek in de strijd tegen de reguliere vloot. Van Spaanse oorlogsschepen heeft zij nooit veel te duchten gehad. In 1639 heeft Spanje een laatste poging gedaan de heerschappij ter zee te veroveren. Admiraal Antonio de Oquendo werd uitgezonden met een vloot van ruim zestig schepen, en twintigduizend soldaten aan boord. De Nederlandse admiraal Maerten Harpertsz. Tromp wachtte hem met een veel kleinere vloot in het Kanaal op en dwong de Spanjaarden bescherming te zoeken aan de Engelse kust. Tromp deed wat hij kon om zijn opponent naar buiten te lokken. Het is bij die gelegenheid geweest, dat hij zijn vijanden masten en buskruit toezond om hun elke verontschuldiging te ontnemen. Ten slotte zette hij alle schroom opzij en tastte de Spaanse vloot aan in de Engelse territoriale wateren. Die zogenaamde slag bij Duins, een verbastering van het Engelse Downs, eindigde in een volkomen zegepraal.

De Hollanders waren een zeevarende natie, en zolang als de Republiek een macht bleef in Europa, zouden zij zich meer in zeeslagen dan in veldslagen onderscheiden. Enkele jaren later kwam de vloot opnieuw in actie, toen deze staat zich bemoeide met de oorlog tussen Zweden en Denemarken om de vrije doorvaart naar de Oostzee te beschermen. Vice-admiraal Witte Cornelisz. de With posteerde zich in 1645 voor Kopenhagen en geleidde Nederlandse schippers zonder betaling door de Sont. Het was een signaal dat de oorlog tegen Spanje zijn betekenis had verloren. Die strijd was gestreden en met een succesvolle uitkomst bekroond, al liet de vrede nog op zich wachten. De Republiek zou nu met andere middelen andere tegenstanders gaan bestrijden om de belangen van haar bloeiende handel en visserij veilig te stellen.

Een volwassen zeemogendheid waren de Verenigde Nederlanden nog niet. Hun eerste oorlog ter zee zouden ze dan ook verliezen. Maar op de vraag hoe die het beste gevoerd kon worden begonnen ze reeds nieuwe antwoorden te zoeken. Het leger werd aangevoerd door adellijke hoofdofficieren. Ook de vloten hadden altijd onder bevel van een edelman gestaan. Piet Hein was de eerste uitzondering op die oude regel. De verovering van de zilvervloot had voor hem de weg gebaand naar de hoogste rangen. Sindsdien zou het een volkswens blijven dat een zeeman aan het hoofd van de vloot zou staan. De wapenen hebben Tromp geadeld, schreef Simon Oomius, zoals vóór hem al geschied was met Moye Lambert, Piet Hein en Witte de With, en na hem met Michiel de Ruyter. Dat waren de helden met wie de zeventiende-eeuwer zich identificeerde. De eersteling, Moye Lambert Hendricksz., is thans vergeten. De anderen leven nog voort in de vele zeeheldenbuurten die de herinnering bewaren aan de oudste kampioenen die onze geschiedenis rijk is.

Staat en staatsmacht onder Frederik Hendrik

In de Republiek bestonden weinig constitutionele regels, en dan nog was het onzeker of ze zouden worden nageleefd. Formele bepalingen betekenden niet veel als ze niet door het gebruik bevestigd waren. Daarom kunnen wij er voor geen enkele periode zonder meer van uitgaan dat de verdeling van bevoegdheden en verantwoordelijkheden gelijk bleef aan de praktijk onder het vorige bewind. Elke keer dat de leiding zich wijzigde konden veranderingen optreden in organisatie en werkwijze van de politieke instellingen. Afgezien van enkele tussentijdperken hebben in de Republiek vanaf haar ontstaan tot het einde van de zeventiende eeuw vier leidende persoonlijkheden de feitelijke directie gevoerd: Johan van Oldenbarnevelt, Frederik Hendrik, Johan de Witt en Willem III. Allevier hebben ze gewerkt met dezelfde instituties, maar ieder van hen heeft de ruimte gezocht om dat te doen op zijn eigen manier.

Zo heeft ook Frederik Hendrik wel geen nieuwe bevoegdheden verworven, maar zijn kansen en mogelijkheden zo doelbewust en energiek benut dat het hele bestel ingrijpend leek te veranderen. Tot op zekere hoogte zette hij het systeem van Maurits voort, die trachtte te regeren met de hulp van een klein aantal bevoorrechte gunstelingen. Maar Maurits is het niet gelukt met deze instrumenten een krachtig beleid te voeren, omdat het hem ontbrak aan visie en politiek talent. Frederik Hendrik wist veel beter waar hij naartoe wilde en met welke middelen hij dat doel het beste kon bereiken. Grotendeels met dezelfde mensen wist hij veel meer zijn stempel op het bestuur te drukken. De Venetiaanse diplomaat Gussoni noemde de mannen die regelmatig met de stadhouder overlegden 'de regering'. Daartoe hadden ze van niemand mandaat of commissie, en evenmin waren ze in die hoedanigheid verantwoording schuldig aan de Staten-Generaal of enig ander college. Ze regeerden ook niet, ze assisteerden Frederik Hendrik.

Natuurlijk is het waar dat ook Oldenbarnevelt altijd zijn medewerkers en vertrouwelingen heeft gehad. De bekendsten raakten samen met hem in gevangenschap: zijn Utrechtse ambtgenoot Van Ledenberg, en de Hollandse stadspensionarissen Hoogerbeets en De Groot. De keuzen zijn typerend voor een hoge ambtenaar. Hij zoekt het in de kring van zijn collega's, de pensionarissen van provinciën en steden. Dat had twee voordelen. Hij kon steeds een beroep op hen doen, want deze mensen waren in permanente dienst, terwijl geboren regenten elkaar afwisselden in de topposities. En daardoor bezaten ze een kennis van zaken zoals geen burgemeester die in zijn veel kortere ambtsperiode kon opbouwen. Maar net als Oldenbarnevelt waren ze in betaalde dienst, afhankelijk van de heren die op de kussens zaten. Ze konden adviseren, formuleren, sturen zelfs, maar niet beslissen. Elke pensionaris moest dus zorgen dat zijn voorstellen lokaal een draagvlak vonden.

Frederik Hendriks kring bestond uit mannen van een ander soort. We treffen er veel edelen aan, en geen pensionarissen; veel mensen uit de landprovincies, betrekkelijk weinig Hollanders. Het ambt van raadpensionaris was tijdens het bewind van deze stadhouder nogal gedevalueerd. Frederik Hendrik voorkwam dat de Amsterdammer Pauw in die functie werd herbenoemd, en plaatste de Zeeuw Cats op die hoge post: de enige pensionaris in de kring van zijn vertrouwelingen, maar door zijn patroon zelf uitgekozen om hem van dienst te zijn. Belangrijker was echter nog dat Frederik Hendrik de Staten-Generaal wist te bewegen commissies in te stellen die gemachtigd waren zaken zelf af te handelen, en wel onder strikte geheimhouding. Zolang de oorlog in ernst gevoerd werd en Frederik Hendrik over zijn volle energie beschikte, globaal genomen dus tot 1643, heeft hij deze nieuwe manier van besluiten kunnen handhaven.

De stadhouderlijke macht bereikte een ongekende hoogte, de invloed van Holland zonk naar een dieptepunt. Maar eens zou de wal het schip toch moeten keren. Macht en geld zoeken elkaar altijd op, zei Anthony Hamilton anderhalve eeuw later. Dat was natuurlijk ook al waar in Frederik Hendriks tijd. De stadhouder had de macht, Holland het geld. Dan moest men vroeg of laat wel terugkeren tot het beproefde systeem van overleg en overreding. Holland is niet meer zo gezeglijk, noteerde de Friese stadhouder Willem Frederik – niet toevallig juist in 1643 – want als een paard zijn kracht kent, wordt het de meester van zijn heer.[3] Willem Frederik stond niet in het centrum van de macht, maar hij wist wel dat er één provincie was die alles kon tegenhouden wat ze niet wilde. In de jaren veertig begon zij zich weer te doen gelden. Het Hollandse kapitaal wenste in zijn rechten hersteld te worden.

Want het bleef toch Holland dat de lasten van de oorlog moest dragen, en de realiteit van elk aanvalsplan werd door Hollands draagkracht bepaald. De feitelijke grens werd daarbij wel tamelijk gemakkelijk overschreden, omdat de rente in Holland opmerkelijk laag was, en ook laag zou blijven. Geld lenen was dus altijd een mogelijke en betrekkelijk goedkope uitkomst, maar ook lage renten moesten uit de belastingopbrengsten betaald worden. Al in 1635 waren in de Staten van Holland besprekingen gevoerd over de noodzaak tot bezuiniging. Sommigen wilden toen uitgaan van de vraag welk bedrag minimaal nodig zou zijn om zich tegen de vijand staande te kunnen houden. Anderen achtten het nodig eerst het bedrag vast te stellen dat in elk geval bezuinigd zou moeten worden. De vrienden van menage wonnen het pleit.[4] En al heeft dat grote uitgaven nadien niet verhinderd, op den duur zouden deze signalen aandacht moeten krijgen. Of anders gezegd, Holland begon rijp te worden voor de vrede.

De vrede van Münster

Vredesonderhandelingen waren al dikwijls gevoerd, maar ze liepen altijd vast. Op twee punten hadden de partijen het nooit eens kunnen worden. Het Spaanse prestige wilde zich niet neerleggen bij volledige afstand van de soevereiniteit, al zou het slechts gaan om een puur formele erkenning. En al evenmin was het aanvaardbaar voor de man die zich de katholieke koning mocht noemen als hij voor zijn geloofsgenoten in geen enkele vorm vrijheid van godsdienst zou weten te bedingen. Pas als deze twee harde voorwaarden vervielen kwam vrede binnen bereik. Dat gebeurde in de jaren veertig van de zeventiende eeuw.

Het kwam erop neer dat Spanje vrede wilde tot elke prijs, of beter gezegd: vrede met de Republiek. In de oorlog op twee fronten had het geen reële kans. Van één tegenstander zou het zich moeten ontdoen, en daarvoor kwam Frankrijk nauwelijks in aanmerking. De Fransen streden met groot succes. In het noorden hadden ze Artois veroverd, in het zuiden Rousillon. Het jaar 1643 voerde hen naar een nieuw hoogtepunt, toen ze er voor het eerst in slaagden bij Rocroi de befaamde Spaanse infanterie in het open veld te verslaan. Voor de Spanjaarden was het een reden temeer de Nederlanders tot vrede te bewegen, zodat zijzelf zouden kunnen proberen het verstoorde evenwicht in de strijd tegen Frankrijk te herstellen. Daarom was Spanje in de onderhandelingen met de Republiek tot zeer verregaande concessies bereid.

Eén probleem was er wel. Bij het verdrag van 1635 hadden Nederlanders en Fransen elkaar beloofd alleen gezamenlijk vrede te zullen sluiten. Wilde Frankrijk dus doorgaan, dan was ook de Republiek genoodzaakt de strijd voort te zetten. Daar was ze toe verplicht, als het eens gegeven

De beëdiging van het vredesverdrag tussen Spanje en de Verenigde Nederlanden in het Raadhuis van Münster, 15 mei 1648.
Kopie naar Gerard ter Borch II de jonge, ca. 1648-1700. Copyright Rijksmuseum Amsterdam.

woord haar heilig was. Maar veronderstelde zo'n belofte niet, dat beide partijen ook de redelijkheid in acht zouden nemen? Velen in de Nederlanden wilden graag geloven dat Frankrijk die grens overschreed. De Franse successen vervulden hen met zorg. Ging het zo verder, dan zou het ambitieuze plan tot verovering van de Zuidelijke Nederlanden wel eens kunnen slagen. Juist op het ogenblik dat Spanje moest afdanken als eerste macht van Europa ten gunste van Frankrijk, zou de Republiek de verslagen Spanjaarden als buren inruilen tegen het versterkte Frankrijk. Dat was geen redelijk en welgekozen oorlogsdoel meer. Dan had de Republiek toch het recht de vredesvoorstellen van de tegenpartij in ernstige overweging te nemen.

Het pro en contra van de vrede werd een veelbesproken thema, zowel in de regeringscolleges als op de trekschuit en rondom de molen. In de discussie ging het om Frankrijk en Spanje. Bleef de vijandschap met

Spanje onverzoenlijk, of had men voor de toekomst juist meer te vrezen van de Franse vrienden? Beide standpunten hadden iets innerlijk tegenstrijdigs. Moest de oorlog doorgaan omdat het katholieke Spanje niet te vertrouwen was, dan was Frankrijk een zonderlinge bondgenoot. Maar was vrede noodzakelijk opdat Frankrijk voor de Republiek niet te gevaarlijk zou worden, dan maakte men zelf door deze trouwbreuk de vroegere vriend tot vijand. Het vermoeden kan dan rijzen dat achter deze gewrongen redeneringen naakte belangen schuilden. En ongetwijfeld spraken economische overwegingen mee. In de talloze pamfletten voor of tegen spelen ze echter geen hoofdrol en ze maken geen al te solide indruk. Blijkbaar hebben beide partijen moeite met de afweging en kunnen ze niet tot ondubbelzinnige conclusies komen. Als de oorlog voorbij is, kunnen de belastingen omlaag, zegt een gewone burgerman hoopvol in het *Munsters Praetje*. Maar de regent spoort onmiddellijk aan tot voorzichtigheid. Ook in vredestijd zal een sterk leger nodig blijven. Oorlog is beter dan vrede, zegt de ene koopman; nu kunnen we nog goed verdienen aan de kaapvaart. Vrede is beter, antwoordt de andere koopman; dan kunnen de lasten voor beveiliging van de schepen omlaag. Daar kan de handel van profiteren, en 'als het de koopman wel gaat, gaat het honderdduizenden van gemene lieden ook goed'.

De vredespartij werd gaandeweg sterker. In 1646 kreeg ze de steun van Frederik Hendrik. In dat jaar vertrok ook de Nederlandse delegatie van onderhandelaars naar het vredescongres in Münster. Daarmee was het pleit in feite beslecht, al waren er nog genoeg tegenwerkende krachten. In de Republiek hielden Zeeland en Utrecht de zijde van de oorlogspartij, en internationaal stuitte het vredesstreven op verzet vanuit Rome. Voor de paus was het een minimumeis dat de Nederlandse katholieken vrijheid van godsdienst zouden verwerven, maar Spanje weigerde zich daar sterk voor te maken. Het heeft de katholieken laten vallen, zoals de Republiek de Zuidelijke Nederlanden definitief afschreef. Het oude ideaal van de bevrijding had ze toen trouwens allang prijsgegeven. Het beantwoordde ook niet meer aan de realiteit, want in de landen van de aartshertogen had de Contrareformatie met succes de rekatholisering ter hand genomen. Deze Nederlanders verlangden wel allerminst kerk en koning in te ruilen tegen de protestantse heerschappij van de Hoog Mogende Heren Staten-Generaal. Mede daardoor zou aan de noordelijke zijde het steeds minder als realiteit ervaren gevoel van lotsverbondenheid eveneens een stille dood sterven.

Het weerspiegelde zich in de vredesbepalingen die nauwelijks verschilden van de voorwaarden waaronder bijna veertig jaar eerder in 1609 het twaalfjarig bestand was gesloten. Spanje erkende de Republiek als soevereine staat, vergunde haar de vrije vaart op Indië, berustte in de sluiting van de Schelde, en bedong geen enkel voordeel voor de Noord-Nederlandse katholieken. De oorlog was voorbij, de opstand had gewonnen. Nu zou men moeten leren met de vrede om te gaan. Gemakkelijk is dat niet geweest, want ten eerste was de vrede zelf nog onvolkomen. Wij kunnen nu niet meer doen dan vrede sluiten, zegt een pamflettist in 1647. Verzoening zal het werk moeten zijn van de mensen zelf. Dat was niet aan dovemansoren gesproken. De Rotterdamse predikant Franciscus Ridderus heeft er een heel boek aan gewaagd, de *Historische Spanjaard*, om zijn landgenoten te vermanen dat ze nu vriendelijk over het Spaanse volk moesten spreken. Dat is het lichtste deel van de opgave geweest. Spanje en de Nederlandse Republiek hebben de vrede altijd weten te bewaren. Het tijdperk van de godsdienstoorlogen was definitief voorbij.

Maar zolang de geschiedenis niet is afgelopen, kent ze geen tussentijds happy end. In de discussie over oorlog en vrede was de economie het onzekere punt geweest, en dat zou een slecht voorteken blijken. Op de godsdienstoorlogen volgden de handelsoorlogen. De Nederlandse zeemogendheid moest de strijd aanbinden met een tegenstander die zijn grootste kracht eveneens op het water ontplooide. De koopman en de matroos zullen toen menigmaal gewenst hebben dat het nog maar de oude oorlog tegen Spanje mocht zijn. Op deze nieuwe beproeving had de vrede hen niet voorbereid. En toen ze op den duur geleerd hadden hun zeemacht op de hoogte van hun nieuwe verplichtingen te brengen, raakten ze in 1672 in een landoorlog verwikkeld die zo rampzalig verliep dat het scheen alsof de lessen van tachtigjarige ervaring tot niets gediend hadden.

De gereformeerde kerk na Dordrecht

De synode van Dordrecht is dikwijls betiteld als een Pyrrusoverwinning: een schijnbare zegepraal dus, die de zogenaamde triomfator niet minder schade berokkent dan een nederlaag. Juister is ze getypeerd als we spreken van een halve overwinning. De leerstellige strijd met de remonstranten was in het voordeel van de calvinisten beslist. Het was de kerk gelukt haar gereformeerde karakter te bewaren, ook al hadden de Staten van Holland al hun machtsmiddelen tegen haar ingezet. Maar anderzijds had de overheid haar suprematie gehandhaafd. Ze zou voortaan weliswaar niet meer ingrijpen in leergeschillen, maar de kerk evenmin toestaan die nogmaals in een synode te beslechten. Op den duur zou dat binnen de kerk spanningen oproepen die zij slechts ternauwernood kon beheersen. Dat probleem zou echter pas rijzen in de tweede helft van de zeventiende eeuw. Voorlopig was de rust teruggekeerd. Nu kon men zich concentreren op de interne opbouw.

De Dordtse synode had daartoe al voorbereidingen getroffen. Ze heeft zich afgevraagd hoe de kwaliteit van het geestelijk leven verbeterd zou kunnen worden, zowel voor de gemeenten als voor de lidmaten persoonlijk. Ze wist ook langs welke wegen dat moest gebeuren: meer catechisatie en meer huiselijke godsdienstoefening. Het een zowel als het ander zou moeten dienen om de mensen vertrouwd te maken met de bijbel. Natuurlijk waren Nederlandse bijbels overal te koop, maar een goede vertaling vanuit de grondtekst bestond nog niet. De synode besloot in dat gebrek te voorzien, en wist daarvoor ook de financiële medewerking van de overheid te krijgen. Daarom staat de in 1637 verschenen nieuwe overzetting tot op heden bekend als de Statenvertaling. Ze heeft zich een grote reputatie verworven, en te midden van een nog altijd groeiend aantal concurrerende vertalingen haar eigen waarde behouden. Haar allure dankt ze niet alleen aan haar hoge wetenschappelijke kwaliteit, noch ook louter aan de eventuele litteraire begaafdheid van haar vertalers. Ze heeft vooral het vertrouwen van de kerkgangers verworven en behouden, omdat uit elke bladzijde de eerbied spreekt die de makers koesterden voor het boek dat zij in het Nederlands moesten overbrengen: geen verzameling oude geschriften, maar het geopenbaarde Woord Gods. Kunde en vroomheid gingen hier samen.[5]

Oplagen van bijbeluitgaven wijzen uit dat er grote vraag heeft bestaan, en inventarissen van nagelaten goederen kunnen dat bevestigen. Daar kan men desgewenst statistieken van opmaken. Maar hoe dikwijls het boek in de gezinnen op tafel kwam laat zich in geen enkele statistiek vastleggen. Als de beeldende kunsten ons een blik vergunnen in het godsdienstig leven thuis, dan tonen ze doorgaans het tafelgebed bij de maaltijd. Die gebeden werden zonder twijfel elke dag uitgesproken in duizenden gezinnen. Sommige schilders, onder wie Rembrandt en Dou, hebben ons ook beelden geschonken van bijbel lezende gelovigen, en zulke toegewijde bijbellezers hebben zeker bestaan. Verscheidene predikanten waren er echter niet van overtuigd dat ze bijzonder talrijk waren. Veel zogenaamde christenen lezen nog niet één hoofdstuk in de week met de nodige aandacht, meende Willem Teellinck. Nog somberder was Franciscus Ridderus: er waren er genoeg, die maanden en zelfs jaren voorbij lieten gaan zonder ook maar eenmaal de bijbel open te slaan. Vooral de grote lieden hielden het voor overbodig, terwijl toch koning Alphonsus de hele bijbel veertienmaal had doorgelezen.[6]

Het is geen bovenmenselijke prestatie. Wie driemaal daags een hoofdstuk leest hoeft geen hoge leeftijd te bereiken om dat getal van veertien te evenaren. Stelde Ridderus zijn lezers deze koning tot voorbeeld, dan heeft hij de gemiddelde kerkganger niet al te hoog aangeslagen. Maar met waarneming en onderzoek heeft zijn oordeel natuurlijk weinig te maken. Predikanten willen hun gemeenten opvoeden, en zowel Teellinck als Ridderus maakte deel uit van een beweging die zich ten doel stelde niet alleen kerk en samenleving maar ook alle mensen die daar deel van uitmaakten geestelijk op een hoger plan te brengen. Deze beweging, die de nadere reformatie genoemd wordt, drong aan op innerlijke doorleving van de gereformeerde leer en op persoonlijke levensheiliging, en ze wilde bovendien dat de gehele maatschappij een radicaal en totaal proces van heiliging zou ondergaan.

De elementen zijn niet van elkaar te scheiden. Leer en leven moesten één zijn. Dat geeft de nadere reformatie een eigen plaats in het brede spectrum van het zeventiende-eeuwse geestelijk leven. Een streven naar strakke morele discipline lag in de lijn van de tijd. Alle gezindten wilden dat, remonstranten niet minder dan calvinisten, mennonieten zo goed als katholieken, en ook in het jodendom laten zich dezelfde tendenties waarnemen. Overal vertoont zich een wereldvliedende, puriteinse trek. Maar de nadere reformatie is meer dan een actiegroep voor gedragsverandering. Wie haar vooral beschouwt als een beweging voor zedelijke hervorming taxeert haar verkeerd. Als de nadere reformatie één ding scherp afwees, dan was het wel dat wat de catecheten werkheiligheid plegen te noemen. Ze vond haar inspiratie niet in de deugd, maar in de vroomheid. Als zij de apostel Jacobus al nasprak dat een geloof zonder de werken dood is, dan legde zij toch het accent vooral daarop dat werken geloof noch voortbrengen noch bewijzen. De christen gehoorzaamt Gods wet niet om er de zaligheid mee te verdienen, maar uit liefde tot zijn hemelse Vader.

De nadere reformatie kent geen compromissen. Het is alles of niets. We mogen ons hart niet verdelen tussen hemel en aarde, zegt Voetius. Dat is preciesheid: in kennis en geloof, in liefde en rechtvaardigheid, in woorden en gedachten, in omgang met de mensen het hele hart overgeven aan Gods wil. Zelfs onze slaap moet Hem gewijd zijn, als in het gebed van Willem Teellinck: geef ons goede gedachten eer wij in slaap vallen en bevrijd ons van kwade dromen, opdat wij aan lijf en ziel onbevlekt mogen blijven, ja dat onze slaap zelfs geschiede tot uw eer.[7] Als het ernst was met deze nadere reformatie, dan vroeg ze zoveel dat ze nooit een massabeweging kon worden. Ze viel niet samen met de gereformeerde kerk, en evenmin is nadere reformatie een andere benaming voor de gereformeerde orthodoxie. Ze heeft haar doelstellingen dan ook niet kunnen bereiken. Het is haar niet gelukt de gehele kerk voor zich te winnen, en nog minder om het overheidsbeleid te beïnvloeden.

Wel heeft een van haar vooraanstaande representanten een belangrijke plaats ingenomen in de gereformeerde kerk, als hoogleraar aan de Utrechtse universiteit, die in 1636 als vierde in de Republiek die rang verwierf, na Leiden, Franeker en Groningen. Gijsbertus Voetius heeft langer dan veertig jaar in Utrecht gewerkt, en al die tijd was hij de grote woordvoerder van de orthodoxie. Bij de aanvaarding van zijn hoogleraarsambt sprak hij een rede uit over de noodzakelijke verbondenheid van vroomheid en wetenschap. Daarmee bedoelde hij niet dat deze twee met elkaar een bepaalde relatie hadden. Het ging om veel meer. Vroomheid was het hart van de wetenschap zelf. Voetius had grote bezwaren tegen een filosofie die haar uitgangspunt koos in methodische twijfel. Maar bij uitstek kenmerkend voor hem waren de woorden waarin hij zijn hoofdbezwaar lucht gaf: wie kan daaruit één druppel vertroosting persen?[8]

Als wetenschap haar maatstaf vindt in vroomheid, dan mag van haar inderdaad verlangd worden dat ze troost biedt. Voetius spreekt hier niet alleen van de theologie. Neen, alle wetenschappen moeten die verbondenheid met de vroomheid kennen, zoals ze ook alle rusten op hetzelfde fundament. De waarheid is één, niets dat waar is kan strijden met de Heilige Schrift. De bijbel is het fundamentboek voor alle wetenschappen. Het is de roeping van alle geleerden de bijbel hoog te houden en te verduidelijken. Daarom had Voetius zo veel bezwaar tegen die filosofie van de methodische twijfel, de nieuwe leer van de Franse filosoof René Descartes. Volgens diens leer mochten we niets aanvaarden dat niet aan de rede was getoetst. Langs die weg kon men zekerheid verkrijgen omtrent alle zaken die zich voor redelijke toetsing leenden. Zo kon bijvoorbeeld het bestaan Gods onomstotelijk bewezen worden. Cartesius, om de verlatiniseerde vorm van de naam te gebruiken, had zich metterwoon in de Republiek gevestigd. Zijn nieuwe filosofie raakte hier dus snel bekend, en ze vond waardering ook. Binnen de kerk zou ze tot verdeeldheid leiden.

Kerk en staat waren zo met elkaar verstrengeld dat partijvorming in de kerk altijd politieke consequenties moest hebben. Zo was het geweest tijdens het twaalfjarig bestand, zo zou het opnieuw gaan in wat zwakkere vorm toen later nieuwe conflicten ontstonden rondom Voetius en zijn opponent Coccejus. De tijd van Frederik Hendrik kenmerkte zich door betrekkelijke rust. Kerk en staat botsten alleen hier en daar op het lokale vlak. Dat was voor de kerk zonder meer een hopeloze zaak. De contraremonstranten hadden zich tegenover de Staten van Holland staande kunnen houden dankzij hun onderlinge solidariteit. Elke gemeente had dezelfde strijd te voeren, en daarin gaven ze elkaar onvoorwaardelijk steun. Maar als de burgemeesters van Amsterdam een dominee de stad wilden uitzetten omdat zijn preken hun misnoegen hadden opgewekt, hadden andere gemeenten noch de vrijmoedigheid noch de bevoegdheid hun Amsterdamse broeders te hulp te komen. Een permanent en overkoepelend kerkbestuur om op deze zaken toe te zien bestond niet. Dat strookte niet met de gereformeerde structuren, en het zou door de overheden ook niet zijn gedoogd. De politiek moest controle houden over de kerk, maar het omgekeerde mocht in geen geval gebeuren.

Toch kroop het bloed waar het niet gaan kon. Gedurende de bestandstwisten had Maurits zijn naam gevestigd als kampioen van de gereformeerde kerk. Frederik Hendrik volgde zijn broer in vele dingen na, maar nam kerkelijk meer een middenpositie in. Dat droeg ertoe bij dat de oude tegenstellingen hun scherpte enigszins verloren, zodat in de jaren dertig de remonstrantse broederschap overal haar schuilplaatsen kon verlaten. Maar juist toen het nieuwe kerkgenootschap zich had geconsolideerd, veranderde de stadhouder zijn opstelling. Hij was voorstander van een krachtige oorlogvoering, terwijl bij de remonstrantiserende Hollandse regenten een toenemende vredeswil zichtbaar werd. Frederik Hendrik profileerde zich nu meer als een vriend van de kerk, en ontving loon naar werken. De dominees zijn hier heel goed, zei een vooraanstaand Zeeuws politicus tegen de Friese stadhouder Willem Frederik; 'preeken tot advantagie van Sijn Hoocheit'.[9] Die steun stelden de prinsen uit het huis Oranje-Nassau ook op prijs. Want al had de kerk geen politieke rechten, en vormde de geestelijkheid geen aparte stand zoals in de katholieke landen, één uniek voorrecht kon men de kerk niet ontnemen. Haar predikanten waren de enigen die week aan week grote mensenmassa's mochten toespreken. Niemand anders was daartoe bevoegd, want een recht van vereniging en vergadering kenden de zeventiende-eeuwers niet. Voorzover de prediking zich met de politiek bemoeide, was het bijna altijd in het voordeel van de Oranjes.

Geestelijk leven buiten de gereformeerde kerk

De gereformeerde kerk nam een zo aparte positie in dat het gerechtvaardigd is haar om die reden ook in de zeventiende-eeuwse geschiedenis van de Verenigde Nederlanden op andere voet te bejegenen dan de overige kerkgenootschappen. Niemand was gedwongen zich bij haar aan te sluiten, maar het lidmaatschap van die kerk was wel een zaak van publiek belang. Gewoonlijk waren overheidsambten gereserveerd voor lidmaten van de gereformeerde religie, of, zoals de plakkaten er meestal aan toevoegden, ten minste liefhebbers van dezelve. De term is ons nog uit een vorig hoofdstuk bekend. Toen hij in zwang kwam, aan het einde van de zestiende eeuw, had hij een positieve bijklank. Een liefhebber was in beginsel een lidmaat in wording. In de loop van de zeventiende eeuw gaat het woord pluriform van betekenis worden. Een liefhebber kan nog altijd een trouwe kerkganger zijn die de laatste stap net niet gezet heeft. Maar het heeft er de schijn van dat deze categorie nu eerder met de naam toehoorder wordt omschreven. Het woord 'liefhebber' daarentegen krijgt dikwijls een negatieve betekenis: liefhebbers zijn juist niet gereformeerd, en ze heten slechts zo omdat ze ook niet katholiek, remonstrant of doopsgezind zijn. Ze zijn bij geen enkele kerk aangesloten, en derhalve als liefhebbers van de gereformeerde religie benoembaar tot de openbare ambten.

Misschien sloten ze zich niet aan uit onverschilligheid, misschien voelden ze zich prettiger in de ongebonden staat, misschien ook huldigden ze opvattingen waarvoor binnen de bestaande kerken geen ruimte was. De reformatie in de Nederlanden had door een veel bredere bedding gelopen eer ze zich versmalde tot die ene stroming van het calvinisme. De remonstranten waren na Dordrecht buiten de gereformeerde kerk terechtgekomen. Voor het humanistisch georiënteerde protestantisme was daar nooit plaats geweest, maar het hield wel zijn sympathisanten. Erasmus' geschriften werden regelmatig herdrukt, en van Coornherts verzameld werk verscheen in 1630 een nieuwe editie. Ook blijkt herhaaldelijk aandacht bestaan te hebben voor de unitarische ideeënwereld van de Italiaanse vrijgeest Faustus Socinus. Gereformeerde synoden hebben in elk geval herhaaldelijk het gevaar van opkomend socinianisme gesignaleerd. Helemaal uit de lucht gegrepen was die vrees ook niet. De vrienden van een ondogmatisch, niet confessioneel gebonden christendom kregen in deze tijd een eigen institutioneel ontmoetingspunt. Kort na de Dordtse synode vormde zich een gezelschap of college van libertijns gezinden, die vanaf 1622 hun samenkomsten hielden in Rijnsburg, en daarom bekendstaan als de Rijnsburger collegianten. Iets later ontstonden er ook kringen in Rotterdam en Amsterdam. Het aantal collegianten bleef altijd klein, maar hun uitstraling reikte verder dan Rijnsburg. Het hoge intellectuele gehalte van deze minderheid stond er borg voor dat zij een volwaardig aandeel zou kunnen nemen in de gedachtewisseling over vraagstukken van tolerantie en godsdienstvrijheid.

De geschiedschrijving over de zeventiende eeuw pleegt aan collegianten en andere libertijnse geesten meer ruimte toe te meten dan met hun getalssterkte overeenkomt, en ze heeft daar goede redenen voor. Deze mensen maakten zich sterk voor waarden die in de Nederlandse samenleving altijd bijzondere betekenis hebben gehad. Daarom horen ze tot de culturele traditie, al bleef hun optreden in de tijd zelf van beperkte betekenis. Een kerkgenootschap in eigenlijke zin vormden ze niet, inzover als leden van andere kerken zich onder hen mengden, met name uit de doopsgezinde broederschap. Menno's volgelingen als zodanig traden in de eerste helft van de zeventiende eeuw nauwelijks naar buiten. Hun geschiedenis speelde zich voornamelijk af op het interne vlak, buiten de hoofdstroom van de tijd. Ook in aantal waren ze niet sterk. De meest betrouwbare schattingen komen niet hoger uit dan 3 procent.[10]

Hoeveel katholieken er destijds leefden op het grondgebied van de Verenigde Nederlanden is niet bekend. Zeker is echter wel dat ze in aantal zijn toegenomen. Frederik Hendrik heeft Breda en Hulst heroverd, 's-Hertogenbosch en Maastricht aan de Staatse zijde gebracht, en met de verovering van Oldenzaal en Grol de laatste enclaves ten noorden van de grote rivieren opgeruimd. Al die terreinwinst deed de bevolking van de Republiek groeien, voornamelijk met katholieken. Daar stond tegenover dat de aanhangers van de oude kerk in het noorden des lands en in Zeeland door de autoriteiten strenger werden bejegend dan in Holland en Utrecht. Buiten die twee provincies kon de katholieke organisatie daarom slechts weinig priesters inzetten om de predikanten tegenspel te bieden. Maar zonder twijfel was ten tijde van Frederik Hendrik een aanzienlijk deel van de bevolking het katholieke geloof toegedaan.

Hun invloed was niet dienovereenkomstig. In het publieke leven was de katholieke kerk onzichtbaar, want alleen op die conditie werd ze gedoogd. Ook binnen de internationale organisatie van de kerk nam ze een eigenaardige plaats in. Bisschopszetels kende ze niet. Ze stond onder leiding van een apostolisch vicaris, sinds 1614 Philippus Rovenius, de opvolger van Sasbout Vosmeer. Rovenius woonde in Utrecht en werd in 1620 tot aartsbisschop gewijd. Maar al was hij dan in feite het hoofd van de voormalige aartsdiocees, zijn titel was aartsbisschop van Filippi, een stad die sinds eeuwen in handen van de ongelovigen was. De Nederlandse Republiek werd in Rome als een zendingsgebied beschouwd. Zij viel sinds 1622 onder de verantwoordelijkheid van de congregatie tot voortplanting van het geloof, de Congregatio de Propaganda Fide. De plaatselijk dienstdoende priesters heetten niet pastoors, maar missionarissen, en hun standplaats werd daarom statie en niet parochie genoemd.

Niettemin ging het de katholieke kerk zó goed dat ze zich interne spanningen kon veroorloven. Sasbout Vosmeer had voornamelijk met wereldpriesters gewerkt, die dus niet tot een geestelijke orde behoorden, afgezien slechts van een aantal jezuïeten. Omstreeks het midden van de eeuw daarentegen waren al ruim honderd ordegeestelijken hier te lande actief, met nog altijd een meerderheid van jezuïeten. De verstandhouding tussen de beide soorten priesters, seculieren en regulieren, was niet altijd even hartelijk. Rovenius wilde dat ook de katholieke devotie het puriteinse stempel van de tijd zou dragen. Hij kreeg de wereldlijke geestelijken mee, maar de jezuïeten waren wat milder en soepeler in de eisen die zij aan de gelovigen stelden. Ze dachten zich dat ook te kunnen veroorloven, omdat zij zich als regulieren minder afhankelijk voelden van het apostolisch vicariaat. Een regelrecht conflict kwam er in deze periode nog niet uit voort.

Rome had niet zonder reden de Noord-Nederlandse katholieken geplaatst onder de hoede van de Congregatio de Propaganda Fide. Voordat de opstand alles had verstoord was de aartsbisschop van Mechelen het hoofd geweest van de Nederlandse kerkprovincie. Deze prelaat kon in zijn positie het belang van de katholieken alleen gebaat achten met het succes van de Spaanse wapenen. Die opvatting werd zonder twijfel onderschreven door al Rovenius' medewerkers, maar van de gewone katholieken kon dat niet zo algemeen worden aangenomen. Zou de kerk hen onder zware politieke druk zetten, dan zouden ze in gewetensnood kunnen raken. De overheid zou bovendien zeker haar beleid aanzienlijk verscherpen, als mocht blijken dat katholieke zielzorg de schapen in wolven veranderde. De Mechelse aartsbisschop kon zich op dat punt geen concessies veroorloven, maar direct vanuit Rome was meer omzichtigheid mogelijk. De warme sympathie voor de Spaanse partij bleef natuurlijk bestaan. Maar het is de katholieken in de Republiek nooit onmogelijk gemaakt hun geloof trouw te blijven en toch de zaak van de opstand zelfs actief te ondersteunen.

Offers vroeg dat wel van hen. In het leger hebben paradoxaal genoeg altijd katholieke officieren gediend, maar overheidsambten stonden voor hen niet open. En al zouden ze nog zo geleerd zijn, geen enkele universiteit in de Republiek mocht hun een professoraat aanbieden. Katholieken waren burgers van de tweede rang, en er waren steden waar het burgerschap als zodanig voor hen al moeilijk bereikbaar was. Het Arnhemse statuut bepaalde dat katholieken slechts als burger konden worden geaccepteerd als negen schepenen daarmee instemden, en de aanvragers een bijdrage leverden tot nut van het algemeen.[11] En ook al was zo'n discriminerende regeling een lokale bijzonderheid, in de hele Republiek was katholiek-zijn toch een vorm van afwijkend gedrag. De aanhangers van de oude kerk werden tot een soort dubbelleven gedwongen. Wat voor hen het belangrijkste was, het behoud van hun ziel en zaligheid, konden zij slechts behartigen buiten de openbaarheid op zolders en in schuren.

Rijkdom

De Nederlanders hadden in de zestiende eeuw een vrije staat kunnen vestigen omdat ze geld hadden. Een gezonde economie was voorwaarde geweest voor haar ontstaan. In de zeventiende eeuw had de staat dat geld nog meer nodig om zich te kunnen handhaven. Tot de vrede van Münster in 1648 moest ze in de oorlog tegen Spanje haar vrijheid bevestigen. Daarna zou ze genoodzaakt worden haar positie te verdedigen tegen de andere grote mogendheden van West-Europa, eerst Engeland en vervolgens Frankrijk. Een tijdlang is ze daartoe in staat gebleken. Ze moet dus gerust hebben op een solide economische basis. Ze kon blijkbaar, nagenoeg de gehele eeuw door, voldoende geld aan de economie onttrekken om een krachtige defensie in stand te houden.

Die rijkdom heeft de Republiek zich vooral verschaft door de bloei van haar buitenlandse handel. Ze was ook wel gedwongen tot intensieve contacten met het buitenland. Hollanders leefden van brood dat gebakken was van Pools en Pruisisch graan, en ze haalden dat in schepen die gebouwd waren van Noors en Zweeds timmerhout. Zonder import konden ze niet bestaan, en zonder export konden ze de aangevoerde waren niet betalen. Die goederenruil van invoer tegen uitvoer scheen wel tot in de details georganiseerd om een zo hoog mogelijk rendement te halen. Boeren verkochten hun tarwe, en voedden zichzelf met het goedkopere roggebrood. Dure Hollandse boter verdween naar het buitenland, terwijl de binnenlandse markt het moest doen met de kwalitatief veel mindere Ierse of Brabantse boter.

Zo'n maatschappij is niet gericht op overconsumptie. Deze vrijwillige versobering van het dagelijks dieet past goed in een samenleving die weelde als een ernstige zonde brandmerkte. Geld was in de eerste plaats kapitaal, het ons toevertrouwde pond, dat liever tien dan vijf ponden moest opleveren. Er was dan ook veel geld beschikbaar, en wie het voor zijn zaken nodig had zou zelden verplicht zijn meer dan 4 procent rente te betalen. Voor de beleggers was er ruime keus. Het meest gewild waren staatsleningen uitgeschreven door de provincie Holland. Grote sommen werden ook geïnvesteerd in land. Dit was de tijd van de grote Noord-Hollandse droogmakerijen: Beemster, Purmer, Schermer en Heerhugowaard. Aan die ondernemingen waren flinke risico's verbonden, en ze konden veel kostbaarder uitvallen dan was begroot. Het zeer welvarende dorp De Rijp verzonk bijna in een moeras van schulden, toen het zich waagde aan de droogmaking van de Starnmeer. Het is dan ook vooral het Amsterdamse kapitaal geweest dat Hollands Noorderkwartier in die jaren zijn nieuwe aanzicht heeft gegeven. De grote beleggers konden onverhoopte tegenslag verwerken. De kleine stelden zich tevreden met reeds drooggemalen land, dat niet zoveel opbracht maar wel een veilige belegging vormde. En hoe ook de kleinen deel hadden aan handel en scheepvaart door middel van de risicospreidende partenrederij is ons in een eerder hoofdstuk al gebleken. Een enkele keer sprongen ze uit de band. Het waren vooral deze kleinen, die zich te buiten zijn gegaan aan die ene ontsporing, de tulpenspeculatie van 1637.

Een project als de drooglegging van de Beemster was pas door de voortschrijdende technische ontwikkeling tot de mogelijkheden gaan behoren. Watermolens werden vanouds gebruikt om land droog te houden, maar ze hadden onvoldoende capaciteit om een meer leeg te malen. Pas toen de oude wipmolen in de tweede helft van de zestiende eeuw vervangen werd door de bovenkruier – een molen waarvan alleen de kap gedraaid behoefde te worden – werd het mogelijk hele plassen droog te malen. Het is een voorbeeld uit vele, hoe in de Republiek technologie de economische ontplooiing krachtig ondersteunde. Molens werden ook gebruikt in de industrie, met name in de Zaanstreek: oliemolens, houtzaagmolens, hennepkloppers. Maar ook Leiden had zijn volmolens en lintmolens ten dienste van de lakenindustrie, en wat later in de eeuw draaiden op de Veluwe de papiermolens. Belangrijke veranderingen kwamen ook tot stand in de scheepsbouw. Beroemd werd vooral de fluit, het lange en smalle schip met groot laadvermogen en hoge snelheid, dat toch genoeg had aan een bemanning van tien tot twaalf koppen. In technologisch opzicht stond de Republiek duidelijk aan de spits, en dat zou de hele zeventiende eeuw door ook zo blijven.

Techniek en kapitaal waren in ruime mate beschikbaar. Dat deed ook de vraag naar arbeid stijgen, niet alleen op de lagere niveaus. Mensen die leidinggaven in scheepvaart, handel of industrie moesten behoorlijk opgeleid zijn. Veel beroepen werden geleerd in de werkplaats of aan boord door oefening en ervaring, maar er bestonden in Holland ook zeevaartscholen. En wie alleen de gewone school bezocht had ging toch de praktijk van de commercie niet onvoorbereid binnen. Neem eens een willekeurige som uit de rekenboeken van meester Bartjens: een kassier vindt in zijn kassa 797 zilveren rijders, 2351 achtentwintigen, 1357 zilveren dukaten, 375 dertiend'halven... we zijn dan met de opgave nog niet op de helft, maar wie zulke sommen aankon moest zowel met muntwaarden als met getallen raad weten.

Wie geen goede opleiding had genoten hoefde echter evenmin om werk verlegen te zitten. Want al waren schepen in de Europese vaart slechts zuinig bemand, de beide grote compagnieën, de marine en later ook de walvisvaart hadden vele honderden mannen nodig. De personeelsbehoefte van de handels- en oorlogsvloot tezamen kan omstreeks 1640 wel op ruim 40.000 geschat worden. De eigen bevolking van de zeevarende gewesten was te klein om daarin te voorzien. Vooral de schepen van de VOC werden daarom in hoge mate door buitenlandse matrozen naar hun bestemming geleid. Amsterdam is de moederstad van heel Europa, schreef een Duitser aan het einde van de zeventiende eeuw; wie in Duitsland nergens aan de slag kan hoeft maar naar Amsterdam te trekken, en daar zullen ze hem wel zeggen wat hij moet doen.[12] De grote sterfte op deze lange vaarten stond er borg voor dat de behoefte ook niet snel zou afnemen, temeer omdat de Compagnie haar zaken nog voortdurend bleef uitbreiden. In de westelijke provincies was arbeid voor iedereen, zelfs voor vrouwen en kinderen. Ze waren daardoor in staat arbeidsoverschotten op te vangen uit het oosten van over en binnen de grens.

Een onschatbaar voordeel was het verder voor de koopman en de schipper dat de overheden in de Republiek de belangen van handel en scheepvaart zonder bijbedoelingen wilden bevorderen. De grote Europese staten waren er in de tweede helft van de zeventiende eeuw weliswaar allemaal op uit de nationale economie tot bloei te brengen, maar met name een land als Frankrijk deed dat vooral om aldus de macht en het inkomen van de staat te vergroten. In de Verenigde Provincies echter voerden de kooplieden ook in het landsbestuur de boventoon. Hun eerste oogmerk was niet de handel te belasten, maar om gunstige voorwaarden te scheppen voor haar ontplooiing. Voor de vaart naar oost en west kwamen grote compagnieën tot stand om de Nederlandse schepen tegen aanvallen van andere mogendheden de bescherming te bieden die voor de individuele koopman te kostbaar was. Binnen Europa werd deze organisatievorm slechts gekozen voor de Noordse Compagnie van 1614, die zich toelegde op de walvisvaart. De te vrezen concurrent was hier de Engelse Muscovy Company. Toen dat gevaar bezworen scheen, werd het octrooi niet verlengd en dat bleek inderdaad het beste middel om de walvisvaart tot grote bloei te brengen. Met de handel op de Levant ging het heel anders. Een monopolie werd hier niet nodig geoordeeld, maar om in deze vreemde islamitische wereld zijn weg te vinden had de koopman wel assistentie nodig. Daartoe werden de kooplieden in 1625 verenigd onder het gezag van de Directie van de Levantse Handel en Navigatie op de Middellandse Zee. Samen droegen ze zo de kosten van de consulaten die gevestigd werden in Smyrna, Aleppo en tal van andere plaatsen.

De bloeiende buitenlandse handel is de spectaculaire zijde van de Nederlandse economie in de Gouden Eeuw. Maar natuurlijk stond ze niet op zichzelf. Visserij, landbouw en nijverheid werkten alle mee om de koopman de producten te verschaffen die hij met voordeel in het buitenland zou kunnen slijten of die hij voor de uitoefening van zijn bedrijf nodig had. Boeren in het hele westelijke kustgebied leverden boter en kaas, of legden zich toe op de teelt van industriële gewassen zoals vlas en koolzaad. De Zaanlandse industrie leverde haar bijdragen met scheepstimmerwerven, zeildoekweverijen, beschuitbakkerijen en andere vergelijkbare bedrijvigheid. De Leidse lakenindustrie en de Haarlemse linnenindustrie leefden op, mede dankzij de bijdrage van in die bedrijfstakken geschoolde Zuid-Nederlandse immigranten. Omgekeerd bracht de handel hier de grondstoffen voor de luxe-industrieën: glas, keramiek, diamant, goudleer en tapijten.

Zo waren de winnaars door het hele land gespreid. Verliezers waren er ook. De bierbrouwerijen hadden weinig voordeel van de groeiende export. Delft, met zijn in de zestiende eeuw nog zo befaamde bier, was een van de eersten om het verschil te merken, en Haarlem zou wat later dezelfde weg gaan. In het algemeen kan men zeggen dat de steden die voornamelijk handeldreven in massagoederen geen opgang van betekenis hebben gekend. Hoorn, Enkhuizen en Medemblik waren allerminst dode steden, maar raakten toch achterop bij echte profiteurs. Bij de volkstelling van 1622 waren Enkhuizen en Rotterdam nog ongeveer even groot. Daarna groeiden Maas en Zuiderzee uit elkaar. Aan het einde van de achttiende eeuw was de bevolkingsverhouding voor de twee genoemde steden één tot acht geworden.

Gespreide welvaart

Rijkdom is altijd voor weinig mensen, of de eeuw nu van goud of van aardewerk is. Dat is ook voor het zeventiende-eeuwse Holland waar. Wat hier niettemin ontbrak was enerzijds ostentatieve pracht. Als de Hollandse regenten hun pronkzucht uitleefden was het in de collectieve sfeer, met name in het monumentale stadhuis van Amsterdam. Zelf woonden ze in fraaie ruime behuizingen, niet in paleizen. Anderzijds bleef ook de armoede binnen grenzen. Prijzen in Holland waren hoog. Dat viel nauwelijks anders te verwachten in een dichtbevolkt land dat zich grotendeels moest voeden met geïmporteerde waren. Maar de lonen waren bij de duurte aangepast, zodat de meesten toch genoeg hadden om behoorlijk te leven. Voedseloproeren zijn in Holland schaars geweest. Ze deden zich voor bij onverwachte scherpe prijsverhogingen, zoals de boteroproeren van 1624. Maar boter was niet een eerste levensbehoefte. Dat was eigenlijk alleen graan, en graanprijzen hebben nooit de inzet gevormd van volksonlusten. Dat zouden pas echte hongeroproeren geweest zijn, maar die heeft de zeventiende eeuw niet gekend. Er waren zeker mensen die weinig te eten hadden en zich moesten behelpen met onvolwaardige voeding. Maar althans in de provincie Holland wijzen de statistieken niet uit dat er een relatie bestaan heeft tussen sterftecijfers en hoge graanprijzen.

Armoede werd gezien als een probleem dat om een antwoord vroeg. Oplossen kon men het niet, wel de gevolgen verzachten. Slechts weinigen werden volledig ondersteund, en in beginsel waren dat enkel degenen die niet of niet meer tot werken in staat waren. Dikwijls echter was armenzorg aanvullend, bestemd voor hen die wel werkten, maar niet genoeg verdienden om zichzelf en hun gezin volledig te kunnen onderhouden. Vooral in de winter kon dat een aanzienlijk deel van de bevolking betreffen, omdat de kortere werkdagen in de lonen werden doorberekend, terwijl de uitgaven gedurende de koude maanden natuurlijk juist hoger werden. Steunverlening was dus in feite een toeslag op te lage lonen. Het was geen elegante maatregel, maar de maatschappij was tot een structurele oplossing niet in staat, en ze wilde de armen niet in de steek laten. De kosten werden uit publieke middelen bestreden. Schoten die tekort, dan werden de extra lasten zoveel mogelijk over de hele gemeenschap gespreid, vooral met collecten langs de huizen, of bij kerkelijke armenzorg in het kerkgebouw.

Enig verantwoordelijkheidsgevoel voor de collectiviteit lijkt bij de mensen niet geheel te hebben ontbroken. Ze zijn solidair met elkaar, dat wil zeggen met allen die ze als hun gelijken aanvaarden. Daaruit volgt nog niet dat ze in een antagonistische verhouding stonden tot hun overheden. Daarvoor hebben ook te veel gewone mensen in elk geval op het platteland zelf allerlei publieke taken op zich genomen als buurtmeester, collecteur voor de armen en andere lagere functies. Opstandig gezind zijn ze niet, wel staan de begrippen 'wij' en 'zij' in hun denken onmiskenbaar tegenover elkaar. Het is moeilijk dat in generale termen te zeggen voor de hele Republiek, want daarvoor kennen wij het zeventiende-eeuwse volksleven nog onvoldoende. Wel kunnen we het voorzichtige vermoeden uitspreken dat er in de oostelijke delen van het land een neiging bestaan lijkt te hebben conflicten liever zelf op te lossen, desnoods met het mes in de hand, dan ze voor te leggen aan de justitie. Waar de zin voor publieke orde sterker ontwikkeld is, zoals op het platteland van Noord-Holland, blijkt een zekere voorkeur voor arbitrage boven het voeren van processen. Dat spaarde natuurlijk kosten en het bekortte de rechtsweg, maar het verried wellicht toch ook enige achterdocht tegenover de gewone justitie met haar spreekwoordelijk trage procedures.

Machtsuitbreiding van de voc

Nederlanders die trots willen zijn op hun land trekken 's winters naar de ijshal in Heerenveen, of als ze erg goed van vertrouwen zijn bezoeken ze de wedstrijden van het Nederlands elftal. Slechts weinigen zullen om die reden nog grijpen naar een boek over de vaderlandse geschiedenis. Het verhaal wordt nu meestal ook niet meer geschreven op een wijze die aan nationale roemzucht voedsel geeft. Een vaderlandse geschiedenis moderne stijl biedt nauwelijks nog ruimte aan zeeslagen en belegeringen. Deze nieuwe accentuering heeft echter niet de interesse gedoofd voor dat bijzondere onderdeel dat we vroeger zo ongegeneerd koloniale geschiedenis noemden. Die wordt tegenwoordig wel anders verteld, maar de belangstelling is groter dan ooit. Geen wonder, want dit stuk verleden bezit nog actualiteit, ook los van morele vragen rondom schuld en glorie. Oorlogen die in de zeventiende eeuw gevoerd zijn met Frankrijk, Engeland of Spanje hebben geen invloed meer op de hedendaagse betrekkingen met die landen. Het koloniale verleden echter leeft nog voort, en raakt onmiddellijk de relatie tot de staten wier grondgebied ooit door Nederlanders is bezet of betreden. De omgang die Indonesiërs, Surinamers en Antillianen tegenwoordig onderhouden met de afstammelingen van hun vroegere kolonisatoren wordt steeds beïnvloed door het beeld dat zij van het gezamenlijke verleden meedragen.

Gezien vanuit Azië of Amerika zal dat anders lijken dan in het Europese perspectief. Dat geldt zeker voor de tijdgenoot, want voor de VOC is het tweede kwart van de zeventiende eeuw een succesperiode bij uitstek geweest. Het was de tijd waarin zij niet alleen haar stellingen consolideerde, maar ook de Europese concurrentie definitief verdrong en zich in de Oost-Indische handel een overheersende positie verwierf. Veel had ze te danken aan een sterke organisatie en goede kennis van de Aziatische markten. Die stelden haar in staat de rang van simpel medespeelster te ontgroeien. Met verve en overtuiging ging zij de hoofdrol vertolken in het commerciële Oost-Indische bedrijf.

Maar zonder geweld kon het niet. Coen had daar tijdens zijn eerste ambtsperiode geen misverstand over laten bestaan, en in die trant ging het ook verder. In 1627 keerde Coen na een afwezigheid van vier jaar uit Holland naar Indië terug. Toen hij daar twee jaar later te Batavia het leven liet was dat in een belegerde stad. Die militaire dreiging van het sultanaat Mataram had niet zoveel te betekenen. Coen sneuvelde niet op de wallen, hij stierf in zijn bed, tweeënveertig jaar oud. Het tropische klimaat heeft altijd meer slachtoffers gevraagd dan al de krijgstochten bij elkaar. Maar de Compagnie heeft in deze periode wel oorlogen gevoerd op allerlei fronten. Vanaf 1638 mengde zij zich als bondgenote van de inheemse vorsten in de strijd tegen de Portugezen op Ceylon, het tegenwoordige Sri Lanka, en op den duur veranderde ze van helper in overheerser. Gouverneur-generaal Anthonie van Diemen veroverde in 1641 Malakka, en ook daar zou de Compagnie nog lang blijven.

Op Formosa, nu Taiwan geheten, hadden de Nederlanders zich al eerder gevestigd, en lange tijd scheen het een succes te worden. Rondom fort Zeelandia ontstond een stad van zesduizend inwoners. In meerderheid waren het Chinezen, maar de meeste Nederlanders op Taiwan woonden in stenen huizen. Op den duur bleek het toch te veel gevraagd in deze contreien succesvol de strijd aan te binden met grootmachten als China en Japan, die zelf de voorwaarden plachten te stellen waaronder ze bereid waren zaken te doen met Europeanen. In 1662 moest de VOC Formosa prijsgeven, en vanaf dat moment hadden de Chinezen de handel met de Nederlanders volledig in eigen hand. In de zeventiende eeuw kon de Compagnie op de Europese markt geen andere Chinese waar aanbieden dan de kooplieden uit dat land naar Batavia hadden aangevoerd.

Ook Japan regelde zelf zijn handelsbetrekkingen met de westerse bezoekers. Vanaf 1641 was het kunstmatige eilandje Deshima in de haven van Nagasaki voor de Compagnie als handelspost beschikbaar. Een Nederlandse kolonie was dat allerminst. De Japanners beslisten eenzijdig welke goederen daar werden aangeboden en tegen welke prijs. Een centrum van culturele uitwisseling was Deshima in de zeventiende eeuw niet. Het was de Nederlanders zelfs verboden de Japanse taal te leren. Op den duur zou bij de Japanners wel de belangstelling ontwaken voor het eigene van de Europese beschaving, vooral als het de kennis van de natuur en de natuurwetenschappen betrof. Zo werden bijvoorbeeld werken van Newton en Copernicus uit het Nederlands in het Japans vertaald, maar dat zou pas gebeuren in de achttiende eeuw.

De representanten van de VOC waren ook geen mannen van het slag dat geïnteresseerd kon zijn in de aard en kwaliteit van de grote Aziatische culturen. In dat opzicht was de dominee de koopman duidelijk de baas, al zou ook dat pas vruchten afwerpen in de achttiende eeuw toen predikanten als Valentijn en Baldaeus te boek gingen stellen wat zij op hun standplaatsen in de koloniën hadden waargenomen. De Zeeuwse predikant Godfried Udemans heeft zijn vaderland nooit verlaten, maar schreef wel vol bewondering over de verbazingwekkende kunde van de Chinezen, die al veel eerder dan Laurens Jansz. Coster de boekdrukkunst hadden uitgevonden, en zich konden beroemen op voorbeeldig georganiseerd binnenlands bestuur. En toch waren ze zo dom dat ze de hemel hielden voor de grootste van alle goden.[13] Udemans zag er dan ook geen bezwaar in dat men de Aziaten waar mogelijk als onwillige kinderen zou mogen dwingen het christelijk geloof aan te nemen. Per slot van rekening waren vroeger ook de Friezen op dezelfde hardhandige manier bekeerd.[14]

Zo'n sterke pressie heeft de VOC echter niet uitgeoefend. Ze liet ruimte aan de bestaande Aziatische godsdiensten. Ze vestigde wel overal waar ze zich neerliet gereformeerde kerken, maar die gingen in principe niet anders te werk dan de gemeenten in patria. In de Republiek werd niemand gedwongen zich bij de gereformeerden aan te sluiten, en in Azië was dat in de regel niet anders. Druk werd eigenlijk alleen daar uitgeoefend waar de Compagnie de macht had overgenomen van de Portugezen, dat wil zeggen op Ambon en Ceylon. Daar had de inheemse bevolking zich tot het katholieke geloof moeten bekeren, en het Nederlandse gezag hoopte nu dat zij onder protestants bewind de stap zou zetten naar de kerk van de reformatie.

Niet anders dan in Europa leverde dat slechts beperkt succes op. In Malakka met name bleven de gereformeerden in aantal ver achterstaan bij de katholieken. Wel namen de koloniale kerken eenzelfde multiraciale karakter aan als ook de stedelijke bevolkingen kenmerkte. De voornaamste groei school in de Aziatische aanwas. De gereformeerde kerk van Batavia vierde in 1621 voor de eerste keer het avondmaal, met veertig lidmaten.[15] In 1700 was dat aantal gestegen tot vijfduizend. De toename was vooral een gevolg van de toeloop van slaven – die ruim de helft van de stadsbevolking uitmaakten – en tot het christendom bekeerde vrijgelatenen, de zogenaamde mardijkers. De kerk was er dus net als in Nederland voor iedereen, maar omdat lidmaatschap ook overzee vrijwillig was, heeft ze altijd slechts een deel van de bevolking voor zich kunnen winnen.

In Batavia is duidelijk te zien dat het bestaan van de slavernij bevorderlijk was voor de groei van de gereformeerde kerk. Vooral later in de zeventiende eeuw stelden veel Nederlandse patroons het op prijs als hun slaven catechetisch onderricht ontvingen. Hier heerste dus een heel andere praktijk dan in Suriname, toen dat eenmaal een plantagekolonie was geworden. Maar de Amerikaanse slavernij verschilde ook sterk van de Aziatische. In Indië waren het niet de Europeanen die dit systeem invoerden. Slavernij was in dat werelddeel een eeuwenoude institutie, en de Nederlanders sloten zich bij die traditie aan. Ze gingen er ook op ongeveer dezelfde wijze mee om. Keerden ze terug naar het moederland, dan lieten ze dikwijls hun slaven vrij: vandaar de constante aanwas van de *orang merdèka*, of op zijn Nederlands: de mardijkers. Veel slaven hadden dus een reëel vooruitzicht eens vrij te zullen zijn, en op het lagere sociale niveau waren de verschillen tussen slaven en vrijen dan ook niet zo groot.

De kwaliteit van deze samenleving lag uiteindelijk in handen van een klein groepje Nederlanders. De eerste grootschalige contacten tussen Europeanen en overzeese volken hadden zich afgespeeld in Amerika. Toen ging het tussen Spanjaarden en indianen, en uit die intercontinentale ontmoeting is de Zwarte Legende geboren. De naam spreekt voor zichzelf, en zeker hier te lande bestond weinig behoefte de reputatie van de nationale vijand te zuiveren van partijdige blaam. Maar de Nederlanders zouden wel moeten bewijzen dat zij het beter konden, hield Udemans zijn landgenoten voor. Gelukkig waren ze minder dan de Spanjaarden tot wreedheid en trouweloosheid geneigd, zodat ze wel niet zulke gruwelijke schelmstukken zouden bedrijven. Maar in gierigheid, onkuisheid en verachting van de godsdienst gaven de beide naties elkaar niets toe. 'Om dit te bewijsen en behoeve ick niet vele proeven bij te brenghen. Want de sake is so notoir, dat se geen bewijs van doene en heeft.'[16] Udemans' ambtgenoot Franciscus Ridderus zou dertig jaar later in terugblik concluderen dat geen van beide partijen met het koloniale avontuur veel eer hadden ingelegd. 'Het zal best zijn, dat wij beide daarvan zwijgen.'[17]

De West-Indische Compagnie

Toen de oorlog in 1621 werd hervat, kwam de baan vrij voor de oprichting van een West-Indische Compagnie. De VOC was toen al wel het vertrouwen van de beleggers waard gebleken, maar van dat voorbeeld is geen krachtige inspiratie uitgegaan. De reserves bleken gerechtvaardigd, want de nieuwe maatschappij heeft nooit de successen geëvenaard van haar Oost-Indische pendant. Beider lotgevallen geven een haast tegengestelde ontwikkeling te zien. De VOC was een handelsonderneming die territoriale vestiging in de eerste plaats beschouwde als middel tot een doel en desondanks de grondslag heeft gelegd voor wat een van de grootste koloniale rijken ter wereld zou worden. De WIC gaf aan opzettelijke kolonisatie veel meer aandacht, maar heeft haar belangrijkste veroveringen slechts korte tijd kunnen vasthouden. De VOC moest het in Indië opnemen tegen de Portugezen, en bleek tegen deze tegenstanders meer dan opgewassen. De WIC had het zwaartepunt van haar activiteiten gelegd in dat deel van de wereld waar hun tegenstanders zich al meer dan een eeuw stevig hadden geïnstalleerd, en waar ze ook grote belangen te verdedigen hadden. Brazilië was Portugals grootste kolonie, en Spanje was financieel sterk afhankelijk van de Amerikaanse zilverproductie.

In het octrooigebied van de WIC lag dan ook vanaf het begin de na-

Illustratie van een markt in Guinee uit een beschrijving van de Goudkust door Pieter de Marees, 1602. De beschrijving was bedoeld om het belang van het gebied aan Nederlandse kooplieden te tonen. De Marees beschrijft de producten die hij zag, zoals palmwijn, vis en suikerriet. Op de afbeelding is ook de verkoop van Nederlands textiel te zien.
Nederlands Scheepvaartmuseum, Amsterdam.

druk meer op de oorlogvoering dan op de commercie, meer op krijgsbuit dan op handelswinst. Het is dan ook wel karakteristiek voor deze compagnie, dat ze relatief veel beleggers aantrok uit steden in het binnenland, die anders weinig investeerden in de handel overzee. Godsdienstige motieven wogen voor deze participanten dikwijls zwaarder dan zuiver economische. De Compagnie moest een werktuig zijn in de strijd voor kerk en vaderland. Een echt wapenfeit is ook de meest aansprekende gebeurtenis in haar geschiedenis geworden: de verovering van de Spaanse zilvervloot door Piet Hein in 1628. De geschiedenis van de WIC blijft niettemin vooral het verhaal van de verloren kansen, en het is een tamelijk schamele verontschuldiging dat die kansen niet eens zo bijzonder goed waren. Het beste voorbeeld is Brazilië, waar de Compagnie vanaf 1630 voet aan de grond kreeg. Ze heeft flink ingezet op de Braziliaanse kaart. Nergens anders in Azië, Afrika of Amerika is ooit een gouverneur of commandeur aangesteld met de naam en het prestige van het huis Nassau. Johan Maurits, kleinzoon van Willem van Oranjes broer Jan van Nassau, heeft zeven jaar lang – van 1637 tot 1644 – leidinggegeven aan de nieuwe kolonie. Hij heeft veel tot stand gebracht, maar toch slechts weinig Nederlandse kolonisten weten aan te trekken. De Europese bevolking bleef uit Portugezen bestaan, die de gouverneur dan tegen Portugese aanvallen moest beschermen. Op den duur is de handhaving van deze dure buitenpost onmogelijk gebleken. In 1655 moesten de Nederlanders Brazilië verlaten.

Een belangrijk neveneffect van de tijdelijke verovering was dat zij de Compagnie voor de noodzaak plaatste de Braziliaanse planters van arbeidskrachten te voorzien. De Portugezen hadden van slaven gebruikgemaakt die ze inkochten aan de Afrikaanse kust. De WIC nam deze verplichting over. Dat wil zeggen dat zij ook mensen ging transporteren en verkopen van het ene werelddeel naar het andere. Daar moesten ze dan zware lichamelijke arbeid verrichten in een vreemde, vijandige omgeving, duizenden kilometers ver weg van hun geboortegrond, zonder enige hoop op terugkeer. Transatlantische handel en plantageslavernij gaven aldus volkomen nieuwe dimensies aan het eeuwenoude instituut, en het is in die vorm dat slavernij een moreel probleem is geworden. De zeventiende-eeuwers waren zich van die essentiële verschillen veel te weinig bewust om slavernij indringend ter discussie te stellen. De theologen waren het er eigenlijk wel met elkaar over eens dat een christelijk meester zijn slaven zou moeten bekeren, en dat hij dan vervolgens de bekeerden zou moeten vrijlaten, als zijn broeders en zusters in het ene geloof. Maar praktische consequenties zijn aan dat standpunt nooit verbonden, en de WIC heeft zich aangepast bij de verhoudingen zoals ze die in Amerika aantrof. Dus ging zij aan de handel in mensen deelnemen. In de jaren van haar Braziliaanse heerschappij scheepte zij in Afrika meer dan 30.000 slaven in. Gedurende die korte periode hebben de Nederlanders tijdelijk de eerste plaats ingenomen in de intercontinentale slavenhandel. Vanaf de jaren zestig van de zeventiende eeuw liep hun aandeel echter sterk terug. Pas met de verovering van Suriname zou de WIC weer zeggenschap krijgen over een gebied dat alleen met behulp van slaven in exploitatie kon worden gebracht.

In de jaren dertig hebben de Nederlanders zich ook gevestigd op de Antillen. In het geheel van de handelsbewegingen van de zeventiende eeuw is het niet meer dan een pro-memoriepost, maar in historisch perspectief het vermelden waard, omdat deze eilanden nog altijd deel uitmaken van het Koninkrijk der Nederlanden. Curaçao kreeg zijn eerste Nederlandse gouverneur in 1634, Sint-Eustatius twee jaar later. Grote economische betekenis hadden deze gebieden niet. Anders dan later in Suriname kon een echte plantagecultuur hier niet tot ontwikkeling komen, en de Antillen werden geen zwaartepunt in het WIC-imperium, zoals Brazilië dat wel was geweest in de tijd van Johan Maurits.

Een aparte plaats komt toe aan aan de vestiging in het noordelijk deel van Amerika, die de hoopvolle naam Nieuw Nederland droeg. Dat gebied was het eerst onder de aandacht gekomen in 1609, toen de Engelsman Henry Hudson in dienst van de VOC ging onderzoeken of er soms een noordwestelijke route naar Oost-Indië bestond, langs Amerika heen. Zijn verkenningen voerden hem naar de rivier die zijn naam is gaan dragen, ongeveer tot aan de plaats waar nu Albany ligt, door de Nederlanders gesticht onder de naam Beverwijck. De eerste schippers die Hudson volgden kwamen daar voornamelijk om bevervellen in te kopen van de inheemse bevolking. Pas omstreeks 1625 begonnen Nederlanders zich hier te vestigen. Een van de beroemdste archiefstukken uit de Nederlandse geschiedenis is nog altijd de akte die de aankoop vastlegt van het eiland Manhattan, dat van de indianen werd overgenomen voor een partij goederen met een totaalwaarde van ongeveer zestig gulden. Bonthandel bleef de voornaamste inkomstenbron, maar toen er kolonisten kwamen nam geleidelijk de landbouw in betekenis toe. Hun nederzettingen droegen Nederlandse namen als Amersfoort, Amsterdam, Haarlem en Breukelen, ofwel Harlem en Brooklyn. De bevolking groeide vooral vanaf de jaren veertig, en had in de jaren zestig een omvang van tussen de zeven- en achtduizend inwoners bereikt. Toch voerde de kolonie een tamelijk precair bestaan in oorlogen met de inheemse bevolking, en in concurrentie met de Engelsen, die zich al eerder in deze contreien gevestigd hadden, en de Nederlanders in aantal ver overtroffen. De toekomst van Nieuw Nederland was even onzeker als die van de West-Indische Compagnie. De kolonie zou het eerst bezwijken. Het is de Compagnie niet gelukt haar in de oorlogen met Engeland succesvol te verdedigen. Bij de vrede van Breda in 1667 ging ze over in Engels bezit.

Christelijk en klassiek

De geest is machtiger dan de stof. Het geld dat in handel en scheepvaart werd verdiend is allang verdwenen, maar de gevolgen van al die verzamelde rijkdom zijn nog dagelijks zichtbaar in het cultuurgoed dat de zeventiende eeuw heeft nagelaten. Het is kostbaar gebleven, zoals de Amsterdamse grachtenhuizen, of zelfs onbetaalbaar geworden, zoals de schilderijen van Rembrandt en Vermeer. En ook als het voor weinig geld te koop is, drukt het nog altijd de unieke kwaliteit van die zeventiende-eeuwse Nederlandse beschaving uit: een sonnet van Revius, een toccata van Sweelinck; maar ook de geleerdheid van Grotius en de wetenschap van Stevin.

Die bloei verbinden wij met een tijd en met een land. We noemen haar zeventiende-eeuws, en we noemen haar Nederlands. De beperking tot de zeventiende eeuw is het gemakkelijkst te rechtvaardigen. Er is nauwelijks een tak van kunst of wetenschap te noemen die dan niet haar hoogtepunt beleeft. De concentratie en variatie van zo veel talent in één enkele eeuw blijven uniek. Het Nederlandse karakter van die cultuur kan eerder een punt van discussie zijn. Ze is gelokaliseerd op het grondgebied van de Republiek, met haar brandpunt in Amsterdam. Gent, Brugge, Antwerpen en Brussel staan erbuiten. Maar veel van haar grootste vertegenwoordigers zijn Vlaamse of Brabantse immigranten van de eerste en de tweede generatie. Uit die zuidelijke gewesten hebben ze meer meegebracht dan enkel hun oude familienamen. De cultuur is er niet minder Nederlands om. Maar zij heeft wel haar verplichtingen aan ingeborenen van al de zeventien provinciën, en niet slechts van de Zeven Verenigde Nederlanden.

Er is een tweede probleem met dat woord Nederlands. Charles Wilson heeft er indertijd op gewezen dat de Nederlanders van de zeventiende eeuw zich zeer vaardig hebben betoond in het toepassen en ontwikkelen van uitvindingen die in het buitenland waren gedaan. Elk groot handboek van de Europese geschiedenis vermeldt de Amsterdamse Wisselbank, terecht in de hele wereld befaamd. Maar het idee van een wisselbank was Italiaans, net zo Italiaans als de zeeverzekering en de dubbele boekhouding. Gold trouwens niet hetzelfde van de vestingbouw, vanaf het einde van de zestiende eeuw? Maurits' rechterhand Simon Stevin had in de Republiek zijns gelijke niet. Op de Europese schaal evenwel is hij niet minder, maar ook niet meer dan de beste Nederlandse vertegenwoordiger van de nieuwe, opkomende ingenieurswetenschap. Juist daar waar ze het meest innoverend gewerkt heeft, was de Nederlandse cultuur een lokale variant van de Europese. Lokaal is hier het goede woord. Het geeft aan dat de Nederlanders van die tijd een hoogontwikkeld vermogen bezaten in te spelen op de behoefte van hun eigen regio. Waar ook in het buitenland de ontdekking gedaan was, zij maakten er gebruik van in hun eigen bijzondere omstandigheden. Dat geldt voor de vestingbouw en de organisatie van de handel. Het geldt evenzeer voor de cartografie en de waterhuishouding. De techniek profiteerde van wat elders was begonnen. Maar wat is er Nederlandser dan een atlas van Blaeu of een Noord-Hollands polderlandschap?

Cultuur is echter niet alleen vernieuwing. Ze is altijd gebouwd op het overgeleverde erfgoed. Er is veel getwist en geschreven over de vraag of de Nederlandse cultuur van de zeventiende eeuw nu erasmiaans was, dan wel calvinistisch. Het is een discussie die tot in alle eeuwigheid kan voortgaan, omdat ze voortkomt uit een vals dilemma. De Europese cultuur van de zeventiende eeuw steunde op twee pijlers: het christendom en de klassieken. Ze waren onafscheidelijk met elkaar verbonden. Niet omdat het in hun aard ligt, want beide zijn zeer wel bestaanbaar op zichzelf, maar omdat de geschiedenis hen onontwarbaar met elkaar had verstrengeld.

Zowel Erasmus als Calvijn kan hier als exempel dienen. Wie het christelijke bij Erasmus wegneemt, verandert hem in een karikatuur van zichzelf. Wie Calvijn loswikkelt uit de klassieke traditie maakt hem onherkenbaar. Beide elementen zullen dan ook in de Nederlandse cultuur van de zeventiende eeuw zichtbaar zijn: het klassieke, dat veel aan Erasmus te danken heeft, en het christelijke, dat hier te lande de invloed van Calvijn onderging. Maar beide zijn tevens breder en veelvormiger dan dit namenpaar uitdrukt. Het klassieke omvat meer dan de belangstellingswereld van Erasmus, en het christelijke weerspiegelt de hoge graad van verdraagzaamheid in het godsdienstig leven te helder dan dat het met één denominatie vereenzelvigd kan worden, ook niet met een zo belangrijke als het calvinisme van de vaderlandse kerk.

Natuurlijk sluit dat krachtige accentuering in de ene of de andere richting niet uit. Per kunst of wetenschap kan het verschillen. Wie louter op grond van observatie proberen zou de Hollandse schilders onder te brengen bij de verschillende kerkelijke richtingen, heeft nauwelijks een meetbare kans van slagen. In de letterkunde zal het hem gemakkelijker afgaan, maar wie het werkelijk zonder vooroordeel beproeft kan toch voor moeilijke puzzels komen te staan. Hoe katholiek zijn de psalmberijmingen van Vondel? Hoe calvinistisch zijn de zedenlessen van Cats, die ook in de zuidelijke Nederlanden zo veel lezers vonden? Het is maar de vraag of de zeventiende-eeuwers beter in staat waren deze geesten te beproeven, en misschien hebben velen daaraan ook geen behoefte gehad. De meeste consumenten van deze cultuur hadden hun scholing ontvangen in de klassiek-christelijke beschaving. Zij hadden toegang tot alles wat op deze grondslag gebouwd was, en indien ze al niet de regels kenden die de makers voor hun constructie plachten te volgen, dan wisten ze toch met welk doel die hadden gewerkt.

De letterkunde van de zeventiende eeuw wilde aan de lezer een boodschap doorgeven. Poëzie moest niet de expressie zijn van een individuele emotie, maar de treffende verwoording van een algemene waarheid. En omdat die waarheid algemeen was, kon ze appelleren aan lezers van alle gezindten. De specifieke behoeften van een bepaalde groep werden ook wel vervuld, maar dan toch dikwijls op een lager niveau. De talloze doopsgezinde liedboekjes van de zeventiende eeuw leggen nog getuigenis af van een krachtig geestelijk leven, maar niet van groot artistiek vermogen. Ze kwamen dan ook rechtstreeks uit de gemeente voort en werden door de lidmaten zelf geschreven. De harmonie van inhoud en vorm, die de ware dichter zocht, ging hun krachten te boven.

Het streven naar harmonie lag besloten in alle kunsten en wetenschappen. De nobelste gedachte moest gevat zijn in de schoonste vorm. 'Een rede, op zijn pas gesproken, is als gouden appelen in zilveren gebeelde schalen.' De zeventiende-eeuwer zou in deze woorden niet alleen een citaat uit de Spreuken van Salomo herkend hebben, maar ze ook hebben onderschreven als uitdrukking van zijn eigen ideaal. De wijze waarop valt uit het simpel stellen van die regel niet zonder meer af te leiden. Wat zeventiende-eeuwse cultuur wilde zijn wordt ons misschien het beste duidelijk met behulp van twee namen die in de zeventiende eeuw zeer hoog aangeschreven stonden, en bij latere generaties veel minder weerklank konden vinden: Daniël Heinsius en Jacob Cats.

De naam van Cats is weliswaar zeer bekend gebleven, doch niet in gunstige zin. Dat zegt niet alles, omdat de gemiddelde beschaafde Nederlander van Cats evenveel gelezen heeft als van Vondel of Huygens, dus helemaal niets. Maar wie de lectuur van Cats wel heeft ondernomen, heeft niet de herinnering aan veel poëtische hoogtepunten bewaard. Cats is niet treffend en diepzinnig. Toch is hij ook niet vlak of slap. Hij moet op elke regel twaalf versvoeten volmaken, en die regels twee aan twee op elkaar laten rijmen, en dat komt de oorspronkelijkheid van zijn taalgebruik niet ten goede. Maar hij weet dat hij zijn lezers moet bereiken, en daarom de dingen zó zeggen dat ze naar hem zullen blijven luisteren. Dat betekent dat hij moet amuseren. Hij zoekt een groot publiek, en dus mogen zijn grappen niet te subtiel zijn: geen verborgen dubbele bodems, geen ingenieuze woordspelingen in de trant van de veel begaafdere, maar ook veel minder toegankelijke dichter Constantijn Huygens. Hij wil zedenlessen uitdelen, en mag daarom zelf niet de perken te buiten gaan: wie alleen het pikante genieten kan, moet maar Italiaans leren. Cats wil geen berijmde Aretino of Boccaccio worden. Gemoedelijke grappen, in huiselijke taal, en zonder schroom voor het lichamelijke.

Dat kan verklaren waarom Cats veel lezers heeft gevonden. Het verklaart niet waarom hij werd geprezen. Het antwoord is eenvoudig: hij heeft zich een meester getoond in de harmonie. Cats' naam is gevestigd met de *Sinne- en Minnebeelden* van 1618. Het is een emblematabundel, dat wil zeggen een verzameling prentjes met toepasselijke verklaringen. Het genre is alweer van oorsprong Italiaans, maar het heeft in de Republiek grote bijval gevonden. Men kon uit de prent een les trekken voor het dagelijks leven, men kon er een zinnebeeld van de liefde in ontdekken, en men kon de toepassing zoeken in het godsdienstige. Cats' tour de force bestond hierin, dat hij uit elke afbeelding een drievoudige les trok. Voor de jongeren een amoureuze, voor de mensen van middelbare leeftijd een maatschappelijke, en voor de ouderen een religieuze. Zo'n man had recht op aandacht. Dat was harmonie van woord en beeld. Vertoon van virtuositeit maakt een dichter niet werkelijk groot, en Cats zou dat ook niet worden. Maar het kunststuk was precies naar de smaak van de tijd vervaardigd. Cats was met afstand de best verkochte dichter van zijn eeuw.[18]

Ook Daniël Heinsius was een virtuoos. Deze Leidse hoogleraar in de klassieke letteren was niet alleen doorkneed in de geschriften van de ouden, hij had zich tevens hun stijl eigen gemaakt. Zo hoorde het ook, want de Griekse en Romeinse auteurs hadden een sindsdien niet meer geëvenaarde harmonie tot stand gebracht tussen vorm en inhoud. Lectuur van hun geschriften kon stimuleren, maar ook ontmoedigen. Mocht een later schrijver ooit beter hopen dan het schitterende voorbeeld zo goed mogelijk te imiteren? Jawel, hij zou het zelfs kunnen overtreffen. Zijn cultuur immers is niet alleen klassiek. Ze is ook christelijk. Ze kent waarheid van een hoger gehalte dan de Oudheid uit zichzelf bij machte was voort te brengen. Heinsius' eerste belangrijke geschrift was een christelijk treurspel, in de stijl van Seneca. Dat stuk werd hoog geprezen om het zuivere Latijn, maar ook omdat het meer gaf dan de heidense filosoof had kunnen bieden. De harmonie van de klassieke tragedie was hier tot hoger volmaaktheid gebracht.

De Latijnse drama's van Heinsius zijn in vergetelheid geraakt. Wie ze nu nog leest moet een geleerde onderzoeker zijn die niet opziet tegen wat moeite om de zeventiende eeuw beter te leren kennen. Heinsius lezen ter wille van waarheid en schoonheid zal geen mens meer in de zin komen. Maar laten we wel dat sleutelwoord vasthouden: harmonie. Daarvan is de zeventiende-eeuwse cultuur doordrenkt.

De Hollandse schilderschool

De mate van harmonie is niet bepalend geweest voor de reputatie die de scheppers van de cultuurproducten bij het nageslacht hebben verworven. Daarom kunnen wij ook niet zeggen dat die harmonie het zuiverst wordt aangetroffen in die tak van kunst die zich het meest in de onvergankelijkheid heeft kunnen verheugen: de Hollandse schilderschool van de zeventiende eeuw. Ook die onvergankelijkheid is natuurlijk slechts betrekkelijk. Naar de plausibele berekeningen van A.M. van der Woude moet het totale aantal schilderijen de vijf miljoen ruim hebben overschreden. Niet meer dan een fractie bleef bewaard. Kennelijk beseften de kopers niet dat deze stukken een veel grotere waarde vertegenwoordigden dan de enkele guldens die zij er zelf voor hadden betaald. Toch is het goed dat enorme aantal in gedachten te houden. Het doet ons beseffen dat de schilder op iets anders uit was dan de verfijnde smaak van de erudiete kenner te bevredigen. Het schilderij was een massaproduct, en moest dus ook voor velen verstaanbaar zijn.

Daaruit volgt niet dat het slechts eenvoudige nabootsing van een geobserveerde werkelijkheid was. De tijd is wel voorbij dat de Hollandse schilderkunst van de zeventiende eeuw met het trefwoord 'realisme' op de haar toekomende plaats werd gezet. Men heeft oog gekregen voor de parallel met de emblematiek. Het embleem drukte een gedachte uit die door de dichter onder woorden werd gebracht. Het schilderij kon echter ook zonder die verbale toelichting vormgeven aan een idee, en de beschouwer doordringen van een hogere zedelijke waarheid. Dat kon, en het werd ook dikwijls gedaan. Schilderijen spraken dan hun eigen taal, in symbolen die aan de ingewijden een duidelijke boodschap overbrachten, maar die niet bij de eerste blik waren te doorzien. Ze vroegen vernuft en kennis van zaken, zoals een puntdicht van Constantijn Huygens. Wie Huygens' gedichten leest, wordt pas ten volle beloond als hij bereid is er heel wat scherpzinnigheid in te investeren. Wie Cats op dezelfde manier gaat bestuderen loopt gevaar uit 's mans trouwhartige alexandrijnen dieper wijsheid op te delven dan Cats zelfs maar in de verte kon schouwen, of heimelijke zinspelingen te ontdekken die de dichter onthutst zouden hebben doen blozen.

Hetzelfde kan van de schilders gezegd worden. Er heeft een vormentaal bestaan die door E. de Jongh en andere hedendaagse onderzoekers opnieuw is ontcijferd. Dat heeft een vollediger begrip mogelijk gemaakt van de werkelijke bedoelingen van de zeventiende-eeuwse kunstenaars. Het blijft een spel dat met voorzichtigheid gespeeld moet worden. Een roos kan het symbool zijn van de liefde, maar ook als elke bloem een teken van vergankelijkheid. De juiste uitleg kan afhangen van de aanwezigheid van andere symbolen, bijvoorbeeld een doodshoofd. En het kan ook zijn dat een bepaald schilderij helemaal niet de bedoeling heeft een diepere zin uit te drukken, en terecht gewaardeerd werd als zuivere expressie van wat het oog kon waarnemen. Dat zal vooral gelden van het massaproduct. Wat op de markt werd aangeboden moest kopers vinden. Een schipper uit Westgraftdijk, een bakker uit Delfshaven en een boer uit Purmerland kenden de codes van de vormentaal niet, maar ze kochten wel schilderijen. Ook daar lag dan gewoonlijk een boodschap in, die in direct verstaanbare beeldtaal werd overgebracht.

Zulke algemene noties zijn heel nuttig als we orde willen scheppen in de cultuur van een bepaalde periode. Ze geven ons meer vat op de verschijnselen, waardoor we die gemakkelijker in hun eigen aard kunnen herkennen. Gewoonlijk komen we dan het verst bij de kleinen en de middelmatigen. Wie het minst met oorspronkelijkheid bedeeld is, en dus het meest aan anderen te danken heeft, vertoont het scherpst het profiel van zijn eeuw. De werkelijk groten kunnen met zo'n maatstaf niet gemeten worden. Kennis van de tijd waarin ze geleefd hebben blijft van wezenlijk belang als we dieper in hun werk willen doordringen, maar is zelden een noodzakelijke voorwaarde die aan de bewondering vooraf moet gaan. Wie Shakespeare leest in volslagen onkunde van het Engeland van koningin Elizabeth moet zich menige pointe laten ontgaan, maar hij zal zich wel bewust worden van de ontmoeting met een grote geest. Zo is het ook met de man wiens naam wij altijd het eerst verbinden met de cultuur van de Gouden Eeuw: Rembrandt Harmensz. van Rijn.

Wie op zoek gaat naar het buitengewone dat Rembrandt van anderen onderscheidt, en zich dan het liefst door het oordeel van de beste deskundigen wil laten leiden, kan gemakkelijk bevangen worden door een gevoel van hulpeloosheid. Rembrandts werk, zo lezen we dan, is expressief en krachtig, het is subtiel en virtuoos, het is natuurlijk en harmonisch. Daaruit blijkt dan dat wie Rembrandt wil typeren moet grijpen naar superlatieven. Maar een verklaring van het eigene is daarmee nog niet gegeven. Een van de eersten die niet alleen door Rembrandts grootheid werd getroffen, maar ook heeft beproefd die in woorden te vangen, is de dichter Constantijn Huygens geweest, bij het zien van Rembrandts schilderij dat ons Judas afbeeldt die de dertig zilverlingen teruggebracht heeft aan de overpriesters.

'Het schilderij van de berouwvolle Judas, die de zilverlingen, het loon voor de onschuldige Heer, aan de hogepriester terugbrengt, wil ik als voorbeeld van al zijn werken nemen. Laat geheel Italië zich daarneven plaatsen en al wat van de vroegste Oudheid aan indrukwekkends of bewonderenswaardigs is overgebleven. Het gebaar van die ene wanhopige Judas – om niet te spreken van zo veel bewonderenswaardige figuren op dit ene doek – ik herhaal, van die ene Judas, die raast, kermt, om vergiffenis smeekt, maar er toch niet op hoopt, of die hoop door zijn aangezicht uitdrukt, zijn verwilderd gelaat, de uitgerukte haren, het verscheurde kleed, de gewrongen armen, de handen tot bloedens toe samengeknepen, zoals hij zich daar in een blinde opwelling op de knieën stort, terwijl zijn hele lichaam zich wringt in woeste jammer, die figuur stel ik tegenover elk bevallig kunstwerk, dat de eeuwen hebben voortgebracht.'

Deze woorden zijn al vaak aangehaald, maar ze zijn dan ook bijzonder geschikt om ons de betekenis van Rembrandt te doen bevatten. Huygens kijkt met zeventiende-eeuwse ogen. Wat zijn tijdgenoten het meest in een schilder bewonderden, was het vermogen in één dramatisch tafereel een maximum aan emotionele lading te leggen, in de poses, de gebaren en de gelaatsuitdrukkingen van alle afgebeelden. In de Judas vond Huygens dat alles terug: een meesterwerk naar expressie en harmonie. Huygens was ook daarin een goed zeventiende-eeuwer dat hij zijn bijbel kende. Hij had zich een indruk gevormd van de persoon en het karakter van Judas, en wist wat diens plaats was in de heilsgeschiedenis. Daardoor kwam de boodschap des te beter bij hem aan. De man op het schilderij was voor hem geen onbekende. Omgekeerd kwam het bijbelverhaal voor hem des te meer tot leven, doordat Rembrandt hem de figuur van Judas nu ten volle deed verstaan.

Huygens zag Judas, de gevallen apostel. Het unieke feit van Judas' verraad en berouw werd door Rembrandt in zijn diepte gepeild. Maar Huygens zag ook een mens in wanhoop: een mens van zijn eigen tijd, een mens van alle tijden. Dat maakt Rembrandt door alle eeuwen heen verstaanbaar. De levendigheid, de subtiliteit, de harmonie, en ook het monumentale vooral van zijn latere werk zijn de middelen waarmee hij ons doet zien. Maar op het kijken zelf komt het aan, dat tot aanschouwen wordt, en elke generatie weer nieuwe beelden doet opvangen en nieuwe interpretaties laat ontdekken. Het is waar voor alle groten, ook voor Hals, ook voor Vermeer. Vermeers jonge vrouwen en Hals' kleine kinderen blijven ons bij, omdat we hen op straat en in huis nog dagelijks tegenkomen. En hoeveel namen zouden we niet moeten noemen, als we slechts de allerbekendsten plaats gaven? Jan Steen, Gerard Dou, Adriaen van Ostade... Maar ook dan doen we de schilders van de zeventiende eeuw nog geen recht. Verscheidene doeken die lange tijd aan Hals zijn toegeschreven, blijken in werkelijkheid vervaardigd te zijn door Pieter Claesz. Soutman, die alleen in de dikste handboeken voorkomt onder de kleine lettertjes. Maar hoeveel namen we ook zouden toevoegen, en hoe rijk de Hollandse schilderschool ook is geweest, toch zal de geschiedenis van de Nederlandse cultuur in de zeventiende eeuw altijd in de eerste plaats het land van Rembrandt beschrijven.

Vrijheid en gebondenheid

Schilderkunst en literatuur hebben beide gewerkt voor meer dan één publiek. Het streven naar harmonie van vorm en inhoud, christelijk en klassiek, woord en beeld, geldt dan in het bijzonder voor de hoogste niveaus. Zou men hetzelfde nu ook kunnen zeggen van de wetenschap? Is ook daar harmonie het kernbegrip? Hier moeten we onze weg voorzichtig aftasten. In zekere zin past inderdaad een voluit bevestigend antwoord, zoals Daniël Heinsius ons zo-even geleerd heeft. Maar we moeten niet alleen denken aan de gelukkige vereniging van christelijk en klassiek. Kunst en wetenschap dienen beide betekenis te hebben in de volle zin van het woord. Als een gedicht of een schilderij een boodschap inhoudt, heeft het een praktische werking. Het doet iets voor ieder die met begrip van het kunstwerk kennisneemt. Zo kan men ook van de zeventiende-eeuwse wetenschap dikwijls zeggen dat ze iets wil doen. Ze wil iets tot stand brengen wat een praktische toepassing heeft.

Laten we als voorbeeld een van de beroemdste geleerden van de zeventiende eeuw kiezen: Hugo de Groot. Als we hem een geleerde noemen, is dat ook omdat we een nadere definiëring liever willen vermijden. Ze zou een begrenzing aanbrengen die De Groots betekenis beperkt. Hij leeft vooral voort als jurist, maar mag tevens gelden als een belangrijk geschiedschrijver, en misschien zou hij zelf wel de meeste waarde gehecht hebben aan zijn werkzaamheid als theoloog. Ook daar-

Hugo de Groot.
Michiel Jansz. van Mierevelt, 1631. Gemeente Musea Delft,
Collectie Stedelijk Museum Het Prinsenhof. Fotograaf: Tom Haartsen.

in ligt harmonie: de werkelijke geleerde kan niet in één discipline opgesloten worden, hij is meester op alle wapens, en kan zijn kennis vruchtbaar maken op alle velden van wetenschap. Die kunst verstond De Groot als geen ander. Maar hij kon meer. Hij wist hoe hij wetenschap kon gebruiken als politiek instrument.

Van zijn meeste werken geldt dan ook dat ze beantwoorden aan een praktisch doel. De geleerde Latijnse titels moeten ons niet in de war brengen. De Groots *Liber de Antiquitate et Statu Reipublicae Batavae* is een politiek vertoog. Het wil met historische argumenten bewijzen dat de hoogste macht in het gewest Holland toekomt aan de Staten, en dus bijvoorbeeld niet aan een vorst, of aan de massa van het volk. Zijn geschrift *Ordinum Hollandiae ac Westfrisiae Pietas* is een verdediging van de kerkpolitiek van Oldenbarnevelt, wiens rechterhand en medestander hij was. En het beroemde *Mare Liberum* moet het recht van vrije vaart handhaven tegenover andere staten, wier gevestigde of expanderende belangen door onwelkome Nederlandse concurrenten bedreigd worden.

Een kamergeleerde is De Groot dus niet geweest. Hij heeft dan ook gevangengezeten op het slot Loevestein, als om de wetenschap eraan te herinneren dat zij zich niet straffeloos dienstbaar maakt aan de politiek. Drie jaar heeft hij in hechtenis verkeerd. Toen is hij passenderwijs in een boekenkist ontsnapt, tot getuigenis van het respect dat de vrijheid van drukpers in de Republiek genieten mocht. In Holland kon veel gedrukt en gezegd worden dat in andere Europese landen het daglicht niet verdroeg. Maar onbeperkte tolerantie heerste ook in de Verenigde Nederlanden niet. Uit de verte beschouwd schijnen de grenzen wel eens willekeurig, maar wie de ongelukken met elkaar vergelijkt, ontdekt toch een patroon. Het is minder de godsdienst dan de politiek die beperkingen oplegt aan het vrije woord. Als de overheid een duidelijke koers vaart, mag die niet in gevaar komen. Zijn er grote politieke spanningen in Den Haag, dan komt dat ook in de drukpers tot uitdrukking, bijvoorbeeld iedere keer dat er wordt onderhandeld over een vrede of een bestand met Spanje. Over zulke kwesties zijn de gedeputeerden ter Statenvergadering het onderling niet eens, en dan is een vrije discussie mogelijk. Weten de Staten echter wat zij willen, dan wordt een open gedachtewisseling slechts zo lang geduld als zij het gezag van de overheid volledig eerbiedigt. Kritiek op wat de Staten misschien zullen beslissen is toegestaan. Kritiek op wat zij feitelijk doen kan men maar beter onuitgesproken laten.

Beneden het niveau van de elite vertoonde Holland een eigen gezicht. De bronnen geven ons de indruk dat het leven van de plattelanders in dat gewest weinig overeenkwam met het type zeventiende-eeuwse volkscultuur zoals dat bijvoorbeeld in Frankrijk bestaan heeft. Wat in Holland vooral ontbreekt zijn de mannelijke jongeren die met ketelmuziek en andere meer of minder drastische middelen een traditioneel waardenpatroon in stand houden. Die opvallende afwezigheid hoeft echter niet beslist op het conto van de gereformeerde kerk geschreven te worden. Ze kan ook gevolg geweest zijn van de maatschappelijke en economische ontwikkelingen die juist deze jongeren werk deden vinden in de zeevaart, waardoor ze maanden of zelfs jaren achtereen van huis konden zijn. In de kustprovincies was een groot deel van de mannelijke beroepsbevolking werkzaam als visser of matroos. Dat was tevens een van de voornaamste redenen waarom in het dorps- en straatbeeld van de zeventiende eeuw vrouwen zo prominent aanwezig waren. Als het ooit onwaar geweest is dat vrouwen enkel de huishouding deden en hun ziel en zaligheid verpand hadden aan het schoon schrobben van de stoep, dan wel in het Holland van de zeventiende eeuw. De arbeidsverdeling tussen man en vrouw kon in de talrijke gezinnen van zeevarenden niet anders dan onevenredig belastend voor de vrouw uitvallen, die zolang haar man op het water rondzwierf de rollen van gezinshoofd en kostwinster met die van huisvrouw en moeder had te verenigen.

Voor de landprovincies kan het beeld anders zijn. Totaal anders zelfs, want in de zeventiende eeuw was de interregionale communicatie op het platteland beperkt. Lokale normen, waarden en gewoonten zouden zich dan gemakkelijker kunnen handhaven. Op het hogere sociale niveau waren de betrekkingen met andere gewesten frequenter. Daar onderging men in het oosten en noorden van de Republiek sterker de Hollandse invloed. Gaat het om de maatschappelijke elite, dan mogen we zeggen dat de Zeven Provinciën samen één cultuur bezaten, die in het oosten wel van lager niveau was, maar niet van andere aard. Dat vergemakkelijkte zonder twijfel de onderlinge communicatie, wanneer de voornaamste leden van deze elite elkaar ontmoetten in de hoge politieke colleges, om gezamenlijk de koers vast te stellen die de Republiek moest varen. In deze kringen bestond wel het besef dat bij dorpelingen in oost en west nog maar nauwelijks kon zijn ontloken, gezamenlijk te behoren tot eenzelfde staatsverband.

1648-1672

DE WARE VRIJHEID

Willem II

Op 14 maart 1647 is Frederik Hendrik gestorven, en opgevolgd door zijn zoon Willem II. De vrede van Münster werd pas tien maanden later getekend en bezegeld, maar gevochten werd er toen allang niet meer. Praktisch vielen de twee gebeurtenissen samen: de dood van de stadhouder, en het einde van tachtig jaar oorlog tegen Spanje. Nieuwe stadhouders waren in al die jaren vaker aangetreden, en in zoverre kon de ambtsaanvaarding van Willem II geen buitengewone verandering genoemd worden. Volkomen nieuw was echter dat hij die functie zou gaan uitoefenen in vredestijd. Dat maakte stadhouderschap niet overbodig. Frederik Hendrik had immers ook de hoofdrol gespeeld in het landsbestuur. Maar hij dankte zijn gezag toch in hoge mate aan de combinatie met het ambt van kapitein-generaal. Willem II, geboren in 1626, was altijd voor beide waardigheden bestemd geweest. Als twaalfjarige jongen had hij toegang gekregen tot de vergaderingen van de Raad van State, en de prins heeft van die bevoegdheid ook wel gebruikgemaakt. De militaire voorbereidingen waren al veel eerder begonnen. Op vierjarige leeftijd was hem reeds de rang verleend van generaal van de cavalerie, en vanaf 1637 had hij zijn vader vergezeld op alle veldtochten. Het lijdt geen twijfel dat Willem de ambitie koesterde te worden wat zijn vader altijd geweest was: het werkelijke hoofd van de Republiek.

Of hij daartoe de vereiste bekwaamheden bezat is een omstreden zaak. Naar buiten toe deed hij zich weliswaar loszinnig en onverschillig voor, meende de Friese stadhouder Willem Frederik; maar intussen was hij achter de schermen ijverig in de weer om zijn invloed in de Hollandse steden te versterken. Hij begreep dus waar het op aankwam, want die stadsregenten moest hij voor zich zien te winnen. Holland had altijd het leeuwendeel van de oorlogslasten gedragen en verlangde nu ingrijpende bezuinigingen. Om de stadhouderlijke machtspositie te handhaven, mocht Willem echter niet te veel inleveren van zijn militaire mogelijkheden en bevoegdheden. Dat mocht hem ook daarom niet overkomen, omdat zijn politieke inzichten nogal afweken van de opvattingen van de partij die de vrede tot stand had gebracht. Hij wilde niets minder dan de oorlog met Spanje hervatten. Hij geloofde of zei althans dat de trouw aan de Franse bondgenoot zulks vereiste. Die overweging had, indien ze oprecht gemeend was, een hoog moreel gehalte. Maar voortzetting van de oorlog betekende vooral versterking van de positie van Frankrijk, en bevorderde dus niet de concrete belangen van de Republiek. Willems internationale ambities gingen echter verder. Zijn echtgenote Maria Stuart was de dochter van de Engelse koning Karel I, die door zijn onderdanen was afgezet en in 1649 zou worden onthoofd. Willem voelde zich aan de belangen van het huis Stuart gecommitteerd, en zou graag gezien hebben dat de Republiek steun gaf aan zijn schoonfamilie, om de nieuwe republikeinse regering van Cromwell omver te stoten. Het is niet zeker of de stadhouder dit alles tegelijk wilde. Wel is duidelijk dat uitvoering van zijn plannen veel geld zou kosten, zonder dat de onmiddellijke voordelen voor de Republiek terstond in het oog sprongen.

Op veel steun van de Hollandse regenten kon de jonge stadhouder dan ook niet rekenen. De wil tot bezuiniging leefde daar zo krachtig dat een flinke besparing onontkoombaar was. Ook Willem kon daar wel mee leven, mits het zo zou gaan als in de periode van het twaalfjarig bestand. Toen was de sterkte van alle compagnieën met een derde verminderd, maar de kaders van officieren en onderofficieren waren volledig in stand gebleven. Men had dus gekozen voor een kwantitatieve, en niet voor een kwalitatieve bezuiniging. Dat kwam wel duurder uit, maar in de gegeven omstandigheden getuigde het van wijze voorzorg: het bestand heeft immers meer dan eens aan een zijden draad gehangen. Maar nu was het vrede en kon men de lasten dus ingrijpender verlagen. Op die kaart zette Holland dan ook in: niet alleen besparen op het getal, maar ook op het gehalte.

In het voorjaar van 1648 werd besloten de sterkte van het landleger terug te brengen van 55.000 naar 32.000 man. Voor Willem was dat aanvaardbaar, voor Holland niet. Het meende ook een goed middel bij de hand te hebben om zijn eigen wensen te realiseren. Vanouds waren de legerlasten zo verdeeld dat elke provincie naar draagkracht direct verantwoordelijk was voor de betaling van een aantal compagnieën. Alle gewesten betaalden dus zo veel soldaten als tot hun last gebracht waren, of zoals men het toen zei: ter repartitie van die provincies stonden. Het grootste deel van het leger werd derhalve rechtstreeks betaald door de rijkste provincie. Van die omstandigheid kon men nu gebruikmaken. Eigenmachtig dankte Holland een aantal compagnieën af, zonder de beslissing van de Staten-Generaal af te wachten of te eerbiedigen.

Zo'n nukkig gebaar was op zichzelf niet nieuw. Ook andere provincies hadden wel eens op eigen gezag dergelijke besluiten genomen, als zij meenden onevenredig zwaar belast te zijn. In zo'n geval werden de verweesde compagnieën een tijdlang uit leningen betaald tot met het recalcitrante gewest een regeling getroffen was. Elke provincie had nu eenmaal van tijd tot tijd haar conflicten met de Staten-Generaal. Maar Holland was niet zomaar een van de zeven. Als Zeeland of Friesland tijdelijk de beurs gesloten hield veroorzaakte dat enig ongemak. Als Holland het deed kwam de Republiek dadelijk in acuut gevaar. Officieel betaalde het ruim 58 procent van de algemene lasten, en in feite was het altijd meer. Zonder Holland kon de Republiek niet bestaan. Dat gaf aan de stem van deze provincie een buitengewoon gewicht, waardoor de Generaliteit zich dikwijls naar Hollands wensen schikte. Het kwam zelden voor dat Holland en de andere zes onverzoenlijk tegenover elkaar bleven staan op hoofdpunten van beleid. Maar als het gebeurde, leidde het altijd tot een ernstige crisis. Binnen de bestaande staatsinrichting was een oplossing niet mogelijk. In belangrijke zaken moest er overeenstemming zijn. Lukte dat niet en wilde men toch verder, dan werden de wensen van een kleine provincie eenvoudig genegeerd, en handelden de zes anderen alsof zij de gehele Republiek waren. Met Holland kon dat niet, want die provincie had de sleutel van de schatkist in handen. Stond Holland dus alleen tegenover de zes, dan moesten die ofwel het hoofd in de schoot leggen, of ze moesten de crisis met geweld tot een oplossing brengen. Dat was in 1618 gebeurd, en het geschiedde opnieuw in 1650.

In zekere zin was de nieuwe crisis ernstiger dan de vorige. In 1618 had de Republiek een intern probleem moeten oplossen. Haar taken en plichten in Europa bleven dezelfde. In 1648 echter begon een nieuwe fase in de Europese geschiedenis. Dat laat zich natuurlijk alleen achteraf werkelijk vaststellen. Maar ook de tijdgenoot moet doordrongen geweest zijn van het besef dat de voorwaarden voor ingrijpende veranderingen in elk geval gegeven waren. Het grote vredescongres dat de Tachtigjarige Oorlog afsloot met de vrede van Münster, beëindigde tevens de Dertigjarige Oorlog met de vrede van Westfalen. Tot op zekere hoogte heeft het congres zijn doelstellingen inderdaad bereikt. In het Duitse Rijk en in de Nederlanden is sindsdien nog wel dikwijls oorlog gevoerd, maar niet meer met de oude inzet. De gelijkwaardigheid van protestant en katholiek, en de onafhankelijkheid van de Verenigde Provincies waren na 1648 geen twistpunten meer. Het tijdperk van de godsdienstoorlogen was voorbij.

Maar oorlogen kennen winnaars en verliezers, en dat kan duurzame veranderingen teweegbrengen in de internationale krachtsverhoudingen. Frankrijk was als de grote overwinnaar te voorschijn gekomen. Door de vrede van Westfalen was het nu in bezit gebracht van de Elzas, en nieuwe gebiedsuitbreiding langs de noordgrens met de Spaanse Nederlanden lag nog in het verschiet, want het voelde zich sterk genoeg om na 1648 de oorlog tegen Spanje alleen voort te zetten. Wie de uitkomst overzag van alle oorlogen die sinds het begin van de eeuw in Europa gevoerd waren, moest wel getroffen zijn door het enorme verschil ten gunste van Frankrijk. De tijd dat de Habsburgers konden streven naar de Europese hegemonie was definitief voorbij. Frankrijk was nu de mogendheid geworden die de macht bezat, en naar weldra zou blijken ook de ambitie, het evenwicht te haren gunste te verstoren.

Was dus de positie van Frankrijk zeer verbeterd, hetzelfde kon gezegd worden van Engeland. Gedurende de eerste helft van de zeventiende eeuw speelde dat land internationaal geen enkele rol. Het werd volledig in beslag genomen door binnenlandse onrust en revolutie, en het hield zich buiten de grote Europese conflicten. Aan het einde van de jaren veertig was de binnenlandse strijd voorbij. De monarchie van de Stuarts was vervangen door de republiek van Cromwell. Karel I werd in 1649 ter dood veroordeeld en terechtgesteld. Een krachtige, zelfbewuste regering zou voortaan eisen dat Engeland zo veel plaats kreeg ingeruimd als het zelf meende te kunnen vullen.

In deze nieuwe Europese machtsverhoudingen moest de Nederlandse Republiek haar positie nader bepalen. Ze mocht daar niet al te luchthartig over denken. Wel was zij meer nog dan Frankrijk en Engeland in vergelijking met de zestiende eeuw enorm vooruitgegaan. Maar haar welstand rustte op een veel minder solide basis. Haar territorium was klein – te vergelijken met een flinke Franse provincie – maar het had lange en naar de oostzijde moeilijk te verdedigen grenzen. Haar bevolking bleef beneden de twee miljoen. Die van Groot-Brittannië was bijna viermaal, die van Frankrijk tienmaal zo groot. Zij had zich een vooraanstaande plaats verworven omdat zij rijk was, en ze had die rijkdom verkregen door handel en scheepvaart in alle delen van de wereld. Maar ze was niet in staat die honderden schepen zo zwaar te bemannen en te bewapenen dat ze stuk voor stuk beveiligd zouden zijn tegen vijandelijke overval. Als dus de Fransen en Engelsen een groter aandeel in de internationale handel zouden opeisen, en de rekening indienen bij de Republiek, zou het haar niet gemakkelijk vallen zich voor de betaling te excuseren. Holland had zich een grote voorsprong verschaft in de jaren dat Frankrijk en vooral Engeland door hun eigen zorgen in beslag genomen werden. Maar nu kon het elk ogenblik op de proef gesteld worden om haar voorsprong te verdedigen tegen twee landen die ieder voor zich sterker waren dan de Republiek.

Gezien tegen deze achtergrond liet zich wel volhouden dat bezuiniging op defensie toch in elk geval binnen redelijke grenzen moest blijven. Dat was het betrekkelijke gelijk van de stadhouder en de zes provincies die hem steunden. Wat hem kwetsbaar maakte was de verdenking dat vooral persoonlijke ambitie hem dreef. Na de dood van koning Salomo hadden de Israëlieten zijn zoon Rehabeam gevraagd: uw vader heeft ons juk zwaar gemaakt, maak gij nu de harde dienst van uw vader lichter. Rehabeam had die raad in de wind geslagen en zijn volk getrotseerd. Was dat wat Willem dacht, en had hij daarvoor dat grote leger nodig? De partijen kwamen niet tot elkaar. De Staten-Generaal besloten dat de stadhouder alle Hollandse steden persoonlijk zou bezoeken, met een delegatie van Hare Hoog Mogenden, om de Hollanders op andere gedachten te brengen. De rondgang leverde niets op. Een vreedzame oplossing dreigde illusoir te worden.

Willem dacht nu in ernst aan een staatsgreep. Met enkele vertrouwelingen overlegde hij over de beste manier om het verzet te breken. Inzet van gewelddadige middelen was onontkoombaar geworden, meenden met name de Hollandse en de Friese stadhouder. Van de risico's waren ze zich volledig bewust. Lukt het niet, zei Willem tegen Willem Frederik, dan verlies ik mijn goed en mijn leven.[1] Hij speelde dus voor de hoogste inzet, zoals eens Maurits in 1618 gedaan had, maar Willem zou het doen met veel minder zekerheid. Dit keer zou de stadhouder het geheel van verrassingen moeten hebben. De plannen lukten voor een deel. Op 30 juli 1650 werden zes Hollandse regenten gevangengenomen, onder wie de Dordtenaar Jacob de Witt, de vader van de latere raadpensionaris. Ze werden overgebracht naar het slot Loevestein, waar dertig jaar eerder Hugo de Groot zijn straf had moeten uitzitten. Er waren geen Amsterdammers bij, hoewel die stad de leiding had in de oppositie tegen Willem II. Maar van Amsterdam moest men zich eerst verzekeren voordat een burgemeester van die stad in hechtenis genomen kon worden. Willem Frederik rukte met twaalfduizend man tegen de stad op, doch zijn opmars bleef niet onopgemerkt, en Amsterdam sloot de poorten. De Friese stadhouder ondernam geen pogingen zich de toegang te verschaffen met geweld, maar de demonstratie van militaire macht bleek voldoende. Amsterdam verklaarde zich bereid de bezuinigingsplannen te laten varen. Willems voornaamste tegenstanders, Andries en Cornelis Bicker, gaven hun plaatsen in de vroedschap op.

Willem II had gewonnen en bij de zes provincies over het geheel genomen instemming gevonden. Maar Holland was nu zijn onverzoenlijke vijand. Op lange termijn maakte dat zijn kans van slagen twijfelachtig. Hij zou Holland toch niet permanent met militaire bezettingen kunnen dwingen. En voor zijn eigenlijke plannen tot hervatting van de oorlog was onvoldoende draagvlak te vinden. Toen de stadhouder in het najaar van 1650 daartoe zijn ideeën in de Staten-Generaal ontvouwde, bleken die niet bereid hem te volgen. Een nieuwe crisis dreigde, doch nu van andere aard. Het ging niet langer om Holland en de Generaliteit. Het ging om de macht van de stadhouder. Had hij intussen zo veel vorstelijke allure verworven dat zijn politieke wil een doorslaggevende factor was geworden, ook tegen het uitgesproken gevoelen van de Staten in? Het antwoord op deze vraag zal niemand ooit weten. In november 1650 stierf de prins na een kortstondige ziekte, niet ouder dan vierentwintig jaar.

De Grote Vergadering

Willem Frederik treurde, niet alleen om de dood van zijn Hollandse bloedverwant, maar ook om de definitieve mislukking van diens grote plannen. Die afloop was zeer schadelijk voor de kerk, het huis Oranje, het land, de bondgenoten, en 'alle eerlijcke luyden'.[2] Daar rekende hij de Hollandse regenten niet onder, want die beleefden Willems overlijden als een triomf. De zes van Loevestein werden dadelijk bevrijd en in ere hersteld. Het vraagstuk van de bevoegdheden van de stadhouder verdween op de meest eenvoudige wijze van tafel: Holland schafte de functie af. Die radicale wending werd vergemakkelijkt doordat Willems postuum geboren zoon toch niet in staat zou zijn geweest het ambt daadwerkelijk te vervullen. Maar de aanwijzing van een tijdelijke plaatsvervanger werd ook niet overwogen. Hollands regenten zagen een andere toekomst voor zich, die zij betitelden als 'ware vrijheid'. Daarmee bedoelden zij dat ze hun macht met niemand behoefden te delen. De in hun ogen gevaarlijke ontwikkeling van het stadhouderschap in de richting van een beperkte monarchie zou nu voor altijd stopgezet worden.

Voor die verandering behoefde geen enkele wet te worden ingetrokken of uitgevaardigd, want noch de constitutie van Holland noch die van de Republiek was in de stukken vastgelegd. Er waren wel enkele documenten, met name de in 1579 gesloten Unie van Utrecht, die men beschouwde als fundamentele wetten des lands. Maar het was toch de gewoonte die constitutioneel recht vormde, zowel voor Holland als voor de Staten-Generaal. En eigenlijk was dat nu precies het probleem dat in 1650 opgelost moest worden. Gewoonten worden niet zomaar ineens bij meerderheidsbesluit afgeschaft. Ze vormen zich vanzelf of sterven geleidelijk af. Als een provincie het stadhouderschap afschafte, onderstelde zij daarmee dus feitelijk dat het instituut zichzelf had overleefd. Misschien was dat ook zo naar het gevoel van veel Hollandse regenten, maar de Republiek was nog altijd meer dan Holland alleen. Daarom was overleg met de andere provincies nodig, niet om verantwoording af te leggen, want Holland twijfelde niet aan zijn eigen bevoegdheid. Maar de Unie van Utrecht was een doelgemeenschap geweest, aangegaan om de oorlog te winnen. Nu dat doel bereikt was, leek het ogenblik gunstig zich nader te bezinnen op de aard van het bondgenootschap. Was het nu overbodig geworden of moest het op de oude voet worden voortgezet? En kon het dienstig zijn structurele veranderingen aan te brengen in het oude bouwsel, waardoor het ook in vredestijd zijn wezenlijke functie zou behouden?

Met het oog op dergelijke besprekingen werd de zogenaamde Grote Vergadering uitgeschreven. Dat moest niet een gewone bijeenkomst zijn van de Staten-Generaal, waar de gedeputeerden gebonden waren aan last en gehouden tot ruggespraak. Neen, het moest een vergadering worden die zelf in staat zou zijn op ieder punt finaal te besluiten. Daarom zou ze niet moeten bestaan uit afgevaardigden van de provinciale staten. Alle gewesten zouden voor deze speciale gelegenheid hun Statenvergadering in Den Haag beleggen, zodat de Staten-Generaal zonder heen en weer schrijven dadelijk bindende resoluties zouden kunnen nemen. Dat was althans de opzet, maar het plan slaagde niet. Alleen Holland zelf voldeed aan de gestelde voorwaarden. De andere provincies stuurden wel grote delegaties, maar complete staten waren het niet. De Grote Vergadering leverde dan ook niet zoveel op als de Hollanders ervan hadden gehoopt.

De agenda bestond uit drie hoofdpunten: staat, kerk en leger, of zoals de zeventiende-eeuwers het zelf formuleerden, unie, religie en militie. Ten aanzien van de religie bleef welbeschouwd alles bij het oude. Mochten katholieken al de illusie gekoesterd hebben dat de hun opgelegde beperkingen met het ingaan van de vrede elke rechtvaardiging verloren hadden, dan heeft de Grote Vergadering hen definitief uit de droom geholpen. De ware christelijke gereformeerde religie, zoals nader bevestigd door de Dordtse synode van 1618-1619, zou overal in de publieke kerken gepredikt worden, en met de macht en autoriteit van de staten gehandhaafd en ondersteund. Andere kerken behielden zo veel vrijheid als ze reeds bezaten, en meer mocht het niet worden. Overal waar ze dus op dat moment geen recht van godsdienstoefening hadden, zouden ze het ook in de toekomst niet kunnen krijgen. De plakkaten tegen de katholieken bleven van kracht, althans op het geduldige papier. In feite zou de provincie Holland in de komende decennia volledig overschakelen op het tegen betaling gedogen van de katholieke eredienst.

De meeste gewesten bleven zich aan strengere regels houden. Dat verschil in aanpak was de belangrijkste reden waarom de gewesten het meestal wel eens konden worden over de religie. In de praktijk hadden ze immers ruimte genoeg voor hun eigen beleid. Zo gezien vormde de militie een ingewikkelder vraagstuk, want de zeven provinciën moesten alle door dezelfde krijgsmacht beschermd worden. Daar leek dus eenheid van organisatie en bevelvoering zo niet de enige dan toch de beste manier om het algemeen belang van dienst te zijn. Van Hollandse zijde stuitte dat echter op een dubbel bezwaar. Ten eerste wilde Holland geen stadhouder, en dus ook geen kapitein-generaal. De voornaamste kandidaat voor die post zou bovendien de Friese stadhouder Willem Frederik geweest zijn, die pas met zijn leger tegen Amsterdam was opgetrokken. Dan dus maar liever niemand benoemen en hopen dat het nog lang vrede mocht blijven. Een opperbevelhebber kwam er niet. Zou dat Holland genoeg zijn? Neen, het was niet genoeg. Wat Holland wilde waren zeven provinciale legertjes. De besluiten van de Grote Vergadering kwamen dicht in de buurt van dat ideaal. De soldaten moesten de eed van trouw niet alleen zweren aan de Generaliteit, maar ook aan de provincie die hen betaalde. Geen compagnie mocht verplaatst worden van het ene gewest naar het andere zonder dat beide betrokken provincies akkoord gegaan waren. Wel mocht een provincie op eigen gezag compagnieën verplaatsen van de ene stad naar de andere. Of de nationale defensie met deze regelingen het best gediend was zou de toekomst leren.

Ten slotte was er dan het punt van de Unie. Dat was Hollands voornaamste troefkaart, en de reden waarom het van de anderen zoveel gedaan kreeg. Hollands eigenmachtig optreden in de zaak van de afdanking had bij sommigen de vrees gewekt dat het belangrijkste gewest van zins was uit het bondgenootschap te treden. Dan zou de hele Unie haar betekenis hebben verloren, want zonder Holland konden de kleine zes niet op de been blijven. Die begrepen dan ook wel dat hun superbondgenoot op een voorkeursbehandeling aanspraak mocht maken. Daarom werd er verder over de inrichting van de Unie niets besloten. Punt van discussie was de vraag, hoe eigenlijk geschillen tussen de provincies beslecht moesten worden. Legde het unieverdrag die bevoegdheid niet in handen van de stadhouders? Friesland meende van wel, en als het gelijk had, mochten de stadhouderlijke ambten niet onvervuld blijven. Maar duidelijk en ondubbelzinnig was dat traktaat niet, en al zou het die deugden wel bezeten hebben: Holland wilde geen stadhouder, en dus gebeurde het ook niet.

Centraal gezag onder het eerste stadhouderloze tijdvak

Alles bij elkaar genomen heeft dus de Grote Vergadering weinig goeds opgeleverd. Ze liet de dingen zoals ze waren, en voerde alleen op het punt van de militie veranderingen door die allerminst het karakter van verbeteringen droegen. Toch veranderde er veel in dat eerste stadhouderloze tijdvak, toen Holland het voor de eerste maal zonder stadhouder probeerde. Die naam wijst op een tekort, alsof er eigenlijk wel een stadhouder had moeten zijn. Dat kon men natuurlijk ontkennen. De stelling liet zich zeer goed verdedigen dat deze specifieke functie in de Zeven Verenigde Nederlanden gemist kon worden. Er had nog geen andere republiek bestaan die er stadhouders op na hield, en er zou ook nooit een tweede komen. Toch is het niet volstrekt misplaatst van een stadhouderloos tijdperk te spreken. Ook al heeft een land geen stadhouders nodig, het moet wel een regering hebben, en in die regering moet iemand de eerste zijn. De Nederlandse Republiek miste een constitutioneel hoofd. De stadhouder had in die leemte voorzien.

Het lag voor de hand dat nu Hollands andere hoge ambtenaar de open plaats zou bezetten. Zo is het ook gegaan, althans vanaf 1653, toen het ambt van raadpensionaris toeviel aan de nog zeer jonge, maar ongemeen bekwame Dordtse regentenzoon Johan de Witt. Bijna twintig jaar lang is hij opgetreden als de daadwerkelijke regeringsleider. Hij dankte dat aan zijn zeldzame talenten, aan het gewicht van zijn ambt en aan de macht van de provincie Holland. Zonder twijfel is hij een van de grote raadpensionarissen geweest, niet helemaal de gelijke van Oldenbarnevelt, wel met hem te vergelijken, en daarmee is veel gezegd. Maar iedere medaille heeft haar keerzijde. Anders dan de stadhouders beschikte een raadpensionaris niet over een reële machtsbasis. Hoeveel gaven De Witt ook mocht bezitten, hij bleef een betaalde dienaar van de

Hollandse Staten. Hoe belangrijk zijn ambt ook was, de Hollandse heren wilden niet ondergeschikt zijn aan hun eigen knecht. Hoeveel overwicht Holland ook in de Unie liet gelden, de andere provincies mochten niet in hun soevereiniteit gekrenkt worden omdat Holland in de Staten Generaal hun stemmen nodig had.

Daarom heeft De Witt toch altijd zeer behoedzaam moeten opereren. Hij kon uit zichzelf niemand iets opleggen, hij moest altijd overtuigen. Als er voldoende overeenstemming van belangen was zou een man als De Witt daar ook wel in slagen, ook al lijkt hij het natuurlijke overwicht van een Oldenbarnevelt te hebben gemist. Maar hoe dan ook, het lukte. Ging het niet met argumenten alleen, dan waren er andere middelen. Dat hoorde nu eenmaal bij de kunst van persuasie, en ook een volstrekt integer man als De Witt moest dat spel dus wel meespelen. Hij wint haast altijd, maar staat er niet boven, en vertoont zich dan niet op zijn voordeligst. Maar zo is het hem in de regel wel gelukt enerzijds zijn Hollandse heren en meesters te voldoen, en anderzijds genoeg steun te vinden bij de kleine zes. Spannend is het niettemin altijd gebleven. Een dictator is De Witt nooit geworden, al kon hij zeer ver gaan als hij het absoluut nodig oordeelde. Toen een meerderheid van de Overijsselse Staten besloot het stadhouderschap in ere te herstellen, kwam De Witt in 1657 persoonlijk bemiddelen ten gunste van de minderheid. Hij deed het zo energiek dat de stadhouderlijke partij een volkomen nederlaag moest incasseren.

Naast en rondom De Witt stonden nog anderen. Een staat als de Republiek, opgerezen tot de rang van grote mogendheid, moest natuurlijk beschikken over een kleine bovenlaag van gekwalificeerde bestuurders. Sommige hoge ambten plaatsten de bezitters bijna automatisch in zo'n positie. De raadpensionaris van Holland is het bekendste voorbeeld, maar het geldt ook van de thesaurier-generaal, de secretaris van de Raad van State en de griffier van de Staten-Generaal. Zulke mannen konden dertig of veertig jaar op dezelfde post blijven, in het centrum van de administratie. Ze zouden dan al van zeer middelmatige kwaliteit moeten zijn als het hun niet lukte een rol te spelen in het landsbestuur. In de ambtelijke taal van die tijd worden deze vier de ministers genoemd. Ze waren geen ministers in de moderne zin van het woord. Ze beheerden niet een bepaald departement, al kan men de thesaurier-generaal met alle gevaren van zo'n vergelijking betitelen als de minister van Financiën, en is het niet ongerechtvaardigd, de raadpensionaris te zien als verantwoordelijk voor het buitenlandse beleid. Maar het belangrijkste is dat zij dagelijks in Den Haag verkeerden, van alle lopende zaken op de hoogte waren, in kennis en ervaring bijna alle regenten overtroffen, en daarom ook buiten hun directe ambtelijke plichten en taken steeds bij het beleid betrokken waren.

Hun toenemende betekenis weerspiegelt zich in hun afkomst. De eerste topambtenaren van de Republiek waren nog bijna allemaal Zuid-Nederlanders. In Oldenbarnevelts tijd was Cornelis Aerssens griffier en Christiaan Huygens secretaris van de Raad van State, beiden afkomstig uit Brabant. Alleen de thesaurier-generaal Joris de Bie was een Hollander, geboren in Delft. Daarna is nog de Geldersman Johan van Goch tot die hoge kring doorgedrongen. Maar verder zijn de ministers onveranderlijk uit Holland voortgekomen. Het leidende gewest zag heel goed in dat op deze plaatsen mannen moesten staan die oog zouden hebben voor het Hollandse belang. De Witt bewerkte in 1657 dat zijn vertrouweling Beverningk werd benoemd tot thesaurier-generaal. De andere provincies wilden dat slechts toestaan als de nieuwe functionaris in de Raad van State geen stemrecht hebben zou. Dat maakte De Witt niet zoveel uit, als de man er maar altijd bij was.

De bestuursvorm van de Republiek bracht met zich mee dat alle belangrijke beslissingen in vergaderingen moesten worden genomen, en bovenaan in dat vergadercircuit stonden de Staten-Generaal. Die kwamen dan ook vrijwel dagelijks bijeen. Zelfs op zondag na de preek werden ze meer dan eens samengeroepen. Anders dan de traditie wil, duurden die vergaderingen gewoonlijk echter niet lang. Ze dienden hoofdzakelijk om de formele beslissingen te realiseren. De feitelijke besluitvorming had dan al plaatsgevonden in voorbereidende commissievergaderingen. Zulke commissies bestonden in twee soorten. Ze konden bestaan uit gedeputeerden ter Generaliteit, en dan sprak men van een besogne. Of ze verenigden gedeputeerden met leden van de Raad van State, en dan heette het een conferentie. In de commissies was de griffier altijd, en de Hollandse raadpensionaris dikwijls aanwezig. In de conferenties waren alle vier de ministers present, want de Raad vaardigde in elk geval zijn secretaris en de thesaurier-generaal af. Het onderstreept eens te meer hoe belangrijk de rol van de ministers intussen was geworden.

Zij vormden in de commissies het permanente element, maar ook bij de gedeputeerden vertoonden zich vaak dezelfde gezichten. Het hele commissiewezen werkte mee aan het ontstaan van een kerngroep binnen de Staten-Generaal, bestaande uit de mensen die in alle stadia betrokken waren bij het proces van besluitvorming. En belangrijker nog: dat proces van concentratie werd door Johan de Witt actief bevorderd. In zijn tijd herhaalt zich wat ook onder Frederik Hendrik te zien was. Een sterke man aan de top was er steeds op uit ter wille van de doelmatigheid de geheimhouding beter te garanderen. Besognes werden dan vaak met al dan niet wrevelige instemming van Hare Hoog Mogenden tot Secreet Besognes, waar geheimhouding verplicht was en de leden beschikten over onbeperkte bevoegdheden. Het is geen wonder dat onder De Witt het commissiesysteem steeds verder tot ontwikkeling gebracht werd, want de voordelen waren evident: hoger niveau van deskundigheid, snellere besluitvorming, betere garanties voor de geheimhouding. En uiteindelijk waren het toch de Staten-Generaal die het laatste woord hadden, zodat ieder althans in formele zin zijn rechten en verantwoordelijkheden behield.

De mannen van de ware vrijheid

Verlost van de stadhouder kon Holland een nieuw tijdperk inluiden dat in het teken zou staan van de ware vrijheid. Ware vrijheid was Hollandse vrijheid, regentenvrijheid. Ware vrijheid was het recht van de regenten, meester te zijn op eigen grond en in eigen stad. Deze vrijheid werd niet langer ingeperkt door een stadhouder en wilde zich evenmin ondergeschikt weten aan de hogere eenheid van de Unie. Ze sprak dan ook niet van de Republiek. Er waren zeven vrije republieken, want iedere provincie was volledig soeverein. Daarmee werd in feite Hollands belang ook het beste gediend, want hoe zwakker het centrale gezag was, hoe sterker de positie van het leidende gewest. Voor de meeste regenten bleven dergelijke vragen trouwens liggen in het theoretische vlak. Een kleine groep van vooraanstaande figuren had er direct mee te maken bij het uitzetten van de politieke lijnen in de Haagse vergaderingen. Een veel grotere groep had weinig bemoeienis met nationale en internationale problemen. De typische regent was een lokale administrateur wiens carrière zich afspeelde binnen de grenzen van zijn eigen woonplaats.

Daar lagen zijn belangen en daar ging hij met zijn gelijken de concurrentiestrijd aan om ambten en waardigheden. En ook voor hen die tot de provinciale elite behoorden lag in de eigen stad de basis van hun invloed en macht. Gezichtsverlies thuis konden zij zich niet veroorloven. Nanning Keyser, een van de zes Loevesteinse gevangenen, moest na zijn terugkeer ervaren dat een ander intussen zijn zitplaats in de kerk had overgenomen. Om aan die smaad niet herinnerd te worden kerkte hij voortaan in Alkmaar of Monnikendam.[3] Daar vertoont de onderlinge rivaliteit zich op haar smalst. Elk voordeel dat de een de ander afwint wordt onverbiddelijk geïncasseerd, en met onderlinge afspraken probeert ieder zijn tegenstander uit te schakelen. Het werd de Amsterdammer Gerard Schaep eens te veel toen de vroedschap bijeenkwam voor de burgemeestersverkiezing. De secretaris opende de vergadering met gebed, maar Schaep onderbrak hem: bidden op een plaats, waar zulke kuiperijen omgaan![4] De Haagse raadsheer Doubleth Rataller meende dat een mens van goede wil in de justitie christen kon zijn. Maar of dat in de politiek ook mogelijk was kwam hem zeer twijfelachtig voor.[5]

Een veel toegepaste remedie waren de zogenaamde contracten van correspondentie of harmonie. Een groep regenten, of soms ook allen die in een bepaalde stad tot die stand gerekend konden worden, legde dan schriftelijk afspraken vast voor de verdeling van de ambten. In Zeeland zijn die praktijken begonnen, en hun hoogtepunt zouden ze pas bereiken in de achttiende eeuw. Ze kunnen moeilijk hebben bijgedragen tot de handhaving van een hoge morele standaard. Volgens de Franse ambassadeur D'Estrades waren in de Republiek slechts vier mannen niet omkoopbaar: Jan de Witt, zijn broer Cornelis, Beverningk en Van Beuningen,[6] of anders gezegd: de raadpensionaris en zijn drie intiemste vertrouwelingen. Geen kwaad woord dus over De Witt: hem is het gelukt de burgerdeugd te handhaven. Hij opereerde wel binnen de grenzen van een niet onbedenkelijk systeem. Maar geen van zijn opvolgers aan het hoofd van de Republiek is erin geslaagd zich boven dat systeem te verheffen, of ze nu stadhouders waren of raadpensionarissen.

Een trek ten slotte die in het collectieve portret niet mag ontbreken is dat regenten deel hebben aan één cultuur. Ze hadden in hun jeugd de Latijnse school bezocht en meestal enkele jaren doorgebracht aan een universiteit. Ze spraken Frans, althans genoeg om de enkele standgenoot uit te lachen die in deze kunst weinig bedreven was. Ze kenden de geschiedenis van Griekenland en Rome, en wisten ook wel iets van het Nederlandse verleden, vooral het Hollandse. Ze hielden van kunst en letteren en sierden hun kamers op met schilderijen en andere fraaie voorwerpen. De meesten waren natuurlijk niet meer dan liefhebbers die de samenleving beter konden dienen door het aanleggen van een smaakvolle collectie dan door de ontwikkeling van eigen creatief talent. Voor schilderen of beeldhouwen gaf hun opleiding hun ook niet de ambachtelijke scholing. In wetenschap, letterkunde en muziek echter hebben enkelen van grote aanleg blijk gegeven.

Johan de Witt bijvoorbeeld heeft zich als mathematicus een eigen reputatie verworven, onafhankelijk van zijn hoge ambt. Wel heeft hij zich in dat ambt die wiskundige kennis ten nutte gemaakt. Zijn studie over lijf- en losrenten had praktische betekenis: wat was voor de overheid de voordeligste manier om leningen te sluiten, en hoeveel rente kon zij daarbij aanbieden? Het is de pragmatische trek die we in de cultuur van deze zeventiende-eeuwers al meer dan eens opgemerkt hebben en die we ook vinden bij de Hollandse regent. Een burgemeester Hudde uit Amsterdam, die studie maakt van de waterbeheersing; of zijn collega en plaatsgenoot Witsen, die een groot kenner was van de scheepsbouw. En hoort eigenlijk ook niet de raadpensionaris Jacob Cats in deze rij thuis, met zijn lange leerdichten ter ondersteuning van de christelijke huwelijksmoraal, zodat het vaderland deugdzamer burgers en volgzamer onderdanen zou hebben? Dat cultuur meer was dan de ornamentele zijde van een onbekommerd bestaan sprak voor deze mensen vanzelf. Ze mocht dan ook niet normloos zijn. Ze moest weten te kiezen tussen goed en kwaad. Maar wel was de traditie van verdraagzaamheid de regenten intussen tot een tweede natuur geworden, sterk genoeg om uitdrukkelijk een tolerante levenshouding als kenmerk in het collectieve portret op te nemen, al was het binnen de beperkingen van hun eigen maatstaven voor goed en kwaad.

Een politieke leider moest in staat zijn met deze middelen en mensen een beleid te realiseren. In de Nederlandse verhoudingen betekende dat altijd dat hij de steun van een meerderheid moest zien te krijgen. Hij kon proberen die steeds van geval tot geval te vormen, maar dat was een langzame en onzekere manier van werken. Een staatsman die vooruit wilde zien zou liever een groep om zich heen verzamelen van gedeputeerden op wie hij steeds kon rekenen, omdat zijn uitgangspunten ook de hunne waren. We zien dat al bij Oldenbarnevelt, die tijdens het twaalfjarig bestand in de Hollandse Statenvergadering zijn godsdienstpolitiek doorzette met de steun van een vaste meerderheid die een door Amsterdam geleide minderheid voortdurend overstemde. De Witt ging op overeenkomstige manier te werk. De machtsbasis van zijn familie lag in Dordrecht, waar zijn broer Cornelis een hoofdrol vervulde. Cornelis was met een Rotterdamse regentendochter getrouwd, Johan zelf met een Amsterdamse. Zulke familieverbindingen werden ingezet om een groep aan elkaar te smeden die dan primair bijeengehouden werd door gemeenschappelijke belangen van het lagere niveau, zoals de verwerving en begeving van ambten. Maar in het landsbestuur lag het niveau van besluitvorming dikwijls toch één graad hoger. Al bestonden er geen echte partijen, er waren wel twee politieke visies, de ene georiënteerd op de beginselen van de ware vrijheid, de andere met sterker godsdienstige inslag en met groter aandacht voor de belangen van het huis Oranje.

Was de Republiek een democratie geweest, dan zouden de vrienden van Oranje ook na de dood van Willem II aan de macht gebleven zijn. Naar de maatstaven van de tijd waren de regenten zeer fatsoenlijke mannen, en het zou niet gemakkelijk zijn in de zeventiende eeuw een natie te vinden die in groter welstand leefde dan de Hollandse onder het regentenbewind. Dankbaarheid heeft De Witt daarvoor niet geoogst. De publieke opinie koos de zijde van de prins. Stem had ze echter niet. Langs wettige weg kon de gewone man niets afdwingen. Maar als het land tegenslag te verwerken kreeg, klonk altijd op straat de roep om Oranje. De mannen van de ware vrijheid beschouwden het stadhouderschap als een vorm van tirannie. In de ogen van het volk was de prins van Oranje veeleer de man die het algemeen belang behartigde.

De Witt heeft met de populariteit van zijn hooggeboren vijand nooit goed raad geweten. Hij heeft in 1652 in alle ernst overwogen een soort voorlichtingscampagne te starten om het publiek op betere gedachten te brengen. De mensen zouden moeten begrijpen dat het voor de jonge prins veel beter was als hij nu geen stadhouder zou worden. Eenmaal volwassen kon hij dan later door eigen verdienste het ambt verwerven. Dat zou hem zelf meer voldoening geven en hij zou tevens leren de Staten dankbaar te zijn voor de waardigheid die zij hem zo welwillend vergunden.[7] Begrip voor sentimenten lag kennelijk zo ver buiten het gezichtsveld van de altijd rationeel denkende raadpensionaris dat hem geen zinvolle reactie wilde invallen. Een eenvoudig vraagstuk was het ook niet, de toekomst van Willem III. Geleidelijk aan kwamen er steeds meer regenten die herstel van het stadhouderschap niet alleen mogelijk, maar zelfs wenselijk gingen achten. De herinnering aan Willem II ging met de tijd vervagen, en ook de internationale constellatie wijzigde zich. Engeland nam in 1660 afscheid van de republikeinse staatsvorm. Het huis Stuart was in ere hersteld, en de koninklijke waardigheid werd opgedragen aan Karel II, de oom van de jonge Willem III. Dat gaf vanzelf het probleem van diens toekomst een scherpere actualiteit. Was een stadhouder toch eigenlijk niet noodzakelijk om de samenhang tussen de zeven provinciën te handhaven? Ook principiële republikeinen gingen op den duur de vraag stellen en bevestigend beantwoorden.

Het veranderde Europa

De Witts buitenlandse beleid kende drie doelstellingen. De raadpensionaris streefde naar veiligheid, onafhankelijkheid en onbelemmerde voortgang van handel en scheepvaart. De realisering van dit program was bij vrede het meest gebaat, maar het schiep daartoe niet de voorwaarden. De geschiedenis laat zien dat staten die van de handel leven dikwijls een imperium vormen. Athene had het gedaan in de klassieke Oudheid, Engeland zou het doen in de moderne tijd. De Nederlandse Republiek probeerde een andere weg te bewandelen. De beide grote handelscompagnieën in west en vooral oost hadden wel forten gebouwd, steden gesticht en plantages aangelegd. Daaruit is dan op den duur een imperium ontstaan dat tegen het einde van de zeventiende eeuw in de Indonesische Archipel al een behoorlijke omvang had bereikt. Maar De Witts hart ging niet in de eerste plaats naar Indië uit. Het zwaartepunt van de Nederlandse handel lag in Europa. Bezetting en verovering kwamen hier natuurlijk niet in aanmerking. Ook intimidatie kon alleen werken tegenover staten die zwakker waren dan de Nederlandse middelgrote mogendheid, en dan nog slechts zolang machtiger landen zich er niet mee bemoeiden. Wilde de Republiek haar handel bedrijven en bevorderen naar hartelust, dan was vóór alle dingen nodig dat zij de ruimte kreeg. Nederlandse handel en scheepvaart floreerden bij de gratie van de vrijheid. Als Nederlanders maar mochten laden en lossen waar ze wilden, waren al hun wensen vervuld.

Enkele decennia lang was het hun vergund geweest. De Republiek was dankzij haar handel en scheepvaart tot grote welvaart gekomen. Haar overzeese compagnieën beschikten over eigen havens in alle werelddelen. Haar koopvaardijschepen voeren uit naar de Middellandse Zee en de Oostzee, haar vissers vonden emplooi op de Noordzee en de Noordelijke IJszee. In de Europese vrachtvaart speelde zij een zo dominerende rol dat het vervoer van Franse, Duitse en Engelse goederen in belangrijke mate aan Nederlandse schippers ten deel viel. Een van de kleinste landen van Europa nam aldus in de economische rangordening met afstand de eerste plaats in. Maar het viel redelijkerwijs niet te verwachten dat deze voor de Republiek gelukkige toestand bestendig zou zijn. Frankrijk en Engeland hadden in de eerste helft van de zeventiende eeuw economisch beneden hun stand geleefd. Beide landen waren vooral in de jaren veertig sterk in beslag genomen door binnenlandse onlusten, die zelfs tot burgeroorlogen waren aangegroeid. Maar toen de rust eenmaal hersteld was, konden de grote landen op zoek gaan naar mogelijkheden de eigen nationale welvaart te verhogen.

Daarbij stond het staatsbelang voorop. Juist de grote staten slaagden er niet meer in uitgaven en inkomsten met elkaar in evenwicht te brengen. Wilden ze een actieve en dus indien nodig ook agressieve buitenlandse politiek voeren, dan kwamen ze voor steeds hogere kosten te staan. De grote oorlogen van de eerste helft van de zeventiende eeuw hadden dat overvloedig bewezen. Deze landen wensten zich daarom zo spoedig mogelijk en zo doeltreffend mogelijk te verzekeren van een royaler toestroom van middelen naar de schatkist toe. Daar lag het zwaartepunt in de economische politiek van deze regeringen. Het ging hen in de eerste plaats om hogere belastingopbrengsten. Daarin verschilden ze van de Republiek. Die trachtte het belang van de koopman te bevorderen. Dat kon leiden tot meer inkomsten voor de staat, maar dat was niet de primaire doelstelling. En kreeg de overheid meer geld in kas, dan kon ze dat gebruiken om handel en scheepvaart des te beter te beschermen. Belastingopbrengsten waren hier middel, handelswinsten het doel. Voor Engeland gold dat minder en voor Frankrijk was het omgekeerde waar. Daar was economische bloei duidelijk ondergeschikt aan het staatsbelang. Ze moest Frankrijk de middelen verschaffen zich te kunnen gedragen als de machtigste mogendheid van Europa.

Het economisch streven dat aan deze politiek ten grondslag lag noemen we gewoonlijk het mercantilisme. Kort en bondig zouden we mercantilisme kunnen omschrijven als vergroting van de staatsmacht met economische middelen. Een overheid die voor dit systeem koos stelde alles in het werk om de binnenlandse productie te vergroten, vooral de industrie. Die moest de kooplieden voorzien van goederen van nationaal fabrikaat, waarmee zij dan de internationale markten moesten proberen te veroveren. De mercantilisten hielden namelijk het oog altijd op het buitenland gericht. Daar lag de winst, export moest het land rijk maken. Voor de binnenlandse markt bestond veel minder belangstelling. Het idee leefde nog niet dat verhoging van de binnenlandse consumptie een voordeel kon zijn voor de staat. Wie over het probleem had nagedacht zou het eerder andersom zien. Steeg de vraag naar consumptiegoederen in eigen land, dan zou die een opwaartse druk uitoefenen op de lonen. Maar lage lonen waren naar het oordeel van de mercantilist te verkiezen, want dan konden de productiekosten ook lager blijven, zodat de exportgoederen aangeboden konden worden voor een concurrerende prijs. En die export vormde nu eenmaal de spil waar alles om draaide.

Juist ook ter wille van die export was het echter wel van belang de binnenlandse markt te beschermen tegen concurrenten van over de grens. De nationale industrie moest gekoesterd en gestimuleerd worden. Zolang ze nog jong was kon ze de vrije wedijver met producten uit den vreemde niet aan. De overheid weerde dus buitenlandse waren van de markt, soms door een algemeen verbod, soms door hoge tariefmuren op te bouwen. Intussen stimuleerde zij de nationale nijverheid waar mogelijk door buitenlandse specialisten en vakarbeiders aan te trekken. Zo moest dan de eigen industrie op het niveau gebracht worden waarop zij kwalitatief zo hoogwaardige goederen kon produceren, dat zij daarvoor ook afzet zou kunnen vinden in het buitenland. Zichzelf onafhankelijk maken van anderen, en tegelijk bewerken dat die anderen voortaan aangewezen zouden zijn op import, dat waren de doelstellingen van de mercantilistische politiek.

Deze regeringen keken echter verder dan de Europese markt alleen. Hun handelaars moesten de concurrentie kunnen aangaan op elk terrein en alles leveren wat gevraagd werd, ook koloniale waren. Zo breidde de economische rivaliteit tussen de mogendheden zich over alle werelddelen uit. Daar konden gemakkelijk conflicten uit voortkomen. Koloniale handel was altijd al bedreven met de wapens in de hand. Nu de internationale concurrentie toenam zouden tegenstellingen overzee direct kunnen leiden tot oorlogen die ook in Europa werden uitgevochten. En mercantilisme belichaamde toch al zo sterk het nationale egoïsme, dat met de invoering van dit stelsel handhaving van de vrede een uiterst precaire opdracht werd. De Franse minister Colbert, die in zijn land de grote propagandist en uitvoerder was van de nieuwe economische politiek, ging ervan uit dat elke staat slechts ten koste van andere een betere uitgangspositie kon verwerven. Colbert was van oordeel dat de omvang van de Europese handel een vast gegeven was. Mogelijkheden tot groei zaten er niet in, wat dus de een won zou de ander moeten prijsgeven. Colbert liet ook niet in het midden wie die ander dan wel was. Dat kon enkel de Nederlandse Republiek zijn, met haar onevenredig grote aandeel in de Europese vrachtvaart. Mercantilistische staten voerden daarom een anti-Nederlandse politiek.

Dat gold zowel voor Frankrijk als voor Engeland. De beide grote buurlanden wilden hun eigen situatie verbeteren en de rekening presenteren aan de Republiek. De Engelsen onderstreepten dat reeds in 1651 met de uitvaardiging van de Akte van Navigatie. Die bepaalde dat buitenlandse schepen voortaan alleen nog goederen mochten aanvoeren die uit het betrokken land zelf afkomstig waren. Men had in plaats van buitenlands natuurlijk evengoed Nederlands kunnen zeggen. Frankrijk zette de nieuwe koers later in, toen in de jaren zestig de jonge koning Lodewijk XIV persoonlijk de leiding van de regering op zich nam. Zijn rechterhand Colbert begon toen al spoedig een scherpe tarievenoorlog tegen de Republiek, met drastische verhoging van de invoerrechten.

Engeland en Frankrijk waren beide bereid de belangen van hun eigen handel en industrie met alle middelen te bevorderen, indien nodig ook met geweld. De Verenigde Provincies konden er dus op rekenen dat zij na tachtig jaar oorlog tegen Spanje opnieuw op de proef gesteld zouden worden, en ditmaal niet door een staat die zichzelf in de loop van al die tachtig jaren als grote mogendheid had overleefd. Frankrijk en Engeland hadden de toekomst aan zich, en beide beschikten over een groter potentieel aan machtsmiddelen dan de kleine Republiek. En dat kleine land met zijn wereldwijde handel moest dan op alle zeeën en kusten zijn belangen verdedigen tegen rivalen die het nooit kon hopen werkelijk te verslaan. Internationaal gezien had nauwelijks iemand in Europa een minder benijdenswaardige positie dan Johan de Witt, de man die de verantwoordelijkheid droeg voor het welzijn van de verenigde gewesten.

De Witt zou zijn staatsmanschap in de eerste plaats moeten bewijzen met diplomatieke middelen. Zijn uitgangspunt zou dan liggen in het belang van handel en scheepvaart. En al was dat altijd een Hollandse prioriteit geweest, zolang de oorlog tegen Spanje duurde had niettemin het hoofdaccent noodgedwongen moeten vallen op de weerbaarheid van de Republiek. Nu het vrede was kon de volgorde van deze twee hoofpunten op de politieke agenda definitief omgekeerd worden. Maar dan zouden de Verenigde Provincies wel de indruk moeten wekken dat zij in geval van oorlog haar tegenstanders nog meer schade zou kunnen berokkenen dan in de ongewapende strijd om de Europese markten. Daarom zou de financiële draagkracht van de Republiek niet kleiner, maar juist groter moeten zijn dan zij geweest was onder het bewind van Frederik Hendrik. Dat plaatste De Witt in een eigenaardig dilemma. Om haar vijanden het hoofd te kunnen bieden zou de Republiek in bloeiende staat moeten verkeren. Maar juist dan zou ze des te meer de naijver van haar grote naburen opwekken. Welvaart en achteruitgang hadden aldus beide hun schaduw- en lichtzijde. Iets van dit dilemma heeft zich ook meegedeeld aan de hedendaagse beoordelaars, want er heerst geen eenstemmigheid over de vraag of de Republiek omstreeks 1650 haar hoogtepunt bereikt dan wel juist overschreden had. Over één ding hoeft niettemin geen twijfel te bestaan. In de wereldhandel nam zij onbetwistbaar de eerste plaats in, en ze zou die ook gedurende het gehele eerste stadhouderloze tijdvak behouden. Ze had iets om voor te vechten. Dat zou ze dan ook moeten doen.

De eerste Engelse oorlog en zijn gevolgen

Engeland had lange tijd geen rol gespeeld op het Europese toneel. De vredelievende Jacobus had zich altijd consequent afzijdig gehouden van alles wat maar op oorlog leek. Zijn zoon en opvolger Karel I werd zo sterk door binnenlandse problemen in beslag genomen, dat elke interventie op het vasteland bij voorbaat uitgesloten was. Maar de puriteinse revolutie had een totale ommekeer teweeeggebracht. Het nieuwe republikeinse bewind onder leiding van Oliver Cromwell trad even zelfbewust als energiek op, in eigen huis en daarbuiten. Het was door en door protestants, en buitengewoon gevoelig als het meende Engelse belangen bedreigd te zien. De geloofsgemeenschap met de Nederlandse Republiek liet de nieuwe regering niet onverschillig. In 1651 vaardigde zij een plechtig gezantschap af naar Den Haag om de Staten-Generaal een verregaande alliantie aan te bieden, gegrond op de gelijkheid van religie, staatsvorm en handelsbelang. Dat klonk goed op het eerste horen, maar wat de Engelsen feitelijk bedoelden was een bondgenootschap op voet van ongelijkheid, dat de kleine republiek aan de grote ondergeschikt zou maken. Pas toen de Nederlanders een zo nauwe samenwerking beleefd van de hand wezen, nam Engeland andere maatregelen. Het vaardigde de Akte van Navigatie uit.

Op zichzelf genomen was die akte niet eens zo rampzalig. In de totale handelsomzet nam de vaart op Engeland niet zo'n voorname plaats in dat het missen van deze inkomsten een fatale terugslag zou veroorzaken. Maar de Engelsen lieten het niet bij nieuwe regels alleen. Ze deden wat ze konden om hun concurrenten zoveel mogelijk te treffen. Telkens weer werden Nederlandse vrachtvaarders door Engelse oorlogsschepen of ook door vrijbuiters aangehouden. De Nederlanders hadden dan, zoals het heette, de Akte van Navigatie overtreden, of ze hadden geleverd aan Engelse royalisten in ballingschap, of op wat voor manier ook Engelse belangen geschaad en Engelse wetten overtreden. Binnen een halfjaar werden 170 Nederlandse koopvaarders naar Engeland opgebracht. In feite gedroeg Engeland zich reeds als oorlogvoerende mogendheid. De Staten-Generaal hadden eenvoudig geen keus meer. Begin 1652 startten ze met de voorbereidingen. De oorlogsvloot, die ook al voorwerp van ingrijpende bezuinigingen was geweest, zou op korte termijn met 150 schepen uitgebreid moeten worden.

Lang voor die gereed konden zijn kwam de strijd al tot een uitbarsting. De Nederlandse vloot onder aanvoering van Maarten Harpertsz. Tromp raakte in het Kanaal slaags met een aantal Engelse oorlogsschepen onder het commando van Robert Blake. Pogingen om daarna toch nog de vrede te bewaren liepen op niets uit. Bij de Nederlanders was daartoe de wil ook niet meer aanwezig. Ze zagen de toekomst met vertrouwen tegemoet, gewend als ze waren in elke zeeslag de overhand te behouden. De eerste oorlog tegen Engeland zou hun een flinke ontnuchtering bezorgen. De Engelsen toonden zich verre superieur. Zij konden veel meer en veel betere schepen in zee sturen, en ze hadden veel minder te verdedigen dan de Nederlanders, die hun koopvaarders op alle Europese vaarroutes moesten beschermen. De sterkste maar tegelijk enige troef van de Republiek was dat zij altijd beschikte over zeer capabele vlootvoogden. Maar deze mannen misten de middelen om op voet van gelijkheid met de Engelsen te strijden. Tromp heeft in 1652 slechts eenmaal een overwinning kunnen behalen. In augustus 1653 sneuvelde hij bij Ter Heide.

Zijn opvolger heette Jacob van Wassenaar Obdam, geen zeeman, maar kolonel van de ruiterij. Dat feit is minder belangrijk dan de overwegingen die tot deze benoeming hebben geleid. Bekwame zeelieden waren er genoeg. Maar ten eerste wilden de Staten van Holland liever geen hoge ambten toevertrouwen aan vrienden van het stadhouderlijk huis. Dat woog voor hen zo zwaar dat ze zelfs Tromp enige tijd vervangen hadden door de politiek betrouwbaarder geachte Witte de With. Daarom kwam een oranjeklant als de Zeeuw Jan Evertsen niet in aanmerking. Maar evenmin kon men nogmaals een beroep doen op Witte de With. Tijdens zijn kortstondig aanvoerderschap was gebleken dat hij de vereiste autoriteit miste. Dat was de tweede en voornaamste reden die de keus op Wassenaar Obdam deed vallen. De vechtkapiteins verstonden hun vak, maar lieten zich niet graag commanderen door hun gelijken. Tromp en vóór hem Piet Hein hadden in de loop der jaren daartoe het nodige prestige opgebouwd, De With had de hindernis niet kunnen nemen. In de ogen van de zeventiende-eeuwers echter dwong hoge geboorte respect af. Voor hen had de aanstelling van een Wassenaar iets vanzelfsprekends, te meer omdat in elk geval het geslacht zich kon beroemen op een zeevarende traditie. En wat hij aan vakmanschap tekortkwam kon zijn assistent aanvullen. Michiel Adriaensz. de Ruyter werd de rechterhand van de nieuwe admiraal.

Dit arrangement deed het tij niet keren. Op de Noordzee bleef het een ongelijke strijd. Op grotere afstand stonden daar wel enkele successen tegenover. Nederlandse oorlogsschepen sloten de Sont voor Engelse koopvaarders af, en toonden zich eveneens de sterksten op de Middellandse Zee. Ook in het octrooigebied van de VOC handhaafden ze een onbetwiste superioriteit.[8] Aan het einde van 1653 was de tijd rijp voor onderhandelingen. Gezien het verloop van de oorlog was bij voorbaat duidelijk dat de Nederlanders daarbij niets zouden winnen. Maar ook de Engelsen streefden niet naar materiële voordelen. Het belangrijkste scheen wel de handhaving van de Britse eer: vandaar dat zij alsnog schadevergoeding bedongen voor de terechtstelling van de Engelsen op Ambon in 1623. Zo had de vrede snel gesloten kunnen worden, als niet één punt voor ernstige verdeeldheid had gezorgd.

De Engelse revolutie had het huis Stuart ten val gebracht. Karel I was onthoofd, zijn zoon Karel II leefde in ballingschap. Het nieuwe republikeinse bewind wilde alles vermijden wat de positie van de uitgebannen dynastie kon versterken, en het verlangde daarvoor ook de medewerking van de Staten-Generaal. Die moesten beloven dat zij nooit een prins uit het aan de Stuarts verwante huis Oranje zouden verheffen tot stadhouder of kapitein-generaal. De Nederlandse onderhandelaars weigerden echter op die eis in te gaan. Voor hen was Willem III niet de kleinzoon van Karel I, maar van Frederik Hendrik. Hare Hoog Mogenden wilden op dat punt dan ook niets toegeven. Johan de Witt heeft toen de impasse doorbroken. De pas aangestelde raadpensionaris onderhandelde verder namens de Staten van Holland, die van hun kant in een geheim verdrag wel de gevraagde belofte vastlegden. Een paar weken nadat het officiële vredesverdrag te Westminster ondertekend was, sloot Holland met Engeland de Akte van Seclusie, waarin Holland zich verbond nooit te zullen meewerken aan de verheffing van de prins van Oranje.

Toen de zaak bekend werd namen andere provincies dit eigenmachtig optreden hoog op. Zij noemden het uniebreuk. Hadden de ondertekenaars van de Unie van Utrecht in 1579 zich niet verbonden nooit op eigen gezag verdragen te sluiten met vreemde mogendheden? De Witt heeft de beschuldiging niet onbeantwoord gelaten. In een uitvoerig verweerschrift, dat bekend staat als de *Deductie*, verdedigde hij Hollands gedragslijn met een keur van juridische en historische argumenten. Zijn betoog steunde vooral op twee peilers. Ten eerste was de Unie een verbond van soevereine staten die volledige vrijheid behielden al of niet een stadhouder te benoemen. Ten tweede waren hoge erfelijke ambten een gevaar voor de vrijheid in een welgeordende republiek. Beide argumenten sneden hout, en De Witt was dan ook zeer trots op de prestatie die hij met dit stuk geleverd had. Hij had onweerlegbaar bewezen dat de Akte van Seclusie niet in strijd was met het unieverdrag. Op juridische gronden had hij inderdaad het pleit gewonnen. Toch bleef waar, dat een provincie een deel van haar rechten had prijsgegeven op verlangen van een vreemde mogendheid. Naar de geest was de akte wel degelijk in strijd met de Unie. Met recht kan men zeggen dat de jonge raadpensionaris een Pyrrusoverwinning had behaald. Geen daad is De Witt zo zwaar aangerekend als het doordrijven van de Akte van Seclusie.

De Witts grote jaren

De Akte van Seclusie kwam tot stand in De Witts eerste ambtsjaar, toen de raadpensionaris nog niet ouder was dan achtentwintig. Maar ondanks zijn jeugd had hij de onderhandelingen al naar zich toegetrokken, zonder zelfs zijn meesters stap voor stap te informeren. De Witt was zich van zijn mogelijkheden bewust en dwong door zijn bekwaamheid snel respect af. Hij is de enige die alle geheimen kent, schreef de

Franse gezant Jacques de Thou, en hij deelt die alleen met zijn beste vrienden.[9] Zo'n enkele zin toont De Witt in zijn kracht en zijn zwakheid. Hij wist waar hij heen wilde, en had hij eenmaal het doel gezien, dan vond hij altijd de weg. Hij verstond als weinig anderen de kunst, ideeën om te zetten in besluiten. Dan kon hij verder en dat was hem genoeg. Of het besluit voldoende draagvlak had placht hij zich niet af te vragen. Voor de publieke opinie had hij aandacht noch begrip.

Wel zag hij zeer goed in waar nu de eerste politieke prioriteit moest liggen. De oorlog met Engeland had de zwakte van de staatse vloot pijnlijk aan het licht gebracht. Engeland beschikte over oorlogsschepen die met dat doel gemaakt waren. De Nederlandse Republiek had het vooral moeten doen met voor de gelegenheid omgebouwde koopvaarders. Zolang die achterstand bleef bestaan kon ze zich niet veilig voelen. Een staat die eenmaal begint met oorlogen te verliezen weet dat de volgende niet lang op zich zal laten wachten. De Witt bewerkte daarom al in 1653 dat de Staten-Generaal akkoord gingen met de bouw van zestig echte oorlogsschepen. Zo kon men de toekomst met wat meer vertrouwen tegemoet zien, als het tenminste een strijd gold die te water beslist zou worden. Dat was kennelijk De Witts verwachting. Vergelijkbare maatregelen voor de versterking van het landleger bleven achterwege. In 1662 had de Republiek 24.000 soldaten in dienst.[10] Dat was nog aanzienlijk minder dan vijftig jaar eerder onder het twaalfjarig bestand. Een in datzelfde jaar gesloten alliantie met Frankrijk zou de garantie moeten zijn voor handhaving van de vrede.

De vloot kreeg spoedig gelegenheid haar waarde te bewijzen, toen de Republiek besloot zich te mengen in de strijd tussen Denemarken en Zweden, de zogenaamde Noordse oorlog. Daar hadden Nederlanders al eerder geïntervenieerd en ze wisten ook heel goed waarom. De handel met het Oostzeegebied was van vitaal belang voor alle grote mogendheden van Europa. Het Zweedse timmerhout was onmisbaar voor de scheepsbouw. Ieder land dat uit was op economische macht moest het bezitten. Het Oost-Europese graan was bijna overal in West- en Zuid-Europa een noodzakelijke aanvulling op de eigen voedselproductie. Al deze waar moest vervoerd worden door de smalle zeeweg tussen Denemarken en Zweden, die in het Nederlandse spraakgebruik de Sont heet. Sluiting van de Sont trof toen Europa even zwaar als in het laatste kwart van de twintigste eeuw een olieboycot. De Republiek had in de Oostzeehandel sinds lang een overwegend aandeel. Ze moest daarom altijd de machthebber aan de Sont te vriend houden of tot vriendschap dwingen. Toen dus in 1658 het evenwicht tussen Zweden en Denemarken beslissend verstoord leek, koos de Republiek partij voor de zwakste. Een staatse vloot kwam de Denen te hulp met Wassenaar Obdam en al die anderen. Witte de With sneuvelde hier, en De Ruyter werd uit dank in de Deense adelstand verheven. Zo werd Zweden gedwongen vrede te sluiten op voorwaarden die de Nederlandse belangen veiligstelden.

In de Noordse wateren werd bewezen dat De Witts inspanningen om de Republiek een volwaardige vloot te bezorgen resultaat hadden afgeworpen. De werkelijke proef op de som zou de volgende oorlog met Engeland zijn, want niemand twijfelde of die zou niet heel lang op zich laten wachten. Wel was in dat land intussen een verandering opgetreden die de verhouding tot de Verenigde Provincies onvermijdelijk moest beïnvloeden. Na Cromwells overlijden in 1658 had de Britse republiek het zonder haar sterke man niet lang uitgehouden. In 1660 had de puriteinse revolutie definitief afgedaan en hernamen de Stuarts hun rechten. Karel II besteeg de troon en vroeg of laat moest dat invloed hebben op de positie van de prins van Oranje. Zijn oom was nu koning over hetzelfde land dat in 1654 de Hollanders de Akte van Seclusie had afgeperst. De omstreden overeenkomst was een stille dood gestorven en strekte haar Hollandse medebewerker niet langer tot eer. Niet dat Karel zich de belangen van zijn neef al te veel aantrok, maar de meer voorzichtigen onder de Hollandse regenten keken nu toch anders tegen de toekomst aan. Willems moeder Mary Stuart probeerde het ijzer al te smeden. Zij stelde de provincies voor haar zoon aan te wijzen als opvolger voor de hoge ambten en waardigheden van zijn voorgeslacht. Met De Witt bereikte zij overeenstemming over Willems opvoeding, met de onuitgesproken vooronderstelling dat hij aldus voorbereid zou worden op het stadhouderschap. Doch eer de zaken geregeld waren stierf de prinses. Bij testament had zij haar broer Karel II als voogd aangewezen. Om De Witts zorgen nog te vergroten benoemde de koning een nieuwe ambassadeur wiens naam nu enkel voortleeft in een van 's werelds meest beroemde straten. Maar bij zijn leven stond sir George Downing vooral bekend als hater van al wat Hollands was.

Downings komst was een aanwijzing dat een tweede Engelse oorlog voor de deur stond. Toen die in maart 1665 officieel begon was de strijd in feite al ruim een jaar aan de gang. De Engelsen hadden zich in 1664 al meester gemaakt van de Noord-Amerikaanse vestiging Nieuw Amsterdam, en ook in West-Afrika hadden zij de Nederlanders aangevallen. Het lukte De Witt in het diepste geheim De Ruyter naar de Afrikaanse kusten te laten vertrekken, zodat daar de schade hersteld kon worden. Maar de openlijke oorlog was nu wel onafwendbaar, en wederzijds was de vredeswil ook niet sterk. De Engelsen verwachtten dat ze ook ditmaal gemakkelijk de overhand zouden behouden, en Downing versterkte hen nog in die hoop. De innerlijk verdeelde Republiek zou naar zijn oordeel niet tot doeltreffend verweer in staat zijn. Hij had niet helemaal ongelijk. De politieke tegenstelling tussen orangisten en staatsgezinden was in deze jaren altijd latent aanwezig. Dat kon gemakkelijk tot uitbarstingen leiden, en bovendien leefde bij veel gereformeerden een duidelijk gevoel van geestverwantschap met de protestantse broeders aan de andere kant van de Noordzee, maar in 1665 overwoog zo niet bij allen dan toch bij zeer velen het verlangen naar revanche voor de eerder geleden nederlagen.

De tweede Engelse oorlog is De Witts grootste triomf geworden, maar in de eerste maanden gebeurde nog weinig dat in die richting wees. De staatse vloot moest bij Lowestoff het onderspit delven, en Wassenaar Obdam liet in die slag het leven. De Ruyter kreeg nu het bevel, maar de rivaliteit met Cornelis Tromp zou zo hoog oplopen dat de laatste in 1666 uit de dienst werd ontslagen. Tromp verstond zijn vak en was alleen al door zijn naam ongemeen populair. Er was moed voor nodig hem aan de kant te schuiven, maar op zulke ogenblikken toont De Witt zich op zijn best. Hij bleek tegen zijn verantwoordelijkheid opgewassen, al werd de Republiek van alle zijden op de proef gesteld. Wie zich in een oorlog zwak betoont, trekt nieuwe vijanden aan. De Verenigde Provincies moesten het in de herfst van 1665 ervaren toen de bisschop van Münster een inval deed in het oosten van de Nederlanden. Binnen een maand had hij bezit genomen van Lochem, Doetinchem en Oldenzaal. Zijn leger was te zwak om grotere vestingen met succes te kunnen belegeren, maar het staatse leger was evenmin bij machte hem het land uit te jagen. Pas met hulp van haar Franse bondgenoot slaagde de Republiek erin de overmoedige bisschop tot vrede te dwingen. Duidelijk bleek dat de Staten voor een oorlog te land onvoldoende toegerust waren. Het leger was niet paraat en de vestingwerken in het oosten waren slecht onderhouden. De Verenigde Nederlanden zijn door een muis gebeten, smaalde de geschiedschrijver Lieuwe van Aitzema.[11] De Hollandse Staten hadden in Gelderland en Overijssel flink aan prestige ingeboet. Maar de les van Münster hebben ze niet ter harte genomen. Toen zich in 1672 een veel gevaarlijker tegenstander aandiende, bleek het staatse leger volkomen onmachtig de oostelijke provincies te verdedigen.

Zoals steeds te zien valt in de stadhouderloze tijdvakken, riep tegenspoed de oranjegevoelens wakker. De roep was luid genoeg om De Witt tot actie te bewegen. Hij kwam nu toch tot een akkoord met Willems grootmoeder Amalia van Solms over de opvoeding van haar kleinzoon. De prins van Oranje werd door de Staten van Holland aangenomen als 'kind van staat'. Een commissie van vijf, onder wie De Witt in eigen persoon, werd met de verantwoordelijkheid belast. Sommige provincies verlangden meer. Ze wensten dat afspraken gemaakt zouden worden over de toekomstige vervulling van de hoge ambten. Maar daar wilde De Witt niet van weten, en de ontwikkelingen van het jaar 1666 werkten in zijn voordeel. De oorlog tegen Engeland nam een andere wending. In de vierdaagse zeeslag van juni 1666 behaalde De Ruyter zijn eerste grote overwinning als admiraal. Nog groter faam verwierf hij zich een jaar later, toen hij de monding van de Theems binnenvoer en bij Chatham een aanval deed op de onttakelde oorlogsschepen van de vijandelijke vloot. Het was al een oud plan, maar de Engelsen werden volkomen verrast. Ze waren nauwelijks tot tegenweer in staat. Had De Ruyter gewild, zeiden ze later, dan had hij gemakkelijk kunnen doorvaren en Londen met zijn kanonnen beschieten.

In Engeland was toen de oorlogsdrift al gedaald. In het voorjaar van 1667 waren in Breda de vredesonderhandelingen reeds begonnen en De Ruyters triomftocht bespoedigde die alleen maar. In juli kwamen de partijen tot volledige overeenstemming. Beide landen behielden hun voornaamste verovering. Nieuw Amsterdam veranderde dus definitief in New York, en Suriname werd Nederlands bezit. De Akte van Navigatie werd in zoverre verzacht dat Duitsland beschouwd zou worden als

Het verbranden van de Engelse vloot voor Chatham, 20 juni 1667.
Peter van de Velde, ca. 1667-1700. Copyright Rijksmuseum Amsterdam.

het natuurlijke achterland van de Republiek, zodat nu volgens de Engelse regel Duitse goederen in Nederlandse schepen vervoerd mochten worden. Wie in de vredesvoorwaarden de voordelen voor de ene of de andere partij tegen elkaar afweegt, moet concluderen dat de Nederlanders als winnaars uit de strijd te voorschijn zijn gekomen, en zo werd deze vrede in 1667 ook beleefd. De Republiek heeft zich niet lang als grote mogendheid kunnen handhaven, maar Breda is in dat kortstondig glorietijdperk het hoogtepunt geweest, en dat had zij te danken aan De Witt. Het was zijn verdienste dat de vloot zich deze keer voor haar taak berekend had getoond. Hij had krachtig leidinggegeven zolang de oorlog duurde en zelf ook de vredesonderhandelingen tot een goed einde gebracht. Dat alles dwong respect af. Geen enkele prins van Oranje had deze prestaties kunnen verbeteren. De Witts zwakke punt bleef echter ook na Breda bestaan. Bezieling en inspiratie gingen van de even kundige als koele staatsman niet uit.

De schaduw van Frankrijk

Als een land in oorlog is, moet de strijd tegen de vijand op zijn agenda de hoogste prioriteit hebben. Ook daarom was het voor de Republiek van dringend belang geweest vrede te sluiten met Engeland. Voor haar toekomst was een andere oorlog waar zijzelf geen deel aan nam intussen veel belangrijker geworden dan al die zeeslagen tegen Engeland. In april 1667 waren namelijk Franse legers de Spaanse Nederlanden binnengevallen. De Spaanse koning Filips IV was in 1665 overleden, en opgevolgd door Karel II. Zijn zuster Maria Theresia was getrouwd met de Franse koning Lodewijk XIV, en die eiste nu in haar naam de Zuidelijke Nederlanden voor zich op. Zijn recht grondde hij op gekunstelde, spitsvondige redeneringen waarvan we de details gerust onbesproken kunnen laten. Het is genoeg te weten dat hij zich beriep op het zogenaamde devolutierecht, een bepaalde vorm van erfrecht die in sommige delen van Brabant en Vlaanderen bestond. Dat is vooral daarom wetenswaardig, omdat zijn krijgstocht tegen de Spaanse Nederlanden voortleeft onder de naam devolutieoorlog. Het type voorwendsel zou symptomatisch blijken voor de wijze waarop Lodewijk zijn aanspraken placht te funderen. Een verdraaide rechtsregel was genoeg om als casus belli te dienen, en als Frankrijks militaire overwicht groot genoeg was hoefde hij er niet eens altijd oorlog voor te voeren. De angst voor Frankrijks overmacht was dan al voldoende.

Onder Lodewijk heeft namelijk het verschijnsel oorlog een enorme schaalvergroting ondergaan. Het grootste leger dat Europa tot dan toe bijeen had gezien, was de strijdmacht die de Zweedse koning Gustaaf Adolf in 1632 tijdens de Dertigjarige Oorlog in Duitsland had gecommandeerd. Maar toen ging het met die 175.000 man om een tijdelijke troepenconcentratie die slechts kort samen is gebleven. Lodewijk echter heeft jaren achtereen meer dan het dubbele van dat aantal soldaten tot zijn permanente beschikking gehad. De gevolgen waren voor het eerst zichtbaar in de devolutieoorlog. Toen Frankrijk in de laatste fase van de Nederlandse oorlog tegen Spanje als bondgenoot van de Staten aan de strijd had deelgenomen was het wel sterker geweest dan zijn tegenstander, maar het had niet kunnen bogen op een drukkend overwicht. In 1667 echter bleek het Spaanse leger geen partij meer. Het kon zijn oppermachtige vijand nauwelijks nog het hoofd bieden. De Franse legers veroverden wat ze wilden. Na het Münsterse intermezzo kon het voor de Republiek een tweede waarschuwing zijn.

Ze heeft zich niet in de strijd willen mengen. Dat zou natuurlijk ook een weinig reële optie zijn geweest. De zeeoorlog tegen Engeland was nog niet eens beëindigd, en op een oorlog te land waren de Staten absoluut niet voorbereid, zoals de Münsterse moeiten duidelijk hadden aangetoond. De Witt kon het zich vanzelfsprekend evenmin veroorloven de Fransen zonder meer hun gang te laten gaan. Maar hij was gedwongen zich te beperken tot diplomatieke middelen, zonder dat er van de Republiek enige militaire dreiging uitging. Tot zijn geluk zag ook Engeland in dat het met ongebreidelde Franse machtsuitbreiding onmogelijk gebaat kon zijn. Het internationale overleg liep in 1668 uit op een drievoudig verbond tussen Engeland, Zweden en de Verenigde Provincies dat moest dienen tot handhaving van de status-quo. Lodewijk legde zich toen bij de feiten neer. In datzelfde jaar nog sloot hij vrede, zich vergenoegend met een bescheiden winst.

Hij wist echter aan wie hij deze tegenslag te danken had. De gefnuikte territoriale expansie verslechterde betrekkingen die toch al onder zware spanning stonden door Frankrijks agressieve economische politiek. Lodewijks minister Colbert wilde dat Frankrijk geen andere naties voor haar welzijn nodig zou hebben – zeker niet de Nederlandse, die in de internationale handel een veel groter aandeel bezat dan haar toekwam. Wilden Hollanders met Frankrijk zakendoen, dan zouden zij ervoor moeten betalen. Met forse verhogingen van de invoerrechten, met name zeer scherp in 1667, probeerde Colbert de Nederlandse scheepvaart te dwingen het transport van goederen van en naar Frankrijk voortaan aan Franse zeelieden over te laten. Zo tekende zich een dreiging af die zeker zo gevaarlijk kon worden als de rivaliteit met Engeland.

Het stelde De Witt voor een netelig probleem. Zijn bondgenootschap met Engeland en Zweden was weinig waard en de Republiek had nu in feite twee vijanden. De ene had de grootste vloot van Europa, de andere het grootste leger. Om beide met succes te weerstaan zou de Republiek evenveel soldaten moeten aanwerven als Frankrijk, en evenveel schepen uitrusten als Engeland. Zij stond daarmee voor een opgave die zij nooit op eigen kracht zou kunnen oplossen. Ze was nu eenmaal geen echte grote mogendheid. Wel wilde zij natuurlijk zo lang mogelijk al haar verworvenheden blijven genieten. Dan zou ze kunnen proberen de ene gevaarlijke buurman tegen de andere uit te spelen. Het zou immers Frankrijk schaden als de Republiek een satelliet van Engeland werd, en het zou Engeland afbreuk doen als de Verenigde Provinciën veranderden in Frankrijks onderdanige vazal.

Op die basis liet zich een heel verstandige politiek voeren, mits de Fransen en de Engelsen een even helder inzicht in de toestand zouden hebben. Dat is een van de maximen geweest van De Witts buitenlandse politiek. Hij ging ervan uit dat de Franse en de Engelse regering de internationale toestand objectief juist zouden taxeren. Hij zag niet in, zou Willems latere vriend en medewerker bisschop Burnet zeggen, dat vorsten zich konden laten leiden door hartstocht en lust.[12] Toch valt niet goed te zien wat de raadpensionaris anders had moeten doen. Als de Republiek zich militair al zo sterk had kunnen maken dat het de strijd tegen de beide vijanden samen niet hoefde te vrezen, dan moet het toch wel uitgesloten geacht worden dat De Witt de provincies bereid zou hebben gevonden zich daartoe de benodigde zware financiële offers te getroosten.

Twee zwakten had De Witts politiek wel. De ene was hem nauwelijks te verwijten: hij ging ervan uit dat verantwoordelijke staatslieden rationeel zouden handelen. Dat bleek een misrekening en daar moeten we straks op terugkomen. Het andere was zijn onoverwinnelijke afkeer van het stadhouderschap. Die twee hielden trouwens verband met elkaar. De Witt kon terecht van oordeel zijn dat Hollandse regenten rationeel handelden als zij dat ambt afschaften. Onder alle opvolgers van Willem van Oranje was op de een of andere wijze steeds weer gebleken dat een stadhouder Hollands vrijheid van handelen beknotte. Voor de andere provincies kon precies om die reden het stadhouderschap positieve betekenis hebben, voor Holland moest dan natuurlijk het tegendeel gelden. Een politiek die machtsvergroting van het huis Oranje nastreefde of althans de mogelijkheid daartoe openliet was daarom in De Witts ogen evident in strijd met het Hollandse belang. Dat maxime had gevolgen voor zijn buitenlands beleid. Als Karel II te veel invloed kreeg in de Republiek, zou Willem III daarvan waarschijnlijk profiteren, terwijl zijn verheffing alleen maar schadelijk kon zijn voor de Republiek.

Daarom kon De Witt nooit hoog inzetten op de Engelse kaart, zelfs niet als dat het enige middel scheen om Franse dreigingen af te weren.

De positie van het Oranjehuis heeft De Witt in de eerste maanden na de vrede van Breda sterk beziggehouden. De prins zou weldra zijn achttiende levensjaar ingaan, zodat de vraag of hem een toekomst wachtte binnen de Republiek niet langer onbeslist kon blijven. En het begon steeds duidelijker te worden dat het antwoord niet zonder meer ontkennend zou luiden. Wat De Witt er ook van denken mocht, er waren nogal wat Hollandse regenten die niet geloofden dat het stelsel van de ware vrijheid zich lang zou kunnen handhaven. Zelfs Beverningk en Van Beuningen begonnen naar die mening over te hellen: De Witts rechter- en linkerhand. Zo gezien was het hoogst haalbare een regeling die aan Willem precies zoveel schonk als hem toch niet onthouden kon worden. Ze kwam tot stand in augustus 1667 en staat bekend als het Eeuwig Edict. Twee zaken werden hier voor altijd vastgelegd, al zou de vermeende eeuwigheid niet langer dan vijf jaar duren. Ten eerste schafte Holland definitief de stadhouderlijke functie af. Voorstellen om op dit besluit terug te komen mochten in de Statenvergadering niet eens in bespreking gegeven worden. Ten tweede werden de ambten van stadhouder en kapitein-generaal onverenigbaar verklaard. Zouden dus andere provincies wel een stadhouder verkiezen, dan verplichtte Holland zichzelf diens benoeming tot kapitein-generaal onverbiddelijk te blokkeren.

Willems naam werd in het stuk niet genoemd, maar wat Holland met hem voorhad bleek niettemin duidelijk genoeg. Het was De Witt wel iets waard alle provincies op deze lijn te brengen, maar dat is hem niet meer gelukt. Groningen en Friesland bleven vanzelf buiten beschouwing, want die hadden nu eenmaal hun eigen stadhouderlijke dynastie. Gelderland, Utrecht en Overijssel sloten zich bij Holland aan. Zeeland echter leverde een teleurstelling op. In de Zeeuwse Staten had altijd één vertegenwoordiger van de adelstand zitting gehad, de zogenaamde eerste edele van Zeeland. Vanaf het begin van de opstand hadden de Oranjes die waardigheid bezeten, die dan door een plaatsvervanger werd vervuld. Voor de stadhouders was deze functie altijd een belangrijk machtsmiddel geweest, en juist om die reden hadden de Staten van Zeeland haar na de dood van Willem III afgeschaft. Het was dus een teken aan de wand dat zij desondanks de prins in september 1668 met de waardigheid van eerste edele bekleedden. De weg naar het stadhouderschap scheen daarmee wel geëffend, al lukte het De Witt die dreiging althans voorlopig af te wenden. In 1670 werden alle provincies het met elkaar eens dat Willem III geen stadhouder zou kunnen worden, maar wel kapitein-generaal. Intussen werd hij reeds benoemd tot lid van de Raad van State, zoals tot dan toe alleen vergund was geweest aan Oranjes die stadhouder waren of voorbestemd het te worden. Voor De Witt stonden nu toch wel alle seinen op onveilig.

Toch was de mogelijke machtsverheffing van Willem III het kleinste gevaar dat hem in 1670 bedreigde. In geheime onderhandelingen tussen Engeland en Frankrijk gebeurde nu precies wat volgens De Witt onmogelijk was. De beide koningen kwamen tot overeenstemming om samen de Republiek op haar plaats te zetten. In het verdrag van Dover werd dat onomwonden uitgesproken als de doelstelling van het bondgenootschap: de trots van de Staten-Generaal te vernederen en de macht te vernietigen van een volk dat zich niet alleen ondankbaar had getoond jegens hen die het hielpen een republiek te grondvesten, maar ook nog de onbeschaamdheid had zichzelf op te werpen als soeverein arbiter over andere staten. Dat zagen dus Karel en Lodewijk als hun gezamenlijke belang. Tussen hen beiden konden allerlei tegenstellingen bestaan, en die zouden nog wel eens uitgevochten moeten worden. Maar allebei hadden ze genoeg last van de parvenu onder de Europese mogendheden om tegen deze kleine burgerstaat de handen ineen te slaan.

De Witt heeft lang volhard in de waan dat hij met een Frans-Engelse alliantie geen rekening behoefde te houden. Pieter de Groot, ambassadeur in Parijs, berichtte in februari 1671 dat er volgens geruchten een dubbele aanval dreigde. De Engelsen zouden bij verrassing toeslaan op zee, de Fransen zouden dan intussen door het Duitse Rijngebied over land oprukken. Zo is het een jaar later ook gegaan. Maar De Witt vond toen nog het hele verhaal volstrekt ongeloofwaardig. Aan het einde van dat jaar viel het oordeel over de toekomst toch wat somberder uit en men begon dienovereenkomstig te handelen. De sterkte van de infanterie werd met ruim een kwart opgevoerd, die van de ruiterij bijna verdubbeld. Wel lagen zoals altijd vele stappen tussen het besluit en de volledige uivoering, en daarom was het op zijn minst twijfelachtig of de Republiek tijdig paraat zou zijn. De bevelvoering werd pas in februari 1672 geregeld, en niet eens definitief. Willem III werd aangesteld als kapitein-generaal voor één enkele veldtocht. Twee maanden later brak de oorlog uit. Verliep die volgens de plannen van de agressoren, dan zou een tweede veldtocht ook nooit meer nodig zijn.

De vaderlandse kerk onder druk

De vaderlandse kerk van de zeventiende eeuw stelt ons voor een merkwaardige paradox. Ze heet de bevoorrechte kerk te zijn, want ze is de enige die uit de publieke beurs wordt bekostigd, de enige die zich kan beroemen op erkenning en ondersteuning van overheidswege. En toch schijnt ze met al haar privileges maar al te dikwijls het stiefkind van de autoriteiten, vooral, doch niet uitsluitend in de provincie Holland. Ze wordt in haar rechten erkend en krijgt de ruimte die ze niet kan missen. Maar in de relatie tussen kerk en overheid straalt weinig hartelijkheid door. Het gaat net iets te ver om te zeggen dat de twee elkaar principieel wantrouwden. De meeste regenten waren zelf lidmaten van de gereformeerde kerk en een flink aantal van hen had bovendien zitting in de plaatselijke kerkenraad. Toch bestond altijd wederzijds de vrees dat de ander de haar gestelde perken te buiten zou gaan. Op het stadhuis wilde men niet dat dominees zich zouden bemoeien met de politiek, en in het consistorie voelden de broeders zich meer dan eens teleurgesteld over gebrek aan medewerking of teveel aan tegenwerking van de zijde van de overheid.

Stadhouderloze tijdperken waren wel het minst geschikt om de warmtegraad in de betrekkingen op te voeren, want dan was dat wederkerige wantrouwen het grootst. Het was geen geheim dat de predikanten globaal genomen behoorden tot de vaste supporters van het huis Oranje, en ze waren zich ook van hun invloed op de toehoorders bewust. Wij hebben de gemeente aan de hand, had een Amsterdamse dominee tegen Willem II gezegd, en wij zullen lustig preken.[13] Na Willems overlijden werd die stijl van preken nogal riskant, en aanhangers van De Witt noemden het een voordeel van het statenbewind dat de politieke vrijmoedigheid van de gereformeerde predikanten merkbaar was afgenomen. De Witt zelf had in elk geval geen hinder van overdreven scrupules, als hij het nodig vond de kerk krachtig op haar plaats te zetten. Toen de rechtlijnige Abraham van de Velde werd beroepen in Medemblik en het stadsbestuur geen veto liet horen, greep de raadpensionaris persoonlijk in. De stad kreeg tijdelijk een militaire bezetting en het Hof van Holland vaardigde tegen Van de Velde een arrestatiebevel uit.[14]

Als het ging om kerkelijke oppositie toonde de ware vrijheid zich dus extreem gevoelig. De bekendste theoreticus van de stadhouderloze staatsvorm, Pieter de la Court, wilde de gereformeerde kerk het liefst omzetten in een echte staatskerk waarvan alle regeerders en ambtenaren lid zouden moeten zijn. De controle over die kerk zou dan vanzelfsprekend berusten bij deze hooggeplaatste lidmaten en niet bij de heren predikanten. Hoe ver dat zou kunnen gaan bleek in 1663, toen de Staten van Holland een formulier opstelden voor de publieke gebeden in de eredienst. Er waren dominees die hun voorbede voor de regering begonnen met de Staten-Generaal, alsof die het hoogste gezag in het land waren. Voortaan zouden ze zich moeten houden aan de correcte volgorde: eerst de Staten van Holland, dan de staten van andere provincies, en pas in de derde plaats de Staten-Generaal. Het is waar, zeventiende-eeuwers hechtten veel waarde aan het protocol en zouden publieke hulde aan de machthebbers niet schouderophalend afdoen als zinledig eerbetoon. Maar wie bad sprak nog een hogere macht aan dan de Staten van Holland. Welk aanzien hebben wij aardwormen dan wel, vroeg de dichter Constantijn Huygens, dat wij voor God in ons gebed het ijdele schuim van wereldse titels moeten aandragen?[15]

Zulke zeventiende-eeuwse vormen van politieke correctheid beperkten de vrijheid van kerkelijk handelen en spreken. Het is in de tijd van Johan de Witt alsof de regenten steeds klaarstaan om de handrem te bedienen en de rust in de kerk te bewaren. Anderzijds heeft dat misschien ook wel een nieuwe kerkscheuring voorkomen. Het is alle wetenschap eigen dat ze verschil van inzicht creëert, en van de botsing der meningen verwacht zij winst. Ook de theologie zal dat niet kunnen of zelfs willen vermijden. Maar meningsverschillen in die tak van wetenschap dragen een apart risico in zich, omdat theologie dikwijls haar weg zal vinden naar de preekstoel. De discussie verplaatst zich dan van de universiteit naar de kerk, van de studeerkamer naar de kerkenraadskamer, van de collegezaal naar het kerkportaal. Dat was het gevaar, toen omstreeks het midden van de eeuw een dispuut oplaaide tussen Johannes Coccejus, hoogleraar te Franeker en naderhand te Leiden, en Gijsbertus Voetius, verbonden aan de Utrechtse universiteit.

Of het een groot gevaar was laat zich betwisten. Theologenruzies brengen niet automatisch kerkscheuring voort, want geleerdheid heeft niet zonder meer betekenis voor de gemeente. Als in theologie geen troost ligt, geen bemoediging, geen bevestiging van geloofservaring, dan zal ze nooit meer worden dan wetenschap. En het is zeer de vraag of dat meerdere te vinden was in de nieuwe theologie van Coccejus of in het antwoord dat zij Voetius ontlokte. Eén ding kan in elk geval van coccejanisme niet gezegd worden. Het was niet een nieuw soort vrijzinnigheid. Voetius en Coccejus verschilden vooral daarin dat de eerste uitging van de waarheid van de gereformeerde leer. De gereformeerde dogmatiek was voor hem de sleutel van de exegese. Coccejus daarentegen was primair een exegeet die de leer niet zag als een bij voorbaat gegeven kader. Wel gingen beiden uit van de onfeilbaarheid van de Heilige Schrift. Een onvervaard liefhebber van anachronismen kan hen dus allebei fundamentalisten noemen, al zou het maar zijn om daarmee te bewijzen dat zo'n twintigste-eeuwse uitroep van verontwaardiging geen enkel licht werpt op verleden tijden. Wezenlijke verschillen tussen de twee waren er niet. Het conflict droeg ook niet de kiemen van blijvende verdeeldheid in zich.

Het coccejanisme zelf was niet sterk genoeg om partijschap in de kerk te veroorzaken. Het is echter gaan fungeren als een concentratiepunt waar zich allen verzamelden die een grief hadden tegen de gereformeerde confessie. Het was niet het coccejanisme als zodanig dat scheiding bracht. Dan had het kunnen blijven bij een academische twist. Maar tot de coccejanen rekende zich ieder die meer op had met rekkelijkheid dan met preciesheid, ieder die de overheid groter gezag wilde toestaan binnen de kerk, ieder die sympathiseerde met de nieuwe filosofie van René Descartes. Zo kreeg het begrip coccejanisme een politieke lading. Het werd de vlag waaronder inmenging van de overheid in kerkelijke zaken zichzelf rechtvaardigde. Regenten steunden bij voorkeur de volgelingen van Coccejus, zonder zich verdiept te hebben in zijn theologie. Dat heeft de partijnaam in stand gehouden, zolang als de Republiek der Zeven Verenigde Nederlanden in leven bleef.

Eén punt alleen had wel praktische consequenties tot ver over de grenzen van de kerk. Coccejus las de tien geboden anders dan niet alleen de gereformeerden maar alle christenen in de hele wereld altijd hadden gedaan. Het 'gedenk de sabbatdag, dat gij die heiligt' behoorde volgens hem tot de ceremoniële voorschriften van de joodse godsdienst. Hij wilde de rustdag wel in ere houden, maar dan naar het voorbeeld van de oude christelijke kerk, niet als een morele plicht. De kwestie bracht een felle pennenstrijd op gang, slechts tijdelijk onderbroken door ingrijpen van de Staten van Holland, die beide partijen het zwijgen oplegden. Maar de meeste universiteiten lagen buiten die provincie, zodat de discussie vanuit Gelderland, Utrecht, Friesland en Groningen toch telkens nieuw voedsel kreeg. Gevolgen voor de wetgeving had ze niet. Het strengere toezicht dat de aanhangers van Voetius begeerden kwam er niet, maar daarvoor hadden de mannen van de ware vrijheid de hulp van Coccejus niet nodig.

Aanscherping van de zondagswetten was altijd een programmapunt van de nadere reformatie geweest. Geen ding markeert haar falen beter dan dat ze daar nooit in is geslaagd. Van de noodzaak tot zedelijke hervorming was ze meer dan ooit overtuigd. Spraken de tekenen der tijden niet een duidelijke taal? De prins van Oranje was op vierentwintigjarige leeftijd al gestorven, de eerste oorlog met Engeland had een desastreus verloop gekend, Brazilië was verloren gegaan, en in de jaren vijftig werd de Republiek getroffen door een reeks van plaatselijke rampen: de grote brand van De Rijp, de explosie van het kruitmagazijn in Delft, stormen en overstromingen overal. Maar voor de uitvoering van haar program was de nadere reformatie op volle medewerking van de autoriteiten aangewezen, en onder het statenbewind was die kans kleiner dan ooit. Daarvoor was de invloed van de nadere reformatie in het algemeen ook te gering. Ze heeft enkele grote predikers voortgebracht, en een blijvende bijdrage geleverd aan de gereformeerde vroomheidslitteratuur, na Willem Teellinck in deze periode Jacobus Koelman en Jodocus van Lodensteyn. Maar de kerk van de zeventiende eeuw werd noch gevormd noch gedragen door de nadere reformatie.

We zien in deze tijd dan ook hoe de beweging zich naar binnen gaat keren. Veel piëtisten gingen geloven dat de overheid nooit mee zou gaan en misten de hoop dat de van binnenuit reeds aangetaste kerk sterk genoeg zou zijn desnoods alleen te slagen. Daarom kozen zij een andere weg. Ze scheidden zich niet van de kerk af, maar zochten voor zichzelf bevrediging buiten het kerkelijk instituut om. Het is in deze jaren dat we de conventikels zien ontstaan, als zelf geconstitueerde gemeenschappen van ware gelovigen.[16] In huiselijke bijeenkomsten van twintig tot veertig personen kwamen ze bijeen om de verschillen te ontleden tussen ware en valse vroomheid. De leiding berustte soms bij een predikant, vaker bij een gemeentelid dat zich van de groep voldoende onderscheidde door geestelijke ervaring en natuurlijke autoriteit. De besturende kerkvergaderingen reageerden gereserveerd tot afwijzend. Zij zagen niet alleen hun gezag maar ook de inwendige eenheid van de kerk bedreigd. Wat ze te weinig opmerkten was dat het piëtisme van de conventikels tegemoetkwam aan de behoefte die onder christenen altijd zal bestaan: het eigen persoonlijk leven geheel te richten naar de eis van het geloof. Voor dat streven heeft de officiële kerk geen enkel initiatief ontwikkeld.

Gedoogden en getolereerden

Het Münsterse vredestraktaat telde tachtig artikelen, die in de beknopte samenvatting van Wagenaars *Vaderlandse historie* nog altijd zeventien bladzijden beslaan. Maar al maakte die vrede een einde aan een godsdienstoorlog, slechts een van de tachtig artikelen handelde over de religie. Artikel 19 bepaalde dat onderdanen van de koning of van de Staten op bezoek of doortocht in de landen van de andere partij ‘sig in ’t stuk van den godsdienst stil en zediglyk gedragen moeten, zonder met woorden of daaden enige ergernis te geeven’.[17] Over vrijheid van religie zweeg het traktaat geheel en al. Dat stilzwijgen bevestigt welsprekender dan woorden, dat de Republiek de oorlog gewonnen had. Zij zag zichzelf als een protestantse staat en liet zich geen enkele concessie ontfutselen ten gunste van de duizenden katholieken die leefden onder haar gezag. Officieel bleef alles zoals het nu al jaren lang gegaan was: de katholieken bleven buiten de tolerantie. Zij moesten zich met gewetensvrijheid tevreden stellen. Cultusvrijheid kregen ze niet.

Voor die achterstelling had altijd een politieke rechtvaardiging bestaan. Katholieken mocht men niet gunnen wat doopsgezinden of luthersen wel geoorloofd was, want zij deelden het geloof van de nationale vijand. De overheid kon op hun loyaliteit dus onvoldoende staat maken om hun een recht van vergaderen toe te mogen staan. Zij had zich in dat wantrouwen bevestigd kunnen voelen in 1629, toen bij de inval over de Veluwe tijdelijk een deel van het land onder Spaanse controle kwam te staan. Niet zo weinig katholieken bleken ingenomen met die wisseling van heerschappij en begrijpelijkerwijs is hun dat aangerekend. De tegenvraag werd niet gesteld of de katholieken zich betere vaderlanders zouden hebben getoond indien ze dezelfde rechten hadden bezeten als hun protestantse medeburgers. En ook in 1648 vonden de Staten geen aanleiding de positie van hun katholieke onderdanen te herzien.

Hun overwegingen waren eerder van pragmatische dan van principiële aard. De hoofdvraag was altijd op welke wijze de rust het beste gehandhaafd kon worden. De gereformeerde kerk drong sterk aan op handhaving van de plakkaten, en de katholieken waren altijd rustig gebleven onder het Hollandse gedoogbeleid. Het viel aan te nemen dat ze dat nu ook wel zouden doen, zodat de autoriteiten hun niets extra's hoefden te geven. Wel werd het verstandig geoordeeld de onrust bij de predikanten weg te nemen. Vooral in streken waar de katholieken talrijk waren, werd de gereformeerde kerk daarom tijdelijk actief ondersteund. Het beste voorbeeld is Brabant. Zolang de oorlog duurde, hadden nagenoeg alleen de ommuurde steden eigen predikanten gehad. In de dorpen was het voor een dominee te gevaarlijk wonen, als elk ogenblik een stropende Spaanse bende kon opduiken. Afgezien van de regio Heusden-Geertruidenberg, die toen tot de provincie Holland behoorde, waren er daarom in het hele Brabantse gebied vóór 1648 slechts negen gemeenten met eigen predikanten. In 1648 kwamen er 63 bij. Dat is een blijvend resultaat geweest van de vrede van Münster. De gereformeerde kerk werd nu ook zichtbaar in de grensgebieden, al slaagde zij er niet in haar aanhang belangrijk te vergroten.

De verhoudingen tussen de kerken gingen zich in deze tijd stabiliseren. Alle beschikten ze over een vaste kern van eigen aanhangers die niet gemakkelijk naar een andere confessie zouden overgaan, en alle waren ze blootgesteld aan de zuigkracht van de publieke kerk. Groei viel vooral te bespeuren bij de luthersen, dankzij de instroom van Duitse emigranten. De Amsterdamse gemeente bracht dat tot uitdrukking door de bouw van de monumentale kerk aan het Singel, in 1671 voltooid. Symptomatisch voor de algemene toestand van de luthersen in de Republiek was deze spectaculaire nieuwbouw niet. De overheid was geneigd hun vrijheid te beperken tot die plaatsen waar vanouds lutherse gemeenten hadden bestaan. Een kerkje in Zaandam werd op aandrang van de gereformeerden in 1652 dichtgetimmerd. Overzee drongen de lutherse emigranten in Nieuw Nederland tevergeefs op erkenning aan. Ze zouden die pas krijgen toen de kolonie in Engelse handen was overgegaan. En ook in het gebied van de VOC mocht het lutherse geloof niet openlijk beleden worden.[18] Voor Aziatische godsdiensten was vrijheid, voor andere varianten van de christelijke religie niet.

Wat ten slotte de doopsgezinden betreft, hun veelbewogen geschiedenis heeft altijd veel interne verdeeldheid te zien gegeven en het eerste stadhouderloze tijdperk vormt op die regel geen uitzondering. De Amsterdamse gemeente die vergaderde bij Het Lam kreeg in 1648 een nieuwe voorganger in de persoon van Galenus Abrahamsz. Hij was de vertegenwoordiger van een nieuw soort doperdom dat in sterke mate de invloed van collegianten en socinianen had ondergaan. Dat bleek spoedig op bezwaren te stuiten bij de behoudende dopers, die vasthielden aan de oude belijdenissen. Voor Galenus kende de kerk eigenlijk geen grenzen. Hij stond een onbeperkte verdraagzaamheid voor en maakte zich dus in feite los van de doperse belijdenis. De conservatieven weken uit naar een andere vergaderplaats, in een voormalige brouwerij die De Zon heette. Zo voltrok zich een scheuring tussen de oude en de nieuwe richting, en naar hun vergaderplaatsen werden zij respectievelijk zonnisten en lammisten genoemd. Gemeenten buiten Amsterdam sloten zich bij de twee richtingen aan, en zo verdrongen de nieuwe partijnamen geleidelijk de oude van Vlamingen en Friezen. En al deed dat de verdeeldheid niet verdwijnen, het kwam de duidelijkheid ongetwijfeld ten goede.

Tolerantie in de praktijk

Een staat die leeft van handel en scheepvaart zal in haar eigen belang geneigd zijn tot tolerantie. Vrij verkeer van goederen vraagt om vrij verkeer van personen, en het schaadt de handel als belijders van één bepaalde religie zich niet welkom kunnen weten. Maar ze is ook gediend met een ruim aanbod van informatie, een grote vrijheid om nieuws te vergaren en te verspreiden. De koopman moest weten van oorlogen en opstanden, hongersnoden en natuurrampen. Al vroeg in de zeventiende eeuw begonnen in de Republiek dan ook al kranten te verschijnen die hun lezers op de hoogte brachten van het laatste nieuws in binnen- en buitenland. Commentaar of propaganda bevatten ze niet, het waren pure nieuwsbladen. Stijl en presentatie deden niet ter zake. Hun succes was geheel afhankelijk van de kwaliteit van hun nieuwsaanbod. Nieuws moest actueel en betrouwbaar zijn. Abraham Casteleyn, uitgever van de *Opregte Haarlemse Courant*, hield er niet van een eenmaal gepubliceerd bericht achteraf te moeten intrekken. Dat leidde vanzelf tot zorgvuldige controle.

Casteleyn had veel correspondenten in dienst en schreef zelf als contraprestatie nieuwsbrieven naar Engeland.[19] Voor de Nederlandse politiek was hij hoofdzakelijk aangewezen op het eigenaardige wereldje van de Haagse informanten. Naarmate de Republiek in aanzien steeg nam in Den Haag het aantal diplomatieke vertegenwoordigers toe. De grote staten zonden hun ambassadeurs, de kleine hun agenten. Veel Duitse vorsten en rijkssteden wilden graag hun eigen zaakwaarnemer in Den Haag hebben, maar moesten dan hun mogelijkheden aanpassen bij hun middelen. Zo ontwikkelde zich de typisch Haagse vorm van agent-correspondent. Deze agenten dankten hun diplomatieke status aan een of andere Duitse potentaat, maar opereerden feitelijk als particuliere nieuwsdienst. Ze stonden in briefwisseling met de staat van hun opdrachtgevers, maar ze verstrekten hun nieuws en informatie ook aan anderen die daarvoor wilden betalen. De bekwaamste verzamelaars oefenden hun bedrijf met zo veel succes uit dat ze genoeg bruikbaar materiaal bijeengebracht hebben om naam te kunnen maken als geschiedschrijver voor de jaren van hun Haagse werkzaamheid. De *Saken van Staet en Oorlogh* van Lieuwe van Aitzema en de *Histoire des Provinces-*

Unies van Abraham de Wicquefort zijn tot vandaag toe fundamentele bronnen gebleven voor de Nederlandse geschiedenis van de zeventiende eeuw. Hun auteurs bewogen zich dikwijls in het randgebied van de legaliteit, maar bewezen ook de Nederlandse politiek genoeg diensten om te mogen rekenen op bescherming van hogerhand.

De Witt zelf was daar naar men fluisterde regelrecht verantwoordelijk voor. Een grotere mate van persvrijheid past ook wel bij het beeld dat we hebben van het statenbewind. Maar het beantwoordt niet aan de realiteit. De censuur op boeken was vanouds altijd op drie terreinen actief geweest: godsdienst, erotiek en politiek. Voor de eerste twee veranderde er weinig of niets. Uitgave van sociniaanse boeken bleef aan sterke beperkingen onderworpen, om maar te zwijgen van atheïstische. Een frappant verschil is echter waarneembaar voor de politieke uitgaven, want daar toonde de regering zich ten tijde van De Witt extreem gevoelig. Onder het stadhouderloze bestuur zijn ongeveer tweemaal zo veel politieke uitgaven verboden als onder Frederik Hendrik, en onder Willem III zou het aantal weer dalen naar het oude niveau. De wetgeving veranderde niet, maar de overheid greep vaker in. Orangisten klaagden wel eens dat de bestaande verbodsbepalingen alleen tegen hen werden toegepast. De dochters van vice-admiraal Cornelis Tromp kregen een boete van honderd gulden, omdat ze betrokken geweest waren bij de uitgave van een pamflet ter verdediging van hun vader.

Als de ware vrijheid zich desondanks een reputatie van groter verdraagzaamheid heeft verworven, is het om de ruimte die zij aan de filosofen en de politieke denkers heeft gelaten. Pieter de la Court, de Leidse lakenfabrikant, verwierf blijvende bekendheid met zijn *Interest van Holland*, de politieke geloofsbelijdenis van het principiële republikanisme. In de filosofie beleefde het cartesianisme in deze periode zijn doorbraak, al werd het nog niet dominant. Geheel nieuwe wegen bewandelde de joodse wijsgeer Baruch de Spinoza, die de traditie van verdraagzaamheid het krachtigst op de proef heeft gesteld. Onafhankelijke geesten heeft de zeventiende-eeuwse Republiek meer gekend. Geen was er die als Spinoza het waagde zich los te maken van de basis waarop de hele christelijke cultuur gebouwd was. Zijn ontkenning dat de bijbel het geopenbaarde woord Gods zou zijn zette hem te midden van de groten van zijn tijd op een volstrekt eenzame plaats. Begrip kon hij voor deze gedachte niet oogsten, laat staan waardering. Zijn tijdgenoten had hij weinig te zeggen. In de jaren zeventig van de zeventiende eeuw werden zijn geschriften in Holland zelfs verboden. Toen vond men dus dat Spinoza de grenzen van de tolerantie overschreden had. Tijdens zijn leven echter is hem niets in de weg gelegd.

Spinoza is Nederlands beroemdste wijsgeer geworden, maar was niet verbonden aan een universiteit. Dat zou natuurlijk ook niet gekund hebben, want instemming met de gereformeerde confessie was een voorwaarde voor elke hoogleraarsbenoeming. De andere hierboven genoemde schrijvers stonden echter eveneens allen buiten de academische wereld. Wetenschap en universiteit mogen we voor de zeventiende eeuw nu eenmaal niet met elkaar vereenzelvigen. Het hoger onderwijs voedde zich uit de schriftelijke bronnen van de christelijke en de klassieke traditie. Nederlandse geschiedenis, Nederlands recht en Nederlandse taal vielen dus buiten de aandacht, terwijl observatie en experiment zich pas in de loop van de eeuw een plaats veroverden, het eerst in Leiden. Daar heeft de apothekerszoon Jan Swammerdam ook enige tijd gestudeerd, maar zijn boek over de insecten, *Algemeene verhandeling van de bloedeloose dierkens*, kan men geen vrucht van academische scholing noemen. Iemand als Swammerdam zou een patroon nodig gehad hebben om zijn onderzoek zonder zorgen voort te kunnen zetten. De prins van Toscane heeft hem uitgenodigd bij hem aan het hof te komen werken, maar Swammerdam was te veel protestant om zo'n aanbod zelfs maar te overwegen. Christiaan Huygens, zoon van de dichter Constantijn, was van even onverdacht gereformeerde afstamming, doch werd door zulke scrupules niet geplaagd. De grote natuurkundige liet zich door Lodewijk XIV naar Parijs lokken, waar toen overigens nog godsdienstvrijheid voor de hugenoten bestond. Zijn vermaardste ontdekkingen, de ring van Saturnus en het slingeruurwerk, zijn een welsprekend bewijs van zijn veelzijdigheid. Maar dat kenmerk vertoonde wetenschap nog altijd, zowel binnen als buiten de universiteit.

Elite en massa

In elke samenleving spreekt cultuur in hogere zin vooral tot de welgestelden en de ontwikkelden. Dat is dus ook waar voor de zeventiendeeeuwse Republiek, maar die cultuur is niet hun exclusieve bezit geweest. Ze heeft hier te lande een relatief brede spreiding gekend, zoals ons al bleek uit de ruime afzet die de schilders voor hun werk gevonden hebben. Voor drukwerk geldt het nog sterker als we bijbels en psalmboeken bedoelen. Ander boekenbezit heeft in de bronnen weinig sporen nagelaten, mede omdat kleiner drukwerk naar zijn aard een vergankelijk goed was. De volksboeken met verhaalstof, de pamfletten met nieuws en discussie werden gelezen en herlezen, en dan benut voor ander huiselijk gebruik. Maar deels uit dat goedkope drukwerk, deels uit de zondagse preken hadden toch zeer velen een bescheiden kennis opgedaan van de grote culturele traditie. In ieder dorp wisten toch ten minste de schout en de schoolmeester dat je iemand om zijn welsprekendheid prees als je hem een Cicero of een Demosthenes noemde.

Dat behoorde tot het algemene cultuurgoed, bekend ook aan hen die enkel Nederlands lazen. Dat was de taal waarin het gewone volk kon worden onderwezen, meende onze ambassadeur in Parijs, Pieter de Groot, en het Frans was voor de intelligente mensen. Het is een interessante verschuiving. Als Pieters vader Hugo op die wijze twee talen tegenover elkaar had moeten stellen, zou hij zonder twijfel van Nederlands en Latijn hebben gesproken. Op den duur zou de eruditie van de beschaafde Nederlander meer op de Franse en minder op de klassieke letteren gaan rusten, al is Pieter wel wat vroeg met het signaleren van die verandering. Gelijk had hij in zover als de gewone man zich met zijn eigen taal moest vergenoegen, en die gewoonheid moeten we dan wat ruimer nemen dan de ambassadeur het bedoelde. In deze tijd werden Castigliones beroemde handleiding voor de hoveling en een Frans geschrift over hoofse manieren in het Nederlands vertaald,[20] wat toch nauwelijks zinvol kan zijn geweest beneden het niveau van de gegoede burgerij. Kennelijk was die nu zover dat ze groter aandacht wilde geven aan de kwaliteit van haar omgangsvormen en kon ze geen boeken vinden die meer aan haar maat waren aangepast.

Want burgerlijk bleven ze, die Hollandse dames en heren, al zouden ze allemaal Castiglione met de grootste zorg hebben bestudeerd. Burgerlijk was hun cultuur, zo vonniste bijna driekwart eeuw geleden Huizinga, burgerlijk in alle betekenissen van het woord. Wel handelsgeest, geen militaire geest. Vlakke effenheid, geen oprecrighcid. Burgerlijk in de deugden van zindelijkheid en zuinigheid, burgerlijk in de ondeugden van baldadigheid en ongegeneerdheid.[21] Burgerlijk ook, voegen wij eraan toe, in de stijl van feestvieren. Slaan we eens een krant op uit 1669 die ons het laatste nieuws meldt uit de grote hoofdsteden van het continent: 'De vastenavonddagen syn dit jaer te Weenen, Roomen en Parys met sooveel overdadigheyt toegebracht, dat daeruyt verscheyde dootslagen in Duytslant, hoerestucken in Italien en groote lichtveerdigheid in Vranckryck syn gepleecht, welcks verhael wel een boeck alleen soude behoeven.'[22] Provinciaal en kleinburgerlijk ongetwijfeld, en schijnheilig in die gnuivende aandacht voor de excessieve uitbundigheid van de carnavalsvieringen. Maar laten we het eerlijk bekennen: het was werkelijk een rustiger en veiliger land om in te wonen. Ook buitenlanders zeiden dat in Holland ieder bij dag en bij nacht alleen langs de weg kon gaan, zonder gevaar van beroving. En wie het toch niet aandurfde kon altijd de trekschuit nemen, dat door de vreemdelingen eveneens zo hoog geprezen transportmiddel. Wie daarvoor koos, meende de Britse ambassadeur sir William Temple, kon al reizende rustig doorwerken. En wat een winst lag daar dan niet in, want het was toch onloochenbaar, 'dat de werktijd van ijverige mensen het grootste goed van een land is'.[23] Door en door burgerlijk gedacht inderdaad. Maar schuilt er geen kracht in een samenleving die naar zulke maatstaven handelt?

1672-1702

WILLEM III

Het rampjaar en zijn gevolgen

Nooit eerder was de Republiek zo zwaar op de proef gesteld. Op 25 maart 1672 verklaarde Engeland haar de oorlog. Op 6 april volgde Frankrijk. In het laatst van mei sloten de bisschop van Münster en de keurvorst van Keulen zich bij de alliantie aan. Te water moesten de Verenigde Provincies het nu niet alleen opnemen tegen hun oude rivaal, maar de Engelse vloot zou nog met de Franse versterkt worden. Over land rukte tegen hen een leger op zo formidabel als binnen de grenzen van de Republiek nooit eerder gezien was, 130.000 man sterk, met de Franse koning Lodewijk XIV aan het hoofd. Alleen al dat Franse leger was viermaal zo groot als de krijgsmacht van de Republiek, en daarbij voegden zich nog de beide Duitse vorsten, van wie de ene zes jaar eerder al lastig genoeg gebleken was toen hij nog opereerde als solist. De Staten beschikten slechts over een verwaarloosde krijgsmacht, gebrekkig uitgerust, over de vele garnizoenssteden in kleine parten versnipperd, geleid door officieren die hun benoeming meer dankten aan voorspraak dan aan bewezen bekwaamheid. Op 12 juni trok het Franse leger over de Rijn. Drie dagen later capituleerde Arnhem, Amersfoort opende op 19 juni de poorten, en op 23 juni maakten de Fransen zich reeds meester van Utrecht. Op diezelfde dag gaven Zwolle en Kampen zich over aan de bisschop van Münster, die toen al het beleg voor Groningen had laten slaan. De vloot toonde zich beter voor haar taak berekend. De Ruyter waagde op 9 juni bij Solebay de slag. Ondanks een duidelijke numerieke minderheid wist hij stand te houden tot het vallen van de duisternis een einde maakte aan de strijd. Het gevaar van een landing was althans voorlopig bezworen. Dat was het enige lichtpunt in een reeks van rampzalige gebeurtenissen. De nieuwe kapitein-generaal bracht ijlings de Hollandse waterlinie in staat van verdediging. Maar een werkelijk obstakel vormde ze in de eerste weken nog niet. Onder een snelle Franse aanval zou ze toen waarschijnlijk zijn bezweken.

Tot geluk van de Verenigde Provincies rukten de Fransen echter niet verder op. Lodewijk rekende de oorlog reeds als gewonnen. Met de Engelsen kwam hij overeen welke voorwaarden aan de verslagen Republiek opgelegd zouden worden. Frankrijk verlangde afstand van Brabant, Vlaanderen en de Betuwe. Overal in de Republiek zouden natuurlijk de katholieken vrijheid van eredienst herkrijgen, te bekostigen uit de kerkelijke goederen. De Staten dienden de Franse oorlogsuitgaven te vergoeden, berekend op twintig miljoen livres. En voortaan moesten ze elk jaar de Franse koning een gedenkpenning aanbieden, in nederige erkenning van het feit dat zij hun vrijheid aan hem te danken hadden. Engeland legde eveneens een nota van de oorlogskosten over, becijferd op één miljoen pond sterling, en het verlangde verder elk jaar een vergoeding van tienduizend pond voor de haringvisserij onder de Britse kusten. Verder eiste het Walcheren, Sluis, Cadzand, Goeree en Voorne. De handelsbetrekkingen tussen Engelsen en Nederlanders zouden binnen drie maanden geregeld worden, ook voor de vaart op Oost- en West-Indië. De jonge prins van Oranje zou de soevereiniteit verwerven over die delen van de Republiek die hun vrijheid behielden, of anders ten minste al de waardigheden ontvangen die zijn voorzaten hadden bezeten. En natuurlijk waren Frankrijk en Engeland het er met elkaar over eens dat de Staten ook voldoening zouden moeten geven aan de beide Duitse bondgenoten. Die zouden dan zelf wel aangeven welke delen van Gelderland, Overijssel, Drente en Groningen ze aan hun eigen grondgebied wilden toevoegen.

Pieter de Groot, die namens de Staten-Generaal de onderhandelingen moest voeren, was genoeg onder de indruk van de Franse overmacht om zijn meesters te adviseren tot aanvaarding van alle voorwaarden. De meeste Hollandse regenten deelden zijn sombere verwachtingen. Ook zij beschouwden de toestand als hopeloos. Ten hoogste kon men nu proberen met loven en bieden de eisen van de tegenpartij althans nog enigszins te verlagen. Daarom moest De Groot maar beginnen enkel de Generaliteitslanden aan te bieden, al kon ieder wel weten dat Lodewijk zelf zijn eisen als ononderhandelbaar beschouwde. Gelderland, Utrecht en Overijssel, die eigenlijk niets meer vertegenwoordigden omdat hun hele grondgebied bezet was, sloten zich bij Holland aan. Zeeland en Friesland stemden echter tegen, terwijl in Holland met name Amsterdam de voorkeur gaf aan voortzetting van de strijd. Irreëel kon men dat verzet ook nauwelijks noemen. De zogenaamde vredesvoorwaarden kwamen zo dicht bij totale onderwerping dat de Staten eigenlijk niets meer te verliezen hadden. Die Amsterdamse oppositie heeft er ongetwijfeld ook toe bijgedragen dat de Republiek niet tot capitulatie besloot. Maar van doorslaggevende betekenis was ditmaal de publieke opinie.

De Witt had nooit veel belangstelling getoond voor de openbare mening. Zijn aandacht ging enkel uit naar de raadkamers. Daar moesten de beslissingen vallen. Het kwam er dus op aan zoveel mogelijk regenten voor zich te winnen, en dan was de zaak beklonken. Voor het volk bleef geen andere taak over dan de bevelen op te volgen. Dat echter bleek in 1672 anders te gaan. Toen de ene jobstijding op de andere volgde tastte dat het vertrouwen van de gewone man zo sterk aan dat de bereidheid tot gehoorzamen begon te verdwijnen. Het verontrustte De Witt nog meer dan de vijandelijke opmars. Als gezag zijn vanzelfsprekendheid verliest heeft de overheid geen controle meer. Ze kan niet langer verzekerd zijn dat haar bevelen geëerbiedigd zullen worden, terwijl toch, naar De Witts eigen woord, executie de ziel is van alle resolutiën.[1] Het publiek legde de volle verantwoordelijkheid voor de ineenstorting van de defensie bij het regentenregime, in het bijzonder bij de raadpensionaris Johan de Witt. In de pamfletten regende het verwijten: nalatigheid, zorgeloosheid, baatzucht vooral; en het woord 'verraad' liet niet lang op zich wachten. Het was duidelijk dat deze regering niet meer in staat zou zijn de crisis het hoofd te bieden. De Witt zelf werd in juni het slachtoffer van een moordaanslag. De verwondingen bleken niet levensgevaarlijk, maar op zijn ziekbed moesten de teugels van het bewind hem wel ontglippen. De roep om Oranje werd onweerstaanbaar. Begin juli verhieven Holland en Zeeland de prins tot stadhouder van hun gewesten. Spoedig daarna werd zijn tijdelijke aanstelling als kapitein-generaal omgezet in een permanente.

Willem zag geen perspectief in voortzetting van de onderhandelingen. De volle nadruk kwam dus dadelijk te liggen op zijn militaire functie. Wel hield hij een zuiveringsactie onder de Hollandse regenten. Ongeveer honderddertig verdwenen van het toneel. Sommige aanhangers van het oude bewind bleven niettemin in functie. Willem was nu eenmaal weinig scrupuleus in de keuze van zijn medewerkers, en vroeg eerder naar bruikbaarheid dan naar politieke principes. Twee zouden niettemin beslist het veld moeten ruimen: de gebroeders Jan en Cornelis de Witt. De raadpensionaris heeft zelf zijn consequenties getrokken. Op 4 augustus vroeg hij ontslag. Cornelis de Witt werd gearresteerd op aanklacht medeplichtig te zijn geweest aan een samenzwering tegen het leven van de prins. De beschuldiging was uit de lucht geplukt en kon dan ook niet bewezen worden. Toch werd Cornelis van al zijn ambten vervallen verklaard en levenslang uit Holland verbannen. Hij vertoefde nog in de Haagse gevangenpoort, toen zijn broer hem op 20 augustus kwam bezoeken. Die dag is hun beiden fataal geworden. Het Haagse grauw drong de gevangenis binnen en bracht de gebroeders om het leven.

Deze dubbele moord is een dieptepunt in de Nederlandse geschiedenis. Het is een daad waar geen begrip of rechtvaardiging voor kan bestaan. Op die dag hebben allen die verantwoordelijkheid droegen gefaald en allen die aan de actie deelnamen hun menselijkheid prijsgegeven. Dat is geen oordeel achteraf, naar maatstaven die aan de eeuw zelf vreemd waren. Zeggen wij dat ieder in 1618 de executie van Oldenbarnevelt moest afkeuren, dan maken wij ons los van de tijd waarin ze plaatsvond. Spreken wij onze afschuw uit over het beleid van de VOC in de Molukken, dan laten wij morele overwegingen gelden die voor de bedrijvers van die daden geen betekenis hadden. Maar in 1672 was geen sprake van een tragisch misverstand, noch ook van als droeve noodzaak ervaren hardheid. De moord was een volstrekt onverdedigbaar misdrijf, met weerzinwekkende wreedheid uitgevoerd. Willem III droeg voor deze actie geen verantwoordelijkheid. Maar hij heeft zich evenmin moeite gegeven de daders te bestraffen. Dat was onder de gegeven omstandigheden te gevaarlijk, beweerde hij. Wel werden de voornaamste schuldigen met jaargelden beloond.

Verklaarbaar is de gebeurtenis wel, als we daarmee niet meer bedoelen te zeggen dan dat de motieven naspeurbaar zijn. De Republiek had in 1672 al vele oorlogen over zich heen zien gaan, maar geen enkele was ooit zo catastrofaal begonnen. Het was wel eens eerder gebeurd, dat vijandelijke legers diep op het grondgebied van de Republiek doordrongen. Dorpen en openliggende plaatsen waren dan hulpeloos aan hen uitgeleverd. Maar de weerstand van een vestingstad kon alleen in een langdurig beleg gebroken worden. Een land met veel ommuurde steden gold als militair zeer sterk. Het was een grootse prestatie als een veldheer in één jaar drie steden veroverde, zoals Frederik Hendrik gedaan had in 1632. Daarom was het verloop van de oorlog in 1672 eenvou-

Koning-stadhouder Willem III.

G. Kneller, ca. 1688. Paleis Het Loo, Apeldoorn, bruikleen Geschiedkundige Vereniging van het Huis Oranje Nassau. Foto: R. Mulder.

dig verbijsterend. Niet drie steden, maar drie hele provincies vielen de vijand in handen, in enkele weken tijds. Dat was zo ongelooflijk dat een andere verklaring dan verraad zich nauwelijks leek aan te bieden. De mensen voelden zich gekrenkt en vernederd in hun eigenwaarde en publieke trots. Ze wilden schuldigen vinden en vooral genadeloos bestraffen. Dat heeft Jan en Cornelis de Witt het leven gekost.

Achteraf gezien kunnen we zeggen dat de Republiek in augustus 1672 door het diepste dal heen was. De Fransen rukten niet verder op en de bisschop van Münster moest het beleg van Groningen staken. De nieuwe stadhouder heeft op deze ontwikkelingen geen invloed gehad. De Fransen lieten zich door hun eigen overwegingen leiden, en de strijd om Groningen stond op zichzelf. Toch kan men ook zeer wel aan het optreden van Willem III beslissende betekenis toeschrijven. Er is een onmiskenbare overeenkomst tussen de rol die deze Oranje speelde in de zomer van 1672 en het optreden van zijn overgrootvader honderd jaar eerder. Het bekende woord: men behoeft niet te hopen om iets te ondernemen noch te slagen om vol te houden, is aan beiden toegeschreven, en had door beiden gesproken kunnen zijn. De een zowel als de ander wist door zijn rotsvast vertrouwen het inspirerende leiderschap te belichamen dat ook anderen moed schonk hun krachten te blijven wijden aan een allerhachelijkste zaak. Willem III werd door enkele Hollandse steden energiek ondersteund, vooral door Amsterdam. Maar het is toch grotendeels zijn persoonlijke verantwoordelijkheid dat in de onderhandelingen met Frankrijk en Engeland het defaitisme geen kans kreeg.

In één opzicht bestond er tussen Willem III en Willem I een enorm verschil. De eerste Oranje had altijd de kunst verstaan mensen voor zich in te nemen. Willem III was van die gave verstoken. Ook als wij in rekening brengen dat de uitsluiting uit hoge ambten in de tijd van De Witt zijn karakter niet gunstig beïnvloed kan hebben, blijven het koele, het afstandelijke, het cynische toch de grondtrekken van zijn eigen aanleg. Sympathie dwingt hij niet af, wel respect. Meer nog dan Willem I slaagde hij er steeds in alle middelen te richten op het door hem gewenste doel. In 1672 was dat het winnen van de oorlog. In later jaren was het hem er altijd om begonnen een herhaling van 1672 te voorkomen. Dat bleef de sleutel van zijn hele beleid, in binnen- en buitenland.

Binnenslands had Willem III snel voldoende controle, met de krachtige steun van Caspar Fagel, de nieuwe raadpensionaris die zijn rechterhand zou worden. Niet minder belangrijk was het dat andere staten, beducht voor verdere Franse machtsontplooiing, zich gingen scharen aan de zijde van de Republiek. Brandenburg en de keizer mengden zich in de strijd, later gevolgd door Spanje en Lotharingen. In 1673 zouden deze vier zich aaneensluiten in de zogenaamde Quadruple Alliantie, maar reeds nu dwong hun optreden de Fransen een deel van hun leger buiten het grondgebied van de Verenigde Provinciën te brengen. Willem kreeg nu wat meer armslag en probeerde in de maand oktober Muiden en Woerden te heroveren. Dat mislukte nog, maar het was toch de eerste maal dat het initiatief tot nieuwe krijgshandelingen bij hem lag en niet bij de tegenpartij. In december waagde hij zich zelfs buiten Holland, in een vergeefse poging het Franse depot in Charleroi te veroveren. Die overmoedige daad had bijna fatale gevolgen. In december profiteerde de Franse maarschalk Luxembourg van de ingevallen vorst door over de bevroren waterlinie Holland binnen te trekken aan het hoofd van tienduizend man. Hij kwam tot Zwammerdam en besloot toen terug te keren omdat het weer was omgeslagen. De verwoestingen die zijn leger aanrichtte zijn vereeuwigd in het beroemd gebleven schoolboekje, *De Spiegel der Franse tirannie*.

Luxembourgs rooftocht bevestigde dat de Fransen alle troeven nog in handen hadden. Een groot deel van het land was bezet, zonder reële hoop op bevrijding. Sommigen stelden zich ook op een andere toekomst in; vooral in het oosten van de Nederlanden bestond een duidelijke bereidheid tot samenwerking met de bezettende macht. De ridderschap van Overijssel maakte zich los van de Unie van Utrecht, en stelde zich onder het gezag van de bisschop van Münster. Vanzelfsprekend kregen de katholieken overal vrijheid van eredienst, het meest ostentatief in de door Frankrijk bezette gebieden. In de Utrechtse dom werd nu de mis gelezen, andere kerkgebouwen in de stad mochten dienstdoen als opslagplaatsen van haver en hooi. En als de gereformeerden ’s zondags bijeenkwamen moesten de dominees voorbede doen voor de overheid volgens een nieuw formulier: wij bidden u voor de koning, onze soevereine heer; voor de koningin, de dauphin – de kroonprins – en het ganse koninklijke huis. Zegen de persoon des konings, geef hem getrouwe raad en een gehoorzaam volk. Beweeg zijn hart tot een goede vrede, opdat deze provincie aan het einde van de oorlog de vrucht van de vrede mag genieten.[2]

Welke vrucht of zegen Lodewijk verwachtte van onoprechte gebeden heeft de geschiedenis niet onthuld. Zeker is dat het noch hem noch zijn bondgenoten in 1673 goed is vergaan. Ter zee behield De Ruyter met zijn kleinere strijdmacht steeds de overhand over de gecombineerde Engelse en Franse vloten in de zeeslagen van Schoneveld en Kijkduin. In november weigerde het Engelse parlement nog langer geld beschikbaar te stellen voor de voortzetting van de oorlog. De formele vrede volgde in februari 1674. Münster en Keulen hielden het wat langer uit, maar met het verstrijken van de tijd kregen zij steeds meer te stellen met de nieuwe tegenstanders die de Republiek te hulp waren gekomen. Toen het bevoorradingscentrum Bonn door Willem was veroverd, besloten de Fransen hun stellingen tegenover de waterlinie te ontruimen. Op 13 november 1673 verlieten zij Utrecht. Drie dagen later stond Gijsbertus Voetius weer op de preekstoel in de Utrechtste domkerk. In april 1674 sloot ook Münster vrede door alle veroveringen af te staan. Keulen volgde een maand later. De Fransen trokken zich toen eveneens uit Gelderland en Overijssel terug. In juni waren enkel Grave en Maastricht nog in Frans bezit. Al het andere hadden de bezetters prijsgegeven.

De oorlog had nu een ander karakter aangenomen. Het voortbestaan van de Republiek stond niet langer op het spel. Maar de vraag wat dan wel de inzet was kon op twee manieren beantwoord worden. Voor Willem III werd het nieuwe oorlogsdoel het breken van de Franse hegemonie. Frankrijk voerde een agressief beleid, en het was militair zo sterk dat het in de eerste plaats voor zijn naburen maar ruimer gezien ook voor heel Europa een ernstige bedreiging vormde. Dat gevaar moest bezworen worden in het algemeen Europese en dus ook Nederlandse belang. Daarom voerde de prins de legersterkte op tot ongekende hoogte. In 1673 hield de Republiek honderdduizend man onder de wapenen. Minder kon het niet tegen een vijand als Frankrijk. Maar het was wel de vraag of de Verenigde Provincies daarmee niet boven hun macht grepen. Veel Hollandse regenten dachten dat zij het antwoord op die vraag wel kenden. Willems ideaal van een strijd om herstel van het Europese evenwicht sprak hen niet aan. Men kon de oorlog immers ook anders zien. Frankrijk stond tegenover Spanje en de keizer. Dat was de oude tegenstelling tussen Habsburg en Bourbon, die ook in de oorlog tegen Spanje had meegespeeld. Het verschil was alleen dat de Republiek nu aan de kant van de Habsburgers stond. Maar waarom zou zij gehouden zijn de Habsburgse belangen te verdedigen? Dan was het beter de goede afloop van de in 1672 begonnen oorlog met een vierde vredesverdrag te bekronen en dus zo spoedig mogelijk met de Fransen in onderhandeling te treden.

Voor beide standpunten was wel iets te zeggen. Op langere termijn was het gelijk aan de stadhouder. Zolang Lodewijk XIV op de Franse troon zat bleef van Frankrijk dreiging uitgaan, en geen koning in de Europese geschiedenis heeft zo lang geregeerd als deze Lodewijk. Op kortere termijn gezien was de keus voor vrede niet onverstandig. De Republiek was wel aan een adempauze toe en het kon de traditionele strijd tussen Habsburg en Bourbon best aan de betrokkenen overlaten. De veldslagen en belegeringen van de laatste vier oorlogsjaren, tot de vrede van Nijmegen in 1678, hebben in de Nederlandse geschiedenis dan ook altijd slechts een marginale plaats behouden. In een jaartallenlijst voor die periode springt een vreedzaam gebeuren eruit als het belangrijkste feit: het huwelijk van Willem III met Maria Stuart, de dochter van de Engelse troonopvolger Jacobus. Dat heeft consequenties gehad voor de Nederlandse, de Engelse en de Europese geschiedenis, meer dan die veldslagen bij Seneffe en Saint-Denis.

Een opmerkelijk oorlogsfeit is eigenlijk alleen de tocht van De Ruyter naar de Middellandse Zee, om de Spaanse bondgenoten te assisteren in hun strijd tegen de Fransen. Daar sneuvelde hij in de slag bij de Etna in april 1676. Zo stierf deze volbloed protestant in een oorlog die hem niets aanging, uitvloeisel van de eeuwenoude controverse tussen de katholieke huizen van Habsburg en Valois-Bourbon. Maar geheel in eigen stijl was zijn laatste grote daad: bij een bezoek aan de haven van Napels wist hij de vrijheid te bewerken van enkele Hongaarse predikanten die vanwege hun geloof tot de galeien veroordeeld waren. Met De Ruyter eindigde ook de eeuw van de grote vlootvoogden. Maar dat lag minder aan de kwaliteit van de Nederlandse zeeman dan aan de achteruitgang van de Republiek die hun dienst voor zich inriep. In de laatste decennia

Michiel de Ruyter wordt dodelijk gewond in de zeeslag bij de Etna.
Nicolaas Pieneman, ca. 1676. Collectie Amsterdams Historisch Museum.

van de zeventiende eeuw zou Engeland als zeemogendheid de Verenigde Provincies definitief voorbijstreven.

In 1678 kwam dan ten slotte ook de vrede met Frankrijk tot stand. Het was een glorieus slot van zes jaar oorlog. Wie de in Nijmegen overeengekomen voorwaarden vergelijkt met het aanbod van Lodewijk XIV kan zijn ogen nauwelijks geloven. Scheen in het rampjaar de totale ondergang van de Republiek onafwendbaar, in 1678 konden de Verenigde Provincies vrede sluiten zonder één vierkante meter grond af te staan. Maastricht, de enige vesting die de Fransen nog bezet hielden, kwam met het einde van de oorlog weer in Staatse handen. Frankrijk stond de Republiek zelfs een economische concessie toe. Het stemde in met de afschaffing van de in 1667 vastgestelde in- en uitvoerrechten, die voor de Nederlandse handel zo nadelig geweest waren. Een schaduwzijde had de vrede echter wel. Lodewijk had niet toegegeven omdat hij het moest, maar omdat hij het wilde. Zijn hoofddoel was de bondgenoten tegen elkaar uit te spelen, zodat hij het met één vijand minder te stellen zou hebben. In die opzet is hij geslaagd. De voorwaarden die hij de Hollanders bood waren zo gunstig dat de Hollandse regenten de verleiding niet hebben kunnen weerstaan. Slechte zaken hebben ze er in Nijmegen niet mee gedaan. Maar Willem III had wel voortdurend gewaarschuwd: laten wij nu onze geallieerden in de steek, dan zal dat ernstig afbreuk doen aan onze reputatie. Dat is inderdaad de prijs geweest die de Zeven Provincies voor hun schitterende vrede hebben moeten betalen. Hun betrouwbaarheid als bondgenoot had flinke schade opgelopen.

De regering van de Republiek ten tijde van Willem III

Willem III heeft in 1672 zijn roeping gevonden. Hij heeft na die veelbewogen start van zijn stadhouderschap nog dertig jaar geleefd, en al die dertig jaar zijn beste krachten gegeven aan dat ene grote doel: voorkomen dat Frankrijk de opperheerschappij in Europa zou verwerven. In die eerste oorlog tegen Lodewijk XIV was het hem gelukt de anti-Nederlandse coalitie te breken. De Republiek had op haar beurt een anti-Franse coalitie samen kunnen smeden. De Verenigde Provincies vormden van dat bondgenootschap de kern. Op hen zou Willem vast moeten kunnen rekenen. Daartoe was het nodig dat hij zijn greep op het bestuur versterkte. Aan de macht gekomen in een tijd van crisis, bood het lot hem kansen die hij gretig heeft benut. De raadpensionaris van Holland had in de praktijk altijd gefungeerd als minister van Buitenlandse Zaken. Het wegvallen van De Witt schiep een vacuüm dat Willem onmiddellijk heeft gevuld. Hij nam de controle op het buitenlandse beleid over. Naast de gewone dienst ontstond een netwerk van persoonlijke vertrouwelingen, goeddeels buitenstaanders met zwakke formele status, die de lopende zaken overlieten aan de officiële ambassadeurs en gezanten, maar die alles wat wezenlijk belang had regelden naar de aanwijzingen van de stadhouder.

Het was een systeem dat wrevel en frustraties opriep bij de velen die buitenspel geraakt waren. Niettemin was de keus voor zo'n eigen netwerk in 1672 zeer begrijpelijk en in de gegeven omstandigheden rationeel. Willem kwam immers aan de macht als een volslagen outsider. De officiële netwerken werden beheerst door zijn politieke tegenstanders. Toen de stadhouder de politieke en militaire leider van de Republiek was geworden maakte hij die wel aan zichzelf ondergeschikt, maar werkelijk vertrouwen schonk hij alleen aan de mannen die hij zelf had uitgekozen. Het hoogst in zijn gunst stond de Gelderse edelman Hans Willem Bentinck, die al tot Willems kleine Haagse hofhouding had behoord in die bittere jaren van Johan de Witt. Bentinck werd zijn linkerhand in de schimmige wereld van de officieuze betrekkingen. Maar de stadhouder had ook een rechterhand nodig, een hooggeplaatst medewerker die beschikte over eigen ambtelijk gezag dat het respect kon afdwingen van de meest eerbare Hollandse regent. Ook die heeft hij gevonden, in de persoon van de raadpensionaris Caspar Fagel. Het was een opmerkelijk succes. Stadhouder en raadpensionaris vervulden beiden zulke zwaarwegende ambten dat twee sterke persoonlijkheden naast elkaar zich gewoonlijk niet verdroegen. Een energieke stadhouder als Frederik Hendrik, die politiek zowel als militair de leiding in handen wilde houden, had meestal zwakke pensionarissen aan zijn zijde. Willem heeft twee krachtige figuren naast zich gehad, eerst Fagel, later Heinsius. Het pleit voor zijn leidersgaven dat hij de een zowel als de ander aan zich heeft kunnen binden.

Fagel is voor Willem onmisbaar geweest omdat Holland onmisbaar was. De zeven provinciën van de Republiek hadden in de Staten-Generaal allemaal één stem, maar waren niettemin zeer ongelijk in waarde. De Republiek was alleen goed bestuurbaar wanneer Hollands belang in de Staten-Generaal vooropstond. Zolang Holland door de meerderheid werd gesteund, was doeltreffend beleid mogelijk. Stond het aan de kant van de minderheid, dan werd de besluitvorming geblokkeerd. De grote crises in de geschiedenis van de Republiek hebben zich altijd dan voorgedaan wanneer Holland als eenling stond tegenover de andere zes, en de stadhouder zich tegen Holland keerde. Dat had Maurits gedaan in 1618, en Willem II in 1650. Van Willem III zouden we eigenlijk hetzelfde verwachten. Vanaf zijn vroege jeugd had hij geweten dat het de Hollanders waren die hem niet wilden toelaten tot de waardigheden waarop hij recht meende te hebben. In 1672 hadden de Hollandse regenten zich met grote tegenzin herstel van het stadhouderschap laten afdwingen. Wat scheen logischer dan dat Willem zich nu zou revancheren? Aan sympathie voor de Hollandse regentenstand heeft hij zich zeker ook niet bezondigd. Maar wel heeft hij zich van meet af aan een volleerd politiek realist getoond. Hij zag in dat de steun van Holland absoluut vereist was voor een krachtig beleid. Dus nam hij maatregelen om zich van die steun te verzekeren en deed geen stap voorwaarts voordat hij de Staten van Holland achter zich wist.

Fagel was de man die daarvoor kon zorgen. Fagel bezat precies de eigenschappen die een politicus in de collegiale bestuursvorm van de Republiek het beste deden slagen. Hij wist wat hij wilde, zodat hij steeds een duidelijke koers te wijzen had. En hij was minzaam in de omgang, zodat het hem gemakkelijker viel anderen voor zijn standpunt te winnen. De gebruikelijke procedure bij de besluitvorming was deze, dat de stadhouder en de pensionaris zich eerst richtten tot de Staten van Holland. Zolang de oorlog duurde kozen ze daarvoor gewoonlijk het zogenoemde Secreet Besogne, de besloten commissie uit de Statenvergadering die tot strikte geheimhouding verplicht was. Dat werkte in Holland goed, omdat Willem blijvende controle had over de stadsbesturen. Als stadhouder bezat hij de bevoegdheid burgemeesters en schepenen te benoemen uit hem voorgelegde dubbeltallen. Willem heeft gewoekerd met de kansen die dit recht hem bood, en zo de Staten van Holland gevuld met zijn creaturen. De Hollandse fase van de besluitvorming verliep dan ook meestal voorspoedig, al was één ernstige hinderpaal overgebleven: Amsterdam koos zijn eigen burgemeesters. Die stad bepaalde dan ook zelf haar koers, en zou Willem vooral in de jaren tachtig nog veel last bezorgen.

Was Holland eenmaal op de goede lijn gebracht, dan kwam de zaak in de Staten-Generaal. Ging het dan om kwesties die bij meerderheid van stemmen beslist konden worden, dan was de stadhouder praktisch altijd verzekerd van een goede uitslag. De provincies Gelderland, Utrecht en Overijssel hadden tijdens de Franse bezetting geen vertegenwoordigers naar Den Haag kunnen zenden. In 1674 trokken de Fransen weg en konden de afgevaardigden van de drie gewesten terugkeren. De Hollanders wilden daar echter niet zonder meer in meegaan. Zij vonden dat deze provincies zelf verantwoordelijk geweest waren voor hun ongeluk. Ze mochten zich nu wel weer onder de bescherming van de Staten-Generaal stellen, maar dan als veroverd gebied, niet langer als stemhebbende provincies. Willem en Fagel wisten dat te voorkomen. De drie herwonnen gewesten kregen weer zitting in de Staten-Generaal, maar ze moesten er wel een stevige prijs voor betalen. Elk van deze provincies kwam tot de stadhouder in een nieuwe verhouding te staan. In zogenaamde regeringsreglementen werd vastgelegd dat de stadhouder volledige controle zou hebben over de bezetting van alle besturende colleges. Daardoor had Willem deze provincies volledig in de hand, en beschikte hij in de Staten-Generaal vast over hun drie stemmen. En aangezien in Zeeland de Oranjes vanouds al een sterke positie hadden, bleven slechts Friesland en Stad en Lande als dubieuze factoren over. De werkwijze van de Staten-Generaal was ongeveer dezelfde als de in Holland gevolgde. Reeds ten tijde van De Witt had het zwaartepunt van de besluitvorming zich verschoven van de voltallige vergadering naar de voorbereidende commissies. Daar zaten de mensen die de werkelijke besluiten namen en de inhoudelijke discussie voerden. De officiële vergadering had dan geen andere taak meer dan tot formele goedkeuring te besluiten.

Die laatste fase werd in Willems tijd overigens niet zelden geschrapt. Ook de Staten-Generaal hadden natuurlijk altijd hun secrete commissies gekend. Zij konden die instellen zo dikwijls als de nood het vroeg. In 1672 echter was die nood zo hoog gestegen dat er een nieuwe algemene regeling tot stand kwam: elke commissie kon zelf beslissen of de haar toevertrouwde zaken secrete behandeling vereisten. En aangezien Fagel als raadpensionaris vast lid was van alle commissies, was er altijd wel iemand beschikbaar die zo'n voorstel deed als Willem het wenste. Tijdens de oorlog van 1672-1678 werden aldus steeds meer zaken in feite aan de Staten-Generaal onttrokken. Meer dan zijn voorgangers benaderde Willem III de positie van een monarch. Werkelijkheid is het nooit geworden. Gelderland heeft zijn stadhouder in 1675 de waardigheid van hertog aangeboden. In dat van Willem volkomen afhankelijke gewest ging die daad natuurlijk op zijn eigen inspiratie terug. Het bleek een misrekening. Niet alleen de regenten, ook de publieke opinie keerde zich tegen hem. De prins moest erin berusten dat hij in de Republiek nooit een hogere waardigheid zou kunnen verwerven dan die van stadhouder.

Had hij echter de wens gekoesterd de formele structuur van de Republiek ingrijpend te veranderen, dan had niemand ooit een betere kans van slagen gehad dan hij. De stadhouder kende uit ervaring de gebreken van de staatsinrichting en had invloed genoeg om gehoor te vinden als hij constructieve voorstellen tot verbetering had willen uitwerken. Het lag buiten zijn gezichtsveld. Hij wilde in elke gegeven situatie zijn doel bereiken, en om dat te vergemakkelijken paste hij de structuren aan, soms drastisch, zodat de bestaande regelingen feitelijk ontkracht werden, maar nooit formeel. Hij was tevreden als hij met het systeem kon werken. De wetten en de regels interesseerden hem niet. Het was hem genoeg als hij de mensen had die ondanks alle officiële belemmeringen vlot en vaardig de opgedragen taken volbrachten. De wijze waarop hoefde bepaald niet smetteloos te zijn. Het mag wel geen toeval heten dat de archieven van Willem en van Fagel zo veel leemten bevatten. Menige brief werd na de lectuur zekerheidshalve direct geofferd aan het vuur.

Zo maakte Willem kuiperij tot een systeem. Maar was er een alternatief? Zelfs de onkreukbare De Witt had beleid gevoerd als een intrigant. Willem nam de mensen zoals hij hen vond. De Verenigde Provincies werden bestuurd door een zelfvoldane aristocratie die meer en meer de kenmerken van een oligarchie begon aan te nemen. Zij beschouwde de regeermacht als haar onvervreemdbaar privé-bezit. Willem III had in de eerste weken van zijn stadhouderschap enkele tientallen regenten aan de kant geschoven, in de mening dat hij op hen geen staat kon maken. Dat was revolutionair recht en de onderliggende partij had geen ongelijk als ze de rechtmatigheid van de procedures betwistte. Evenzeer stond het haar vrij Willems daad om politieke redenen schadelijk te achten voor het land. Maar de Rotterdamse regent Vroesen voerde noch het ene noch het andere bezwaar aan, toen hij zich beklaagde over zijn voortijdig ontslag. Hij noemde het roof dat hem zijn ambt was ontnomen, alsof het ging om geld of goed.

Zo was het ook. Ambten maakten deel uit van wat men tegenwoordig het sociale vermogen pleegt te noemen. Ze lieten zich vertalen in voorspraak en invloed, ten faveure van de bezitter met al zijn vrienden en verwanten. Toen Joan Huydecoper in 1673 burgemeester van Amsterdam werd, duurde het niet lang of de ene beschermeling werd aangesteld als makelaar, de andere benoemd tot suppoost, de derde tot vaandrig. Zijn schoonmoeder zag haar aanslag in de belasting flink verlaagd, zijn nicht kreeg de geheime informatie doorgespeeld hoe zij bepaalde aandelen voordelig kon verkopen. Dat alles lag binnen het bereik van mannen met groot sociaal vermogen, en Huydecoper hield er dan ook een hele administratie van bij: wie had hij geholpen en waarmee, en welke wederdiensten waren hem bewezen?[3] In deze sfeer gedijde het contract van correspondentie. Die ontwikkeling was even logisch als onvermijdelijk, want natuurlijk moest het een regent veel waard zijn zich in het ongestoorde bezit van al die rijkdom te mogen weten. Maar de bestuurskracht zou er niet groter van worden. Slechts een sterke hand kon goed beleid afdwingen aan dit gezelschap van broodetende profeten.

Internationale politiek

Willem III hield zichzelf voor een man die de vrede liefhad. Als het aan mij lag, zei hij eens tegen de Franse diplomaat Rébenac, dan zou het altijd vrede blijven. Rébenac gaf hem een naar de Franse maatstaven van die tijd allerhoffelijkst antwoord: wij Fransen slaan uw verdienste te hoog aan om te kunnen geloven dat u zo'n hartstocht zou hebben voor de rust. Beiden hadden ongelijk. De Fransman taxeerde Willem verkeerd als hij meende dat de stadhouder uit roemzucht de strijd zou zoeken. Maar oorlog wenste Willem zonder twijfel. Het gevaar van de universele Franse supermonarchie was volstrekt nog niet geweken. Nijmegen zag hij als een wapenstilstand. De Franse expansie ging in volle vredestijd ook onverminderd verder. Onder schijn van recht werd eeuwenoud Duits gebied bij Frankrijk ingelijfd, met als hoogtepunt de annexatie van Straatsburg in 1681. Wie de internationale toestand tot maatstaf nam moest erkennen dat de noodzaak van contrageweld nog even groot was als in 1672.

Veel Hollandse regenten echter wilden het liever anders zien, in het bijzonder de Amsterdammers. Al waren ook zij in hun hart niet overtuigd van Lodewijks goede bedoelingen, zij beschouwden de vrede als een goed uitgangspunt om de relatie met Frankrijk te verbeteren. Het is in deze jaren alsof Amsterdam een eigen buitenlandse politiek voert, met de Franse ambassadeur D'Avaux als extern adviseur. Het was geen wonder dat de Franse regering uitstekend geïnformeerd bleek over het politiek gebeuren in de Republiek. In 1681 voerde Fagel geheime besprekingen met de Zweedse gezant over een nieuw verdrag. Slechts enkele ingewijden waren op de hoogte. Toen de zaak rijp leek, schakelde Fagel het Secreet Besogne van de Staten van Holland in. Eén dag later bracht D'Avaux het nieuws over aan zijn regering.

Zo bleken ook de discreetste middelen niet meer te werken. Het probleem van de geheimhouding heeft in de Republiek altijd zwaar gewogen. Maar dat Willem in deze jaren de Amsterdamse weerstand niet kon breken was geen gevolg van het gebrek aan secretesse. Eerder kan men spreken van een ernstige taxatiefout. Zoals een meerderheid in de Staten-Generaal weinig waard was tegen Holland in, zo had controle over de Hollandse Staten een zeer beperkte waarde als Amsterdam niet meeging. De Amsterdammers konden niet bepalen wat er in Den Haag moest gebeuren. Ze waren echter wel in staat alles te beletten wat hun niet aangenaam was, ook zonder steun in binnen- of buitenland. In dit geval konden zij ook rekenen op sympathie, zelfs als openlijke adhesie uitbleef. Willems ongegeneerde regeermethoden wekten wrevel op bij de regentenaristocratie, die zich achtergesteld voelde bij Willems creaturen en favorieten. De collegiale bestuursvorm leek alleen nog in naam te bestaan. Tijdens de oorlog tegen Frankrijk was Willems positie zo sterk geworden, dat zijn stelsel ook in vredestijd standhield. Maar zonder de rechtvaardiging van militaire noodzaak bleef Willems achilleshiel ongedekt: de verhouding tot Amsterdam. Het lukte hem niet tegen de wens van die stad in de wapens nogmaals op te vatten.

Willem heeft die les ter harte genomen. Niet met gratie, want een goed verliezer is hij nooit geweest. De Amsterdamse burgemeesters die hem gedwarsboomd hadden heeft hij niet willen vergeven. Er zijn bovendien ook later nog wel eens conflicten met die stad geweest. Doch na 1684 heeft hij niet meer geprobeerd een belangrijk initiatief te ontplooien zonder zich eerst van Amsterdams medewerking te hebben verzekerd. Dat is althans wat wij kunnen constateren. Het is mogelijk die beleidswijziging toe te schrijven aan beter inzicht en gerijpter oordeel. Het is echter evenmin uitgesloten dat geluk een zeker zo grote rol gespeeld heeft als toegenomen staatsmanswijsheid. We spreken dan van geluk, omdat het factoren betrof die Willem zelf niet kon bewerken of beïnvloeden: de ingrijpende wijzigingen die zich in 1685 in de Europese constellatie hebben voltrokken.

De eerste grote verandering voltrok zich in februari 1685 met de troonsbestijging van Jacobus II in Engeland. De familiebetrekkingen tussen Willem en het Engelse vorstenhuis waren daarmee nauwer geworden, want de nieuwe koning was immers sinds 1677 zijn schoonvader. Maar dat woog niet op tegen het verontrustende feit dat hij de katholieke religie was toegedaan. Zijn voorganger Karel had eveneens altijd heimelijk met de oude kerk gesympathiseerd, en was in 1672 Lodewijks bondgenoot geweest. Zolang hij leefde kon echter de hoop bestaan dat Engeland ooit nog eens te winnen zou zijn voor een anti-Franse coalitie. Die verwachting leek met de komst van een voluit katholieke koning definitief ontkracht.

De tweede grote gebeurtenis voltrok zich in de maand oktober van datzelfde jaar 1685. Reeds lange tijd was duidelijk dat Lodewijk XIV de protestantse minderheid zijn gunst onttrok. Haar rechten en vrijheden werden meer en meer ingeperkt en tal van kerkgebouwen gesloten of zelfs met de grond gelijkgemaakt. Reeds vanaf 1682 kwam het voor dat bekeringen werden afgedwongen door middel van inkwartiering, de zogenaamde dragonnades. Zo slonken de protestantse gelederen in snel tempo, tot Lodewijk in oktober met voldoening constateerde dat de minderheid nu zo klein geworden was dat ze geen aanspraak meer kon maken op bijzondere bescherming. De in 1598 bij het edict van Nantes verleende godsdienstvrijheid werd herroepen. De Franse natie zou voortaan even katholiek zijn als haar koning.

De Nederlanders hadden deze ontwikkelingen een tijdlang alleen vanuit de verte gadegeslagen, met groeiende verontwaardiging. Toen de Franse koning in 1681 bekend liet maken dat kinderen van zeven jaar tegen de wil van hun ouders mochten overgaan naar de katholieke kerk, wekte dat hier te lande zo'n afgrijzen, dat volgens D'Avaux zelfs geen Amsterdammer zich nog Fransgezind durfde te noemen, uit vrees dat de menigte hem anders aan stukken zou scheuren.[4] Spoedig konden zij ook uit de eerste hand vernemen wat zich alles daarginds afspeelde. Ofschoon het de protestanten streng verboden was Frankrijk te verlaten, trokken ze bij duizenden de grens over. Hoeveel van deze vluchtelingen zich in de Republiek hebben gevestigd laat zich slechts schatten. Voorzichtige beoordelaars spreken van 35.000. Dat betekende dan toch nog altijd een plotselinge bevolkingsgroei van 2 procent, en het oogde meer, omdat velen zich gevestigd hebben in de Hollandse steden. Snel genoeg hebben ze te maken gekregen met alle moeiten en vooroordelen die het vaste deel zijn van de immigrant, maar hun verhaal over de barbaarse vervolgingen kreeg algemene aandacht en wekte ook het mededogen van de Nederlandse katholieken op. In december 1685 vonden in hun kerken collectes plaats voor de slachtoffers van de geloofsvervolging in Frankrijk.

De publieke opinie in de Verenigde Nederlanden was met haar oordeel klaar. Willem heeft daar meer moeite mee gehad, althans voorzover het Frankrijk betrof. Hij was zelf een protestant van uitgesproken calvinistische signatuur. Maar hij wilde geen protestantse kruistocht tegen Frankrijk prediken. Integendeel, hij zag in de herroeping van het edict van Nantes een poging, verdeeldheid te zaaien tussen de katholieke en de protestantse mogendheden van Europa. Dan zou het voor hem lastiger kunnen worden bondgenootschappen aan te gaan met katholieke vorsten als de Duitse keizer en de koning van Spanje. Daarin bleek hij zich echter vergist te hebben. De Engelse troonswisseling en de Franse herroeping maakten de vrees voor een universele monarchie algemeen, ook bij de katholieken en zelfs bij de paus. Zonder enige inspanning zijnerzijds kon Willem nu gewilliger oren vinden voor plannen tot een anti-Franse coalitie.

Het was echter Engeland dat zijn hoofdaandacht opeiste. De ontevredenheid onder de Engelse protestanten groeide snel en deed hen het ergste voor de toekomst vrezen. Willem had altijd al voeling gehouden met de oppositie en vanzelfsprekend namen die contacten toe in intensiteit, nu Willem als naaste protestantse bloedverwant van de koning de natuurlijke bondgenoot leek te zijn voor allen die een alternatief begeerden voor Jacobus' katholieke heerschappij. Dan kon eindelijk een reëel vooruitzicht rijzen op Engelse steun in geval van een oorlog tegen

Frankrijk. Dat was de Engelse kant van Willems probleem. Maar het vraagstuk had ook een Nederlandse kant. Pogingen tot nieuwe coalitievorming waren altijd afgestuit op het verzet van Amsterdam. Zou die stad in de gewijzigde omstandigheden wel tot medewerking bereid zijn? De zorg over de toekomst van het Europese protestantisme leefde zonder twijfel ook in Amsterdam. Daarmee viel een oorlog te rechtvaardigen, maar het hoefde nog geen reden te zijn die ook daadwerkelijk te verklaren. Geen regering neemt spoedig de wapens op om onrecht te wreken dat anderen wordt aangedaan. Een katholieke koning in Westminster was onaangenaam, en de gedwongen bekering van Franse hugenoten mocht gerust een schande heten. Maar de kernvraag was toch of Amsterdam zich daardoor bedreigd zou moeten voelen.

Het is Willems geluk geweest dat zijn grote tegenstander Lodewijk XIV hem te hulp is gekomen. De vrede van Nijmegen had niet alleen een einde gemaakt aan de gewapende strijd die in de Zuidelijke Nederlanden gevoerd werd. Ze had ook het einde gebracht van de tarievenoorlog die Frankrijk al in de jaren zestig tegen de Noordelijke Nederlanden had ontketend. De opheffing van die anti-Nederlandse maatregelen was voor de Hollandse kooplieden het doorslaggevende motief geweest om het vredesverdrag van 1678 met instemming te begroeten, vooral in Amsterdam. In de zomer van 1687 heropenden de Fransen echter de aanval op de Nederlandse handel. Lodewijk keerde terug naar de tarieven van 1667 en maakte daarmee in feite de vrede van Nijmegen ongedaan. Hollandse haring en Hollands textiel mochten op de Franse markten niet langer worden aangeboden. Het was die hervatting van de economische oorlog die Amsterdam over zijn aarzeling heen hielp om ook de feitelijke krijgshandelingen weer op te nemen. Toen Willem dan ook in de zomer van 1688 geheime besprekingen begon met de burgemeesters van die stad, waren die althans bereid hem de ruimte te bieden. Toen hij vervolgens in september ook de Staten van Holland en de Staten-Generaal opening van zaken gaf, bleken die met Willem bereid een overtocht naar Engeland te wagen.

Zij namen daarmee een haast ongehoord risico. Als een landingsvloot naar Engeland afvoer, zou het zeker geen vrede blijven op het continent. Frankrijk zou dan ongetwijfeld de aanval inzetten, terwijl het beste deel van het Staatse leger buitenslands was. En op de transportvloot moest men dan twintigduizend soldaten en vijfduizend paarden toevertrouwen aan de gunst van weer en wind, precies wanneer het seizoen van de najaarsstormen begon. Niet elke generaal zou het gewaagd hebben, en toen de hele maand oktober verstreek zonder dat de vloot kon uitvaren moet Willems stemming ook wel eens onder het nulpunt zijn gedaald. Maar de afloop was boven verwachting. Begin november draaide de wind naar oost, de protestantse wind, zoals Willems vrienden zeiden. Zonder schade of verlies kwam de vloot in Engeland aan. Daar heeft het leger geen tegenstand ondervonden. Jacobus had geen antwoord en nam de vlucht. Zo kwam de omwenteling zonder bloedvergieten tot stand, en werd beleefd als een zo roemrijk gebeuren dat ze voor altijd verbonden bleef met de betiteling 'Glorious Revolution'. In februari 1689 werden Willem en zijn echtgenote Maria gezamenlijk tot koning en koningin van Engeland gekroond. De vriend en geloofsgenoot van Lodewijk XIV was vervangen door zijn bitterste tegenstander.

De Negenjarige Oorlog

Het Franse leger was toen al enige tijd in actie. De keurvorst van de Palts was in 1685 overleden, zonder directe mannelijke erfgenaam. Zijn land viel toe aan de verwante zijtak Palts-Neuburg. Dat zou geen feit van Europese betekenis zijn geweest, als Lodewijk niet nogmaals met een eigen privé-uitleg van het erfopvolgingsrecht naar voren was getreden. Zijn broer was in een tweede echt getreden, met een zuster van de overledene. Dus maakte de koning aanspraak op een deel van de erfenis. Om die eis kracht bij te zetten vielen zijn soldaten moordend en brandend de Palts binnen, tot woede en wanhoop van de schoonzuster wier rechten hij beweerde te verdedigen. Het was het begin van een algemene Europese oorlog die in onze geschiedenis bekendstaat als de Negenjarige Oorlog. Spanje, de keizer, Engeland, de Republiek, Savoye, Brandenburg en nog enkele Duitse vorstendommen bonden gezamenlijk de strijd met Frankrijk aan.

Het scheen de verwezenlijking van Willems dromen. Nu hij koning van Engeland was geworden had hij dan eindelijk de grote coalitie tot stand kunnen brengen die alle grote mogendheden van Europa tegen

De slag aan de Boyne in 1690.
Th. Maas en E. Cooper. Stichting Atlas van Stolk, Rotterdam.

Frankrijk in het geweer bracht. De oorlog bevestigde Willems gelijk: Frankrijk bleek eens te meer een zo geduchte vijand dat het die hele menigte van tegenstanders partij kon geven. Voor een niet onbelangrijk deel was dat echter ook gevolg van de wijze waarop de bondgenoten zich kweten van hun plicht. Spanje en de keizer toonden weinig inzet en hadden een afspraak met Frankrijk gemaakt dat zij in Italië de neutraliteit zouden handhaven. Daardoor werd de strijd voornamelijk uitgevochten in de Zuidelijke Nederlanden, waar de beide zeemogendheden de zwaarste lasten te dragen kregen. Het was niet eens verwonderlijk dat de Fransen lange tijd het overwicht behielden. Vreemder is dat de verenigde Engelse en Nederlandse vloten aanvankelijk ook al niet in staat waren de Franse macht te breken. Dat zou pas lukken in 1692. Toen werd de Franse vloot bij La Hogue dan ook vernietigd. Maar ook voor de Nederlandse marine was de grote tijd voorbij. Ze zou nooit meer op voet van gelijkheid kunnen strijden met de Engelse. Na de dood van admiraal Cornelis Tromp in 1691 was geen opvolger benoemd. De leiding van de gehele geallieerde zeemacht berustte bij een Engelsman.

Willem zelf heeft het eerste oorlogsjaar voornamelijk in Ierland doorgebracht, vanwaaruit zijn schoonvader Jacobus poogde zich een weg te banen naar zijn verloren troon. Hier bracht de slag aan de Boyne in 1690 de beslissing. Jacobus zag zich genoodzaakt nogmaals naar Frankrijk uit te wijken, en de Britse kronen gingen eens en voorgoed verloren voor het huis Stuart. Zo had deze veldslag gevolgen op lange termijn: de dynastie bleef protestant, en de rekatholisering van Engeland was voor altijd van de baan. In Ulster is de slag aan de Boyne tot op heden een gedenkdag gebleven, en tot eer van Willem III tooien de Ierse protestanten zich nog altijd met de oranjenaam. Willems reputatie als kampioen van het protestantisme is begrijpelijk inzover als hij altijd de grote tegenstander is geweest van het zo fanatiek katholieke Frankrijk, en natuurlijk ook omdat hij een verschuiving ten gunste van de katholieken in Engeland heeft verhinderd. Maar dat mag ons niet doen vergeten dat ook zijn belangrijkste bondgenoten katholiek waren, terwijl zijn calvinistische oom Frederik Wilhelm van Brandenburg uit wrok over de vrede van Nijmegen zich een tijdlang van alle anti-Franse allianties afzijdig heeft gehouden. Ondanks de herroeping van het edict van Nantes, ondanks Jacobus' overgang naar de katholieke kerk, was toch de eeuw van de godsdienstoorlogen definitief voorbij. Maurits had Spanje bestreden omdat hij in de Spaanse macht de belichaming zag van het streven naar een katholiek Europa. Willem III streed tegen een dreigende Franse hegemonie, samen met katholieke mogendheden die voor hetzelfde gevaar beducht waren als hij.

Het neemt niet weg dat Willem zelf een overtuigd protestant was, nader bepaald een calvinist die binnen de gereformeerde kerk sympathiseerde met de voetianen. Maar dat verhinderde hem niet binnenslands eenzelfde tolerantie na te streven als voor de meeste van zijn voorgangers in het stadhouderschap richtinggevend was geweest. Binnen de kerk hield hij waar nodig de coccejanen de hand boven het hoofd, buiten de kerk gaf hij ruimte aan katholieken, aan doopsgezinden en ook aan joden. Verdraagzaamheid is een hoofdpunt in Willems beleid geweest, aan beide kanten van de Noordzee. Politiek gezien was het een verstandige keus, althans in de Nederlanden. Ze vond instemming bij de vrienden van de ware vrijheid, die merkten dat het oranjebewind in godsdienstzaken niet wezenlijk anders opereerde dan de statenpartij had gedaan. Dat nam de scherpte van de partijstrijd weg, al zou Willems kinderloos overlijden in 1702 beletten dat zijn huis bij die verzoening baat vond.

Willem was na zijn troonsbestijging weinig meer in de Republiek te vinden. Een belemmering voor goed bestuur zoals hij dat zelf zag hoefde dat echter niet te zijn. In de loop der jaren had hij een systeem opgebouwd dat zich uitstekend leende voor afstandsbediening. Zo had hij immers ook moeten werken tijdens de oorlog van 1672-1678, toen hij gewoonlijk vanuit het legerkamp zijn directieven gaf. In dat opzicht veranderde er dus weinig, alleen werden Willems bezoeken aan Den Haag nog zeldzamer. Zolang de nieuw begonnen oorlog duurde, dus tot de vrede van Rijswijk in 1697, vertoefde Willem dikwijls bij het leger en de rest van de tijd was hij meestal in Engeland. Hij moest daarom zoals vroeger regeren met de hulp van zijn vertrouwden.

Dat waren altijd vooral Bentinck en Fagel geweest. Bentinck ging mee naar Engeland en zou spoedig graaf van Portland gaan heten. Fagel nam afscheid toen de expeditie vertrok. Hij heeft Willem nooit weergezien. In december 1688 stierf de raadpensionaris na ruim zestienjarige dienst. Hij leek moeilijk te vervangen, maar Willem had al een opvolger op het oog: de Delftse stadspensionaris Anthonie Heinsius. Het bleek een buitengewoon gelukkige greep. De op het eerste gezicht wat schuchtere, zachtaardige man wist door zijn vriendelijkheid mensen voor zich te winnen, en bezat genoeg vasthoudendheid om zijn standpunten en die van de stadhouder te kunnen doorzetten. Hun beider opvattingen stemden ook in hoge mate overeen. Buitenlandse politiek had het primaat in hun denken, en buitenlandse politiek moest gericht zijn tegen Frankrijk. Aanvankelijk ontbrak het Heinsius nog wel eens aan zelfvertrouwen. Toen hij zich beter ingewerkt had groeide hij uit tot vice-regent onder Willem III. De meesten van diens oude vertrouwelingen waren hem naar Engeland gevolgd en droegen nu Britse adellijke titels. Met het bestuur in de Republiek hadden ze weinig bemoeienis meer. Heinsius was daarom in het laatste decennium van de zeventiende eeuw in feite reeds wat hij na de dood van de stadhouder zou blijven, de eerste man op Nederlandse bodem.

De oorlog bracht Willem weinig succes. Het Franse leger toonde zich ook nu meer dan opgewassen tegen zijn taak. Alle veldslagen gingen verloren voor de verbonden mogendheden. De roep om vrede klonk steeds luider, tenminste in Engeland en de Nederlanden. De eerste onderhandelingen begonnen al in 1693. Twee jaar later werden ze hervat, opnieuw afgebroken, en toen nogmaals gestart in 1696, met uiteindelijk succes: de vrede van Rijswijk in 1697. Hij deed weinig afbreuk aan Frankrijks macht. Alleen Luxemburg kwam weer aan Spanje, maar overigens werden de vooroorlogse verhoudingen hersteld. Wel moest Lodewijk bevestigen dat hij geen aanspraak maakte op de Zuidelijke Nederlanden, en zag hij zich tevens genoodzaakt Willem III te erkennen als koning van Engeland. De Republiek kon zichzelf als de grootste winnaar beschouwen. Zij kreeg het recht garnizoen te leggen in een aantal vestingsteden langs de Franse grens, de zogenaamde barrière. Dat schonk de Nederlanders een gevoel van veiligheid, dat toen het erop aankwam misplaatst zou blijken. Maar daarmee overschrijden we de grenzen van de zeventiende eeuw.

Die neiging om in de toekomst te kijken hadden ook de confererende partijen in Rijswijk. Europa leefde namelijk al jaren in spanning, en zou die niet opgelost worden, dan stond zonder twijfel een nieuwe oorlog voor de deur. De Spaanse koning Karel II genoot een zwakke gezondheid. Zijn overlijden kon elk ogenblik worden verwacht. Rechtstreekse afstammelingen zou hij niet nalaten, wel een rijke erfenis: Spanje met al zijn koloniën in Amerika en Azië, de Spaanse Nederlanden, en het uitgestrekte Spaanse bezit in Italië. Drie prinsen dienden zich als opvolger aan: Filips van Anjou, kleinzoon van Lodewijk XIV; Karel van Habsburg, zoon van keizer Leopold; en Jozef Ferdinand, zoon van keurvorst Maximiliaan van Beieren. De vraag wie de meeste rechten had was niet zonder belang, maar de hoofdvraag was toch wat de gevolgen zouden zijn voor de Europese machtsverhoudingen. In dat licht gezien was duidelijk welke kandidaat de meeste stemmen zou verwerven. Kreeg Filips de erfenis, dan werd Frankrijk te machtig, en won Karel het pleit, dan zou de invloed van het Habsburgse huis wel zeer groot worden. Ter wille van het Europese evenwicht moest daarom de voorkeur uitgaan naar de Beierse keurprins.

Zo zou het ook geregeld worden volgens het verdelingsverdrag van 1698, gesloten in Den Haag tussen Frankrijk en de zeemogendheden. Andere pretendenten kregen kleinere brokken, maar de Spaanse kroon zou toevallen aan Jozef Ferdinand. Het scheen de ideale oplossing, en Karel II liet zich bewegen de jonge prins aan te wijzen als zijn universele erfgenaam. De dood haalde al in 1699 een streep door deze rekening.

Niet Karel stierf als eerste, maar de zevenjarige Jozef Ferdinand. Het lukte niet meer voor een tweede verdelingsverdrag de steun te krijgen van alle betrokkenen. In 1700 kwam Karel II eindelijk te overlijden. Zijn testament onthulde de futiliteit van al die conferenties en verdragen. De koning liet de hele erfenis na aan Filips van Anjou. Lodewijk XIV aarzelde niet zijn kleinzoon te ondersteunen. Filips werd als koning in Spanje geïnstalleerd, en Franse troepen bezetten de Zuidelijke Nederlanden. De garnizoenen in de barrièresteden kregen gelegenheid zich zonder slag of stoot terug te trekken.

Een nieuwe oorlog stond nu voor de deur. Lodewijk zou het ook deze keer moeten opnemen tegen al de verbondenen, alleen Beieren stond ditmaal aan zijn kant. De krijgsvoorbereidingen waren in volle gang, toen Willem III in maart 1702 na een ongeluk met zijn paard onverwacht aan de gevolgen van zijn val bezweek. Zijn belangrijkste nalatenschap was de Spaanse successieoorlog, die twee maanden later begon. Met Willems dood ging een tijdperk ten einde. Het oranjehuis stierf uit, nu de laatste rechtstreekse mannelijke afstammeling van Willem de Zwijger was overleden. In gedeelde verantwoordelijkheid met de grote raadpensionarissen Oldenbarnevelt en De Witt hadden zij de Verenigde Provincies een vooraanstaande plaats verschaft onder de Europese mogendheden. Het zou weldra blijken dat de Nederlandse staat de macht miste zich blijvend op die hoge positie te handhaven.

Neergaande handel

Gezien vanuit de politiek heeft de Nederlandse staat onder Willem III zijn historische hoogtepunt bereikt. Nooit eerder had een Nederlands staatsman of legeraanvoerder zo duidelijk en zo overtuigend een hoofdrol op het Europese toneel voor zich kunnen opeisen, en geen tweede Nederlander zou hem daarin later nog terzijde komen. Natuurlijk dankte hij dat ook aan zijn dubbele functie van stadhouder en koning. Maar in het dragen van de Engelse kroon lag op zichzelf geen waarborg voor een hoge internationale status. Sinds de dood van Elizabeth had geen van haar opvolgers een dergelijke positie voor zich kunnen opeisen. Het is Willem zelf geweest die door zijn gedrevenheid en organiserend vermogen uitgroeide tot de grote tegenspeler van Lodewijk XIV. En het was veeleer de Nederlandse stadhouder dan de Britse koning, die alle machtsmiddelen inzette om het grote conflict in zijn voordeel te beslechten.

Dat is ook precies wat zijn tegenstanders hier te lande hem verweten. Zij vonden dat Willem gewoon was zich meer door algemeen Europese dan door specifiek Nederlandse belangen te laten leiden. En inderdaad, de stadhouder was geen Jan de Witt, die in zijn buitenlands beleid steeds een hoge prioriteit had toegekend aan het welzijn van de koopvaardij. Tegelijk met Willems aantreden was dat radicaal veranderd. De Nederlandse handel had zware klappen opgelopen in de oorlog van 1672, en ofschoon ze zich sindsdien redelijk had weten te herstellen, begon haar relatieve aandeel in de Europese omzet terug te lopen. De buitenlandse handel van Engeland daarentegen beleefde juist in de jaren zeventig en tachtig van de zeventiende eeuw een spectaculaire groei. Wel bleef de Hollandse stapelmarkt nog lang een dominerende positie behouden in de internationale handelsnetwerken en kon nog geen enkel ander land bogen op een vergelijkbare concentratie van economische activiteit. Al met al scheen het dus nog indrukwekkend genoeg wat de Republiek te bieden had. Maar een man met de reputatie van een even ervaren als kundig nieuwsgaarder, de Engelse ambassadeur sir William Temple, durfde het aan zijn regering al in 1673 te berichten dat volgens de best geïnformeerden de Nederlandse handel haar hoogtepunt had overschreden en zich nu in neergaande lijn bewoog.[5]

Indien Temple gelijk had, was er meer aan de hand dan dat de Nederlandse handel alleen relatief achteruitging in vergelijking met de naburige grote landen. Zij moest ook zelf tekenen van verzwakking vertonen. Haar stabiliteit en continuïteit waren niet meer verzekerd. De achttiende eeuw zou dat nader bevestigen, maar de regeringsperiode van Willem III gaf inderdaad reeds een tamelijk somber beeld te zien. De oorlog van 1672 had de overheid gedwongen tot verzwaring van de belastingdruk, terwijl vanzelfsprekend de staatsschuld flink was toegenomen. Na de vrede van Nijmegen wilden de meeste Hollandse regenten dan ook overschakelen op een andere koers: ter wille van de economie de belastingen verlagen en een deel van de staatsschuld aflossen. Daarom lieten zij zich niet graag overhalen de provocaties van Lodewijk XIV te beantwoorden. Het land had naar hun oordeel behoefte aan een lange periode van rust.

Amsterdam bood in 1684 de Staten van Holland een vertoog aan, waarin de kooplieden van die stad hun beklag deden over de toestand van handel en scheepvaart.[6] Het handelskapitaal was sinds 1672 met de helft verminderd en de winsten waren met een kwart teruggelopen. Dat was zorgwekkend, omdat Holland weinig inkomsten kon trekken uit zijn natuurlijke hulpbronnen. Het was voor zijn welvaren en dus ook voor zijn inkomsten praktisch geheel afhankelijk van commercie en navigatie. Dan was het ook van levensbelang de handel in haar oude luister te herstellen. Anders liep men gevaar dat ze zich naar een ander land zou verplaatsen, zoals in de geschiedenis herhaaldelijk was gebeurd. Het was duidelijk tot welke conclusie dit stuk de lezers wilde brengen. Wilde Holland en wilde de Republiek dat voorkomen, dan was het nu de uiterste tijd om de bakens te verzetten. Als eerste doelstelling zou men handhaving van de vrede moeten kiezen, handhaving haast tot iedere prijs, omdat de kosten van een oorlog te hoog waren geworden.

Toch bleek dat een misrekening. Vier jaar later stemden ook de burgemeesters van Amsterdam in met de expeditie naar Engeland. Zelfs in een koopmansrepubliek konden andere dan commerciële overwegingen het winnen. Het is echter niet uitgesloten dat sommigen of wellicht ook velen dat naderhand hebben betreurd. Na 1688 behoefde men geen sir William Temple meer te zijn om te kunnen voorspellen dat de toekomst aan Engeland was. De stroom van Franse vluchtelingen was nog niet tot staan gekomen. Maar na de Glorious Revolution nam de emigratie naar de Verenigde Provincies af, terwijl die naar de Britse eilanden steeg. Kennelijk meenden deze Fransen dat ze het in Engeland beter zouden krijgen dan in de Nederlanden. Van belastingverlaging kon in de Republiek geen sprake meer zijn en de publieke schuld bleef groeien, zodat alleen al de jaarlijks te betalen rente in de miljoenen liep. De rentenierseconomie van de achttiende eeuw begon zich langzaam-aan reeds aan te kondigen.

De VOC op haar hoogtepunt

De Oost-Indische Compagnie neemt in dat grote geheel van handelsactiviteiten een aparte plaats in. Op haar zijn de woorden stabiliteit en continuïteit althans in grote trekken voor de tweede helft van de zeventiende eeuw juist wel van toepassing. Naar handelsomzet en omvang van territoir had zij te midden van de Europese concurrenten de eerste plaats verworven. In de loop van de zeventiende eeuw was zij een van de grootste werkgeefsters ter wereld geworden, waarschijnlijk wel de allergrootste. In 1625 had zij op de schepen ongeveer 3200 man in dienst gehad, en in Azië 4500. In 1700 waren die aantallen gestegen tot 6700 en 18.100, en ook dat was nog niet het einde van de groei. De VOC was vergelijkenderwijs uitstekend georganiseerd en van de vele oorlogen in Europa heeft ze nauwelijks hinder ondervonden. Wel kampte zij natuurlijk net als haar rivalen met het eeuwige probleem van de enorme afstand. Overleg tussen Amsterdam en Batavia nam anderhalf jaar in beslag, als het om niet meer ging dan een brief schrijven en antwoord ontvangen. Een echte uitwisseling van ideeën was dan natuurlijk uitgesloten, en zelfs binnen de Oost-Indische Archipel verliep de communicatie zo traag dat de gouverneurs-generaal zich meer dan eens voor voldongen feiten geplaatst zagen door energieke ondergeschikten.

De sterkste reputatie van ongezeglijkheid lijkt Cornelis Speelman toe te komen, die in 1666 tegen de uitdrukkelijke wens van zijn chef Zuid-Sulawesi – vroeger Celebes genoemd – heeft veroverd, en elf jaar later op eigen gezag een expeditie naar Midden-Java ondernam, haast onder het oog dus van Gouverneur-Generaal en Raden. Hij had toen trouwens zelf reeds zitting in de Raad van Indië, en deze eigenwilligheid heeft Speelmans verdere carrière niet in de weg gestaan. Hij zou zijn Indische loopbaan in het hoogste ambt beëindigen. Op zijn manier is hij een model-compagniesdienaar geweest, van minder formaat dan Coen, maar uit hetzelfde hout gesneden: daadkrachtig, gereformeerd, levendig geïnteresseerd in alles wat Indisch was, en tegelijk volstrekt overtuigd van de meerwaarde van zijn eigen cultuur. Net als Coen was hij al jong naar de Oost vertrokken, nog geen achttien jaar oud. Daar doorliep hij voorspoedig alle rangen, met als eerste hoogtepunt de aanstelling tot gouverneur en directeur van Coromandel in 1663. Als legeraanvoerder onderscheidde hij zich waar hij maar kwam, en hij wilde ook wel laten weten dat hij er geweest was. Een fort in Makassar heette Rotterdam naar zijn geboorteplaats, een sterkte in Bantam kreeg de naam Speelwijk. Speelman was een veroveraar, maar meende daarmee meer dan alleen het belang van de VOC te bevorderen. Aziatisch recht en bestuur konden in zijn ogen zo weinig aanspraak laten gelden op respect dat het beter zou zijn de inheemse bevolking van deze willekeur te verlossen. Om het hele land vol goud zou de Compagnie nog geen zaak willen ondersteunen die het recht en de billijkheid niet aan haar zijde had, zei hij eens tegen de sultan van Mataram; God zou ons daarin niet zegenen, en zonder zijn hulp vermogen wij niets.[7]

In Speelman zien we het ongegeneerde superioriteitsgevoel van de kleine koloniale potentaat, dat door zijn hooghartigheid nooit de schijn van egoïsme kan vermijden en dan ook steeds verstoken blijft van de steun en sympathie van hen wier belangen het zegt te dienen. Als de mannen van de Compagnie overal in de Oost uitbuiting dachten waar te nemen van de zwakken door de sterken, kon hun menslievendheid de verdenking van hypocrisie niet geheel ontgaan. Ze waren er althans blind voor dat de inheemse bevolking genoeg redenen had ook hen tot de profiteurs te rekenen. Was die bezorgdheid voor het lot van de armen niet een even doorzichtig als schamel excuus voor doodgewone expansiezucht? Toch was het Speelman ernst met zijn streven naar gerechtigheid, en soortgelijke opvattingen hadden zich in het beleid van de Compagnie een vaste plaats verworven. In sommige streken had de bevolking altijd de mogelijkheid zich tot de Nederlandse autoriteiten te wenden met klachten over hun eigen dorpshoofden. Van die vrijheid maakten ze ook een frequent gebruik. Dat klachtrecht is altijd een wezenlijk kenmerk van het compagniesbestuur gebleven, en het zou later onder de Nederlandse overheid gehandhaafd worden tot het einde van de koloniale tijd.

Maar natuurlijk was dat voor de Compagnie niet de reden van haar bestaan. Machtsuitoefening moest dienstbaar zijn aan het eigenlijke doel en dat was winst maken. Daarom waren de veroveringen van Speelman en consorten toch welkom, al kostte het ieder jaar geld ze te besturen en in weerbare staat te houden. Dankzij de politieke controle die de VOC in het oosten van de Archipel verwierf over Makassar en Ternate was zij dan des te beter in staat haar monopolie te handhaven zowel voor peper als voor fijne specerijen. Op deze markt had zij een overheersende en voor de Europese concurrenten nauwelijks aantastbare positie. Maar de Compagnie bleek tevens in staat in te spelen op nieuwe ontwikkelingen, al ging het aarzelend. De verandering ging niet van haar uit, ze volgde het voorbeeld van de Engelsen en de Fransen. Die begonnen het assortiment aan koloniale waren uit te breiden met koffie en thee, textiel en porselein. Toen echter de VOC eenmaal haar intrede op deze markten had gedaan, kon zij met haar grote kapitaal snel uitgroeien tot de voornaamste importeur van deze producten.

Het octrooigebied van de Oost-Indische Compagnie lag voor het overgrote deel in Azië. De voornaamste uitzondering op die regel was de vestiging aan de uiterste zuidpunt van Afrika. Al sinds de eerste tochten naar Indië hadden schepen die van en naar de Oost voeren gewoonlijk aangelegd bij Kaap de Goede Hoop om de voorraad levensmiddelen aan te vullen en te vernieuwen. In 1652 richtte de Compagnie daar een vast steunpunt in, toen Jan van Riebeeck op last van de bewindhebbers een fort bouwde aan de Tafelbaai. Dat was de geboorte van Kaapstad, de enige nieuwe stad die de VOC in heel haar uitgestrekte territorium zelf heeft gesticht. Het lag aanvankelijk niet in de bedoeling van de Kaap een echte vestigingskolonie te maken. Het fort zou alleen een centrum zijn voor de inkoop van vee, dat geleverd moest worden door de stammen die in dat gebied woonden: de Khoikhoi, in oudere litteratuur als Hottentotten bekend. De kleine Nederlandse vestiging diende dus de vrede met de inboorlingen te bewaren in het belang van de levensmiddelenvoorziening.

Al spoedig bleken deze goede voornemens onuitvoerbaar. Het eeuwige probleem van de hele overzeese handel manifesteerde zich ook aan de Kaap: de botsing van twee culturen, die elkaars gewoonten evenmin kenden als accepteerden, met verschillende behoeften van vraag en aanbod, die moeilijk op elkaar afgestemd konden worden. Dat vroeg geduld en incasseringsvermogen. Maar werden die deugden te dikwijls op de proef gesteld, dan was het buigen of barsten, en moest macht de doorslag geven. Aan de Kaap waren de machtsverhoudingen al even ongelijk als de economische prioriteiten. De Compagnie verlangde meer vlees dan de nomadische Khoikhoi konden leveren, terwijl haar aanbod van Europese handelswaar voor deze rondzwervende stammen weinig betekenis had. Gevraagd werden eigenlijk alleen ijzer, koper en vooral tabak, dat wil zeggen goederen die meer de luxe verhoogden dan dat ze voorzagen in werkelijk gevoelde behoeften.

Het duurde dan ook niet lang of de VOC greep andere mogelijkheden aan. Compagniesdienaren die hun contract hadden uitgediend vestigden zich als vrijburgers aan de Kaap. Ze namen in de zeventiende eeuw nog niet snel in aantal toe. Omstreeks 1700 waren het een kleine tweeduizend, onder wie enkele honderden uitgeweken Franse protestanten. Ze waren echter wel talrijk genoeg om de leverantie van vlees, graan en verse groente in belangrijke mate zelf te verzorgen. De Khoikhoi zagen natuurlijk de komst van deze indringers met lede ogen aan. Een nomadengemeenschap zal altijd behoefte hebben aan veel weidegrond, en nu moesten ze hun beste stukken land aan de vrijburgers afstaan. Een paar maal hebben ze geprobeerd met geweld de toestand in hun voordeel te veranderen, maar militair waren ze lang niet opgewassen tegen de kolonisten. Op den duur bleef hun geen andere keus dan zich bij de nieuwe machtsverhoudingen neer te leggen. Hun kudden verdwenen, de voormalige heren van het land gingen als herders en arbeiders in dienst bij de Europese boeren. De toekomst was aan de Nederlandse immigranten, tot ook voor hen de tijd gekomen zou zijn.

De tweede West-Indische Compagnie

Zo florissant als de Oost-Indische zaken gingen, zo zorgelijk was de toestand van de West-Indische Compagnie. In 1674 ging ze failliet. Het geloof in haar noodzakelijkheid bleef bestaan, want haar heroprichting was de vorm waarin haar bankroet werd ingekleed. Participanten moesten zich tevredenstellen met een uitkering van 15 procent, te betalen in nieuwe aandelen. Schuldeisers werden op dezelfde manier voldaan. Wel was er voor beide groepen één voorwaarde aan verbonden. Ze moesten tevens de herboren Compagnie voorzien van nieuw kapitaal. Wie weigerde verloor iedere aanspraak. Zo werd de WIC, failliet en wel, toch kunstmatig op de been geholpen.

Haar vooruitzichten leken trouwens niet zo ongunstig, nu ze zich van haar schuldenlast had ontdaan. Ze had een stevige machtsbasis in West-Afrika, want al heette ze dan West-Indisch, in het laatste kwart van de zeventiende eeuw opereerde ze vooral als een West-Afrikaanse handelsonderneming. Aan die kust wilde zij zich handhaven, en dat was haar wel enige inspanning waard. In haar Zuid-Amerikaanse bezittingen liet ze indringers toe, in Afrika zag ze scherp toe op de stipte naleving van haar octrooi. Daar aan die kust moest zij haar winsten veiligstellen. Indien ergens, dan kon daar het grote geld verdiend worden. Daarom was het belangrijk dat zij de Europese concurrentie voorbleef, en in Afrika de belangrijkste handelsmaatschappij werd. Daarmee had ze echter nog geen gewonnen spel. De Europeanen hadden hun forten aan de kust, maar dat waren slechts kleine stipjes op de kaart. De werkelijke machthebbers waren de Afrikanen zelf. Met hen moest de Compagnie tot een vergelijk zien te komen om zich de producten te kunnen verschaffen die haar naar Afrika hadden gedreven: het goud en de slaven.

Goud kwam bij de West-Indische Compagnie op de eerste plaats. Het was ook de hoofdbron van haar winsten, ofschoon ze een flinke prijs moest betalen. De Nederlandse import bestond vooral uit textiel, met vuurwapens op grote afstand als tweede. Ter wille van de concurrentie met andere naties was echter een zeer breed aanbod van goederen noodzakelijk. De WIC moest altijd uit voorraad honderd tot honderdvijftig verschillende artikelen kunnen leveren. Daar waren inderdaad de spiegels en kralen bij waaraan volgens de traditie zo'n belangrijke plaats toekwam in de handel met niet-westerse volken. Hun gewicht in goud waren ze bepaald niet waard. De Afrikaanse economie was ontwikkeld genoeg om speelgoed van gebruiksgoed te kunnen onderscheiden.

Maar al heeft de Compagnie aan goud het meeste verdiend, de slavenhandel heeft een veel groter beslag gelegd op haar aandacht, haar scheepsruimte en haar courante middelen. Deze vorm van commercie heeft Europa een slechte naam bezorgd en het kan zich van die blaam ook niet vrij pleiten. Wel geldt van elke vorm van handel die aan Afrika's kust door de WIC werd bedreven dat de Afrikanen de regels stelden. Zij hadden de slavenhandel geschoeid op professionele leest. In Afrika was doorgaans een vrij ruim aanbod van slaven: krijgsgevangenen, criminelen, mensen die in schulden geraakt waren, en natuurlijk zeer velen die in onvrijheid geboren waren. Afrikaanse kooplieden voerden dan de slaven aan uit het binnenland, Afrikaanse makelaars in het kustgebied verkochten de mensen door aan de compagnieën. De Europeanen waren dan bovendien nog giften verschuldigd aan de lokale autoriteiten. Een flink deel van de winst bleef dus op het Afrikaanse continent. Dat verminderde de vraag echter niet, en daarvoor waren alleen de Europeanen verantwoordelijk.

Buitengewoon lucratief was de slavenhandel niet, ondanks alle populaire vooroordelen. Voor de zeventiende eeuw zijn geen exacte cijfers bekend, maar voor de achttiende eeuw laat zich vrij nauwkeurig berekenen dat de gemiddelde winst van een slaventransport niet meer dan 2 tot 3 procent bedroeg. Daarom neemt men aan dat slavenhandel vooral werd bedreven in het kader van de zogenaamde driehoeksvaart. De schipper bracht textiel en andere Europese waren naar de Afrikaanse kust, richtte daar zijn schip in voor mensentransport om zo door te varen naar Amerika, en keerde dan naar Europa terug met een lading suiker of andere koloniale producten. Dat maakte deze handelaars afhankelijk van de Europese planters in de West, en die waren op hun beurt weer aangewezen op de aanvoer van werkkrachten vanuit Afrika. Zo hield de ene behoefte de andere in stand, en hadden beide partijen er belang bij dat de ander goede zaken deed.

Dat was niettemin nauwelijks het geval in de plantagekolonie Suriname, die sinds de vrede van Breda in Nederlandse handen was. De Compagnie had hier slechts een beperkte zeggenschap. Suriname had eerst gestaan onder Zeeuws bestuur, maar daar kwam in 1682 een einde aan. In dat jaar werd de kolonie overgenomen door een consortium bestaande uit de WIC, de stad Amsterdam en de Hollandse adellijke familie Van Aerssen van Sommelsdijk. Als Sociëteit van Suriname deelden zij de winsten en de verantwoordelijkheid, terwijl Cornelis van Aerssen van Sommelsdijk optrad als gouverneur. Veel onderdanen trof hij bij zijn komst niet aan. Volgens een opgave van 1684 woonden toen in Suriname ruim vijfduizend mensen, namelijk achthonderd van Europese afstamming, en een grote meerderheid van slaven. Beide groepen waren zeer gemengd van samenstelling. Voor een slavenpopulatie gold dat natuurlijk altijd, zolang ze telkens met nieuwe aankomelingen van zeer onderscheiden herkomst werd aangevuld. Tot op zekere hoogte was dat ook het geval met de Europeanen, en dat zou de hele achttiende eeuw door een van Surinames grote problemen blijven: er waren te weinig echte kolonisten. Er was een klein bestuurscentrum in Paramaribo, maar de meeste Europeanen woonden verspreid over de plantages. Ze hadden maar één doel voor ogen: snel rijk worden en dan naar Europa terug.

Of het de autoritaire Cornelis van Aerssen gelukt zou zijn dat te veranderen blijft aan twijfel onderhevig. Zijn bewind heeft niet lang geduurd, want hij werd in 1688 vermoord. Wel begon in zijn tijd de bevolkingsgroei. Kort na 1700 had het aantal inwoners zich verdubbeld, vooral door aanvoer van slaven uit Afrika. Aerssen, die zelf met een Française getrouwd was, had een aantal Franse ambachtslieden meegenomen, en na 1685 zouden zich meer uitgeweken protestanten bij hen voegen. Uniek voor Suriname was de aanwezigheid van een relatief grote groep joodse kolonisten. Het betrof vooral Portugese joden die het eerder in Brazilië hadden geprobeerd. In Suriname werd hun bijzondere status erkend. Ze mochten kleine rechtszaken zelf beslechten, zelf hun huwelijken bevestigen, en op hun eigen grond de vrije zondag vervangen door de vrije zaterdag. Daarmee waren ze tevens gestempeld als een apart staande minderheid, met alle risico's daaraan verbonden. Joden waren gierig, joden hielden geen goede orde, joden waren wreed. Kortom, alles wat niet deugde in de verhouding tussen Afrika en Europa werd op hun rekening bijgeschreven. En hoe zouden die verhoudingen ooit kunnen deugen als het ene ras het andere in slavernij hield?

In Suriname waren ze zeker niet goed. Een Surinaamse planter schatte in het begin van de achttiende eeuw de jaarlijkse vervangingsbehoefte aan slaven op ongeveer duizend.[8] Op een populatie van nog geen tienduizend is dat een verbazingwekkend aantal, dat tot twee oorzaken te herleiden is. De eerste is een hoog sterftecijfer. Dat kan teruggaan op onvoldoende voeding, slechte huisvesting, overmatige arbeid, harde behandeling, vatbaarheid voor in Afrika onbekende ziekten – we kennen de levensomstandigheden van die tijd te weinig om het gewicht van al deze factoren juist te kunnen inschatten. Maar alles bij elkaar moeten ze zwaar gewogen hebben, want ook de tweede oorzaak gaat op dit hele complex terug. Cultuur en natuur lagen in Suriname dicht bij elkaar. Een slaaf die zijn plantage de rug toekeerde had snel de wildernis bereikt. Daar vormden zich dan ook al vroeg nederzettingen van weggelopen slaven, voor hen die een nog zo hard leven in vrijheid verkozen boven dienstbaarheid.

De gereformeerde kerk op de drempel van een nieuwe tijd

De Amsterdamse Westerkerk heeft in 1678 een orgel gekregen. Twee jaar later viel het besluit dat in alle Amsterdamse kerken de gemeentezang voortaan met orgelspel zou worden begeleid. Als vandaag iemand die verandering betreurt, zal het alleen zijn omdat hij vindt dat ze honderd jaar te laat kwam. En natuurlijk is dat waar. Muzikale begeleiding verhoogt de kwaliteit van de eredienst. Die stelling laat zich op redelijke gronden niet betwisten. Maar op redelijke argumenten steunden de bezwaren tegen orgelgebruik ook niet. De Hollandse synode van 1574 verbood het onder beroep op 1 Corinthe 14:19, waar de apostel Paulus schrijft: 'Ik wil liever in de gemeente vijf woorden spreken met mijn verstand, opdat ik ook anderen moge onderwijzen, dan tienduizend woorden in een vreemde taal.' Het gaat in dat hoofdstuk over tongentaal, een taal niet van woorden maar van klanken. Dat betrok de synode op kerkmuziek, en als die tekst inderdaad zo moest worden uitgelegd, was het orgelverbod onontkoombaar voor een kerk die niets anders wilde dan gehoorzaam te zijn aan de Schrift in alle dingen.

De vraag is dan maar, waarom de Amsterdamse kerkenraad tot orgelbegeleiding besloot. Meende hij dat de zojuist aangehaalde tekst anders moest worden uitgelegd, dan was hij zichzelf gelijk gebleven. Zwichtte de raad echter eindelijk voor esthetische of rationele argumenten, dan gaf hij in 1680 de zuiverheid van zijn oorspronkelijke standpunt prijs. Op zichzelf is de kwestie natuurlijk van ondergeschikt belang. Maar ze kan een teken zijn van grotere veranderingen, vooral als andere tekenen zich daaraan paren. Evenhuis heeft in zijn zesdelige geschiedenis van hervormd Amsterdam het jaar 1677 een keerpunt genoemd.[9] Toen kwam het tussen voetianen en coccejanen tot een modus vivendi. De kerkenraad aanvaardde het compromis dat in de vacante predikantsplaatsen beurtelings mannen van de ene en van de andere richting beroepen moesten worden. Ook in de vroedschap verzoenden de partijen zich met elkaar. Sinds die tijd viel van spanning tussen stadhuis en consistorie niet veel meer te bespeuren. Daarom, zo concludeert Evenhuis, kan men zeggen dat voor kerkelijk Amsterdam de achttiende eeuw in 1677 is begonnen.

Maar wat betekende nu zo'n compromis? Toen het een jaar later voor het eerst toegepast moest worden, wilde de kerkenraad een beroep uitbrengen op Cornelis van Hout te Delfshaven. De burgemeesters weigerden approbatie. Nadere uitleg gaven ze niet en discussie stonden ze niet toe. Ze gaven de kerkenraad eenvoudig opdracht uit te zien naar een man die stem, geleerdheid en gaven bezat, benevens vroomheid en vredelievendheid: een schaap dus inderdaad met precies vijf poten. Zo'n man was blijkbaar te vinden, want vervolgens werd Theodorus Beels met akkoord van de burgemeesters beroepen. Toen die binnen het jaar overleed kreeg hij een opvolger in de vredelievende Balthasar Bekker. Over hem komen we later nog te spreken.

Die Amsterdamse historie wekt het vermoeden dat de zogenaamde verzoening niet neutraal was. Ze kwam er eigenlijk op neer dat de opvattingen van de overheid door de kerk niet meer werden tegengesproken. Rationele en pragmatische argumenten kregen dan een zwaarder, en puur bijbelse een lichter gewicht, ook in de kerkenraadskamer. Dat wijst dan op een interne verandering, binnen de kerk zelf, een verandering die de oude twistpunten tussen Voetius en Coccejus overstijgt. Een goed voorbeeld is de Franeker hoogleraar in de theologie Herman Alexander Röell. Voor hem is de menselijke rede onfeilbaar geworden. Wat zij ons leert moeten wij aannemen als orakels uit de mond Gods.[10] De rede is daar dus tot een zelfstandige kenbron geworden, waarvoor de gelovige onvoorwaardelijk moet buigen. Zegt de bijbel ons dan niet wat de christen nodig is te geloven? Jawel, maar alleen de rede kan de goddelijkheid van de Heilige Schrift bewijzen. Voor Röell lag daar geen spanning in. Wat hij niet zag was dat godsdienst nu bestond bij de gratie van het verstand. Mocht de ratio ooit nog eens tot andere conclusies komen, dan zou het met de religie gedaan zijn.

Röell is door de Hollandse en Zeeuwse kerken veroordeeld, maar gehandhaafd op zijn post en zelfs doorgeschoven naar de prestigieuzere Utrechtse universiteit. Er bestond dus weerstand tegen opvattingen als de zijne, maar ze was niet meer effectief. Dat is wel een vrucht van de lange discussies rondom Coccejus en Cartesius. Variatie in de leer begon een gewoon verschijnsel te worden. Het geloof van de gemeente bleef overeind, ook bij de hogere standen die deze veranderingen begunstigden. Maar het werd met minder kracht beleden, het verloor diepgang en neigde er reeds toe zich te veranderen in een leer van zedelijke plichten. Het publieke leven was daarom overtrokken met een waas van ingetogenheid. Amsterdamse bordelen werden zoveel mogelijk vermomd als muziekhuizen, zoals nu de coffeeshop klanten trekt die andere consumpties verlangen dan koffie. Het toneel riep wel nog altijd protest op bij de gereformeerde kerk, maar nam toch veel striktere grenzen in acht dan in het buitenland golden.[11] Uiterlijk leek alsof alles bij het oude was gebleven. Maar de geest van de achttiende eeuw kondigde zich reeds aan.

De crisis in de katholieke kerk

Een kerk in de verdrukking heeft strakke leiding nodig. Haar halfondergrondse structuur begunstigt altijd de middelpuntvliedende krachten en schept even gemakkelijk als onopzettelijk zelfstandige subcentra die lastig onder controle terug te brengen zijn als ze eenmaal gewend geraakt zijn aan autonomie. En vormen zich in zo'n kerk partijen, dan kan de leiding in haar precaire positie buiten de legaliteit zelden met de vereiste graad van doeltreffendheid optreden tegen kwalijke gevolgen die uit partijschap voortkomen. Dat was het probleem van de apostolische vicarissen in de Noordelijke Nederlanden. Ze moesten zichzelf schuilhouden, zodat ze in elk geval niet konden optreden met fysieke autoriteit. Wilden ze dan hun bestuur toch krachtig en energiek uitoefenen, dan zouden ze tenminste moeten kunnen opereren met zo veel geestelijk gezag als de kerk haar maar kon verlenen vanuit haar internationale centrum. De apostolische vicaris zou de volle steun van Rome moeten genieten, zodat het was alsof de paus sprak door zijn mond. Die autoriteit heeft de vicaris niet verworven. Van het begin af hebben in de Hollandse zending spanningen bestaan tussen de reguliere en de seculiere geestelijkheid. Het bleef onduidelijk of de ordegeestelijken op dezelfde wijze onder zijn gezag waren gesteld als de wereldlijke priesters, en met name de jezuïeten gedroegen zich dikwijls alsof zij aan niemand in de Republiek verantwoording schuldig waren.

Het ongeluk wilde dat die tegenstelling met name in de tweede helft van de zeventiende eeuw grote inhoudelijke betekenis kreeg. Het vraagstuk waarover de synode van Dordrecht uitspraak had gedaan beroerde de geesten niet alleen in de kerken van de reformatie. Ook katholieke theologen bezonnen zich op de verhouding tussen menselijke wil en goddelijke genade. Cornelius Jansenius, Hollander van geboorte maar werkzaam in de Spaanse Nederlanden als bisschop van Ieper, schreef naar aanleiding van deze vragen een boek over de kerkvader Augustinus, dat twee jaar na zijn dood in 1640 het licht zag. Jansenius stond in zijn denken niet zo ver van de Dordtse synode af. Hij meende dat de menselijke wil uit zichzelf het boze zocht. Gods genade kon de wil van de zonde bevrijden. Maar die zaligmakende genade was een gave Gods, ze werd alleen aan de uitverkorenen geschonken. Jansenius' leer, jansenisme genoemd, was een reactie op stellingen die vooral door de jezuïeten verdedigd werden, en die veel meer ruimte lieten aan de werking van de menselijke vermogens, en daarentegen het begrip zonde veel sterker begrensden. Van zonde zou slechts sprake zijn bij vrijwillige afwijking van Gods gebod.

Die beperking van het zondebegrip had consequenties voor de moraal. Een biechtvader die deze leer huldigde maakte het de gelovigen niet zo moeilijk als een strenge jansenist. De apostolische vicaris Rovenius was puriteins genoeg in zijn denken om het boek van Jansenius met instemming te begroeten. Rome dacht daar anders over en sprak een veroordeling uit. Rovenius liet zich corrigeren en tijdens zijn leven bleef de kwestie verder op de achtergrond. Maar het pauselijk machtswoord nam de verschillen niet weg. Ze kregen een des te zwaarder gewicht, omdat ze de bevoegdheden van de apostolische vicaris raakten. Mocht hij een in zijn ogen veel te lakse biechtstoelpraktijk veroordelen, of had hij geen zeggenschap over ordegeestelijken die al te veel begrip toonden voor de kleine zonden van hun biechtelingen? En trad hij krachtig op, dan zouden zijn tegenstanders hem in Rome aanklagen als jansenist. De katholieke kerk in de Verenigde Nederlanden zou deze problemen niet te boven komen.

Johannes van Neercassel, apostolisch vicaris geworden in de jaren zestig, was in zijn denken aan Jansenius verwant. Zelf betuigde hij steeds zijn trouw aan de kerkleer, en tijdens een langdurig verblijf in Rome lukte het hem de paus van zijn goede intenties te overtuigen. Tegelijk wist hij gedaan te krijgen dat het aantal jezuïeten in zijn ambtsgebied geleidelijk aan zou verminderen. Wel maakten zijn vriendschappelijke relaties met vooraanstaande Franse jansenisten hem verdacht in de ogen van zijn vijanden. Ongetwijfeld verhoogde dat zijn kwetsbaarheid, maar het pleit voor zijn diplomatieke en bestuurlijke talenten dat tot zijn overlijden in 1686 de spanningen beheersbaar bleken. Die kwaliteiten kwamen hem niet minder te pas in zijn omgang met de politieke autoriteiten. Hoe moest hij bijvoorbeeld reageren op de Franse bezetting in 1672? Neercassel ging de moeilijkheden niet uit de weg. Ofschoon hij zich bij de komst van de Fransen te Amsterdam bevond, vertrok hij vandaar naar Utrecht om de mis te bedienen in de katholiek geworden domkerk. Daarna reisde hij verder op verzoek van de Staten van Utrecht. Persoonlijk verzocht hij Lodewijk XIV de last van de bezetting te verlichten.

Zo probeerde hij het zich naar twee kanten aangenaam te maken en liet hij zich tevens kennen als een man van invloed en betekenis. Toen de Fransen het land weer verlieten ging hij veiligheidshalve toch maar met hen mee. Maar hij vestigde zich niet in Frankrijk, noch in de Zuidelijke Nederlanden. Hij ging wonen in de Kleefse enclave Huissen, en toonde daarmee zowel zijn betrokkenheid bij de Republiek als zijn onafhankelijkheid van de katholieke mogendheden. Het duurde niet eens heel lang voordat hij erin geslaagd was het vertrouwen van Willem III te winnen. De stadhouder en de apostolische vicaris konden beiden iets voor de ander doen. De Nederlandse katholieken konden Franse bescherming afwijzen en zo hun solidariteit betuigen met de Staten-Generaal. In ruil daarvoor zou de vicaris formele toestemming krijgen zijn ambtstaken uit te oefenen op het grondgebied van de Verenigde Nederlanden.

Het betekende niet dat hij nu plechtig overal kon rondreizen in de volle luister van zijn bisschoppelijke rang. De katholieke kerk bleef een schuilkerk, weggedoken in de grijze gedoogzone. Maar daar was ze dan ook stevig gevestigd. Haar halfverborgen jansenistische sympathieën gaven haar alleen maar meer krediet bij de Hollandse overheden. Jansenisten waren geen vrienden van de pauselijke stoel, en ze werden in Frankrijk onder de regering van Lodewijk XIV vervolgd. Het een zowel als het ander strekte hun bij de Hollandse regenten tot aanbeveling. Dat zich tegen het einde van de eeuw de dreiging van een schisma ging aftekenen zal hen eerder met dankbare verwachting dan met afschuw over alweer een kerkscheuring hebben vervuld. Maar die scheiding binnen katholiek Nederland zou zich pas in de achttiende eeuw voltrekken.

Het einde van de bloeitijd

De calvinisten, zei Busken Huet, meenden dat de Republiek stond of viel met de zuivere leer, en volgens hem hadden ze daar gelijk in. 'Naarmate het calvinistisch hart der Nederlanden flauwer is gaan kloppen, en er in hunne eigen oogen beter menschen uit hen groeiden, of althans in den algemeenen zin van het woord beschaafder Europeanen, is Nederland allengs eene mogendheid van den tweeden rang geworden.'[12] Huet was allerminst een calvinist, maar hield ervan zijn verlichte landgenoten te prikkelen. Toch krijgen zij in dit vonnis het beste deel. Als grote mogendheid had de Republiek zich toch niet kunnen handhaven, ook al was het hele volk tot de laatste man trouw gebleven aan Calvijn. Maar als zij met het prijsgeven van hun gereformeerde identiteit beschaafde Europeanen werden, behoefde Huet althans het laatste niet als een verliespost te boeken.

Kan dat het teken zijn waaronder we de Nederlandse cultuurgeschiedenis van de late zeventiende eeuw moeten beschrijven? Nederland is nooit een eiland in Europa geweest. In wetenschap en letteren was het altijd gaarne bereid zich buitenlandse vindingen toe te eigenen om die aan te passen bij eigen behoeften. De inbreng van Zuid-Nederlandse immigranten is enorm groot geweest op nagenoeg elk gebied waarop de Nederlanders zich bijzonder hebben onderscheiden, en de universiteiten zouden in ernstige verlegenheid gebracht zijn indien ze geen buitenlandse geleerden meer hadden mogen benoemen. Maar de Nederlandse cultuur gaf aan dat alles een eigen gezicht. Of ze dat ook in de achttiende eeuw heeft gekund is een vraag die buiten onze kaders valt.

Maar als de voortekenen die aan het einde van de zeventiende eeuw zichtbaar beginnen te worden ons niet bedriegen, lijkt de kans op een ontkennend antwoord het grootst.

Een goed uitgangspunt voor nadere beschouwing is de inbreng van de Franse vluchtelingen, die zich na de herroeping van het edict van Nantes hier te lande hebben gevestigd. Zij hebben verandering bewerkt op een nieuwe manier die hen duidelijk onderscheidt van hun voorgangers in eerdere immigratiegolven. Het verschil komt niet voort uit een hoog intellectueel gehalte. Want ofschoon deze Franse instroom dat kenmerk droeg, onderscheidden de Fransen zich daarmee niet van de Zuid-Nederlanders in de laatste decennia van de zestiende eeuw. Maar als toen die Walen en Vlamingen portretten schilderden, gedichten schreven, wiskunde beoefenden of theologie onderwezen, kregen zij hun plaats te midden van de andere beoefenaars van dezelfde kunst of wetenschap. Soms kwamen ze zelf in het eerste gelid te staan, soms brachten zij het hele ambacht van hun keuze op een hoger plan. Maar ze werden ingeordend in de Noord-Nederlandse cultuur. Met de hugenootse refugiés is dat uit de aard der zaak voor een groot deel eveneens het geval geweest. Karakteristiek echter voor hun bijdrage was dat eigene, unieke, dat zij alleen maar konden geven. Zij verbreidden de Franse cultuur.

Natuurlijk was die hier bij hun komst al bekend. De Franse beschaving ten tijde van Lodewijk XIV kende een Europese uitstraling waaraan ook de Republiek zich niet kon onttrekken. De Franse taal nam een positie in die enigszins vergelijkbaar is met die van het Engels in de tegenwoordige tijd, al moeten wij er direct bij zeggen dat de vergelijking mank gaat in twee opzichten. Ten eerste bleef het Frans vreemd aan de brede volksklasse. Het verbreidde zich in de Verenigde Nederlanden als de taal van de elite. Dat hing ten tweede samen met de aard van de Franse cultuurinvloed. Zij droeg weinig bij aan het populaire amusement, en richtte zich veel meer op de verrijking van het beschaafde discours. Daarom werd het Frans op den duur de tweede taal van de ontwikkelden, al zou dat proces pas goed op gang komen in de achttiende eeuw. De basis voor die verandering werd echter reeds gelegd in de late zeventiende eeuw, en de hugenoten hebben op die grondslag verder gebouwd.

De Franse refugiés waren niet de uitvinders van de journalistiek. Kranten bestonden al lange tijd, en de Republiek had zich op dat gebied reeds een naam verworven. De voornaamste bijdrage van deze immigranten bestond hierin dat zij het tijdschriftwezen op een hoger plan gebracht hebben. Jacques Basnage heeft meer dan twintig jaar lang maandelijks zijn 'Histoire des Ouvrages des Savants' uitgegeven, en Pierre Bayle verwierf zich onsterfelijke faam met zijn *Nouvelles de la République des Lettres*. Zulke tijdschriften gaven de resultaten van wetenschappelijk onderzoek weer in voor alle ontwikkelden begrijpelijke taal, maar ze deden meer dan nieuwe boeken samenvatten. Ze waren in staat tot kritische bespreking die op eigen deskundig oordeel steunde of, als ze ook eens de plank missloeg, stimuleerde tot verdere discussie. Zo produceerden zij teksten die tot lezing uitnodigden en de besproken of geopperde denkbeelden een ruim verspreidingsgebied gaven. Daarmee hielpen zij hun Nederlandse tijdgenoten breed georiënteerd te blijven, en zich op hun beurt ook te mengen in de gedachtewisseling. De Republiek was niet een dor cultuurland geworden dat slechts vanuit Frankrijk kon worden besproeid. Nederlandse auteurs bleven zelfstandige bijdragen leveren op het terrein van de geest. Maar ze werden nu meer tot beschaafde Europeanen, om op Busken Huets term terug te vallen. Het laatste kwart van de zeventiende eeuw wordt dikwijls getypeerd als het tijdperk van de crisis van de Europese geest. Frankrijk en Engeland zouden daarbij de leiding nemen. De Republiek was wel daarbij betrokken, als een natie die nog altijd rijk was aan intellect en inventiviteit. Zij sloot zich hier aan bij initiatieven die elders waren ontwikkeld.

Ze stond niet aan de zijlijn, maar veel grote namen kunnen hier niet vallen. Er stond geen nieuwe Erasmus op, geen Hugo de Groot, geen tweede Spinoza. De joodse wijsgeer was weliswaar nog niet lang daarvoor overleden, en zijn invloed werkte door, maar niet in leerlingen die zich op hetzelfde niveau konden bewegen. Het ontbrak aan mannen van het type dat cultuurinvloed schept in plaats van die enkel te ondergaan. Christiaan Huygens stierf pas in 1695, en zijn naam blijft voor altijd verbonden aan de ring van Saturnus en het slingeruurwerk, maar hij behoort tot een vorige generatie. Niet veel jonger waren overigens Anthonie van Leeuwenhoek en Jan Swammerdam. Minder gezegend in maatschappelijk opzicht dan de Haagse patriciër, braken ze pas later door als zelfstandige onderzoekers. Swammerdam had in Leiden gestudeerd, Leeuwenhoek stond buiten het academisch circuit en had zich zelfstandig moeten vormen. Swammerdam werd met zijn *Algemeene verhandeling van de bloedeloose dierkens* de grondlegger van de entomologie, aan Leeuwenhoek dankt de wetenschap de ontdekking van de bacterie. Beiden vertegenwoordigden ze een soort wetenschap, die geheel losstond van de klassieke universitaire vorming, en beiden publiceerden ze in het Nederlands.

Natuurwetenschap was vanouds een Nederlands domein, toegankelijk ook voor mannen die buiten de gebaande wegen tot wetenschapsbeoefening waren gekomen. Leeuwenhoek en Swammerdam hebben op hun wijze zeker bijgedragen tot de cultuuromslag die zich in de achttiende eeuw zou voltrekken. Maar het zwaartepunt van die ontwikkeling lag op het terrein van levens- en wereldbeschouwing. In die categorie is eigenlijk maar één man bekend genoeg geworden om te kunnen gelden als medespeler in het Europese veranderingsproces. Dat is de Amsterdamse dominee Balthasar Bekker. In hoeverre hij dat verdient kan een punt van discussie zijn. Rondom de persoon van Bekker is veel romantiek opgebloeid. Hij is voorgesteld als de moedige, door de kerk miskende strijder tegen het bijgeloof, die de doodsklok geluid heeft over de heksenwaan. Het is waar dat Bekker weinig heel liet van de zeventiende-eeuwse demonenleer. Doch het is niet minder waar dat vervolgingen op grond van toverij in Bekkers tijd reeds lang tot het verleden behoorden, en dat ook niemand daarin verandering wilde brengen. Als Bekker zo veel pennen in beweging gebracht heeft, was dat niet omdat in hem eindelijk de man was opgestaan die het opnam voor de vervolgde toveressen. Internationaal kan dat een rol gespeeld hebben, vooral in landen waar laat in de zeventiende eeuw nog de brandstapels werden ontstoken. Dat geeft hem dan zijn plaats in de Europese cultuurgeschiedenis.

Nationaal gezien echter hoort de commotie die zijn *Betoverde Weereld* verwekte eerder thuis in een lange reeks van theologische twisten die de hele eeuw door hebben gewoed en trouwens ook na 1700 niet zijn uitgestorven. Anderen dan theologen hebben in Bekkers tijd aan de discussie niet deelgenomen, en het heksengeloof speelt in de gedachtewisseling een zeer bescheiden rol. Wat men Bekker verweet was veeleer dat hij in zijn methode afbreuk deed aan het gezag van de bijbel door de ratio te stellen boven de openbaring. Zo gezien wijst Bekker inderdaad naar de toekomst. Hij is niet zozeer de man die oud bijgeloof bestreed, als wel degene die in zijn wijze van exegetiseren een wegbereider was van de achttiende eeuw. Dat zou een eeuw zijn waarin de oude theologie door de rede van haar troon werd gestoten.

NOTEN

1555-1572
OP ZOEK NAAR DE WEG

1
James Tracy, *Holland under Habsburg Rule 1506-1566. The Formation of a Body Politic*, Berkeley 1990, p. 63.

2
Guido Marnef, *Antwerp in the Age of Reformation. Underground Protestantism in a Commercial Metropolis 1550-1577*, Baltimore 1996, p. 160; C. Rooze-Stouthamer, *Hervorming in Zeeland (ca. 1520-1572)*, Goes 1996, p. 300.

3
Marnef, p. 208.

4
Met ponden wordt hier en in het vervolg steeds bedoeld het zogenaamde pond van veertig groten, dat een waarde had van twintig stuivers.

5
Alastair Duke, *Reformation and Revolt in the Low Countries*, Londen 1990, p. 183.

6
P.J. Blok, *Geschiedenis van het Nederlandsche volk*, II (tweede druk), Leiden s.a., p. 3.

7
Thomas A. Brady jr, Heiko Oberman en James D. Tracy, *Handbook of European History 1400-1600. Late Middle Ages, Renaissance and Reformation*, II, Leiden 1995, p. 396.

8
F. van der Pol, *De reformatie te Kampen in de zestiende eeuw*, Kampen 1990, p. 130.

9
Robert S. Duplessis, *Lille and the Dutch Revolt. Urban Stability in an Era of Revolution 1500-1582*, Cambridge 1991, p. 179 en 181.

10
Marnef, p. 87.

11
J.J. Woltjer, 'De vredemakers', p. 68; in: S. Groenveld en H.L.Ph. Leeuwenberg ed., *De Unie van Utrecht. Wording en werking van een verbond en een verbondsacte*, Den Haag 1979.

12
Resolutiën Holland, 5 augustus 1562.

13
G. Marnef, 'Protestanten in "Noord" en "Zuid". Kerkhistorische beschouwingen n.a.v. een recente studie'; in: *Bijdragen tot de geschiedenis*, LXX, 1987, p. 142.

14
Phyllis Mack Crew, *Calvinist Preaching and Iconoclasm in the Netherlands 1544-1569*, Cambridge 1978, p. 69.

15
G. Groen van Prinsterer, *Archives ou correspondance inédite de la maison d'Orange-Nassau*, eerste serie, deel I, Leiden 1835, p. 175.

16
Jona Willem te Water, *Historie van het verbond en de smeekschriften der Nederlandsche edelen*, I, Middelburg 1776, p. 25.

17
H.F.K. van Nierop, *Van ridders tot regenten. De Hollandse adel in de zestiende en de eerste helft van de zeventiende eeuw*, s.l. 1984.

18
Marnef, p. 57.

19
J. Buisman, *Duizend jaar weer, wind en water in de Lage Landen*, III, Franeker 1998, p. 613.

20
J. Scheerder, *De beeldenstorm*, Bussum 1974, p. 113.

21
Emil Becker, *Schloss und Stadt Dillenburg*, 1950, p. 76.

22
Marnef, p. 111.

23
Van Nierop, p. 204.

24
J.C.A. de Meij, *De watergeuzen en de Nederlanden 1568-1572*, Amsterdam 1972, p. 7.

25
J.Ph. De Monté Ver Loren, *Hoofdlijnen uit de ontwikkeling der rechterlijke organisatie in de Noordelijke Nederlanden tot de Bataafse omwenteling*, vijfde druk, bewerkt door J.E. Spruit, Deventer 1972, p. 190.

26
C. Rooze-Stouthamer, *Hervorming in Zeeland (ca. 1520-1572)*, Goes 1996, p. 342, 419 en 422.

27
A.Th. van Deursen, *Willem van Oranje. Een biografisch portret*, Amsterdam 1995, p. 47.

28
P.J. van Herwerden, *Het verblijf van Lodewijk van Nassau in Frankrijk. Hugenoten en geuzen 1568-1572*, Assen 1932, p. 128.

1572-1584
DE OPSTAND

1
J.L. Motley, *De opkomst van de Nederlandsche Republiek*, III, 's-Gravenhage 1860, p. 37.

2
De Meij, p. 98.

3
R. Fruin, *Verspreide geschriften*, VIII, 's-Gravenhage 1903, p. 379.

4
Geoffrey Parker, *Van beeldenstorm tot bestand*, Haarlem 1978, p. 282.

5
Jonathan Israel, *The Dutch Republic. Its Rise, Greatness and Fall 1477-1806*, Oxford 1995, p. 179.

6
Van der Pol, p. 23.

7
Henk van Nierop, *Het verraad van het Noorderkwartier. Oorlog, terreur en recht in de Nederlandse Opstand*, Amsterdam 1999.

8
J.J. Woltjer, 'De vredemakers'; in: S. Groenveld en H.L.Ph. Leeuwenberg, *De Unie van Utrecht*, Den Haag 1979, p. 77.

9
G. Marnef, 'Brabants calvinisme in opmars: de weg naar de calvinistische republieken te Antwerpen, Brussel en Mechelen 1577-1580'; in: *Bijdragen tot de geschiedenis*, LXX, 1987, p. 10.

10
W. Bergsma, 'Calvinismus in Friesland um 1600 am Beispiel der Stadt Sneek'; in: *Archiv für Reformationsgeschichte*, LXXX, 1989, p. 254.

11
R. Reitsma, *Centrifugal and Centripetal Forces in the Early Dutch Republic. The States of Overyssel 1566-1600*, Amsterdam 1982, p. 222.

12
L.J. van der Klooster, 'Drie gelijktijdige berichten over de moord op Prins Willem van Oranje'; in: *Jaarboek 1984 van de Vereniging 'Oranje-Nassau Museum'*, p. 37.

1584-1609
DE NIEUWE REPUBLIEK

1
Jan Wagenaar, *Vaderlandsche Historie*, VIII, p. 66.

2
Jonathan Israel, *The Dutch Republic. Its Rise, Greatness and Fall 1477-1806*, Oxford 1995, p. 226.

3
Benjamin Kaplan, *Calvinism and Libertines. Confession and Community in Utrecht 1578-1620*, Oxford 1995, p. 168.

4
Kaplan, p. 172.

5
A.Th. van Deursen, *De hartslag van het leven. Studies over de Republiek der Verenigde Nederlanden*, Amsterdam 1996, p. 113.

6
Van Deursen, *Hartslag*, p. 110.

7
Jonathan I. Israel, *Nederland als centrum van de wereldhandel 1585-1740*, Franeker 1991, p. 30.

8
Israel, *Nederland*, p. 34.

9
Israel, *Republic*, p. 307.

10
J. den Tex, *Oldenbarnevelt*, 5 dln, Haarlem 1960-1970, II, p. 392.

11
Luuc Kooijmans, *Vriendschap en de kunst van het overleven in de zeventiende en achttiende eeuw*, Amsterdam 1997, p. 53.

12
C.J. Guibal, *Democratie en oligarchie in Friesland tijdens de Republiek*, Assen 1934, p. 89.

13
N. Japikse ed., *Resolutiën der Staten-Generaal*, VI, 's-Gravenhage 1922, p. 146.

14
Pieter Bor, *Oorsprongk, begin en vervolgh der Nederlandsche oorlogen*, II, Amsterdam 1679, f. 976.

15
C.C. Hibben, *Gouda in Revolt*, Utrecht 1983, p. 129.

16
A.Th. van Deursen, *Bavianen en slijkgeuzen. Kerk en kerkvolk ten tijde van Maurits en Oldenbarnevelt*, Assen 1974, p. 159.

17
Israel, *Republic*, p. 311.

18
Marnef, *Antwerp*, p. 150.

19
Geciteerd bij A.Th. van Deursen, *Mensen van klein vermogen. Het kopergeld van de gouden eeuw*, Amsterdam 1991, p. 51.

20
J. Briels, 'De Zuidnederlandse immigratie 1572-1630'; in: *Tijdschrift voor Geschiedenis*, 100, 1987, p. 331-355.

1609-1621
DE CRISIS VAN DE REPUBLIEK

1
A.Th. van Deursen, *Honni soit qui mal y pense? De Republiek tussen de mogendheden (1610-1612)*, Amsterdam 1965, p. 18.

2
Jonathan I. Israel, *Nederland als centrum van de wereldhandel 1585-1740*, Franeker 1991, p. 122.

3
J.C.H. Blom, R.G. Fuks-Mansfeld en I. Schöffer ed., *Geschiedenis van de Joden in Nederland*, Amsterdam 1995, p. 75.

4
P.A. Tiele, *Bouwstoffen voor de geschiedenis der Nederlanders in den Maleischen Archipel*, I, 's-Gravenhage 1886, p. 114.

5
Tiele, I, p. 197.

6
Tiele, I, p. 153.

7
Tiele, I, p. 226.

8
J. van Goor, *De Nederlandse koloniën. Geschiedenis van de Nederlandse expansie 1600-1975*, Den Haag 1994, p. 69.

9
Van Deursen, *Hartslag*, p. 119.

10
Van Deursen, *Honni soit*, p. 52.

11
Herbert H. Rowen, *John de Witt, Grand Pensionary of Holland 1625-1672*, Princeton 1978, p. 46.

12
Van Deursen, *Hartslag*, p. 127.

1621-1648
HET ZENIT VAN DE GOUDEN EEUW

1
Visser, J. ed., *Gloria Parendi. Dagboeken van Willem Frederik, stadhouder van Friesland, Groningen en Drenthe 1643-1649, 1651-1654*, Den Haag 1995, p. 91.

2
H.J. van Lummel ed., *Nieuw geuzenliedboek*, Utrecht s.a., p. 497.

3
Visser, *Gloria Parendi*, p. 31.

4
Algemeen Rijksarchief, Holland 2641 no. 1, rapport van een bespreking over de menage, begonnen 11 oktober 1635.

5
Groot, Joh. de, 'De statenvertaling van het oude testament als wetenschappelijk werk'; in: D. Nauta e.a., *De statenvertaling 1637-1937*, p. 103.

6
Teellinck, W., *Geestelycke Couranten*, 1626, voor-reden; Ridderus, Franciscus, *Nuttige tydkorter voor reysende en andere lieden*, Rotterdam, 1667, p. 268.

7
Groenendijk, L.F. 'Opdat de mensche Gods volmaeckt zy'; in: *Pedagogische verhandelingen*, IX, 1986, p. 23.

8
Duker, A.C., *Gisbertus Voetius*, 3 dln, Utrecht 1989, II, p. 165.

9
Visser, p. 19.

10
Zijlstra, S., *Om de ware gemeente en de oude gronden. Geschiedenis van de dopersen in de Nederlanden 1531-1675*, Hilversum 2000, p. 431.

11
Holthuizen-Seegers, G.H.J., en H.P.H. Nusteling, 'Arnhem 1665-1744'; in: *Bijdragen en mededelingen vereniging Gelre*, LXXVIII, 1987, p. 91.

12
Gelder, R. van, *Het Oost-Indisch avontuur. Duitsers in dienst van de VOC (1600-1800)*, Nijmegen 1997, p. 133.

13
Udemans, G., *'t Geestelyck roer van 't coopmans schip*, Utrecht 1640, f. 63vo.

14
Udemans, f. 161.

15
Niemeijer, H.E., *Calvinisme en koloniale stadscultuur. Batavia 1619-1725*, s.l. 1996, p. 91.

16
Udemans, f. 169vo en 172.

17
Ridderus, Franciscus, *Historischen Spanjaart*, Rotterdam 1738, p. 229.

18
Breuker, Ph.H., *Friese cultuur in de jonge Republiek*, Leiden 1991, p. 5.

1648-1672
DE WARE VRIJHEID

1
Visser, *Gloria Parendi*, p. 723.

2
Visser, *Gloria Parendi*, p. 738.

3
Kernkamp, G.W., 'Memorie van Nanning Keyser betreffende de gebeurtenissen van het jaar 1650'; in: *Bijdragen en mededeelingen van het Historisch Genootschap*, XVIII, 1897, p. 342-406.

4
Elias, J.E., *De vroedschap van Amsterdam*, 2 dln, Haarlem 1903-1908, I, p. CXI.

5
Fruin, *Verspreide geschriften*, IV, p. 228.

6
Kluit, A., *Historie der Hollandsche staatsregeering tot aan het jaar 1795*, 5 dln, Amsterdam 1802-1805, III, p.322.

7
Rowen, *De Witt*, p. 88.

8
Israel, *Republic*, p. 721.

9
Rowen, p. 136.

10
Rowen, p. 601.

11
Rowen, p. 603.

12
Rowen, *De Witt*, p. 256.

13
Visser, p. 723.

14
Rowen, p. 428.

15
Swigchem, C.A. van, *'Een goed regiment'. Het burgerlijke element in het vroege gereformeerde kerkinterieur*, 's-Gravenhage 1988, p.11.

16
Lieburg, F.A. van, 'Het gereformeerde conventikelwezen in de classis Dordrecht in de 17e en 18e eeuw'; in: *Holland*, XXIII, 1991, p. 6.

17
Wagenaar, XI, p. 462.

18
Van Gelder, p. 186.

19
Brink, P.P.W.J. van den, *Advyzen van Abraham Casteleyn aan sir Joseph Williamson (1666-1669)*, scriptie Vrije Universiteit Amsterdam 1986, p. 1.

20
Frijhoff, W., en M. Spies, *Bevochten eendracht.1650*, Den Haag 1999, p. 577.

21
Huizinga, J. *Verzameld werk*, VII, Haarlem 1950, p. 287.

22
Schotel, G.D.J., *Het Oud-Hollandsch huisgezin der zeventiende eeuw*, Haarlem 1867, p. 393.

23
Vries, J. de, en A. van der Woude, *Nederland 1500-1815. De eerste ronde van moderne economische groei*, Amsterdam 1995, p. 226.

1672-1702
WILLEM III

1
Japikse, N., ed., *Notulen gehouden ter statenvergadering van Holland (1671-1675) door Cornelis Hop en Nicolaas Vivien*, Amsterdam 1903, p. 245.

2
Oomius, Simon, *De wonderen des Alderhoogsten, uitgevoerd in, onder en door Sijn Koninklijke Hoogheyt Willem de Derde*, Amsterdam 1689, p. 63.

3
Kooijmans, p. 134-146.

4
Solé, Jacques, 'La diplomatie de Louis XIV et les protestants français réfugiés aux Provinces-Unies (1678-1688)'; in: *Bulletin de la Société de l'Histoire du Protestantisme Français*, 1969, p. 629.

5
De Vries en Van der Woude, p. 479.

6
De Vries en Van der Woude, p. 780.

7
Busken Huet, C., *Het land van Rembrandt*, II, Haarlem 1898, p. 560.

8
Heijer, Henk den, *Goud, ivoor en slaven. Scheepvaart en handel van de tweede West-indische Compagnie op Afrika 1674-1740*, Zutphen 1997, p. 157.

9
Evenhuis, R.B., *Ook dat was Amsterdam*, II, Amsterdam 1967, p. 205.

10
Sluis, Jacob van, *Herman Alexander Roëll*, Leeuwarden 1988, p. 74.

11
Israel, *Republic*, p. 694 en 696.

12
Busken Huet, p. 329.

LITERATUUR TER NADERE ORIËNTATIE

ALGEMEEN

Blok, D.P., e.a., *Algemene geschiedenis der Nederlanden*, 15 dln, Bussum 1977-1982.

Frijhoff, W., en M. Spies, *1650. Bevochten eendracht*, Den Haag 1999.

Fruin, R., *Verspreide geschriften*, 10 dln, Den Haag 1900-1904.

Israel, Jonathan I., *The Dutch Republic. Its Rise, Greatness and Fall 1477-1806*, Oxford 1995; ook verschenen in Nederlandse vertaling: *De Republiek 1477-1806*, 2 dln, Franeker 1996.

Lademacher, H., *Geschichte der Niederlande*, Darmstadt 1983.

Nijs, Th. de, en E. Beukers, *Geschiedenis van Holland*, deel II. 1572 tot 1795, Hilversum 2002.

Prak, M., *Gouden eeuw. Het raadsel van de Republiek*, Nijmegen 2002.

Price, J.L., *Culture and Society in the Dutch Republic during the Seventeenth Century*, Londen 1974.

Strien, C.D. van, *British Travellers in Holland during the Stuart Period*, Leiden 1993.

POLITIEKE EN MILITAIRE GESCHIEDENIS

Bots, H., G.H.M. Posthumus Meyjes en F. Wieringa, *Vlucht naar de vrijheid. De hugenoten in de Nederlanden*, Amsterdam 1985.

Bruijn, J.R., *Varend verleden. De Nederlandse oorlogsvloot in de zeventiende en achttiende eeuw*, Amsterdam 1998.

Franken, M.A.M., *Coenraad van Beuningens politieke en diplomatieke activiteiten in de jaren 1667-1684*, Groningen 1966.

Geyl, P., *Oranje en Stuart 1641-1672*, Zeist 1963.

Grapperhaus, F.H.M., *Alva en de tiende penning*, Zutphen 1982.

Groenveld, S., *Verlopend getij. De Nederlandse Republiek en de Engelse burgeroorlog 1640-1646*, Dieren 1984.

Meij, J.C.A. de, *De watergeuzen en de Nederlanden 1568-1572*, Amsterdam 1972.

Nierop, H. van, *Het verraad van het Noorderkwartier. Oorlog, terreur en recht in de Nederlandse opstand*, Amsterdam 1999.

Parker, G., *The Army of Flanders and the Spanish Road 1567-1659. The Logistics of Spanish Victory and Defeat in the Low Countries*, Cambridge 1972.

Roorda, D.J., *Partij en factie. De oproeren van 1672 in de steden van Holland en Zeeland. Een krachtmeting tussen partijen en facties*, Groningen 1961.

Roorda, D.J., *Rond prins en patriciaat. Verspreide opstellen*, Weesp 1984.

Schepper, H. de, *Belgium Nostrum 1500-1650*, Antwerpen 1987.

Tex, J. den, *Onder vreemde heren. De Republiek der Verenigde Nederlanden 1672-1674*, Zutphen 1982.

Wijn, J.W., *Het krijgswezen in den tijd van prins Maurits*, Utrecht 1934.

Woltjer, J.J., *Friesland in hervormingstijd*, Leiden 1962.

BESTUUR

Baelde, M., *De collaterale raden onder Karel v en Filips II 1531-1578*, Brussel 1965.

Bruin, G. de, *Geheimhouding en verraad. De geheimhouding van staatszaken ten tijde van de Republiek (1600-1750)*, Den Haag 1991.

Dierickx, M., *L'Election des nouveaux diocèces aux Pays-Bas 1559-1570*, Brussel 1967.

Fruin, R., en H.T. Colenbrander, *Geschiedenis der staatsinstellingen in Nederland tot den val der Republiek*, Den Haag 1901.

Koopmans, J.W., *De Staten van Holland en de opstand*, Den Haag 1990.

Monté Ver Loren, J.Ph. de, *Hoofdlijnen uit de ontwikkeling der rechterlijke organisatie in de Noordelijke Nederlanden tot de*

Bataafse omwenteling, bewerkt door J.E. Spruit, Deventer 1972.
Reitsma, R., *Centrifugal and Centripetal Forces in the Early Dutch Republic. The States of Overijssel 1566-1600*, Amsterdam 1982.
Tracy, J.D., *Holland under Habsburg Rule 1506-1566. The Formation of a Body Politic*, Berkeley 1990.

BIOGRAFIEËN

Deursen, A.Th. van, *Maurits van Nassau. De winnaar die faalde*, Amsterdam 2000.
Poelhekke, J.J., *Frederik Hendrik prins van Oranje. Een biografisch drieluik*, Zutphen 1978.
Postma, F., *Viglius van Aytta. De jaren met Granvelle 1549-1564*, Zutphen 2000.
Prud'homme van Reine, R., *Rechterhand van Nederland. Biografie van Michiel Adriaensz. de Ruyter*, Amsterdam 1996.
Rachfahl, F., *Wilhelm von Oranien und der Niederländische Aufstand*, 3 dln, Halle 1906-1924.
Rowen, H.H., *John de Witt Grand Pensionary of Holland*, Princeton 1978.
Swart, K.W., *Willem van Oranje en de Nederlandse opstand 1572-1584*, Den Haag 1994.
Tamse, C.A. ed., *Nassau en Oranje in de Nederlandse geschiedenis*, Alphen aan de Rijn 1979.
Tex, J. den, *Oldenbarnevelt*, 5 dln, Haarlem 1960-1972.
Troost, W., *Stadhouder-koning Willem III. Een politieke biografie*, Hilversum 2001.

ECONOMISCHE GESCHIEDENIS

Davids, K., en L. Noordegraaf, *The Dutch Economy in the Golden Age*, Amsterdam 1993.
Dillen, J.G. van, *Van rijkdom en regenten*, Den Haag 1970.
Gelderblom, O., *Zuid-Nederlandse kooplieden en de opkomst van de Amsterdamse stapelmarkt (1578-1630)*, Hilversum 2000.
Israel, Jonathan I., *Dutch Primacy in World Trade 1585-1740*, Oxford 1989; ook verschenen in Nederlandse vertaling: *Nederland als centrum van de wereldhandel 1585-1740*, Franeker 1991.
Noordegraaf, L., *Hollands welvaren? Levensstandaard in Holland 1450-1650*, Bergen 1985.
Posthumus, N.W., *De geschiedenis van de Leidsche lakenindustrie*, 3 dln, Den Haag 1908-1939.
Vries, J. de, *The Dutch Rural Economy in the Golden Age 1500-1700*, New Haven 1974.
Vries, J. de, en A. van der Woude, *Nederland 1500-1815. De eerste ronde van moderne economische groei*, Amsterdam 1995.
Woude, A.M. van der, *Het Noorderkwartier*, 3 dln, Wageningen 1972.
Zanden, J.L. van, *Arbeid tijdens het handelskapitalisme. Opkomst en neergang van de Hollandse economie 1350-1850*, Bergen 1991.

SOCIALE GESCHIEDENIS

Beliën, H.M., A.Th. van Deursen en G.J. van Setten, *Gestalten van de gouden eeuw. Een Hollands groepsportret*, Amsterdam 1995.
Deursen, A.Th. van, *Een dorp in de polder. Graft in de zeventiende eeuw*, Amsterdam 1994.
Deursen, A.Th. van, *Mensen van klein vermogen*, Amsterdam 1991.
Dorren, Gabrielle, *Eenheid en verscheidenheid. De burgers van Haarlem in de gouden eeuw*, Amsterdam 2001.
Groenhuis, G., *De predikanten. De sociale positie van de gereformeerde predikanten in de Republiek der Verenigde Nederlanden voor ± 1700*, Groningen 1977.
Haks, D., *Huwelijk en gezin in Holland in de 17e en 18e eeuw*, Utrecht 1985.
Knevel, P., *Burgers in het geweer. De schutterijen in Holland 1550-1700*, Hilversum 1994.
Lucassen, J., en R. Penninx, *Nieuwkomers, nakomelingen, Nederlanders. Immigranten in Nederland 1550-1993*, Amsterdam 1999.
Nierop, H.F.K. van, *Van ridders tot regenten. De Hollandse adel in de zestiende en de*

eerste helft van de zeventiende eeuw, Dieren 1984.
Vlis, Ingrid van der, *Leven in armoede. Delftse bedeelden in de zeventiende eeuw*, Amsterdam 2001.
Wijngaarden, Hilde van, *Zorg voor de kost. Armenzorg, arbeid en onderlinge hulp in Zwolle 1650-1700*, Amsterdam 2000.

KERKGESCHIEDENIS

Abels, P.H.A.M., en A.Ph.F. Wouters, *Nieuw en ongezien. Kerk en samenleving in de classis Delft en Delfland 1572-1621*, 2 dln, Delft 1994.
Blom, J.C.H., R.G. Fuks-Mansfeld en I. Schöffer, *Geschiedenis van de Joden in Nederland*, Amsterdam 1995.
Deursen, A.Th. van, *Bavianen en slijkgeuzen. Kerk en kerkvolk ten tijde van Maurits en Oldenbarnevelt*, Assen 1974.
Duke, A., *Reformation and Revolt in the Low Countries*, Londen 1990.
Kaplan, B.J., *Calvinists and Libertines. Confession and Community in Utrecht 1578-1620*, Oxford 1995.
Kok, J.A. de, *Nederland op de breuklijn Rome-Reformatie*, Assen 1964.
Lieburg, F.A. van, *De Nadere Reformatie in Utrecht ten tijde van Voetius*, Rotterdam 1989.
Marnef, G., *Antwerp in the Age of Reformation. Underground Protestantism in the Commercial Metropolis 1550-1577*, Baltimore 1996.
Rogier, L.J., *Geschiedenis van het katholicisme in Noord-Nederland in de 16e en 17e eeuw*, 3 dln, Amsterdam 1947.
Roodenburg, H., *Onder censuur. De kerkelijke tucht in de gereformeerde gemeente van Amsterdam 1578-1700*, Hilversum 1990.
Rooze-Stouthamer, C., *Hervorming in Zeeland (ca. 1520-1572)*, Goes 1996.
Zijlstra, S., *Om de ware gemeente en de oude gronden. Geschiedenis van de dopersen in de Nederlanden 1531-1675*, Hilversum 2000.

CULTUUR

Berkel, K. van, *In het voetspoor van Stevin. Geschiedenis van de natuurwetenschap in Nederland*, Amsterdam 1985.
Booy, E.P. de, *De weldaet der scholen. Het plattelandsonderwijs in de provincie Utrecht van 1580 tot het begin der 19de eeuw*, Utrecht 1977.
Busken Huet, C., *Het land van Rembrandt*, Haarlem 1883.
Haak, B., *Hollandse schilders in de gouden eeuw*, Amsterdam 1984.
Harline, C.E., *Pamphlets, Printing and Political Culture in the Early Dutch Republic*, Dordrecht 1987.
Huizinga, J., *Nederlands beschaving in de zeventiende eeuw*, Haarlem 1941.
Jongh, E. de, *Kwesties van betekenis. Thema en motief in de Nederlandse schilderkunst van de zeventiende eeuw*, Leiden 1995.
Noordegraaf, L., en G. Valk, *De gave Gods. De pest in Holland vanaf de late Middeleeuwen*, Bergen 1988.
Salman, J., *Populair drukwerk in de gouden eeuw. De almanak als lectuur en handelswaar*, Zutphen 1999.
Thijssen-Schoute, C.L., *Uit de republiek der letteren*, Den Haag 1967.
Waardt, H. de, *Toverij en samenleving. Holland 1500-1800*, Den Haag 1991.

KOLONIËN

Boxer, C.R., *The Dutch Seaborne Empire 1600-1800*, Londen 1965.
Bruijn, J.R, en L. Lucassen ed., *Op de schepen der Oost-Indische Compagnie*, Groningen 1980.
Emmer, *De Nederlandse slavenhandel 1500-1850*, Amsterdam 2000.
Gaastra, F., *Geschiedenis van de VOC*, Zutphen 1991.
Gelder, R. van, *Het Oost-Indisch avontuur. Duitsers in dienst van de VOC*, Nijmegen 1997.
Goor, J. van, *De Nederlandse koloniën. Geschiedenis van de Nederlandse expansie 1600-1975*, Den Haag 1994.

Heijer, H. den, *De geschiedenis van de WIC*, Zutphen 1994.
Jacobs, J., *Een zegenrijk gewest. Nieuw-Nederland in de zeventiende eeuw*, Amsterdam 1999.

REGISTER

A

Abels, Jan · 65
Abrahamsz., Galenus · 317
Adolf, Gustaaf · 306
Aerschot, hertog van · 17, 33, 36-37, 98
Aerssen van Sommelsdijk, Cornelis van · 357
Aerssen van Sommelsdijk, Frans van · 208
Aerssens, Cornelis · 166, 287
Aerssens, François · 166
Aitzema, Lieuwe van · 304, 318
Alva, hertog van, Ferdinand Alvarez de Toledo · 40-41, 48, 55-60, 62-69, 74-76, 79-82, 85, 87, 99, 100-101, 109, 116
Anjou, Filips van · 348-349
Anjou, hertog van, François Hercule de Valois · 111, 113-116, 118, 122, 124, 126
Aremberg, graaf van, Jean de Ligne · 36-37, 55, 62
Aretino, Pietro · 265
Arminius, Jacobus · 202-205, 221
Arriens, Marigje · 163
Augustinus · 362
Avaux, graaf van D', Jean-Jacques de Mesmes · 340-341

B

Barentsz., Willem · 139
Bartjens, Willem · 250
Basnage, Jacques · 366
Bayle, Pierre · 366
Beels, Theodorus · 360
Beieren, Jozef Ferdinand van · 348-349
Beieren, keurvorst Maximiliaan van · 348-349
Bekker, Balthasar · 360, 367-368
Bentinck, Hans Willem, graaf van Portland · 335, 347
Berg, Willem van den · 115
Bergen, Willem Lodewijk van · 36-37, 41, 81
Bergh, Hendrik van den · 231
Berlaymont, Gilles van (heer van Hierges) · 33, 36-37, 47, 51, 88, 96, 98-99
Beuningen, Coenraad van · 289, 309
Beverningk, Hieronymus van · 287, 289, 309
Bicker, Andries · 281
Bicker, Cornelis · 281
Bie, Joris de · 287
Blaeu, Johan · 263
Blake, Robert · 298
Bloemaert, Abraham · 171
Blois van Treslong, Willem · 65, 74
Boccaccio, Giovanni · 265
Bogerman, Johannes · 214
Bor, Pieter · 113, 134, 156
Borch II de jonge, Gerard ter · 237
Bossu, admiraal Maximiliaan van · 87
Both, Pieter · 196
Bourbon, Hendrik van, koning van Navarra, *zie* Hendrik IV
Brandenburg, Frederik Wilhelm van · 180, 330, 346
Brandt, Gerard · 165
Brederode, Hendrik van · 50, 56-57, 62
Brès, Guido de · 72
Burnet, bisschop Thomas · 308
Busken Huet, Conrad · 364, 366

C

Calvijn, Johannes · 26-28, 58, 93, 160, 167, 201, 263-264
Carleton, Dudley · 208
Cartesius, *zie* Descartes
Casteleyn, Abraham · 318
Castigliones, Baldassare · 321
Cats, Jacob · 235, 264-267, 290
Chalons, René van, prins van Oranje · 17
Cicero, Marcus Tullius · 321
Coccejus, Johannes · 243, 313-314, 360-361
Coen, Jan Pietersz. · 197-200, 255, 352
Colbert, Jean Baptiste · 295-296, 307
Compaen, Claes · 189
Coornhert, Dirck Volkertsz. · 24, 168-169, 245
Copernicus, Nicolaus · 256
Coppestock, Jan · 74
Coqueville (hugenotenleider) · 62

Cornelisz., Cornelis · 171
Coster, Laurens Jansz. · 256
Court, Pieter de la · 312, 319
Cromwell, Oliver · 277, 279, 297, 302
Culemborg, Floris van · 50, 57

D

Danser, Simon de · 189
Demosthenes · 321
Descartes, René (Cartesius) · 243, 313, 361
Diemen, Anthony van · 198, 255
Dimmens, Leene · 163
Dou, Gerard · 241, 270
Downing, sir George · 302-303
Drusius, Johannes · 168
Dudley, Robert *zie* graaf van Leicester
Duifhuis, Huibrecht · 128
Dussen, Adriaen van der · 226
Duyck, Anthonie · 220

E

Egmond, graaf van · 17, 33, 36-37, 41, 46-48, 54-55, 57-58, 60-61, 63-64
Elizabeth, koningin · 74, 111, 122-125, 130, 173, 268, 349
Entens van Mentheda, Barthold · 65
Erasmus, Desiderius · 24, 93, 167, 245, 263, 366
Ernst, aartshertog van Oostenrijk · 171
Estrades, D' · 289
Evertsen, Jan · 298

F

Fagel, Caspar · 330, 335-338, 340, 347
Farnese, Alexander, *zie* hertog van Parma
Ferdinand I · 13
Filippi, aartsbisschop van, *zie* Philippus Rovenius
Filips II · 14-15, 29-40, 42-44, 46-48, 51, 56-58, 68, 70-71, 75, 77, 80, 87, 89, 94, 98-101, 104, 106-107, 109-111, 113, 116, 119, 122, 130-131, 140, 144, 168, 171, 192
Filips III · 14, 171, 224
Filips IV · 224, 229, 231, 306
Fontanus, Johannes · 212
Frederik, Don · 82, 87
Frederik, keurvorst van de Palts · 222, 228
Fruin, Robert · 129

G

Gelre, Karel van · 13
Gent, Otto van · 230
Gerards, Balthasar · 117
Geyl, Pieter · 9
Goch, Johan van · 287
Gomarus, Franciscus · 202, 204-205
Gossaert, Geerten · 10
Granvelle (Antoine Perrenot) · 37-39, 41, 43, 46, 85
Groenevelt, Reinier van · 226
Groot, Hugo de (Grotius) · 167, 206, 215, 219-221, 234, 262, 270-272, 281, 360
Groot, Pieter de · 310, 321, 325
Grotius, *zie* Hugo de Groot
Gulik, hertog van, Johan Wilhelm · 179, 225

H

Habsburg, Karel van · 348
Habsburg, keizer Leopold van · 348
Habsburg, Maximiliaan van · 13
Hals, Frans · 171, 269-270
Hames, Nicolas de · 50
Haring, Jan · 86
Hasselaar, Kenau Simonsdr. · 86
Heemskerck, Jacob · 139-141
Hein, Piet · 229-230, 233, 259, 299
Heinsius, Antonius · 335, 347
Heinsius, Daniël · 265-266, 270
Hendrik III · 122-123, 130
Hendrik IV (van Bourbon), koning van Navarra · 130, 134, 180, 207
Hessen, Filips van · 61
Hessen, Willem van · 70
Hierges, heer van, *zie* Gilles van Berlaymont, heer van Hierges
Hongarije, Maria van · 17-18, 36
Hooft, Cornelis Pietersz. · 57, 165
Hoogerbeets, Rombout · 215, 219-220, 234
Hoogstraten, graaf van, Antoon van Lalaing · 17, 36-37, 55, 58, 62, 104
Horne, graaf van, Filips van Montmorency · 36-37, 41, 48, 55, 57-58, 60-61, 63-64
Hout, Cornelis van · 360
Houtman, Cornelis de · 139

Houwening, Elsje van · 220
Hove, Anna van den · 134
Hudde, Johannes · 290
Hudson, Henry · 261
Huizinga, Johan · 322
Huydecoper, Joan · 57, 339
Huygens, Christiaan · 166, 287, 320, 366
Huygens, Constantijn · 166, 265, 267-269, 312, 320

I

Isabella, echtgenote van Albertus van Oostenrijk · 171, 224

J

Jacobus I · 173, 211, 214, 222, 224, 242, 297, 332
Jacobus II · 341-342, 344-346
Jansenius, Cornelius, bisschop van Ieper · 362-363
Jaureguy, Jean · 112-113
Jongh, E. de · 267
Juan, Don, van Oostenrijk · 96, 100-103

K

Karel I, koning van Engeland · 277, 279, 297, 299
Karel II, Spaanse koning · 292, 299, 302, 306, 308, 310, 341, 348-349
Karel V, keizer · 13, 17-19, 30-32, 35-36, 38, 40, 100-101, 111
Karel IX, koning · 111
Keulen, keurvorst van, Maximiliaan Hendrik Ernst · 324
Keyser, Nanning · 289
Koeyen, Keert de · 189

L

Lalaing, graaf George van, *zie* graaf Rennenberg
Lambert Hendriksz., Moye · 233
Lange, Petrus de · 29
Ledenberg, Gillis van · 215, 220, 234
Leemput, Trijn van · 86
Leeuwenhoek, Anthonie van · 366-367
Leicester, graaf van, Robert Dudley · 114, 124, 126-130, 143, 147, 165-166
Linschoten, Jan Huygen van · 139
Lipsius, Justus · 167
Lodensteyn, Jodocus van · 314
Lodewijk XIII · 180
Lodewijk XIV · 296, 306-307, 310, 320, 324-325, 331-334, 340-341, 343-344, 348-351, 363-365
Lumey, admiraal · 74-76, 78-79
Lumey, heer van · 65
Luther, Martin · 27-28, 58, 160

M

Mansfelt, Karel van · 36-37, 55, 98
Marnix, Filips van · 50, 56, 69 80, 89
Marnix, Filips van, heer van St. Aldegonde · 168-170
Marnix, Jan van · 50, 56
Marokko, keizer van · 178
Matte, Sebastiaan · 52
Matthias, aartshertog van Oostenrijk · 101-104, 114, 118, 126, 147, 171
Medici, Maria de · 180, 183
Megen, graaf van, Karel van Brimeu · 33, 36-37, 55
Mondragón, Christóbal · 95-96
Montanus, Arnoldus · 29
Montecuculi, graaf Ernst van · 230
Montigny, baron van, Emmanuel de Lalaing · 36-37, 41
More, Thomas · 167
Motley, John Lothrop · 74
Münster, bisschop van, Christoph Bernard van Galen · 303-304, 324, 329-330
Musch, griffier Cornelis · 227

N

Nassau, Adolf van · 63
Nassau, Ernst Casimir van · 221, 229
Nassau, Frederik Hendrik van · 179, 187, 226-235, 238, 243-244, 246-247, 276, 288, 296, 299, 219, 327, 335
Nassau, Hendrik van · 88
Nassau, Hendrik Casimir van · 228
Nassau, Jan van · 70, 81, 85, 104, 106, 115-116, 208, 260
Nassau, Johan Maurits van · 260-261
Nassau, Justinus van · 229
Nassau, Lodewijk van · 43-44, 50, 62-65, 70, 80-81, 88, 95, 99
Nassau, Maria van · 115
Nassau, Maurits van · 149, 174, 126, 131-134, 163, 172-173, 179-183, 196, 207-212, 215, 217, 219-222, 224, 226-228, 230,

234, 244, 262, 280, 335, 346
Nassau, Willem van · 17
Nassau, Willem van, zoon van Frederik Hendrik van Nassau · 70, 115, 149
Nassau, Willem Frederik van · 228, 235, 244, 276, 280-282, 284
Nassau, Willem Lodewijk van · 131, 133, 174, 187, 220-221, 224
Neck, Jacob van · 139
Neercassel, Johannes van · 362-363
Newton, Isaac · 256
Nicodemus · 26
Noircarmes (Filips van St. Aldegonde) · 36, 55-56
Noort, Olivier van · 139

O

Oldenbarnevelt, Johan van · 34, 126, 129, 133, 141-143, 145, 149, 173-174, 181, 183, 187-188, 204-212, 214-221, 224, 226-227, 234, 272, 285-287, 291, 327, 349
Oomius, Simon · 233
Oostenrijk, Albertus van · 171-172, 224
Oostenrijk, Margaretha van · 36
Oostenrijk, Maria Theresia van · 306
Oquendo, Antonio de · 232
Oranje, Filips Willem van · 56, 118
Oranje-Nassau, Willem van, prins van Oranje · 17, 31, 34, 43-44, 50, 54-55, 57, 60, 65, 67, 72, 74, 79-80, 82, 84-85, 93, 97, 99, 100-103, 106, 109, 111, 115, 117, 124, 126, 128, 131, 148, 168, 178, 219, 226-227, 260, 291, 300, 302, 304, 308, 314, 325
Ostade, Adriaen van · 270

P

Palts, Karel II, keurvorst van de Palts · 344
Parma, hertog van (Alexander Farnese) · 103-104, 108-109, 113-115, 122-124, 126-127, 129-130, 164, 172, 225
Parma, Margaretha van · 36-37, 39, 42, 44, 47, 51, 54-55, 57-58, 98, 146
Pauw, Cornelis Pietersz. · 57, 235
Perrenot, Antoine, *zie* Granvelle

Q

Quintilianus, Fabius · 9

R

Rataller, Doubleth · 289
Reael, Laurens · 57, 198
Rehabeam, zoon van koning Salomo · 280
Reigersberg, Maria van · 220
Rembrandt, *zie* Rembrandt Harmensz. van Rijn
Rennenberg, graaf (graaf George van Lalaing) · 104, 106-107, 115, 117
Requesens, Don Luis de · 87, 94-96, 99-100, 103, 109
Revius, Jacobus · 262
Reynst, Gerard · 196, 198
Ridderus, Franciscus · 239, 241, 258
Riebeeck, Jan van · 354
Ries, Hans de · 165
Rijn, Rembrandt Harmensz. van · 194, 241, 262, 268-270
Robles, Gaspar de · 82
Roëll, Herman Alexander · 360
Rosaeus, Henricus · 209
Rovenius, Philippus (aartsbisschop van Filippi) · 246-247, 362
Rudolf II, keizer · 103
Ruyter, Michiel Adriaensz. · 233, 299, 302-304, 324, 331-333
Ruyter, Herman de · 72, 75

S

Salomo, koning · 264, 280
Savoye, Emanuel Filibert van · 36
Scaliger, Joseph-Juste · 167
Schaep, Gerard · 289
Schone, Filips de · 12-13
Seneca, Lucius Annaeus · 266
Shakespeare, William · 268
Simons, Menno · 25, 161-162, 246
Socinus, Faustus · 245
Solms, Amalia van · 228, 304
Sonoy, Diederik van · 65, 79, 87, 94
Soutman, Piet Claesz. · 270
Speelman, Cornelis · 352-353
Speult, Herman van · 200
Spinola, Ambrosius · 173-175, 224, 226, 229
Spinoza, Baruch de · 167, 319-320, 366
St. Aldegonde, Filips van, *zie* Noircarmes

St. Aldegonde, Marnix van · 69
Stanley, William · 126
Steen, Jan · 270
Stevin, Simon · 262-263
Stoutenburg, Willem van · 226
Strada, Famiano · 118
Stuart, Elizabeth · 222
Stuart, Mary · 277, 302, 332
Swammerdam, Jan · 320, 366-367
Sweelinck, Jan Pietersz. · 262

T

Teellinck, Willem · 241-242, 314
Temple, sir William · 322, 350-351
Thou, Jacques de · 301
Toscane, prins van, Cosimo De' Medici · 320
Tromp, Cornelis · 303, 319, 345
Tromp, Maerten Harpertsz. · 232-233, 298-299

U

Udemans, Godfried · 256, 258

V

Vaernewijck, Marcus van · 53-54
Valentijn, François · 256
Valerius, Adriaan · 225
Veers, Gerrit de · 139
Veken, Johan van der · 165
Velde, Abraham van de · 312
Verdugo, Fransesco · 115
Verhoeff, Pieter · 197
Vermeer, Johannes · 262, 269
Viglius van Aytta · 37, 46-47, 96
Villers, heer van, Joost de Soete · 62-63
Voetius, Gijsbertus · 242-243, 313-314, 331, 360
Vondel, Joost van den · 164, 264-265
Vosmeer, Sasbout · 157-159, 246-247

W

Wagenaar, Jan · 123, 315
Walsingham, sir Francis · 70
Warfusée, Alexander van Renesse van · 231
Wassenaar Obdam, Jacob van · 298-299, 302-303
Waterdrincker, Zibrant Barentsz. · 189
Wicquefort, Abraham de · 319
Willem I · 112, 329
Willem II · 227, 276, 281, 291-292, 311, 335
Willem III · 153, 234, 292, 299, 308-311, 219, 323-332, 334-340, 346-350, 363
Willem, Jona · 48
Wilson, Charles · 262
Winwood, Ralph · 208
With, Witte Cornelisz. de · 233, 298-299, 302
Witsen, Nicolaes · 290
Witt, Cornelis de · 289, 326, 329
Witt, Jacob de · 281
Witt, Johan (Jan) de · 234, 285-289, 290-293, 296, 299-305, 307-312, 319, 326, 329, 334-335, 337-338, 349-350
Woude, A.M. van der · 266
Wtewael, Joachim · 171

Y

York, Roland · 126

Z

Zoest, Pieter van der · 53
Zwingli, Ulrich · 28